技工院校一体化课程教学改革汽车维修专业教材

汽车电气维修

人力资源和社会保障部教材办公室组织编写

中国劳动社会保障出版社

内容简介

本书主要内容包括：充电指示灯亮故障的检修、起动机不工作故障的检修、灯光不亮故障的检修、信号系统不工作故障的检修、雨刮系统工作不良故障的检修、仪表工作不良故障的检修、中控门锁不工作故障的检修、电动车窗不工作故障的检修、空调系统工作不正常故障的检修。

图书在版编目(CIP)数据

汽车电气维修/人力资源和社会保障部教材办公室组织编写. —北京：中国劳动社会保障出版社，2014

技工院校一体化课程教学改革汽车维修专业教材

ISBN 978-7-5167-1044-9

Ⅰ.①汽… Ⅱ.①人… Ⅲ.①汽车-电气设备-车辆修理-技工学校-教材 Ⅳ.①U472.41

中国版本图书馆CIP数据核字(2014)第046826号

中国劳动社会保障出版社出版发行

（北京市惠新东街1号　邮政编码：100029）

出版人：张梦欣

*

北京市艺辉印刷有限公司印刷装订　新华书店经销

787毫米×1092毫米　16开本　26.5印张　471千字

2014年4月第1版　2024年1月第10次印刷

定价：53.00元

营销中心电话：400-606-6496

出版社网址：http://www.class.com.cn

http://jg.class.com.cn

技工院校一体化课程教学改革教材编委会名单

编审人员

主　编：卫云贵

参　编：陈洪波　甘　路　潘彩凤　马良永　黄振营　陈顺强　苏　州
温立全　籍银香　傅文超

顾　问：朱永亮　张利芳　张晓梅

序

人才是我国经济社会发展的第一资源，技能人才是人才队伍的重要组成部分。党中央、国务院高度重视技能人才队伍建设工作，2009 年 12 月，胡锦涛总书记在视察珠海市高级技工学校时指出："没有一流的技工，就没有一流的产品"、"技能型人才在推进自主创新方面具有不可替代的重要作用"。技工院校是系统培养技能人才的重要基地。多年来，技工院校始终紧紧围绕国家经济发展和劳动者就业，以满足经济发展和企业对技术工人的需求为办学宗旨，形成了鲜明的办学特色，为国家培养了大批生产一线技能劳动者和后备高技能人才。

当前，我国处于全面建设小康社会的关键时期，随着加快转变经济发展方式、推进经济结构调整以及大力发展高端制造产业等新兴战略性产业，迫切需要加快培养一大批具有精湛技能和高超技艺的技能人才。为了遵循技能人才成长规律，切实提高培养质量，进一步发挥技工院校在技能人才培养中的基础作用，从 2009 年开始，我部借鉴国内外职业教育先进经验，在全国 17 个省（区、市）的 30 所技工院校启动了一体化课程教学改革试点工作，推进以职业活动为导向，以校企合作为基础，以综合职业能力培养为核心，理论教学与技能操作融合贯通的一体化课程教学改革。这项改革试点将传统的以学历为基础的职业教育转变为以职业技能为基础的职业能力教育，促进了职业教育从知识教育向能力培养转变，努力实现"教、学、做"融为一体，收到了积极成效。改革试点得到了学校师生的充分认可，普遍反映一体化课程教学改革是技工院校一次"教学革命"，学生的学习热情、教学组织形式、教学手段和学生的综合素质都发生了根本性变化。试点的成果表明，一体化课程教学改革是转变技能人才培养模式的重要抓手，是推动技工院校改革发展的重要举措，也是人力资源社会保障部门加强技工教育和在职业培训工作的一个重点项目。

教学改革的成果最终要以教材为载体进行体现和传播。根据我部推进一体化课程教学改革的要求，一体化课程改革专家、几百位试点院校的骨干教师以及中国人力资源和社会保障出版集团的编辑团队，用了三年多的时间，组织实施了一体化课程教学改革试点，并将试点中形成的课程成果进行了整理、提炼，汇编成“活页”教材。这套教材不仅在形式上打破了传统教材的编写模式，而且在内容上突破了传统教材的结构体例，在国内职业教育培训教材领域中均属首创。这套教材及配套资料的出版，不仅是本次一体化课程教学改革试点工作的阶段性总结，也是一体化课程教学改革不断深化和全面推广的一个起点。希望全国技工院校将一体化课程教学改革作为创新人才培养模式、提高人才培养质量的重要抓手，进一步推动教学改革，促进内涵发展，提升办学质量，为加快培养合格的技能人才作出新的更大贡献！

人力资源和社会保障部副部长

王晓初

二〇一二年八月

活页式教材使用说明

◆ 页码编排方式

为了更加方便地在教材中增删和替换内容，页码采用“学习任务编号－学习活动编号－页码号”三级编排形式，如“3–2–4”表示“学习任务三”的“学习活动2”的第4页。

◆ 过程评价表使用方法

教材中设计了“自评表”、“互评表”、“教师总评表”、“综合评价表”等评价表格，表头上有“班级”、“姓名”、“学号”等信息栏，从活页教材中取出评价表填写后可以单独提交。

◆ 教材内容更新方法

中国人力资源和社会保障出版集团将根据一体化课程教学改革的推进以及科学技术的发展和不同地域的需要，不断补充和更新教材中的学习任务和学习活动，学校可以从“技工院校一体化教学资源网（http：//yth.cott.org.cn）”下载（需在网站注册）。通过网站还可以了解到更多的一体化课程教学改革信息和下载相关资源。

◆ 便携式活页夹和 PVC 保护板使用方法

使用教材中附赠的便携式活页夹，可以灵活方便地将教材中部分内容携带至一体化教学场地。教材内附的整张 PVC 保护板可以作为学习记录垫板使用。

◆参考用书选用方法

在学习过程中，学生需要查阅大量参考资料，下表为中国人力资源和社会保障出版集团出版的适宜本专业一体化教学使用的参考书目录。

汽车维修专业一体化教学参考书目录（中级阶段）

序号	书号	书名
1	978-7-5045-8590-5	汽车文化
2	978-7-5045-8832-6	汽车结构
3	978-7-5045-8843-2	汽车识图
4	978-7-5045-8914-9	机械常识与维修基础
5	978-7-5045-8422-9	汽车电路知识与基本操作技能
6	978-7-5045-9057-2	汽车发动机构造与维修
7	978-7-5045-7647-7	汽车电控发动机构造与维修
8	978-7-5045-8874-6	汽车底盘构造与维修
9	978-7-5045-9005-3	汽车电气设备构造与维修
10	978-7-5045-8457-1	汽车底盘与车身电控技术
11	978-7-5045-7574-6	汽车自动变速器构造与维修
12	978-7-5045-8508-0	汽车维护实训
13	978-7-5045-8421-2	汽车故障诊断

目　录

学习任务一　充电指示灯亮故障的检修

学习目标

1. 能根据维修手册要求，了解充电系统的作用、结构组成及原理，完成充电系统及电路故障原因分析（故障维修流程编写）。

2. 能分析充电系统电路图，并进行电路拆绘。

3. 能根据维修手册要求，在教师指导下，完成充电系统及电路的检查（就车检查）。

4. 能正确使用充电系统，并能进行充电系统的拆装与调整。

5. 能根据维修手册要求，在教师指导下，完成充电系统及电路故障维修。

6. 能进行团队成员的有效沟通与协同作业。

建议学时

60 学时

工作情境描述

一辆帕萨特轿车在高速公路上行驶过程中，驾驶员突然发现仪表板上有一个类似蓄电池外形图案的指示灯亮了，通常状况下该指示灯不会点亮。车主按照习惯按了几次仪表板按钮后，指示灯照样没有熄灭，于是车主将该车开往相应维修店维修。经维修技师检查初步判断为发电机故障，作为维修人员需对相关部件进行检查。根据维修手册要求，在规定时间（参照维修资料）内完成汽车电源系统的检查与零部件的更换，完成后交付班组长验收。

工作流程与活动

学习活动 1　维修方案制订

学习活动 2　故障基本检查

学习活动 3　发电机的拆装与检测

学习活动 1　维修方案制订

学习目标

1. 能了解电工基础知识。

2. 能描述充电系统的工作原理，并能简单分析充电系统电路图。

3. 能初步分析充电指示灯亮故障的现象及原因。

4. 能列举并正确使用充电指示灯亮故障检查所用的工量具及仪器。

5. 能查阅维修手册，列举充电指示灯亮故障的检查方法，并进行操作。

6. 能查阅相关资料，制订充电指示灯亮故障的维修方案。

建议学时：16 学时

学习准备

汽车维修手册、互联网资源、多媒体、整车、万用表等。

学习过程

一、充电系统故障现象观察确认

如下图所示，在汽车的仪表盘上有一个外形像蓄电池一样的标识，这个灯是________灯。在实车上试验看看此灯在什么时候亮？在什么时候不亮？该指示灯出现哪些状况时说明充电系统有故障了?

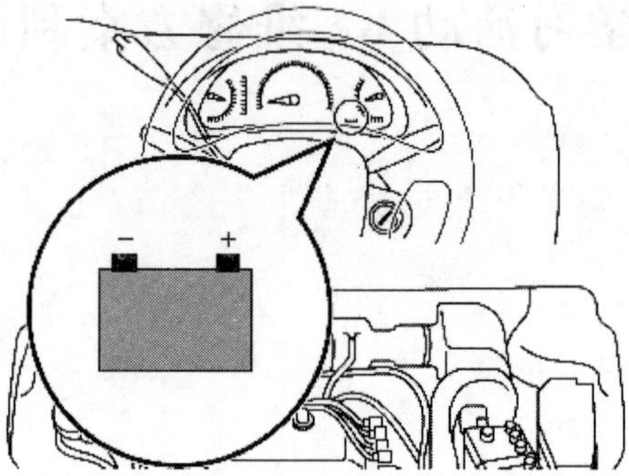

二、电工基础知识

1. 了解电压、电流及电阻。

(1) 电压是指________________________，单位是__________，测量电压常用的量具为__________。

在下图中标出测量电压时万用表的连接情况（问号处分别代表什么），并写出测量电压时的注意事项。

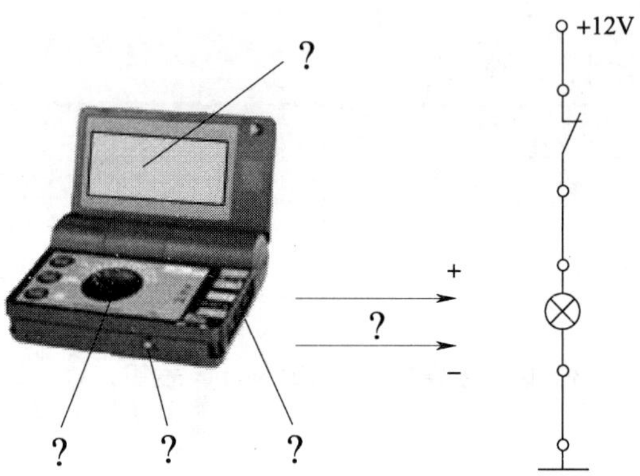

测量电压时的注意事项:

(2) 电流是指____________________，单位是________。

(3) 电阻是指__________，单位是______，影响电阻的因素有____________________。

（4）对照下图及所学知识，写出电阻、电压和电流的关系。

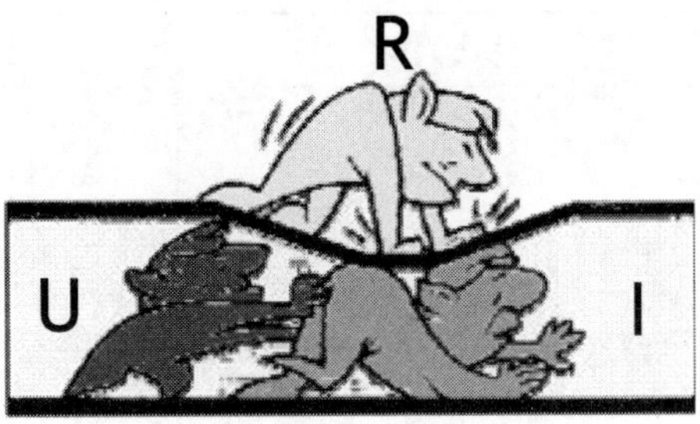

2. 识读下表，了解电的产生及类型，说说汽车上使用的电是__________（直流/交流）电。

电的产生	示意图	类型
电池、节电池	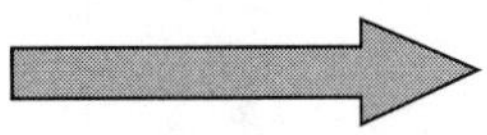	直流电
发电机		交流电
摩擦	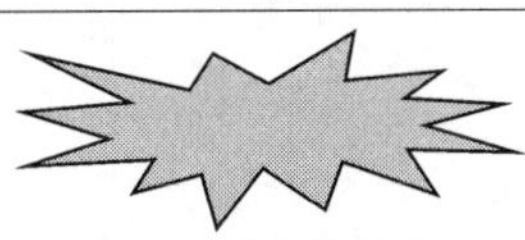	静电

3. 一个完整的电路由电源、开关、________及导线组成。下表所示为汽车上常用电器件的名称、作用及图示，查阅相关资料，填写下表。

名　称	作　用	图示
汽车灯泡		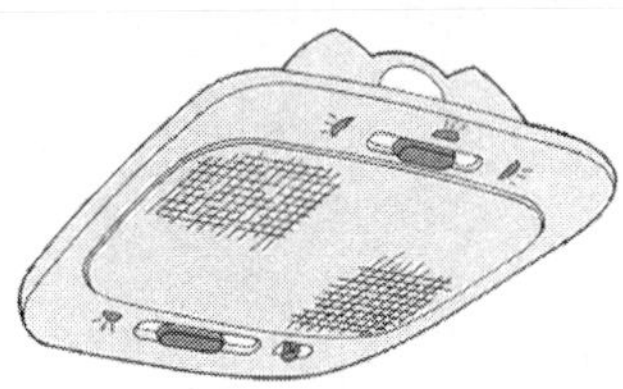

续表

名　称	作　用	图示
传感器加热器		
电动机		
继电器		
喇叭		

4. 对照下图，写出串联电路和并联电路的特点及两者之间的区别。

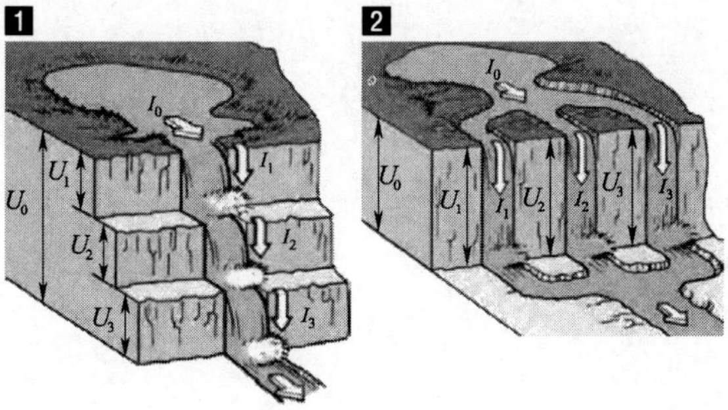

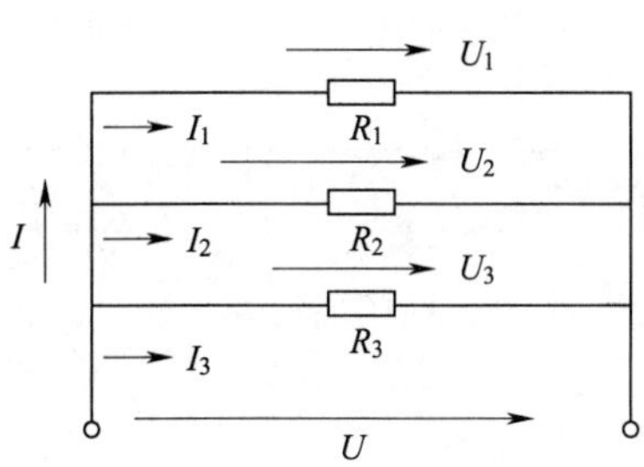

(　　)联

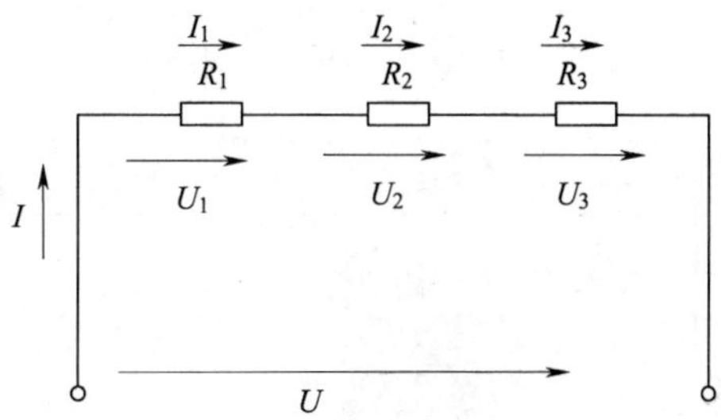

(　　)联

串联电路的特点：

并联电路的特点：

串联电路与并联电路的区别：

在实车上观察，蓄电池和发电机电路是________________连接方式。

5. 对照下图，写出短路电路与断路电路的特点。

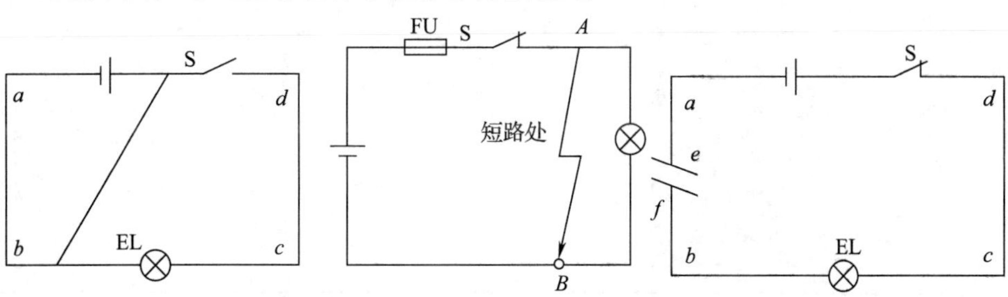

短路电路的特点：

断路电路的特点：

6. 画出下列电子元器件的符号，并说明它们的作用。

名称	实物图	元器件符号	作用
三极管			
二极管			
电阻	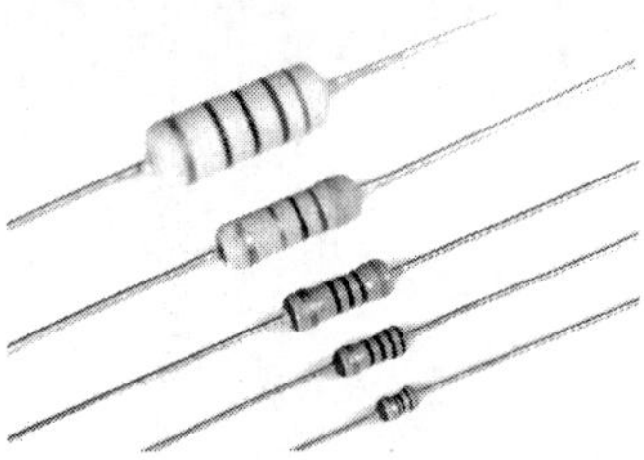		
电容			

7．磁场是指环绕磁体的区域，其中存在引力特性。这些磁力是有方向的，并且可以用磁力线描述，它们从 N 极分出，然后在 S 极汇合。如果将两个磁体的端部相对放置，会出现________（相同/相反）磁极相互吸引，________（相同/相反）磁极相互排斥现象。

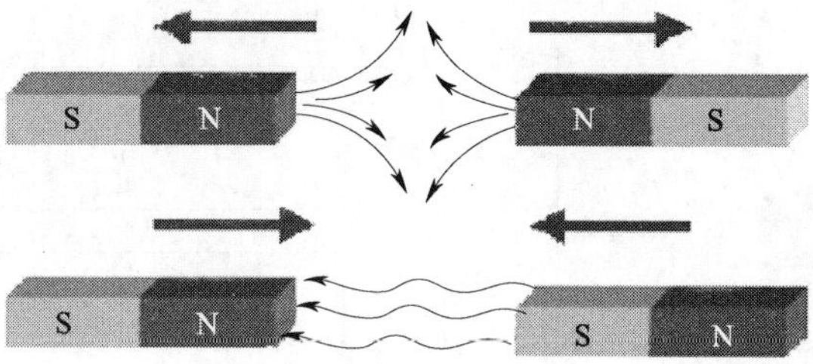

磁极间的作用

小资料：

电磁：磁体会产生磁场，流过一根导线的电流也会产生磁场，被称为电磁场。

线圈：如果导线为线圈式（绕线），则电磁场强度加强。电磁场的实际强度与线圈匝数和流经电流的大小成正比。在线圈中央加入软铁心可以集中和增强磁场强度，这种组合被应用于电磁铁或电磁阀。

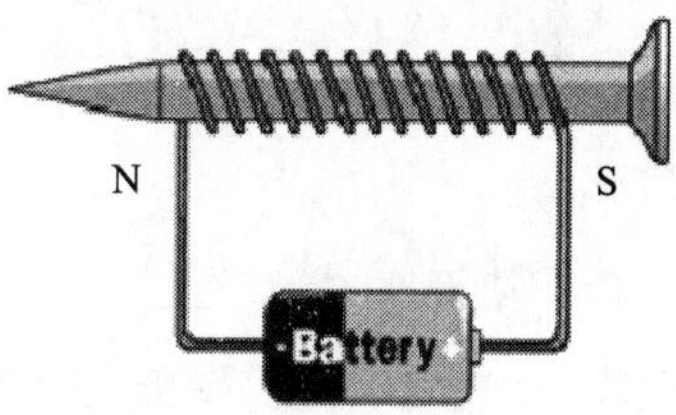

线圈

8．对照下图，说明什么是电磁感应现象。

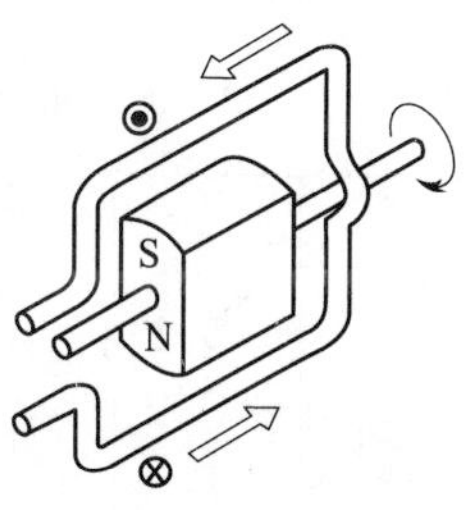

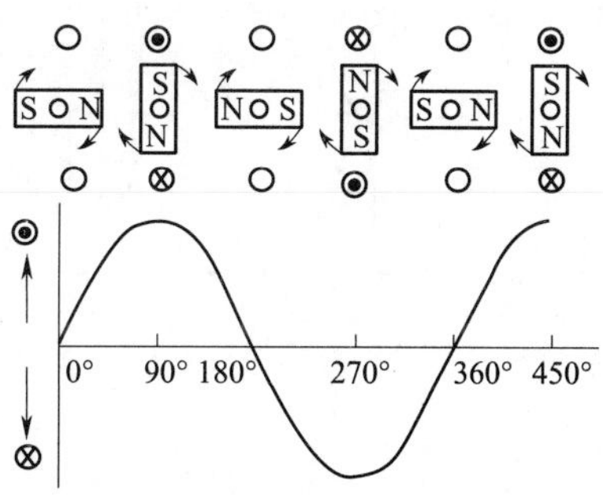

三、充电系统的组成及工作原理

1. 汽车电源充电系统由蓄电池、点火开关、充电指示灯及________（起动机/发电机）等组成，在下图中相应位置填上各元器件的名称。

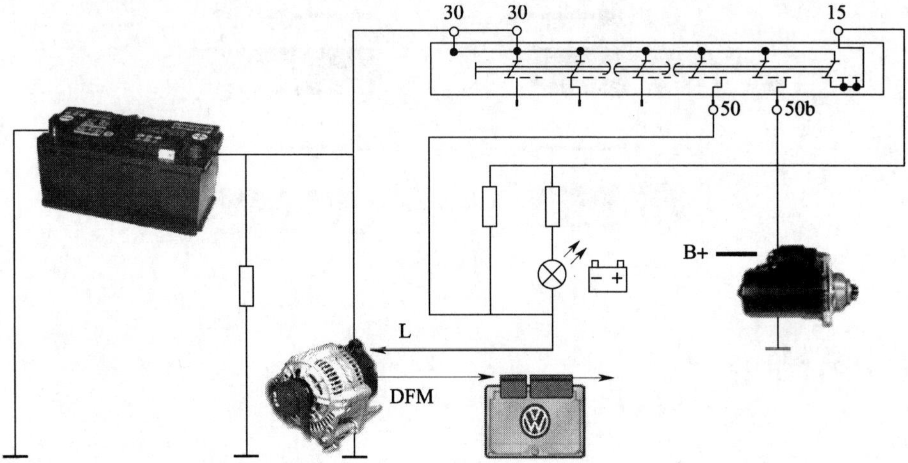

发电机的 DFM 信号输送给__________（起动机/发动机控制单元），用于检测发电机的负载。

蓄电池的作用是：____________________；发电机的作用是：____________________。

2. 交流发电机的作用。分析下图可以看出，当发动机在怠速以上转速运转时，除了向全车电气系统供电，同时还向__________充电。

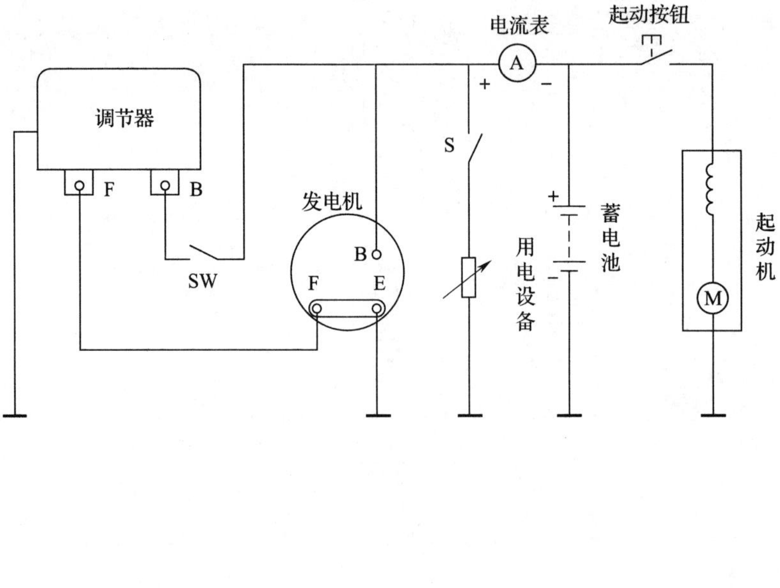

3. 发电机的结构如下图所示，在下表中写出各部件的名称。

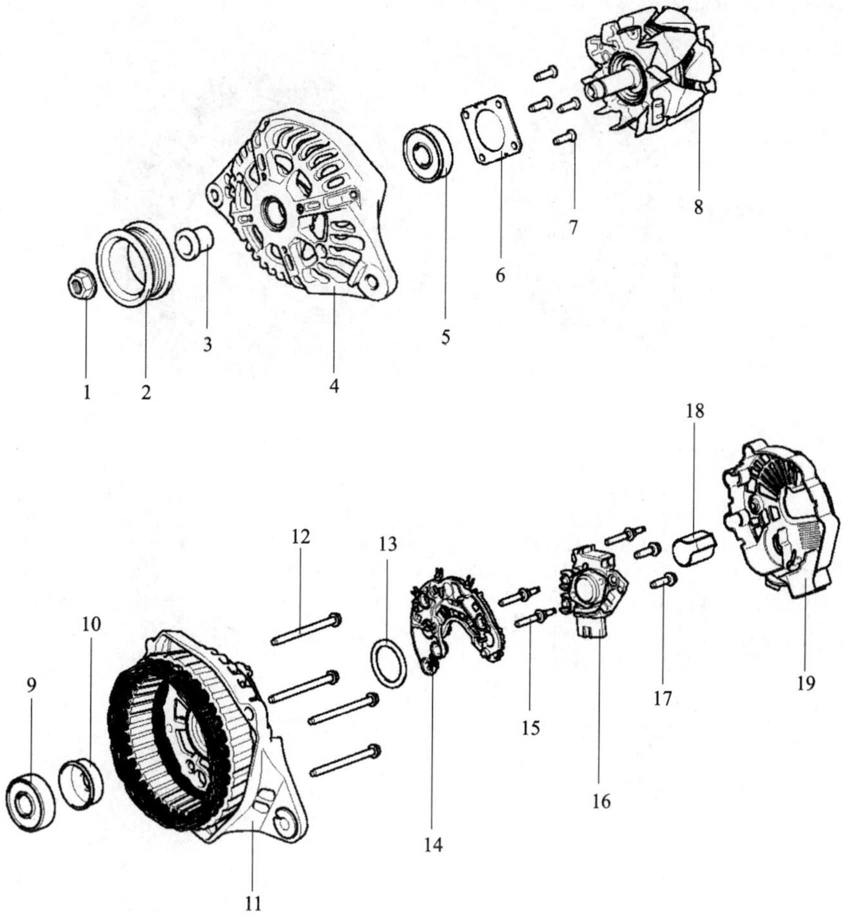

序号	名称	序号	名称
1	螺母	11	
2		12	螺栓
3	隔圈	13	密封件
4		14	
5		15	双头螺栓
6		16	
7	轴承盖螺栓	17	电刷支架螺栓
8		18	
9		19	盖
10			

4. 定子绕组的连接类型有星形连接与三角形连接，下图中的两幅图分别是什么连接方法？两种连接方法有什么区别？定子的作用是什么？

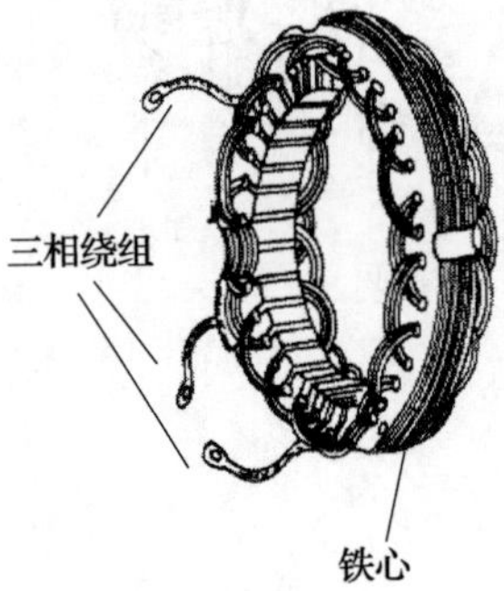

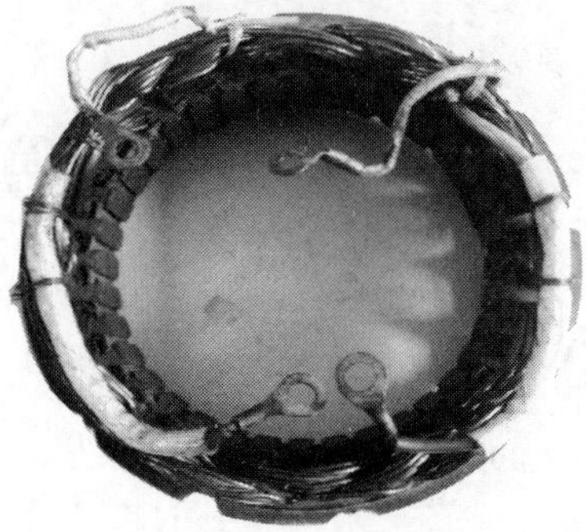

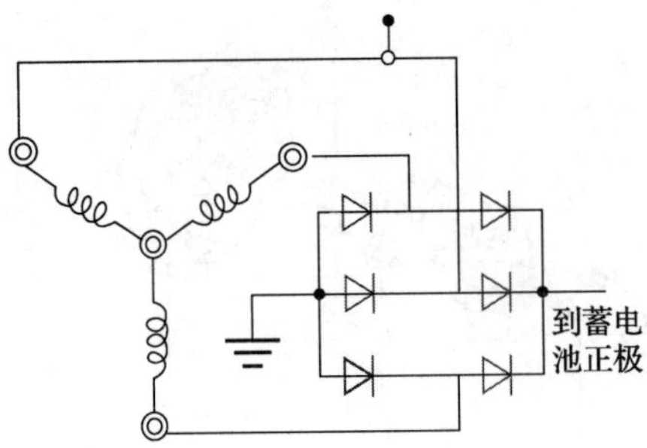

（　　）连接方法

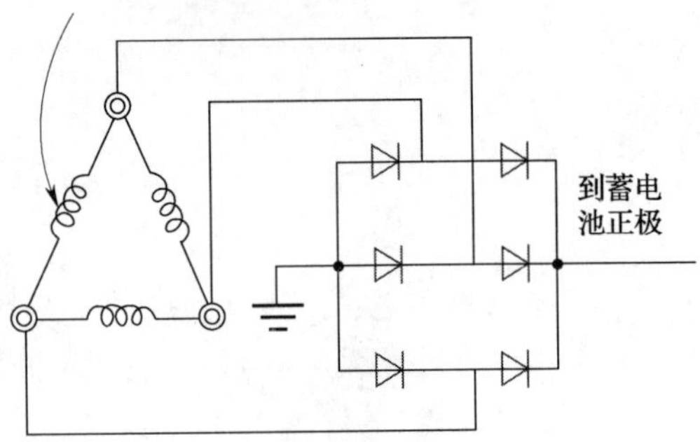

（　　）连接方法

区别：

定子的作用：

5. 转子如下图所示，在图中空白方框里填上各零部件的名称，并写出转子的作用。

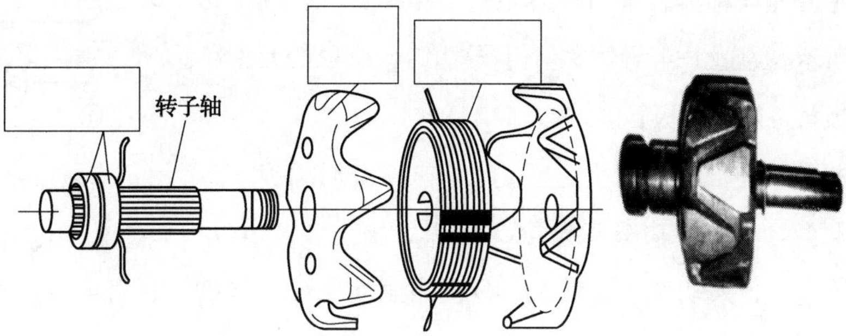

转子的作用：

6. 下图所示是发电机的电路接线图，图中椭圆处是____________（直流/交流）电，箭头处是____________（直流/交流）电，并说明发电机的工作原理。

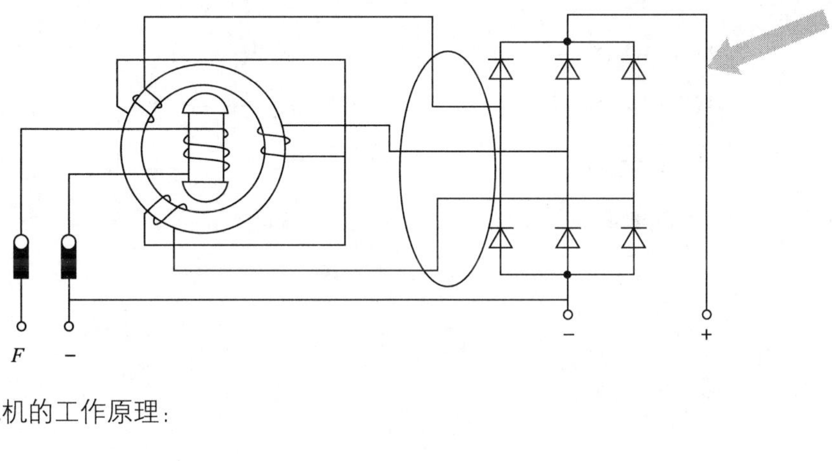

发电机的工作原理：

7. 整流器的相关知识。

（1）二极管是一种具有单向传导电流的电子器件，其电路符号如下图所示。通过 P 半导体和 N 半导体结合形成的元件称为半导体二极管，简称二极管。

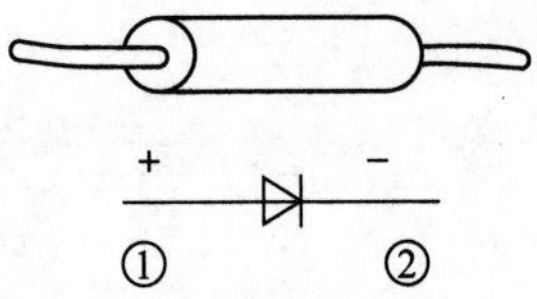

二极管电路符号

1—正极（阳极 P）

2—负极（阴极 N）

（2）二极管的特性是具有________（单向/双向）导电性，可用万用表测量，其中小功率二极管正向电阻为________；反向电阻为________，大功率二极管正、反向电阻均比小功率的电阻小得多。

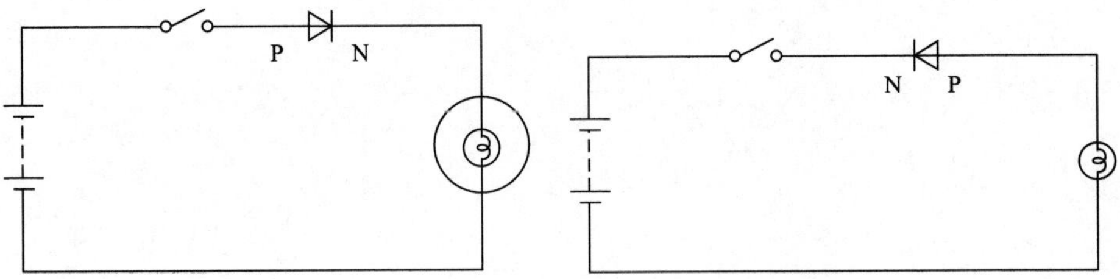

正向导通　　反向截止

二极管单向导电性

（3）查阅资料，说明为什么下图中的二极管会导通。

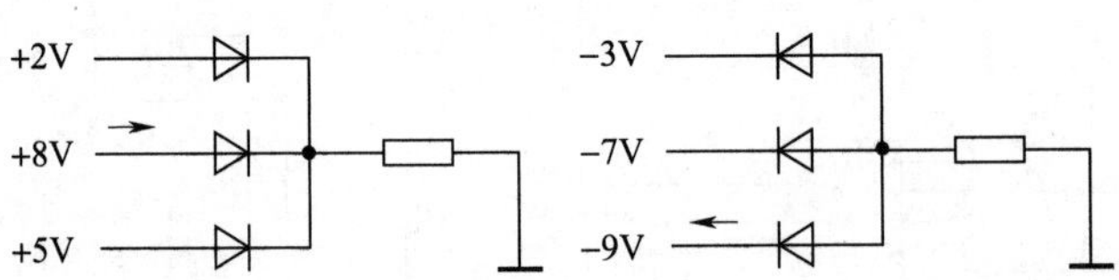

正二极管　　负二极管

（4）整流器可以把交流电变成直流电。分析下图，写出整流器是怎样把交流电转变成直流电的?

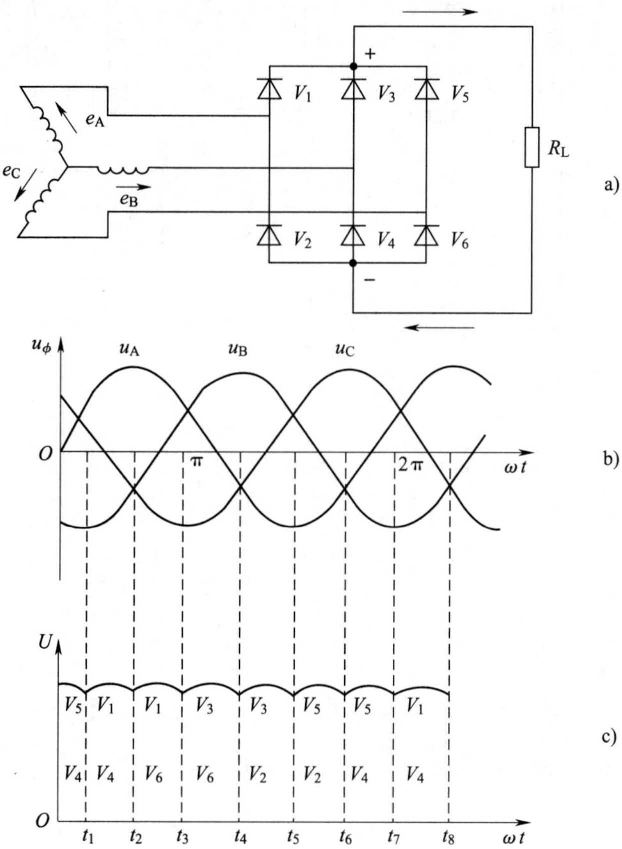

8．电压调节器的相关知识。

（1）发电机输出电压的大小与发电机的转速及转子线圈的磁场强度有关，当发电机的转速升高时，如果需要发电机输出的电压保持稳定，可以用__________调节发电机的输出电压。

（2）对照下图叙述电压调节器的基本工作原理。

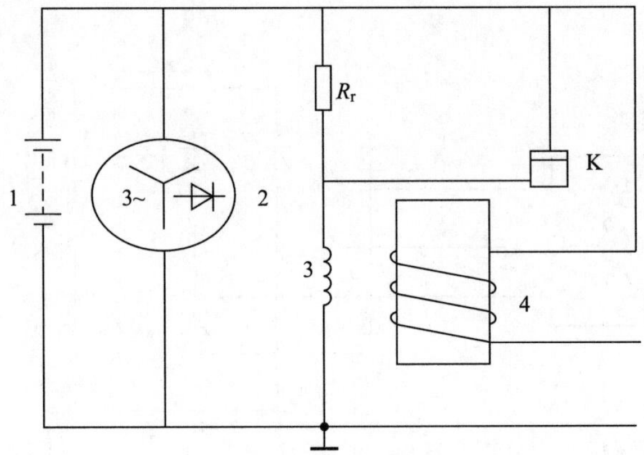

（3）对照下图并查找上海大众相关资料，在下图中标出相关元件的名称。其中发电机总共有 3 个连接端子，分别为 DFM、L 及发电机输出电压端子________。

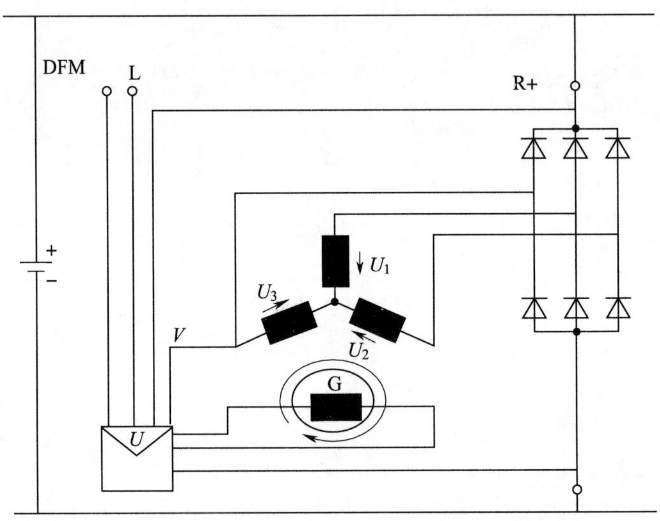

四、蓄电池的使用

1．查阅相关资料，说明蓄电池都有哪些类型，并填写下表。

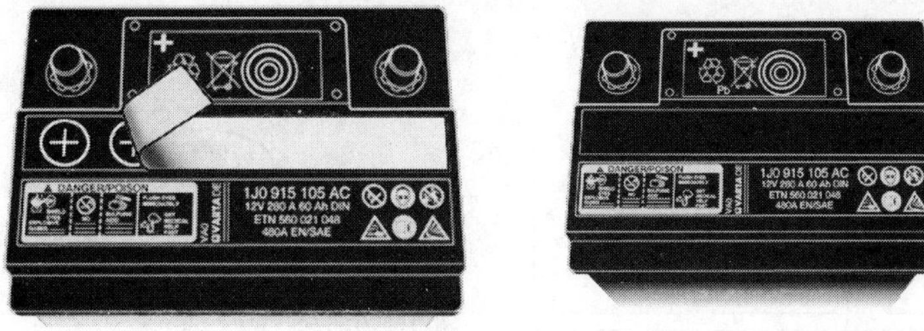

汽车蓄电池

类型	加液孔	电眼	维护	使用
普通蓄电池	有	多个	需要	添加蒸馏水、测密度
			不需要	电解液不足失效

2．下图中的蓄电池电压为________，容量为 360A（EN），其含义为：______________

__________________。

3．在下图空白框中填写蓄电池各部件的名称。

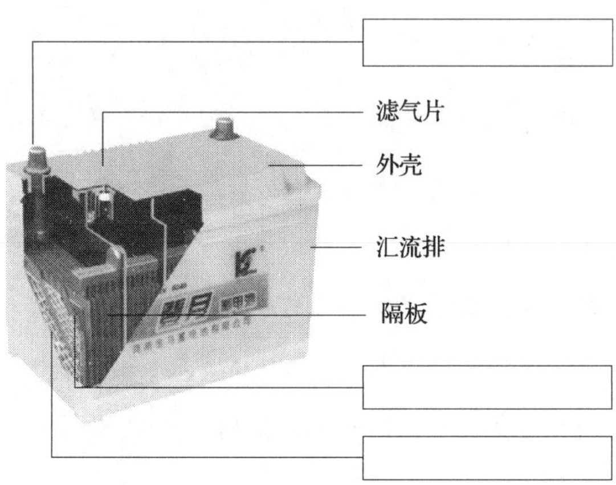

4. 免维护蓄电池分为有观察孔、无观察孔等多种，有观察孔的免维护蓄电池可通过观察孔的不同颜色来鉴别电解液是否充足。对照下图，在下表中填写免维护蓄电池观察孔各种颜色代表的含义。

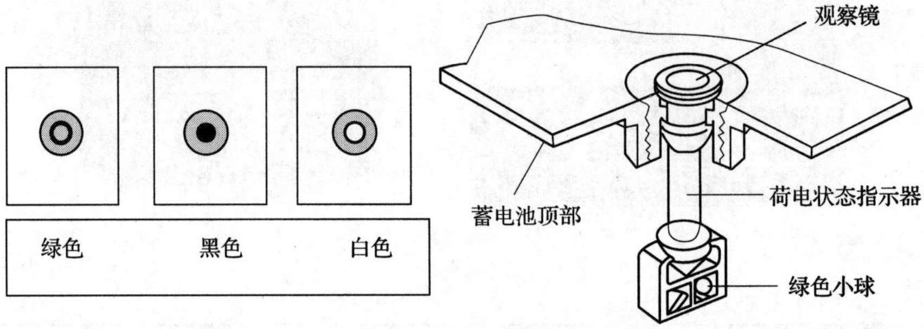

颜　色	含　义
绿　色	
黑色	
白色	

小资料：

充电时的注意事项

（1）遵守充电电流规范。

（2）观察各单格电池的电压和密度。

（3）观察电池温度。

（4）充电应连续进行。

（5）配制和灌入电解液时，应遵守安全操作规则。

（6）室内要安装通风装置，严禁明火。

（7）充电设备不应和蓄电池放置在同一工作室内。

五、制订维修方案

1. 查阅汽车维修资料，并在下方图框处画出充电指示灯的电路图。

2. 分析充电指示灯亮的故障原因，讨论并完成下面的故障分析图（鱼骨图）。

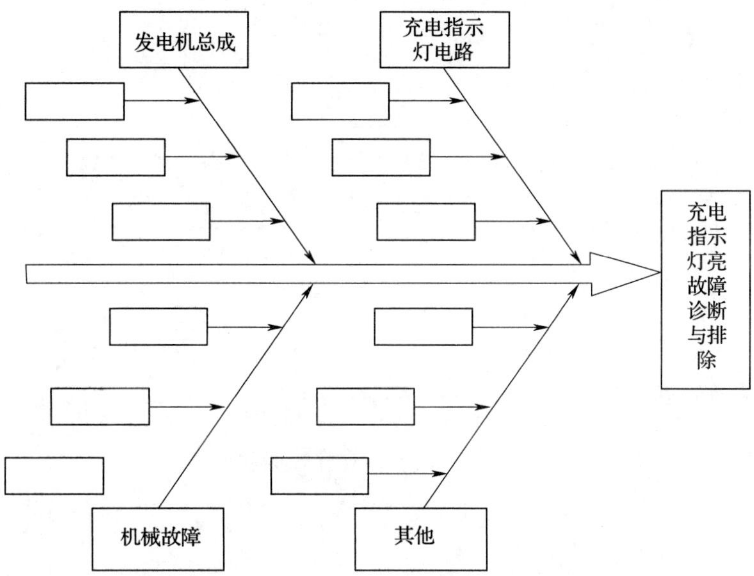

3. 结合上述充电指示灯亮故障的鱼骨图，小组讨论并制定检查步骤。

步骤 1：________________

步骤 2：________________

步骤 3：________________

步骤 4：________________

步骤 5：________________

步骤6：____

步骤7：____

步骤8：____

步骤9：____

六、总结与思考

1. 如果一辆汽车充电指示灯亮了，此时司机能不能进行长距离的驾车行驶？为什么？

2. 什么是发电机的自激？什么是发电机的他激？

3. 下图所示是上海大众汽车带负载管理的充电系统，查阅相关资料，写出各部件的名称及作用。

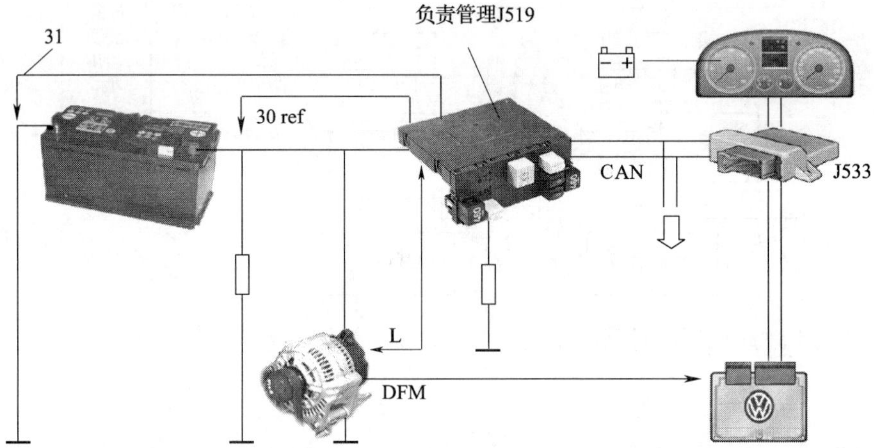

上海大众汽车带负载管理的充电系统

评价与分析

学习活动过程评价表

<table>
<tr><td>班级</td><td colspan="2"></td><td>姓名</td><td></td><td>学号</td><td></td><td>日期</td><td>年　月　日</td></tr>
<tr><td>序号</td><td colspan="5">评价要点</td><td>配分</td><td>得分</td><td>总评</td></tr>
<tr><td>1</td><td colspan="5">能在教师的指导下完成充电指示灯亮故障现象的确认</td><td>5</td><td></td><td rowspan="9">A□（86～100）
B□（76～85）
C□（60～75）
D□（60 以下）</td></tr>
<tr><td>2</td><td colspan="5">能查阅资料，熟悉电工学基础知识</td><td>5</td><td></td></tr>
<tr><td>3</td><td colspan="5">能就车识别汽车电源系统各组成部件的名称及功用</td><td>10</td><td></td></tr>
<tr><td>4</td><td colspan="5">能解释充电指示灯的控制原理</td><td>20</td><td></td></tr>
<tr><td>5</td><td colspan="5">能查阅待检车辆相关资料，分析充电指示灯亮故障的原因，并完成鱼骨图的绘制</td><td>20</td><td></td></tr>
<tr><td>6</td><td colspan="5">能制订充电指示灯亮故障的检测维修方案</td><td>10</td><td></td></tr>
<tr><td>7</td><td colspan="5">能遵守劳动纪律，以积极的态度接受工作任务</td><td>10</td><td></td></tr>
<tr><td>8</td><td colspan="5">能积极参与小组讨论，发挥团队合作精神</td><td>10</td><td></td></tr>
<tr><td>9</td><td colspan="5">能及时完成老师布置的任务及工作页</td><td>10</td><td></td></tr>
<tr><td colspan="6">总　分</td><td>100</td><td></td><td></td></tr>
<tr><td>小结
建议</td><td colspan="8"></td></tr>
</table>

学习活动2　故障基本检查

学习目标

1. 能正确使用万用表对充电系统进行就车检查，初步判断故障点。

2. 能在作业过程中遵守安全操作规范及5S管理要求。

3. 能在作业过程中自我检查贯彻的情况，做好过程记录。

4. 能对相关资料、互联网资源进行检索，完成工单、工作页的填写。

建议学时：12学时

学习准备

汽车维修手册、互联网资源、整车、拆装工具、万用表、试灯、多媒体等。

学习过程

一、汽车电器元件的工作原理及检测方法

1. 汽车万用表（见下图）与普通万用表的用法基本相同，区别之处在于它能测量普通万用表不能测定的某些参数，如检测转速、闭合角、频宽比等。

查阅相关资料，说明汽车万用表在汽车故障检测与诊断中都有哪些功用，以及汽车万用表在使用过程中的注意事项。

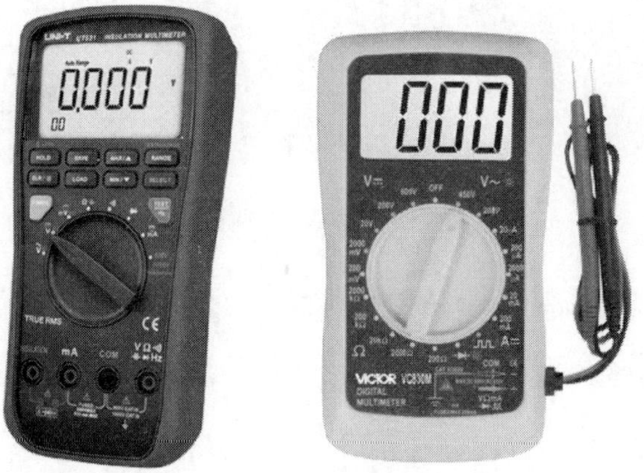

汽车万用表

（1）汽车万用表的功用：

（2）汽车万用表在使用过程中的注意事项：

2. 下图所示为汽车保险的实物图，查阅资料回答下列问题。

（1）汽车保险上的数字 20 代表什么含义？

（2）如果标注的是 10 A 的保险，能更换为 20 A 或者 5 A 的保险吗？为什么？

（3）用什么方法能判断保险是好的还是坏的？

3. 下图所示是汽车继电器实物及其电路图，查阅资料回答下列问题。

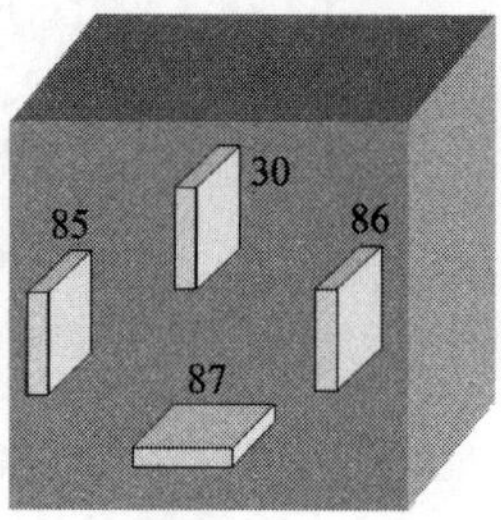

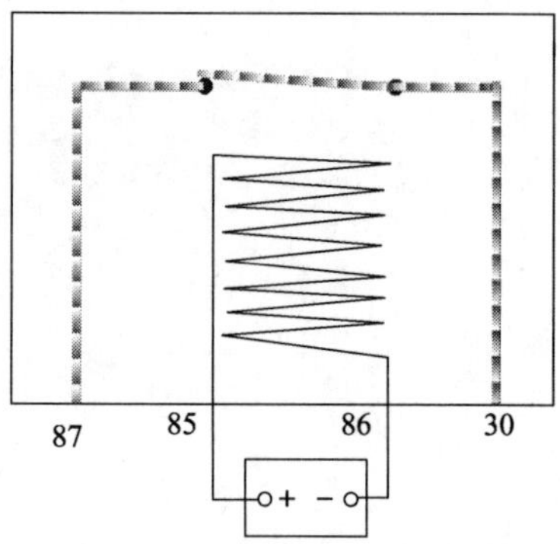

（1）汽车继电器的作用是什么？

（2）结合下图所示继电器的工作原理图，写出继电器的工作原理及检测步骤。

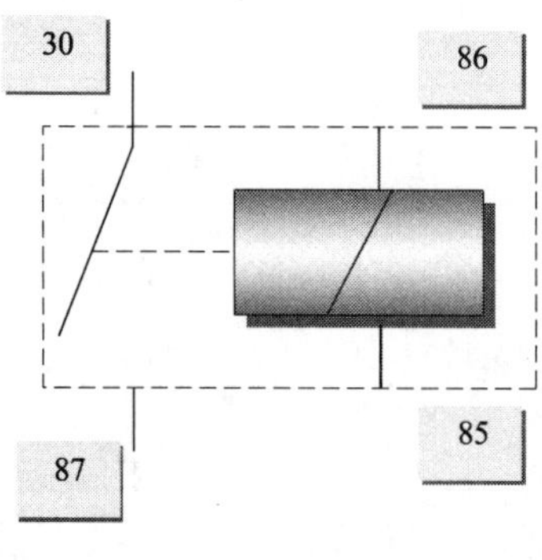

（3）你能测量出继电器线圈的电阻值是多大吗？说明测量步骤及方法。

二、充电系统的检测（不拆卸）

1. 根据发电机的工作原理及充电系统电路图，在不拆卸充电系统零部件的情况下，怎样进行充电指示灯亮故障的检测，并初步判断其故障原因（补充下表）。

测量点	检测数据	可能的故障原因	检测结论

2. 下图中的最大输出电流和蓄电池充电电流分别是多少？线路检查结果如何？

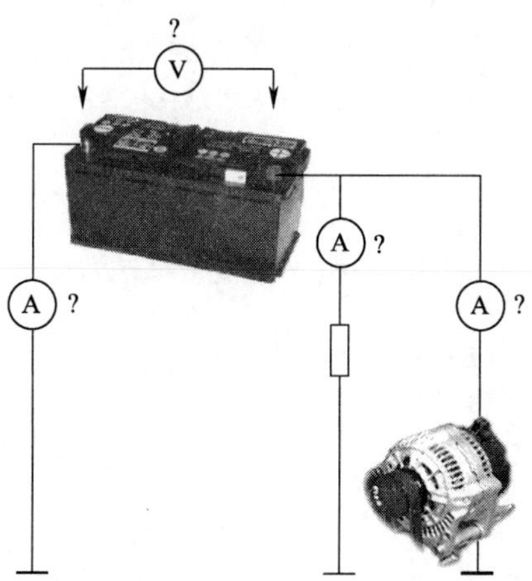

最大输出电流检测：

检查蓄电池充电电流：

线路检查结果：

3．发电机 DFM 端子检测。结合下图，可检测发电机 DFM 信号是否异常，其波形为________，可用工具____________测量其是否正常。

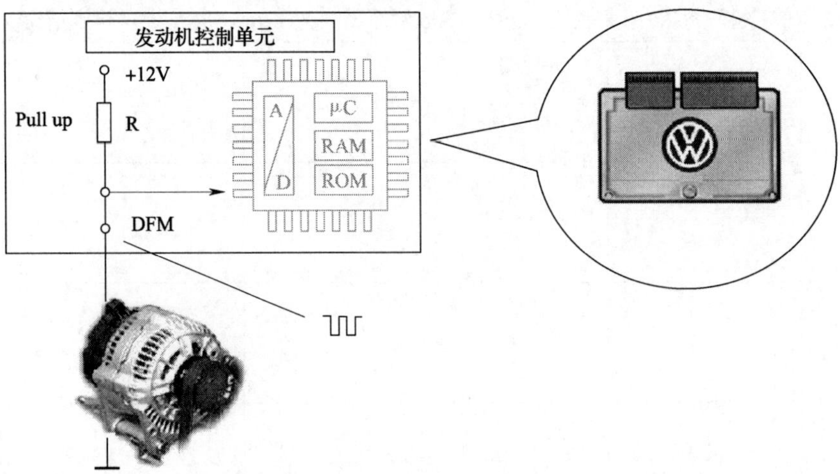

发电机 DFM 端子检测

三、总结与思考

1．在本次学习中你认为最大的收获是什么？还有什么地方需要提高？在本次操作过程中按照操作规范操作了吗？

2．若充电指示灯亮就一定说明发电机不发电了吗？为什么？

评价与分析

学习活动过程评价表

<table>
<tr><td>班级</td><td></td><td>姓名</td><td></td><td>学号</td><td></td><td>日期</td><td>年　月　日</td></tr>
<tr><td>序号</td><td colspan="5">评价要点</td><td>配分</td><td>得分</td><td>总评</td></tr>
<tr><td>1</td><td colspan="5">能写出汽车万用表的功能及使用方法</td><td>20</td><td></td><td rowspan="7">A□（86～100）
B□（76～85）
C□（60～75）
D□（60 以下）</td></tr>
<tr><td>2</td><td colspan="5">能就车完成充电系统的相关检测并记录</td><td>15</td><td></td></tr>
<tr><td>3</td><td colspan="5">能根据检测数据初步确定故障点</td><td>15</td><td></td></tr>
<tr><td>4</td><td colspan="5">能查阅相关资料，明确设备的正常使用规范</td><td>15</td><td></td></tr>
<tr><td>5</td><td colspan="5">能遵守劳动纪律，以积极的态度接受工作任务</td><td>10</td><td></td></tr>
<tr><td>6</td><td colspan="5">能积极参与小组讨论，团队间相互合作</td><td>15</td><td></td></tr>
<tr><td>7</td><td colspan="5">能及时完成老师布置的任务</td><td>10</td><td></td></tr>
<tr><td colspan="6">总　分</td><td>100</td><td></td><td></td></tr>
<tr><td>小结
建议</td><td colspan="8"></td></tr>
</table>

学习活动3 发电机的拆装与检测

学习目标

1. 能正确、规范地使用工具，按要求就车拆卸与安装发电机。

2. 能对发电机进行分解，测量并判断零部件的技术状态。

3. 能在作业过程中遵守安全操作规范及5S管理要求。

4. 能在作业过程中自我检查贯彻的情况，做好过程记录。

建议学时：32学时

学习准备

汽车维修手册、互联网资源、整车、拆装工具、万用表、多媒体。

学习过程

一、发电机就车拆装

1. 在拆卸发电机前，先要把负极接线柱从蓄电池上拆下来，为什么?

如果不这样做可能会造成__________________的严重后果。

2. 查阅相关资料，写出待检车辆发电机的拆装步骤及要求。

拆卸			安装		
序号	步骤	要求	序号	步骤	要求

3. 参考下面两图，回答下列问题。

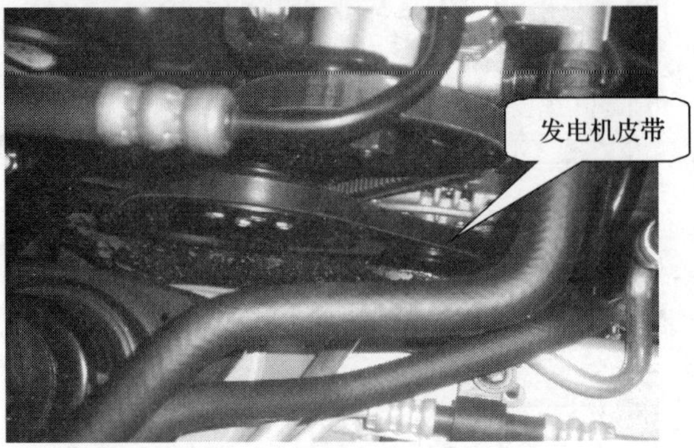

（1）在安装发电机皮带的时候，如果发电机皮带过松会造成______________后果；过紧会造成______________后果。

（2）皮带的张紧方法：

（3）皮带的张紧度要求：

二、发电机的分解及装配

1. 根据汽车维修手册要求，记录发电机分解、装配的步骤及要求，填入下表。

分解			装配		
序号	步骤	要求	序号	步骤	要求

2. 总结拆装体会，写出拆装心得。

三、发电机的检测

1. 在下图空白处标出各部件的名称。

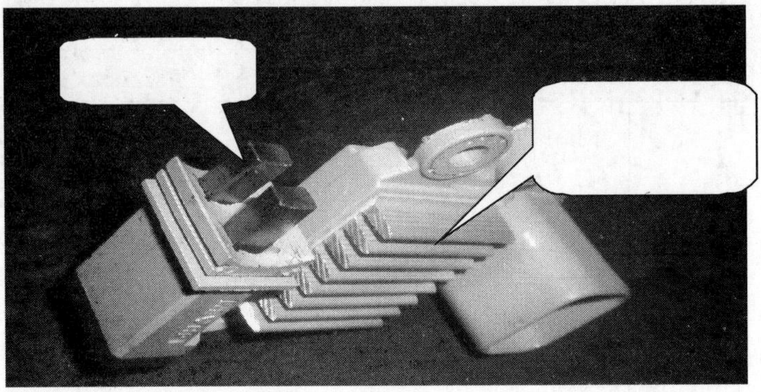

对滑环有哪些要求：

2. 转子的测量。在下图万用表的空白处填上测得的实际测量值。

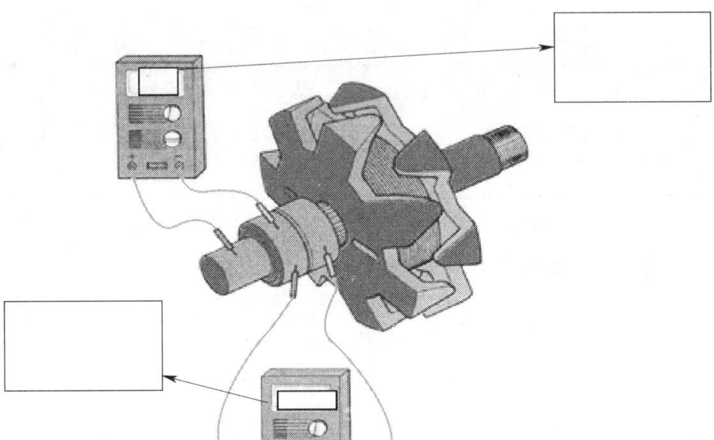

通过测量，能判断转子的使用状态吗？（□正常　□不正常）

除此以外还要检查滑环的磨损情况吗（见下图）？为什么？

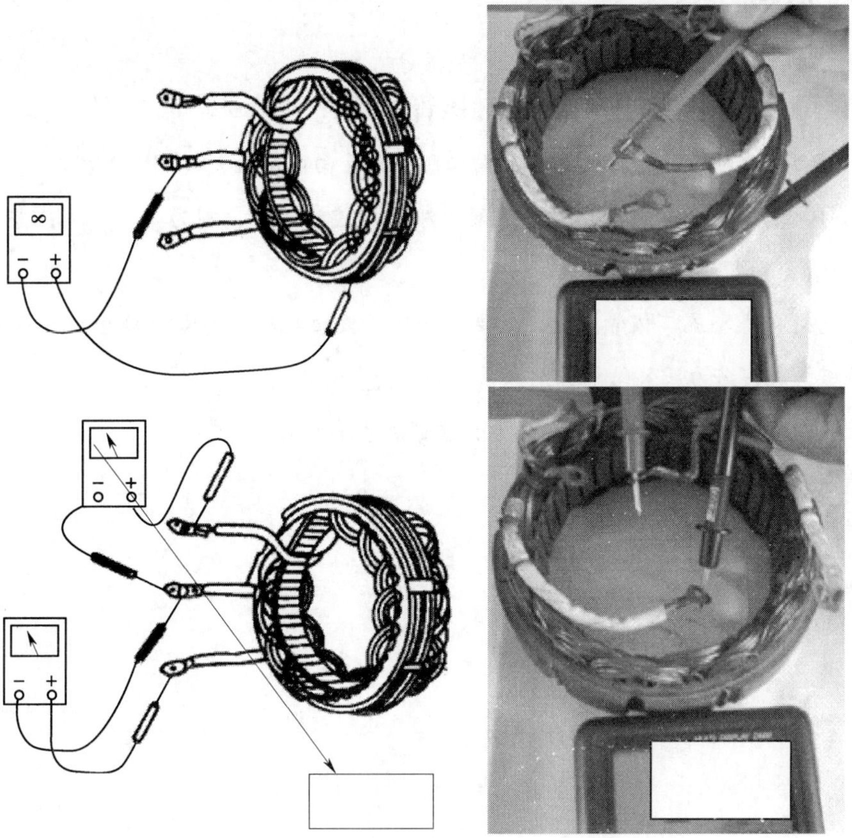

滑环磨损量的检查

3．叙述整流器的检测方法。

对实车进行检测，检测结果是：________________________________。

小资料：

硅二极管的检查

（1）用万用表检测二极管的正、反向电阻，若反向电阻值大（10 kΩ 左右），正向电阻值小（8～10 Ω），说明二极管良好。若两次测得阻值均为∞，则为________；若两次测得阻值均为0，则为短路。

（2）对焊接式整流二极管来说，只要有一只二极管损坏，则需更换该二极管所在的正或负整流板总成；若为压装结构，则只需更换________即可。

4．通过检测，你找出充电指示灯亮的故障点了吗？

故障点是：________________________________。

你采取什么方法排除故障：

四、总结与思考

1．如果发电机的整流器有一个二极管经检测已经烧坏了，会对发电机产生什么影响？

2．发电机的电压调节器如果烧毁了会对汽车造成什么影响？

评价与分析

学习活动过程评价表

班级		姓名		学号		日期	年　月　日
序号	评价要点				配分	得分	总评
1	能写出汽车万用表的功能及使用方法				15		A□（86～100） B□（76～85） C□（60～75） D□（60 以下）
2	能就车拆装、调整发电机总成				15		
3	能进行发电机的分解与检测				15		
4	能查阅相关资料，明确设备正常使用规范				15		
5	能遵守劳动纪律，以积极的态度接受工作任务				10		
6	能积极参与小组讨论，团队间相互合作				15		
7	能及时完成老师布置的任务				15		
总　分					100		
小结建议							

学习任务一评价表

班级：________　　　　姓名：________　　　　学号：________

<table>
<tr><th rowspan="3">项目</th><th colspan="3">自我评价</th><th colspan="3">小组评价</th><th colspan="3">教师评价</th></tr>
<tr><th>10 ~ 9</th><th>8 ~ 6</th><th>5 ~ 1</th><th>10 ~ 9</th><th>8 ~ 6</th><th>5 ~ 1</th><th>10 ~ 9</th><th>8 ~ 6</th><th>5 ~ 1</th></tr>
<tr><th colspan="3">占总评 10%</th><th colspan="3">占总评 30%</th><th colspan="3">占总评 60%</th></tr>
<tr><td>学习活动 1</td><td></td><td></td><td></td><td></td><td></td><td></td><td></td><td></td><td></td></tr>
<tr><td>学习活动 2</td><td></td><td></td><td></td><td></td><td></td><td></td><td></td><td></td><td></td></tr>
<tr><td>学习活动 3</td><td></td><td></td><td></td><td></td><td></td><td></td><td></td><td></td><td></td></tr>
<tr><td>协作精神</td><td></td><td></td><td></td><td></td><td></td><td></td><td></td><td></td><td></td></tr>
<tr><td>纪律观念</td><td></td><td></td><td></td><td></td><td></td><td></td><td></td><td></td><td></td></tr>
<tr><td>表达能力</td><td></td><td></td><td></td><td></td><td></td><td></td><td></td><td></td><td></td></tr>
<tr><td>工作态度</td><td></td><td></td><td></td><td></td><td></td><td></td><td></td><td></td><td></td></tr>
<tr><td>安全意识</td><td></td><td></td><td></td><td></td><td></td><td></td><td></td><td></td><td></td></tr>
<tr><td>任务总体表现</td><td></td><td></td><td></td><td></td><td></td><td></td><td></td><td></td><td></td></tr>
<tr><td>小计</td><td colspan="3"></td><td colspan="3"></td><td colspan="3"></td></tr>
<tr><td>总评</td><td colspan="9"></td></tr>
</table>

任课教师：________　　　年　　月　　日

学习任务二　起动机不工作故障的检修

学习目标

1. 能了解起动系统的基本构造、部件功能及基本工作原理。

2. 能正确选择并使用工量具与仪器，对零部件进行测量，判断零部件的工作状态。

3. 能根据维修手册要求，在规定时间内，规范地对起动系统进行拆卸、检修、装配，并完成拆装步骤的记录。

4. 能向组员叙述起动系统拆装安全操作规程，并在作业过程中自我检查贯彻的情况，做好过程记录。

5. 能通过情景模拟，正确回收零部件，填写竣工单，并向班组长汇报维修情况。

6. 能进行团队成员的有效沟通与协同作业。

建议学时

40 学时

工作情境描述

××车型汽车车主在路边熄火等待（等待期间使用过音响及点烟器）约 1 个小时，当车主想再次启动发动机时，发现无法启动，虽然拧动车钥匙听到有起动机的声音，但声音无力，有时启动声音断断续续，其电磁开关有吸动的“嗒、嗒”声。现车主将该车拖回维修店维修，经维修技师检查初步判断为起动系统故障，作为维修人员需对相关部件进行检查。根据维修手册要求，在规定时间（参照维修资料）内完成起动系统的检查与零部件的更换，完成后交付班组长验收。

工作流程与活动

学习活动 1　维修方案制订

学习活动 2　故障基本检查

学习活动 3　起动机的拆装与检测

学习活动 1　维修方案制订

学习目标

1. 能正确识读起动系统电路图，并说明电磁原理。

2. 能初步分析起动机不工作故障的现象及原因。

3. 能查阅维修手册，说明发动机起动系统的结构和工作原理。

4. 能列举并正确使用起动机系统检测所用的工量具及仪器。

5. 能查阅维修手册，列举起动系统的基本检查方法，并进行操作。

7. 能查阅相关资料，制订起动机不工作故障的维修方案。

建议学时：16 学时

学习准备

汽车维修手册、互联网资源、简单电路元件、车辆、多媒体等。

学习过程

一、故障现象分析

1. 你见过四驱车的电动马达吗？分析四驱车电动马达不能工作的原因有哪些？

2. 查阅相关资料，列举起动机不工作故障的现象，并初步分析其产生的原因。

二、起动系的结构及工作原理

1. 识读下图，说明起动系统的组成部件有哪些？各有什么功用？

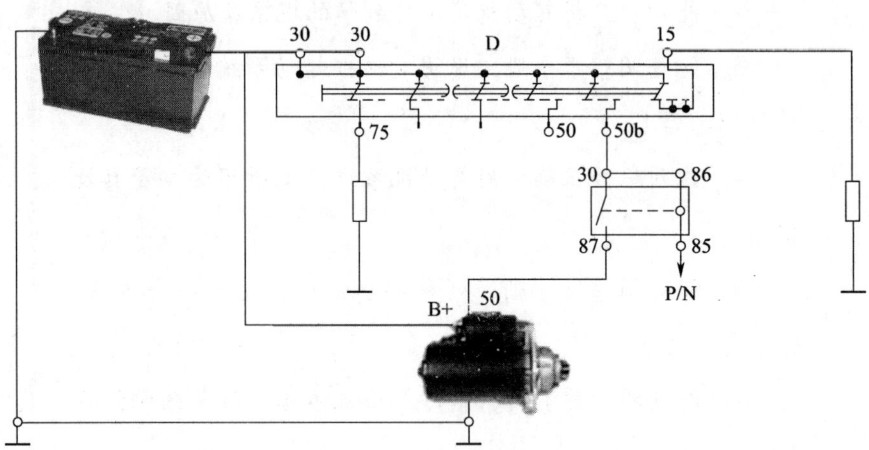

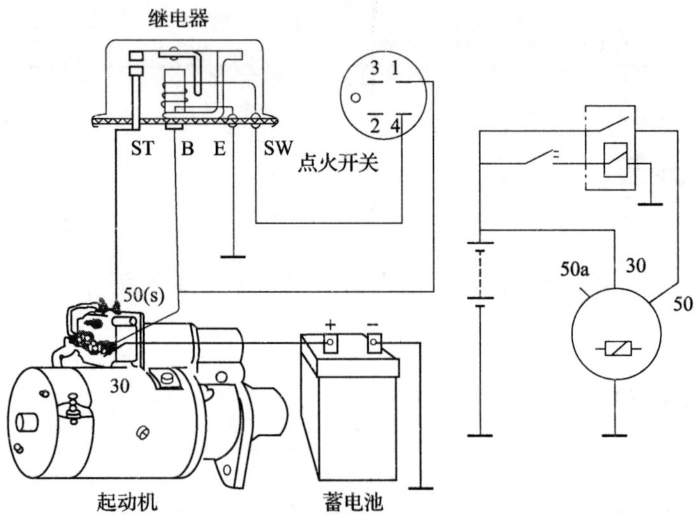

a) 接线图　　b) 电路原理图

起动机的结构及电路原理图

2. 认识汽车继电器。

（1）汽车继电器有什么作用?

（2）识读下图，继电器端子有________个，分别是________________。继电器端子脚有一对是相互垂直的，其功用是：____________________，此继电器是________（常开继电器/常闭继电器），继电器上的标识“40 A”是指____________________。

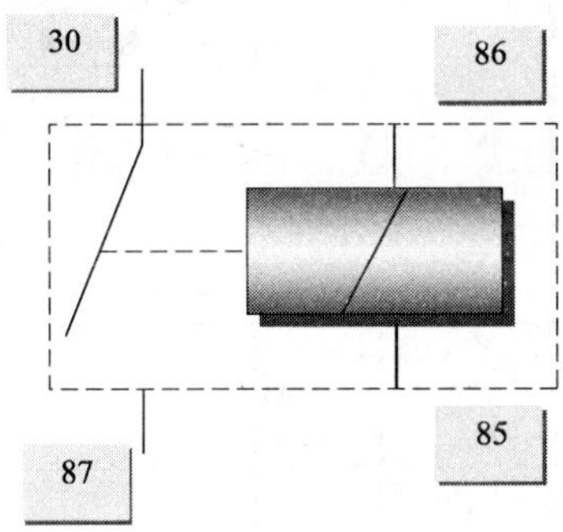

（3）观察下图并思考，当 D、E 通电后，衔铁如何运动？当 D、E 断电后，衔铁如何运动?

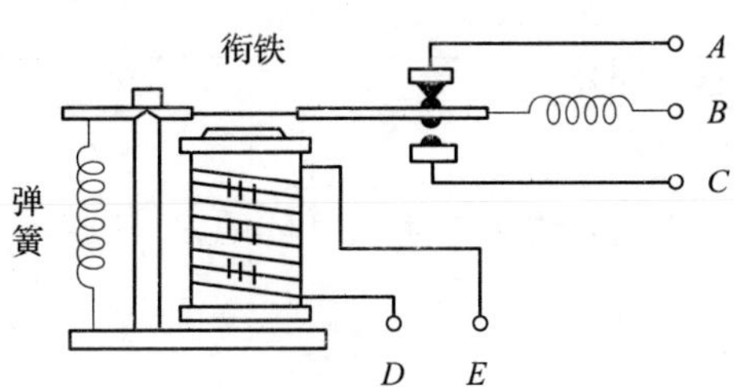

3. 认识起动系统简单电路图。

（1）观察右侧电路图，查阅相关资料回答问题。

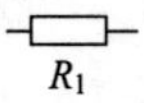

是________________

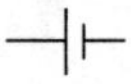
是________________

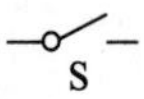

是________________

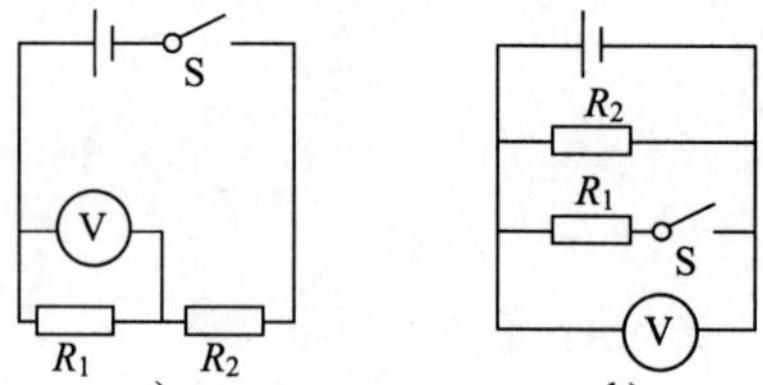

a) b)

（2）观察下面的电路图，查阅维修手册回答问题。

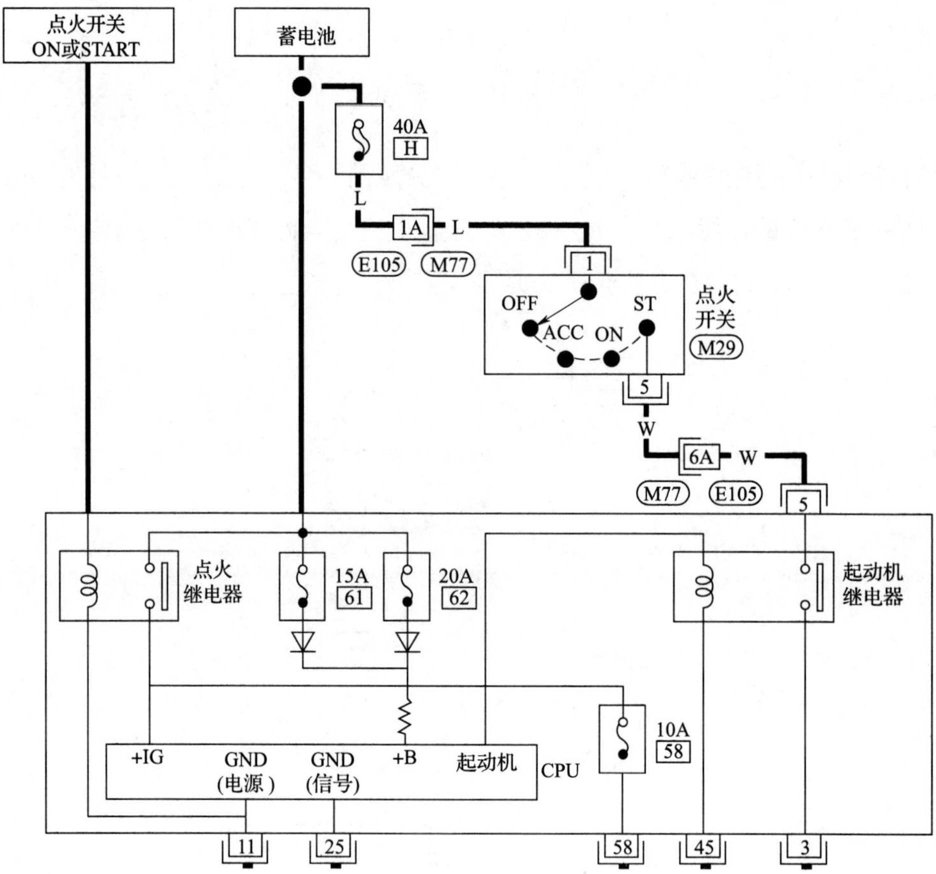

1）点火开关开到 ON 位置时，点火继电器（□闭合 □断开），起动继电器（□闭合 □断开）。

2）

中的 40 A 是指：________________________________。

3）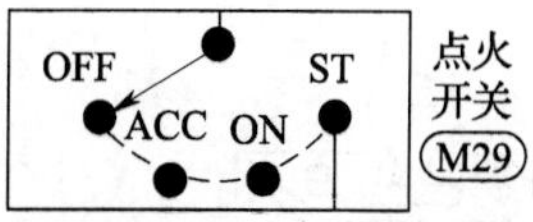中的各个挡位代表什么含义？

4）代表什么？有什么作用？

5）+IG 是指：________________。

6）+B 是指：________________

7）（GND 信号）是指：________________。

（3）根据电路图，完成下列线路图的连接。

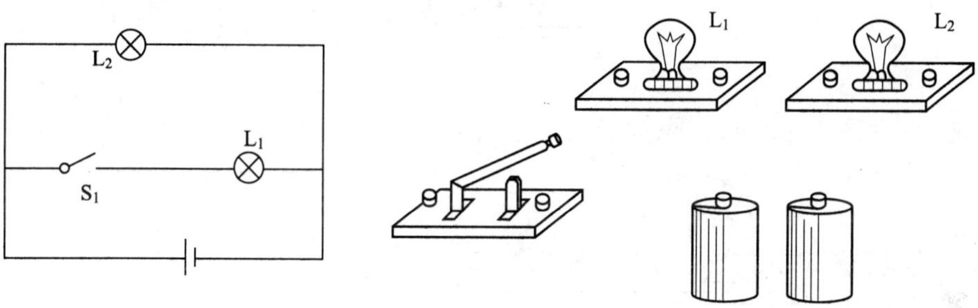

a)

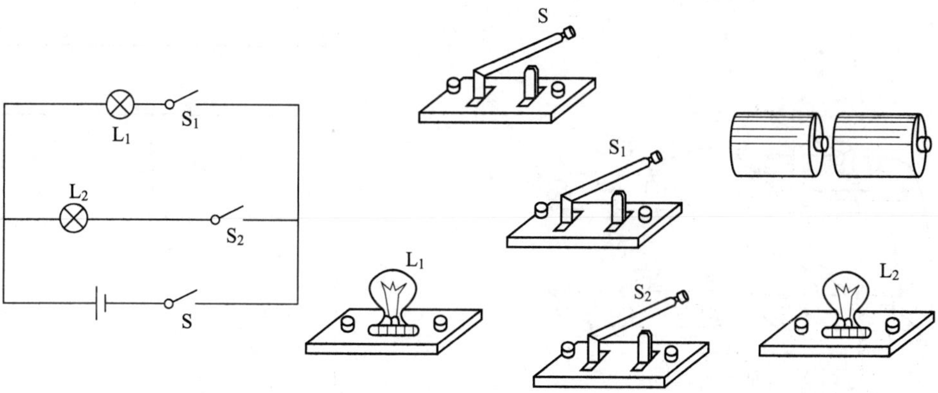

b)

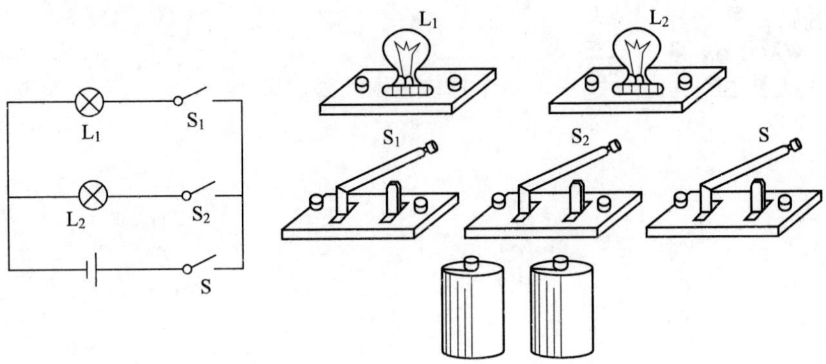

c)

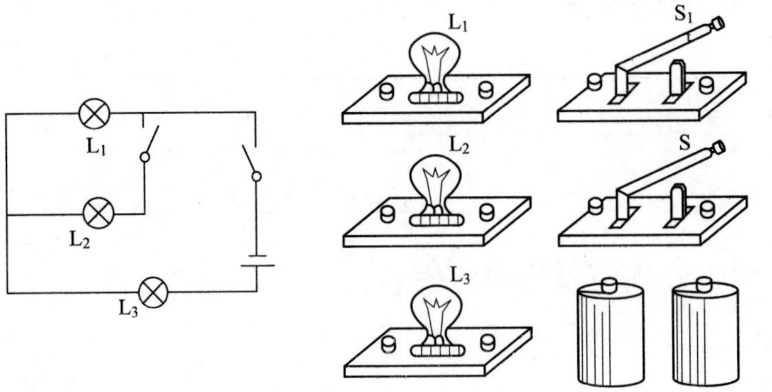

d)

(4) 完成下列两图对应的电路图的绘制。

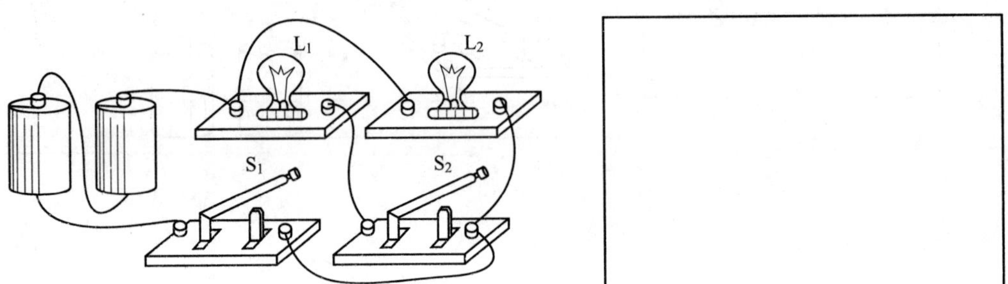

a)

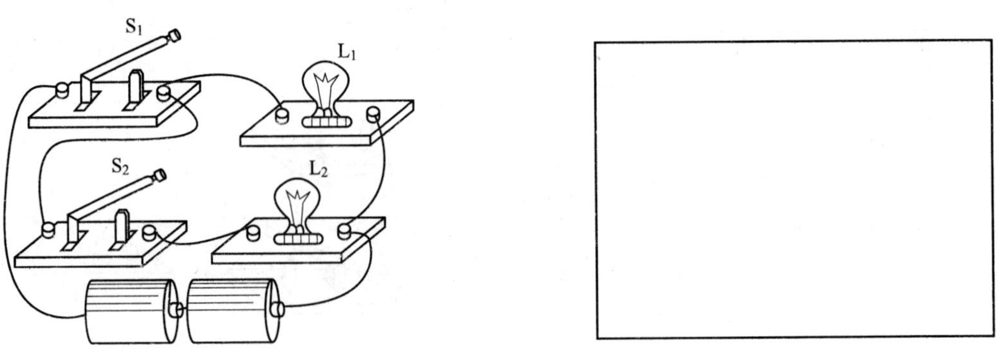

b)

4. 熟悉起动机系统在整车上的位置。

（1）就车观察，并对照右图写出各部件的名称： ①__________ ②__________	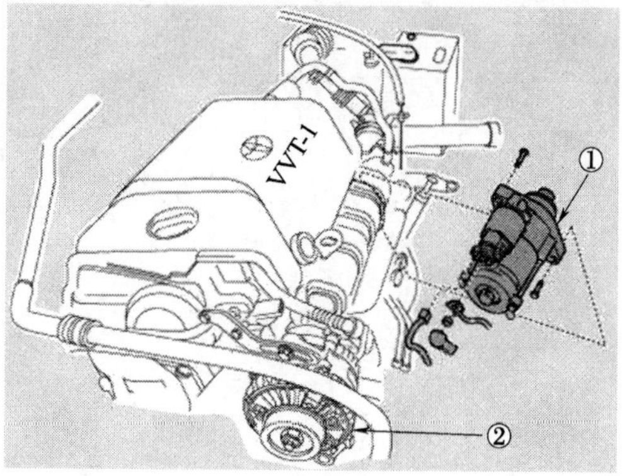
（2）如右图所示，零部件名称为： 1—定位螺母 2—起动机电缆 3—防短路盖 A—电瓶接柱（30 接柱） B—点火信号接柱（C 接柱） C—继电器接柱（50 接柱） 就车确认它们的位置并检查安装情况： □安装良好　　□存在问题 说明情况：	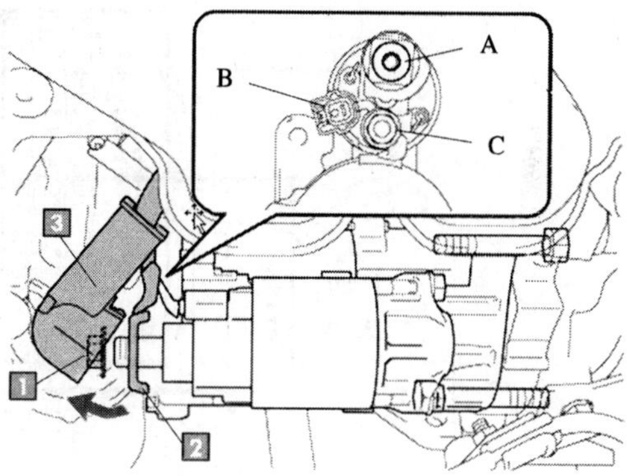

5. 认识起动系统的组成及作用。

起动系统采用电动机带动发动机起转，使发动机起动（见下图）。

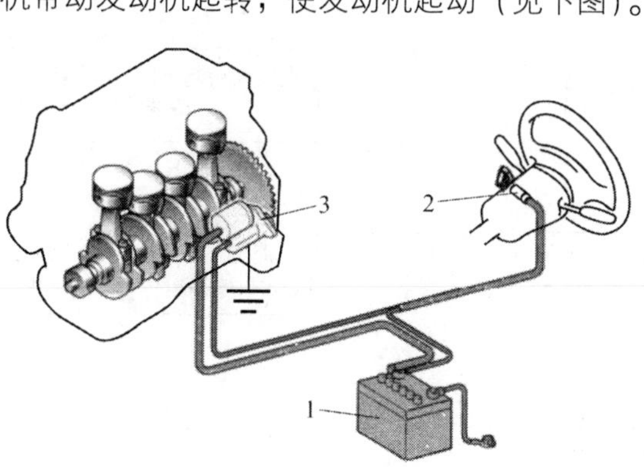

起动系统的组成

1—蓄电池　2—点火开关　3—起动机

(1) 对照右图，填写起动机各组成部件的名称。

①____________

②____________

③____________

④____________

⑤____________

⑥____________

⑦____________

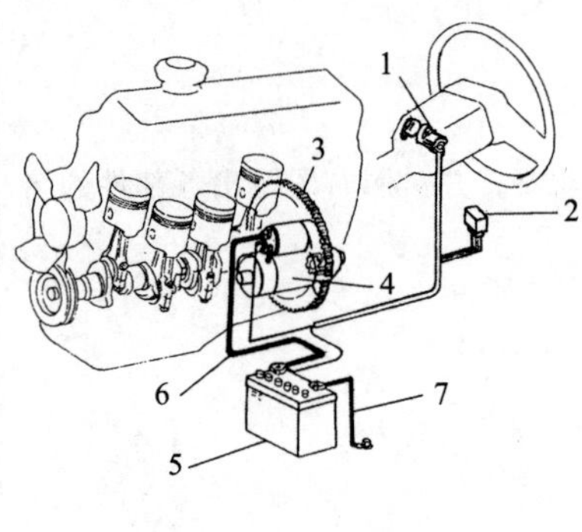

起动机的总体结构

(2) 观察起动机工作的视频等教学资源，完成以下练习（部件功能对应连线）。

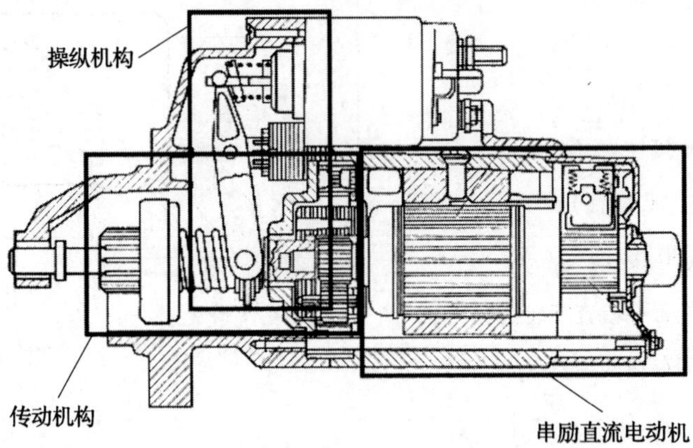

操纵机构	将蓄电池输入的电能 转换为机械能，产生电磁转矩
传动机构	在发动机起动时，将直流电动机的转矩 传递给发动机曲轴
串励直流电动机	通过控制起动电磁开关及杠杆机构， 实现起动与飞轮齿圈的啮合与分离

6. 认识起动机的类型。

起动机有四种类型，如下图所示。

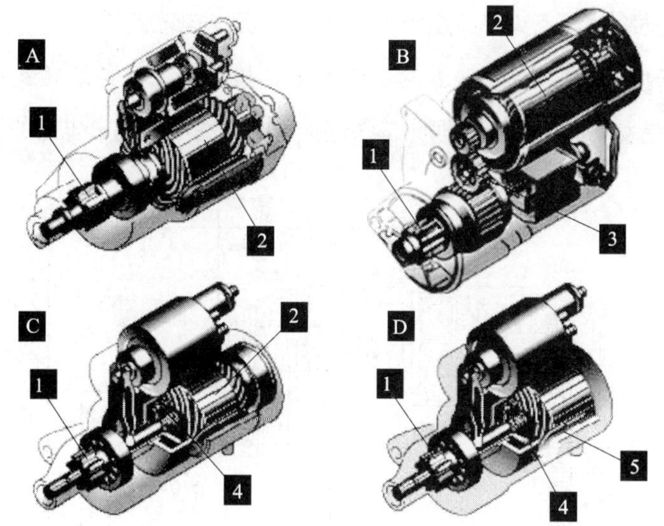

1—小齿轮　2—电枢　3—惰轮　4—星形齿轮　5—永久磁铁

A．常规型：一种电枢和小齿轮按同种方式旋转的起动机。

B．减速型：一种为了降低电枢转速并传送给小齿轮而在驱动器和驱动齿轮之间使用惰轮的起动机。

C．行星型：一种使用行星齿轮来降低电枢转速的起动机，它比减速型紧凑且质量轻。

D．行星减速部分导体马达型：永久磁铁用于励磁线圈上。该型号的电枢线圈做得较紧凑，因而整体长度较短。

观察实训用车辆的起动机，判断属于________________类型的起动机。

7．了解起动机的工作过程。

（1）起动机通过使小齿轮和齿圈啮合而起动发动机，观察下图并填写图中各部件的名称。

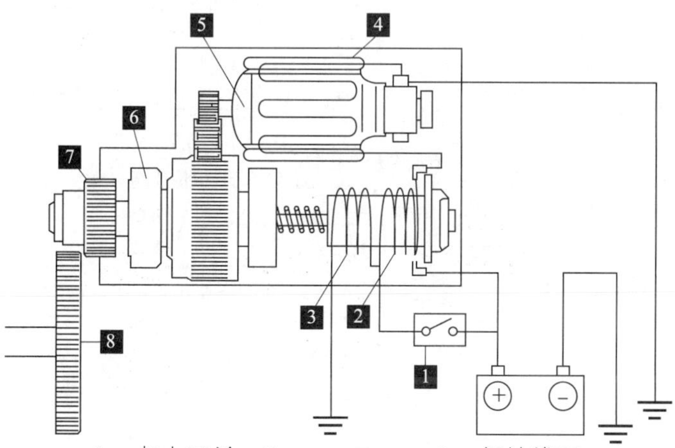

1—点火开关　2—________　3—保持线圈

4—________　5—电枢　6—________　7—小齿轮　8—齿圈

（2）起动发动机。当点火开关旋到“开始”位置，电流流进________，小齿轮滑动并与齿圈啮合。同时，流过______线圈的电流使电动机旋转，这种旋转运动传递给小齿轮、齿圈和曲轴，以使发动机转动。根据此工作过程，在下图中绘制出电流的流向。

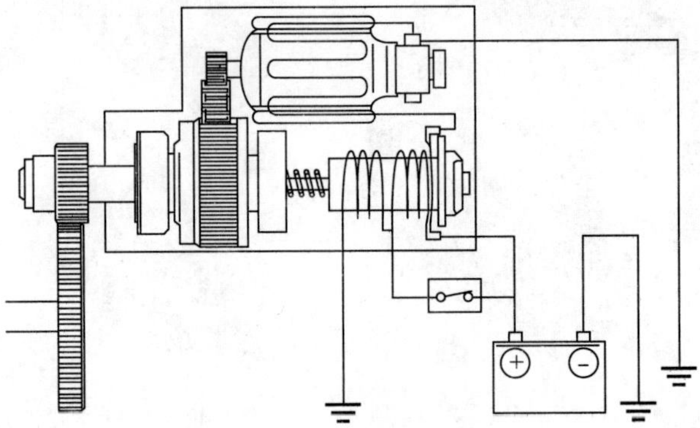

（3）发动机起动后。当点火开关从“开始”位置释放时，流进牵引线圈的电流方向改变并且小齿轮返回到原始位置。当电流停止流入________时，则起动机停止旋转。根据上述工作过程，在下图中绘制出电流的流向。

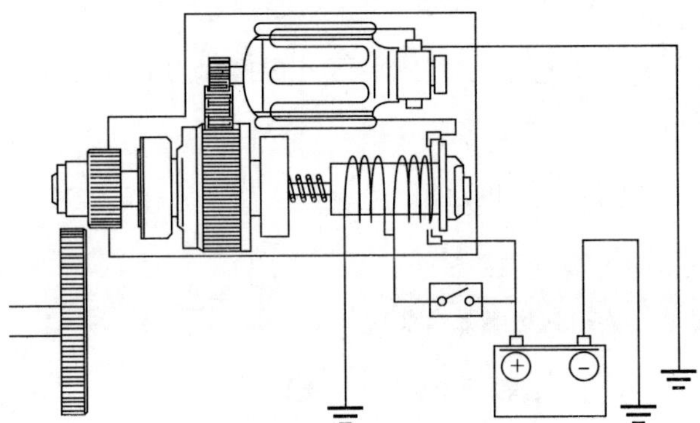

（4）起动机工作电路如下图所示，对照该图，完成下列连线（电路回路与动作对应连线）。

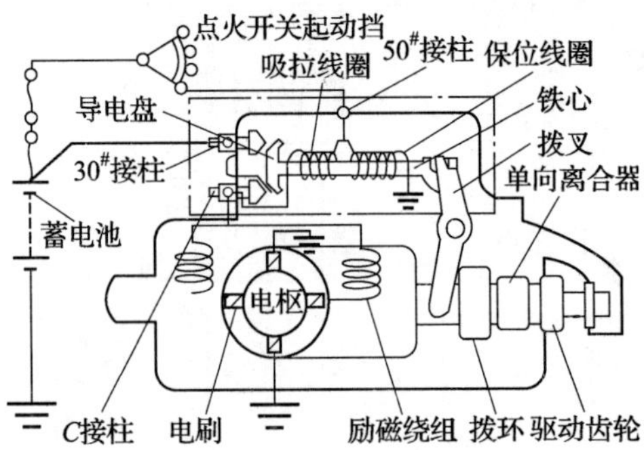

起动机工作电路（工作原理）

步骤	电流回路	相应动作
步骤1（起动时）吸拉线圈回路	30#接柱导电盘→吸拉线圈→保位线圈→搭铁→蓄电池负极	磁场铁心在吸拉与保位线圈产生的磁场共同作用下，向左移动，通过拨叉推动起动机驱动齿轮向右移动，与飞轮齿圈啮合
步骤2（起动时）保位线圈回路	蓄电池正极→30#接柱→导电盘→C接柱→起动机励磁绕组→电枢→搭铁→蓄电池负极	流经励磁与电枢绕组中的小电流，起动机缓慢转动，保证驱动齿轮被强制啮入时与飞轮齿圈的顺利啮入
步骤3（起动时）30#接柱与C接柱回路	蓄电池正极→点火开关→50#接柱→保位线圈→搭铁→蓄电池负极	导电盘与C接柱和30#接柱分开，回路被断开，同时驱动齿轮通过拨叉被拉回位，起动完毕
步骤4（起动后）松开点火瞬间回路	蓄电池正极→点火开关→50#接柱→吸拉线圈→C接柱→起动机励磁绕组→电枢→搭铁→蓄电池负极	励磁与电枢绕组中的大电流使起动机产生大转矩，起动机的传动机构驱动飞轮齿圈使曲轴旋转，起动发动机

（5）观察下图所示继电器结构图，结合实际操作，指出起动机控制机构主要接柱与继电器的连接。

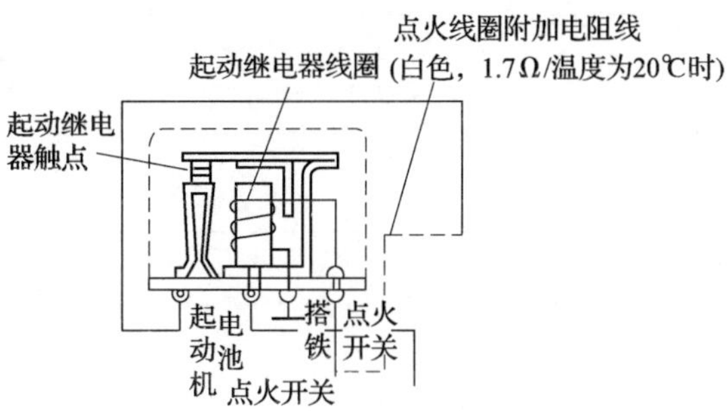

起动继电器的结构

A 电瓶接柱（30#接柱）连接____________________。

C 继电器接柱（50#接柱）连接____________________。

三、制订维修方案

起动机不工作故障发生后，为确认是否为起动系统零部件损坏造成的故障，防止不必要的起动系统拆解工作对起动系统造成伤害，需对车辆起动系统进行基本检查，判断出故障部位。

1．故障原因分析。分析造成起动机不工作故障的原因有哪些？通过信息收集完成下列鱼骨图的绘制。

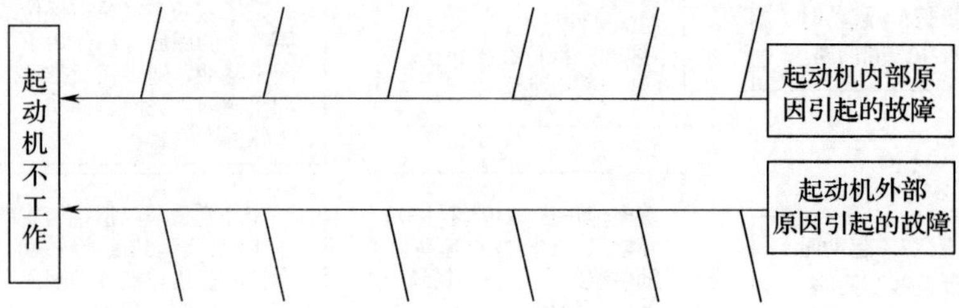

2. 维修方案设计。作为维修人员，在遇到起动机不工作故障时，可以通过怎样的检查步骤确定故障的部位呢？根据故障原因分析，设计维修作业的方案，写出具体的方案步骤。

步骤 1：________________

步骤 2：________________

步骤 3：________________

步骤 4：________________

步骤 5：________________

步骤 6：________________

步骤 7：________________

步骤 8：________________

步骤 9：________________

步骤 10：________________

步骤 11：________________

步骤 12：________________

步骤 13：________________

步骤 14：________________

3. 根据下图和相关资料，说明起动系统的故障检查流程（在图框中绘制故障树）。

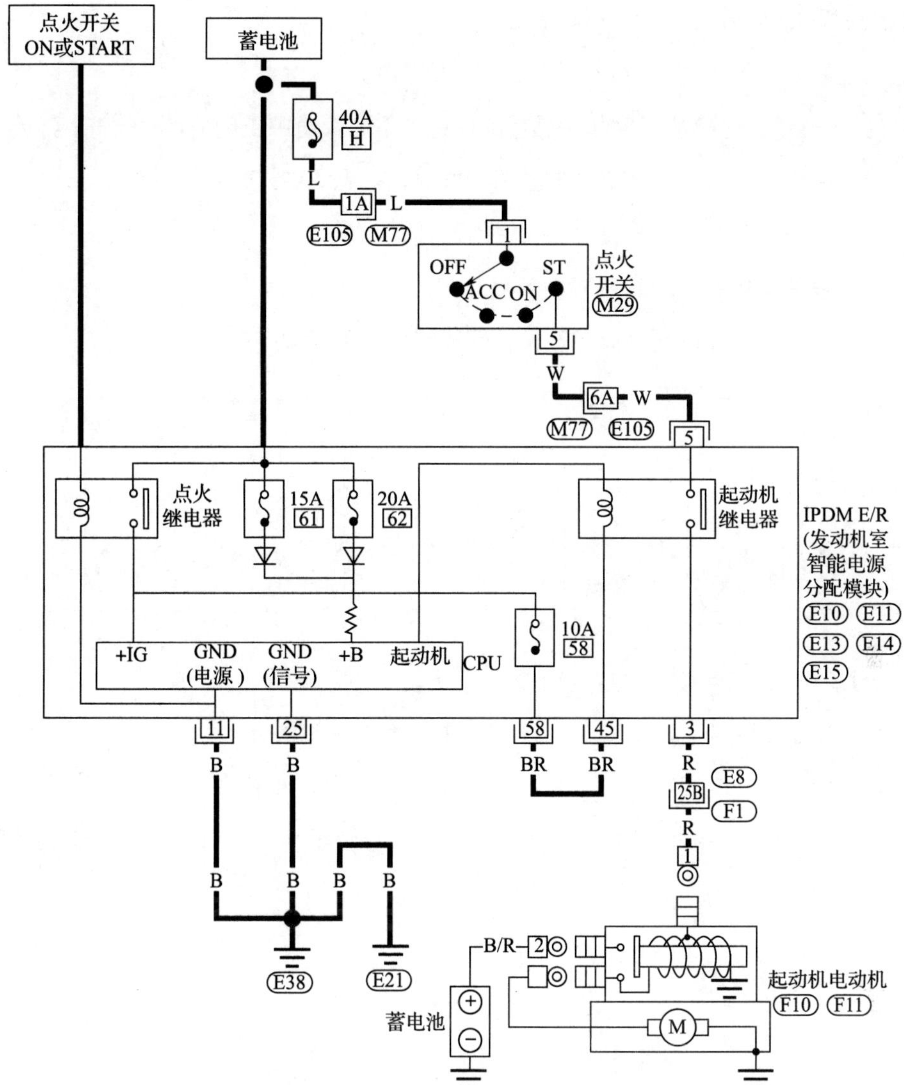
点火开关
ON或START
蓄电池
40A
H
L
1A
E105
M77
1
OFF
ST
ACC
ON
点火
开关
M29
5
W
6A
5
点火
继电器
15A
61
20A
62
起动机
继电器
IPDM E/R
(发动机室
智能电源
分配模块)
E10
E11
E13
E14
E15
10A
58
+IG
GND
(电源)
GND
(信号)
+B
起动机
CPU
11
25
58
45
3
B
BR
R
E8
25B
F1
E38
E21
B/R
2
蓄电池
起动机电动机
F10
F11
M

四、总结与思考

1. 选择题

(1) 关于磁场、磁感应强度和磁感线的描述，下列叙述中正确的是（　　）。

A. 磁感线可以形象地描述磁场的强弱和方向，在磁场中是客观存在的

B. 磁极间的相互作用是通过磁场发生的

C. 磁感线总是从磁体的 N 极指向 S 极

D. 不论通电导体在磁场中如何放置，都能够检测磁场的存在

(2) 下图所示的电路中，正确的是（　　）。

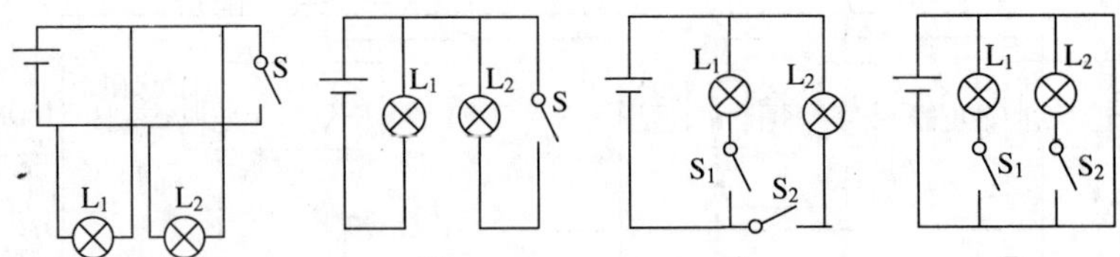

A.　　B.　　C.　　D.

(3) 分析下图 a 所示的实物连接电路，下列说法中正确的是（　　）。

A. L_1、L_2是串联　　B. L_1、L_3是串联

C. L_1、L_2、L_3是串联　　D. L_1、L_2、L_3是并联

(4) 如下图 b 所示的电路中，若要使两灯串联，应闭合开关（　　）；若要使两灯并联，应闭合开关（　　）。

A. S_1　　B. S_2　　C. S_3

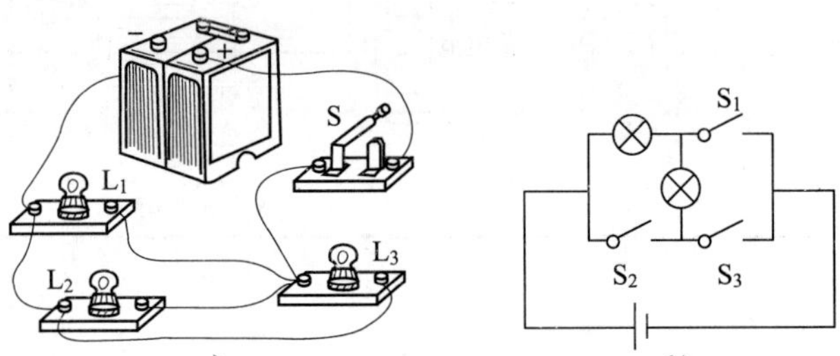

a)　　b)

(5) 关于电源短路及其危害，下列说法中正确的是（　　）。

A. 短路就是连接电路用的导线很短

B. 短路没有危害，并且节省导线

C. 短路就是电路中没有开关

D. 短路时，电源会发热而烧坏

2. 填图题

(1) L_1和L_2并联，在下图中错误之处打上“×”，加以改正，并在空白处画出正确的电路图。

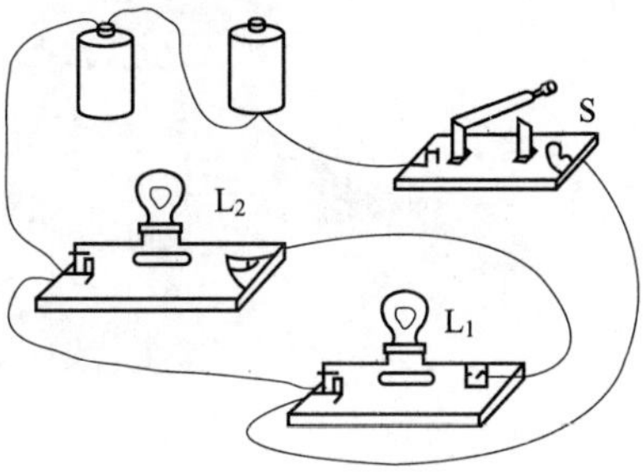

(2) 如下图所示，按照左侧电路图用笔画线作导线，将元件连接起来。

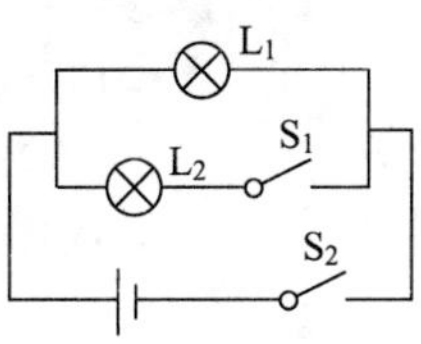

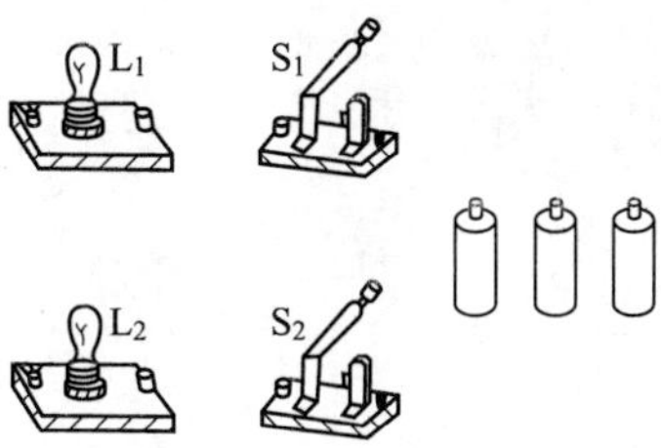

(3) 用线条代替导线，将下图中的电器元件连成电路，并在右侧画出电路图。

要求：①开关K_1只控制电灯L_1，开关K_2只控制电灯L_2；②共用一个电池组。

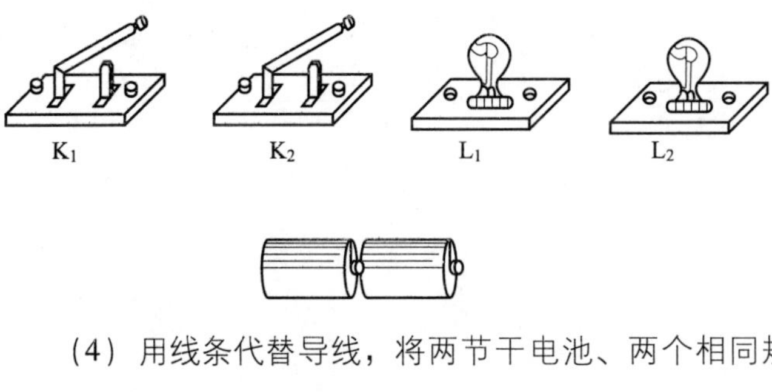

(4) 用线条代替导线，将两节干电池、两个相同规格的电灯泡、一只开关连成电路，要求使开关同时控制两盏灯，并在右侧画出电路图。

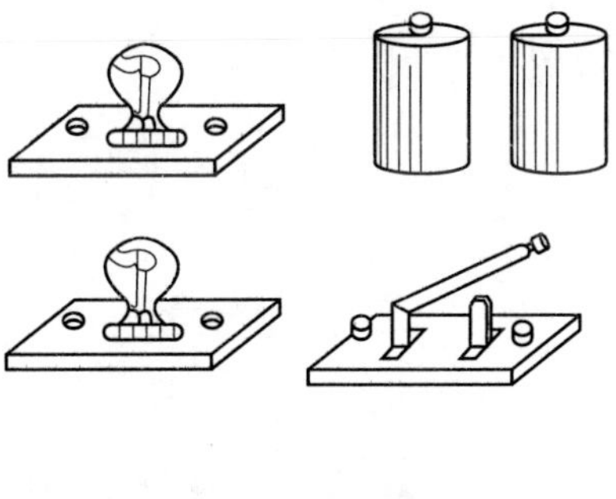

3. 填空题

（1）在下列四图中，属于星形齿轮型起动机的是____________。

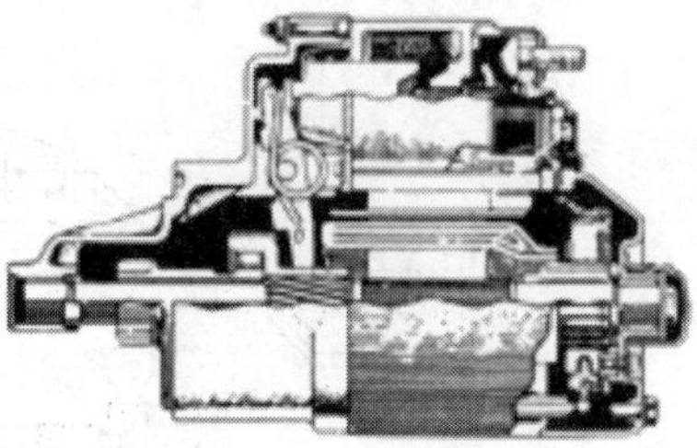

A.

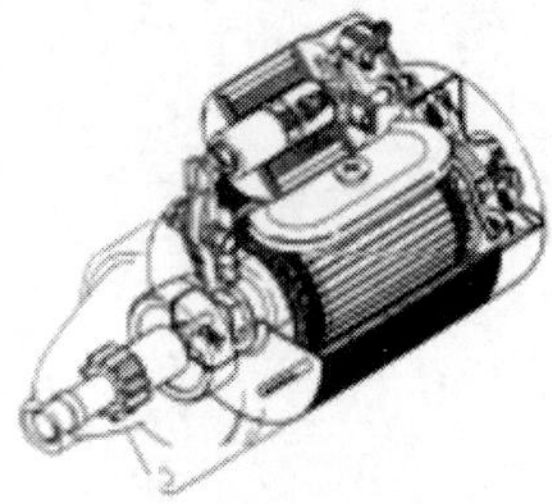

B.

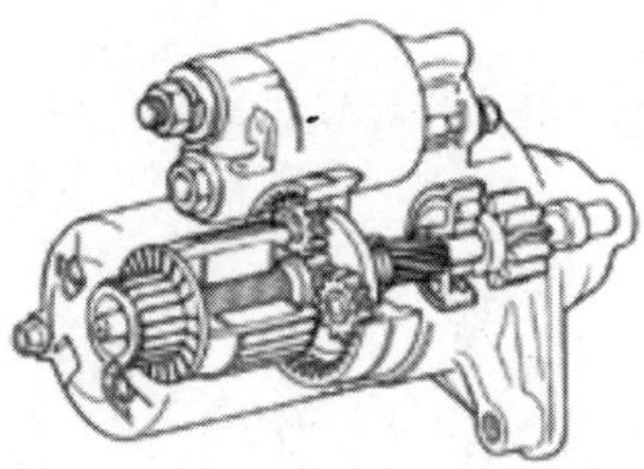

C.

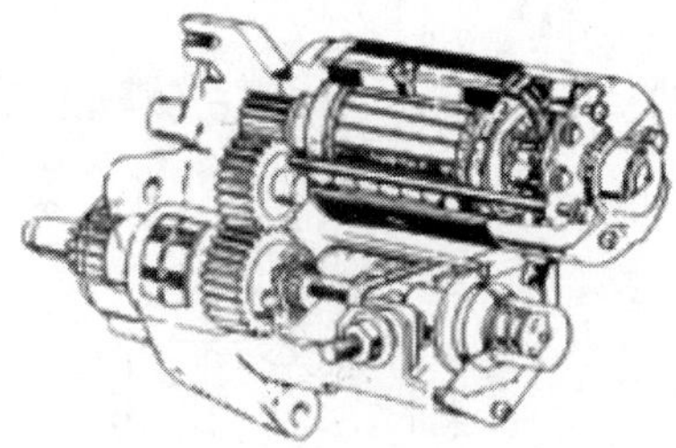

D.

（2）起动系由__________、__________和__________等组成。

（3）起动机主要有__________起动机、__________起动机、__________起动机和__________起动机四种。

（4）汽车用起动机主要由__________、__________和__________机构组成。

（5）起动复合继电器控制起动系，能同时对__________和__________进行保护。

4. 简答题

（1）发动机起动时，为什么发电机不能作为电源提供起动电流?

（2）发动机起动后，起动机传动机构是通过什么方法来保护起动机的?

(3) 试述在起动机工作过程中，牵引线圈和保持线圈的磁场方向会有什么变化?

5. 阅读分析题

(1) 观察下列起动机示意图，如果 1 号端子通电，检索相关资料，思考图中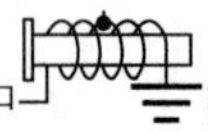指示的线圈是否会产生磁场? 线圈中间铁心的作用是什么?

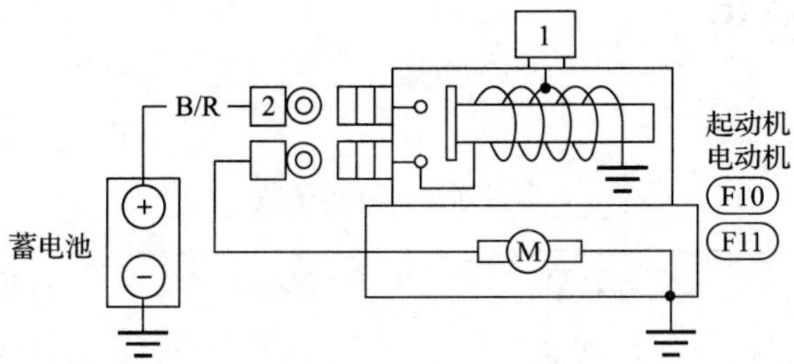

(2) 比较下面两图，完成以下练习。

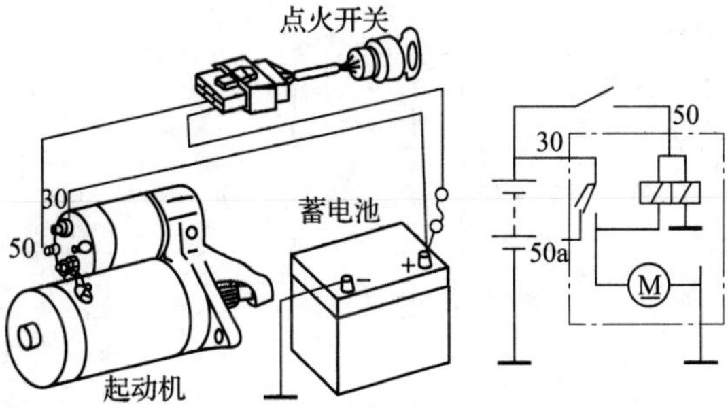

a) 接线柱　　b) 电路原理图

图 1　起动线路图

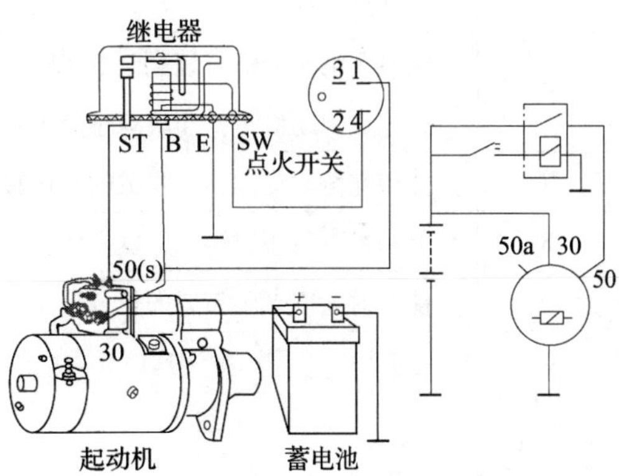

a) 接线图　　b) 电路原理图

图 2　起动线路图

1）指出图 1 与图 2 的区别。

2）分别写出图 2 中 a 图与 b 图的工作路线。

评价与分析

学习活动过程评价表

<table>
<tr><td>班级</td><td></td><td>姓名</td><td></td><td>学号</td><td></td><td>日期</td><td>年 月 日</td></tr>
<tr><td>序号</td><td colspan="4">评价要点</td><td>配分</td><td>得分</td><td>总评</td></tr>
<tr><td>1</td><td colspan="4">能叙述起动机不工作故障的现象</td><td>10</td><td></td><td rowspan="9">A□（86～100）
B□（76～85）
C□（60～75）
D□（60 以下）</td></tr>
<tr><td>2</td><td colspan="4">能正确连接简单电路</td><td>10</td><td></td></tr>
<tr><td>3</td><td colspan="4">能正确识读简单电路图，并说明电磁原理</td><td>10</td><td></td></tr>
<tr><td>4</td><td colspan="4">能查阅维修手册，说明发动机起动系统的结构和工作原理</td><td>20</td><td></td></tr>
<tr><td>5</td><td colspan="4">能查阅维修手册，列举起动系统的基本检查方法，并进行操作</td><td>10</td><td></td></tr>
<tr><td>6</td><td colspan="4">能对车辆相关信息数据进行收集，并在教师指导下，完成起动机不工作故障维修方案的制订</td><td>10</td><td></td></tr>
<tr><td>7</td><td colspan="4">能遵守劳动纪律，以积极的态度接受工作任务</td><td>10</td><td></td></tr>
<tr><td>8</td><td colspan="4">能积极参与小组讨论，发挥团队合作精神</td><td>10</td><td></td></tr>
<tr><td>9</td><td colspan="4">能及时完成老师布置的任务及工作页</td><td>10</td><td></td></tr>
<tr><td colspan="5">总 分</td><td>100</td><td></td><td></td></tr>
<tr><td>小结
建议</td><td colspan="7"></td></tr>
</table>

学习活动 2　故障基本检查

学习目标

1. 能查阅维修手册，在教师指导下完成起动机不工作故障的基本检查。

2. 能根据前期编制的维修方案，对车辆故障进行基本检查，查找出相关故障元件的位置。

3. 能判断各个部件的工作状态，通过维修手册，查找出相关标准参数。

建议学时：10 学时

学习准备

汽车维修手册、互联网资源、起动系统示教板、车辆、两用扳手、一字旋具、车用万用表、电流表、转速表、电池接线柱清洁保护剂、擦布、多媒体设备等。

学习过程

一、起动机不工作故障基本检查

1. 车上检查。

(1) 起动系统的控制电路。找出实训用车起动系统的控制线路，并绘制在下面的图框中。实训车型为________________。

（2）检查熔丝/继电器盒中的主保险丝情况。 □ 正常 □ 不正常

判断依据：________________________________

（3）将换挡操纵手柄置于 N 或 P 位置，将点火开关旋至起动位置，这时检查发动机能否起动？

检查结果是：□可以起动 正常

□不可起动 如果起动机不能平稳地起动发动机，或者起动速度过慢，则应检查起动机机械故障

为什么要挂在上述挡位才能进行相关起动测试？

（4）检查蓄电池、蓄电池正极电缆与起动机继电器是否良好？

检查结果是：蓄电池电压是________V

接线柱连接：________________________________

接线柱腐蚀情况：____________________________

起动继电器：________________________________

□可以起动：问题在此；□不可起动：问题还没解决，进行下一步。

(5) 检查起动机的黑/白导线与电磁线圈阀端子插头（见右图）。用跨接线跨接蓄电池正极与电磁阀端子（控制端子），并观察发动机的起动情况。

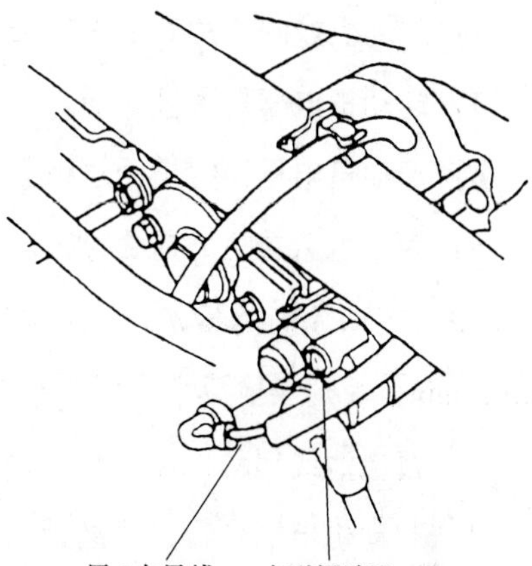

检查结果是：

□可以起动：应检查点火开关、起动机断电继电器。

□不可起动：应拆下起动机，检查其内部故障。

(6) 检查点火开关与起动机断电继电器之间的白/红导线是否有断路故障。

□ 正常　□ 不正常

判断依据：________________________________

(7) 检查起动机断电继电器之间的黑/白导线是否有断路故障。

□ 正常　□ 不正常

判断依据：________________________________

(8) 检查 A/T 挡位位置开关（如果有的话）及其线路是否正常。

□ 正常　□ 不正常

判断依据：________________________________

(9) 如果起动机内部有噪声，需要修理起动机。

□ 正常　□ 不正常

判断依据：________________________________

2. 起动机总成检查。

将准备好的电流表与电压表按下图所示的方法连接好，检查起动机的起动电压与起动电流。

(1) 查阅维修手册。起动电压应≥________V；起动电流应≤________A。你所测量的电压为________ V，电流为________ A。

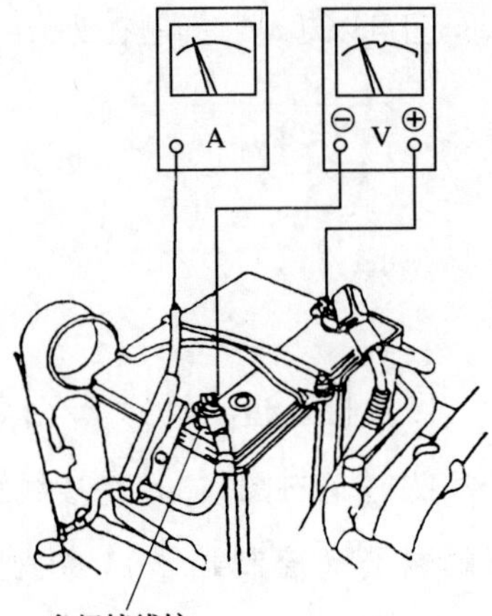

(2) 若起动电压太低，或起动电流过大，则应检查哪些地方？判断下列选项。

1) 蓄电池工作是否正常，其端电压是否过低。 (   )

2) 起动机换向器片间是否断路。 (   )

3) 起动机电枢是否被卡滞。 (   )

4) 起动机电枢绕组是否短路。 (   )

5) 发动机运转阻力是否过大。 (   )

(3) 起动转速的检测。通过外接转速表，检查起动时发动机的转速，其值应不低于 100 r/min，否则应检查哪些地方？判断下列选项。

1) 蓄电池或起动机接线柱是否松动。 (   )

2) 起动机电刷是否过度磨损。 (   )

3) 换向器片间是否断路。 (   )

4) 驱动齿轮是否脏污、卡滞或损坏。 (   )

5) 驱动齿轮单向离合器是否损坏。 (   )

二、总结与思考

1. 判断题

(1) 起动机采用的是交流电动机。 (   )

(2) 选择起动机时，要确定的基本参数有起动机的功率、传动比以及蓄电池的容量。 (   )

(3) 起动继电器的作用是保护点火开关。 (   )

(4) 导线过长或截面积过小等会造成较大的电压降，使起动机的功率增大。 (   )

2. 单项选择题

(1) 电磁开关上的接线柱是和起动继电器上的（   ）接柱相连接的。

A. 起动机　　B. 电池　　C. 点火　　D. 搭铁

(2) 起动继电器上的点火接线柱与（   ）相连接。

A. 蓄电池　　B. 起动机　　C. 点火开关　　D. 接地

(3) 起动机产生正常转矩是在（   ）。

A. 按下起动按钮后　　B. 驱动齿轮运动前

C. 驱动齿轮运动中　　　　　　D. 驱动齿轮与飞轮齿环啮入后

（4）控制装置的作用是用来接通和切断（　　）之间的电路。

A. 点火开关和电动机　　　　　B. 蓄电池和点火开关

C. 蓄电池和电动机　　　　　　D. 点火开关和起动机

3. 多项选择题

（1）影响起动机的主要因素有（　　　　）。

A. 蓄电池容量　　　　　　　　B. 环境温度

C. 接触电阻　　　　　　　　　D. 导线电阻

E. 单向离合器工况

（2）如果在起动中起动电动机有异常噪声，可能原因是（　　　　）。

A. 小齿轮与飞轮间隙不正确　　B. 离合器失效

C. 电枢转子弯曲

评价与分析

学习活动过程评价表

<table>
<tr><td>班级</td><td></td><td>姓名</td><td></td><td>学号</td><td></td><td>日期</td><td>年　月　日</td></tr>
<tr><td>序号</td><td colspan="5">评价要点</td><td>配分</td><td>得分</td><td>总评</td></tr>
<tr><td>1</td><td colspan="5">能查阅维修手册，在教师指导下完成起动机不工作故障的基本检查工作</td><td>20</td><td></td><td rowspan="6">A□（86～100）
B□（76～85）
C□（60～75）
D□（60 以下）</td></tr>
<tr><td>2</td><td colspan="5">能根据前期编制的方案，对车辆故障进行基本检查，查找出相关故障元件的位置</td><td>40</td><td></td></tr>
<tr><td>3</td><td colspan="5">能判断各个部件的工作状态，通过维修手册，查找出相关标准参数</td><td>20</td><td></td></tr>
<tr><td>4</td><td colspan="5">能遵守劳动纪律，以积极的态度接受工作任务</td><td>5</td><td></td></tr>
<tr><td>5</td><td colspan="5">能积极参与小组讨论，发挥团队合作精神</td><td>5</td><td></td></tr>
<tr><td>6</td><td colspan="5">能及时完成老师布置的任务及工作页</td><td>10</td><td></td></tr>
<tr><td colspan="6">总　分</td><td>100</td><td></td><td></td></tr>
<tr><td>小结
建议</td><td colspan="8"></td></tr>
</table>

学习活动3 起动机的拆装与检测

学习目标

1. 能查阅维修手册，说明起动机的拆检方法。

2. 能使用工具对起动机总成进行拆卸与安装。

3. 能正确分解、检测起动机，并能判断各零部件的性能。

4. 能正确保养、装配起动机，并能判断起动机的性能。

5. 能对起动机故障进行分析，判断出可能原因。

建议学时：14学时

学习准备

汽车维修手册、互联网资源、车辆、常用拆装工具、量具、多媒体等。

学习过程

一、起动机的拆卸与分解

1. 起动机的拆卸。对照下图，叙述从车上拆卸起动机的工作流程，填写下列空白。

（1）断开蓄电池的________极。

（2）拆下起动机的________和________导线。

（3）拧松起动机安装________，取下起动机。

（4）安装时，按________顺序进行，先固定________，再按要求接好导线。

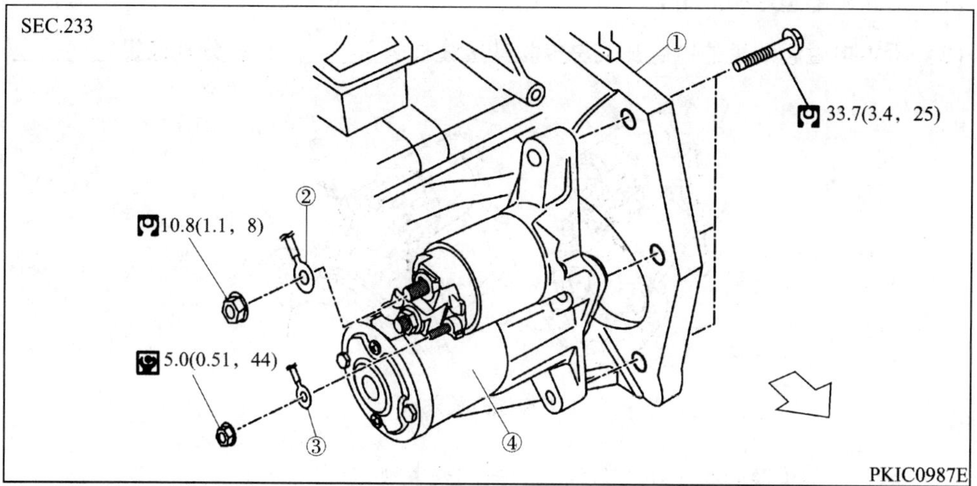

1. 缸体　2. B 端口线束　3. S 端口线束
4. 起动电机　:N · m(kg-m,ft-lb)　:N · m(kg-m,ft-lb)
⇦: 发动机前端

2. 起动机的分解。对照下图，叙述起动机的分解步骤，填写下列空白。

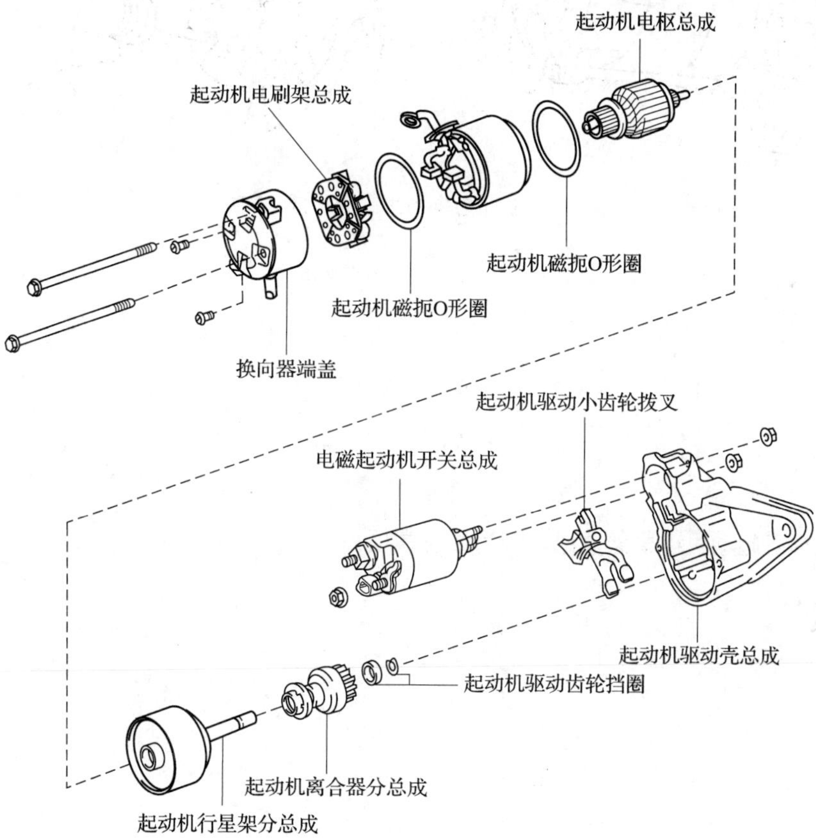

起动机的组成

(1) 清除外部尘污和油垢。

(2) 拆下电磁起动机的电磁开关总成。其接线柱有________个，分别连接________。

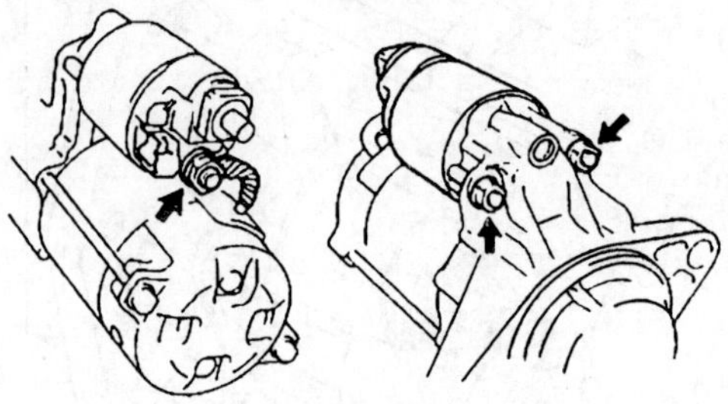

拆下电磁开关总成

(3) 拆下起动机换向器后端盖总成。列举注意事项：

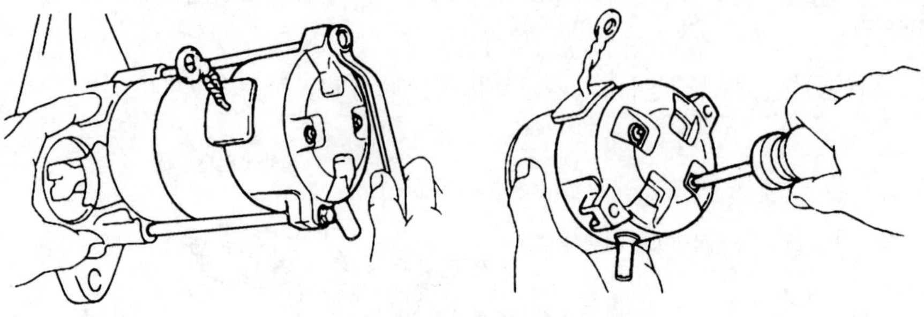

拆下换向器后端盖总成

(4) 拆下起动机电刷架总成。列举注意事项：

（5）拆下起动机磁扼 O 形圈。列举注意事项：

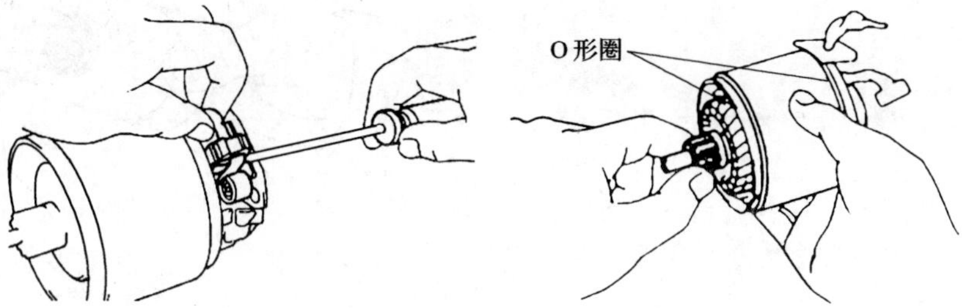

拆下起动机磁扼 O 形圈

（6）拆下起动机驱动壳体总成。

（7）拆下起动机驱动小齿轮拨叉。

（8）拆下行星架分总成。

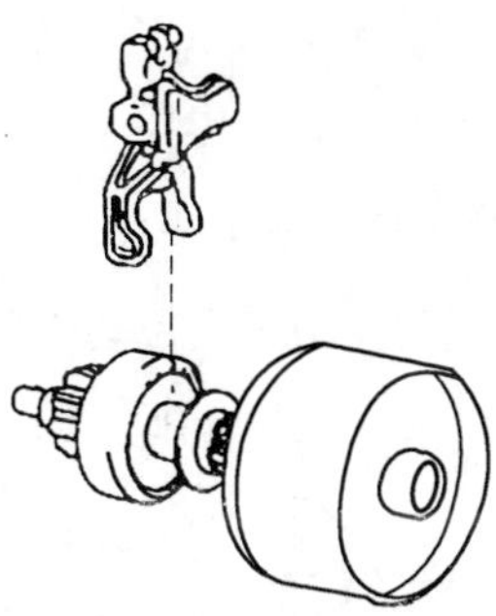

拆小齿轮拨叉

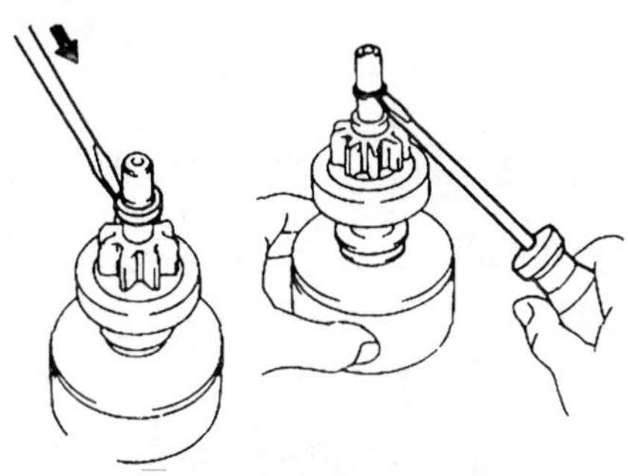

拆下行星架分总成

（9）解体后，清洗擦拭各零件。金属零件用煤油或清洗剂清洗干净，再用压缩空气吹干。

（10）你所分解的起动机的类型是____________，励磁方式是________。

二、起动机零部件的检测

1．检查电磁开关

（1）检查柱塞。按进柱塞，并检查其是否能快速回到原位。必要时更换，写出更换步骤。

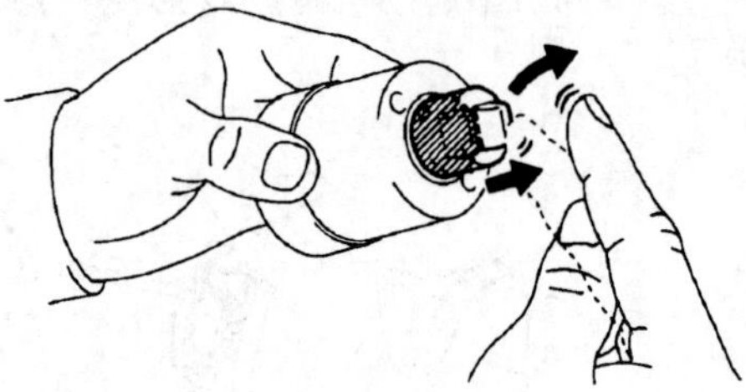

检查柱塞

（2）检查牵引线圈电阻。用欧姆表测量端子 50 和 端子 C 之间的电阻，如果电阻不符合规定，则更换起动机磁吸总成。写出检查牵引线圈电阻的具体步骤。

标准电阻（参见具体车型维修手册）

测试仪连接	规定条件
端子 50—端子 C	低于 1 Ω

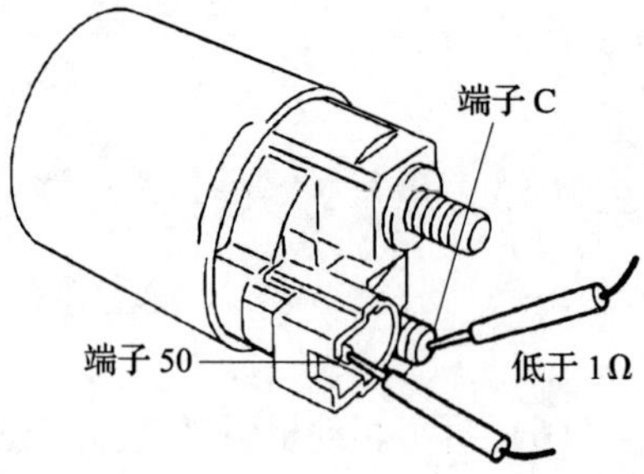

检查牵引线圈电阻

（3）检查保持线圈电阻。用欧姆表测量端子 50 和开关体之间的电阻，标准电阻参见具体车型维修手册，实测值：________。如果电阻不符合规定，则更换起动机磁吸总成。

标准电阻（参见具体车型维修手册）

测试仪连接	规定条件
端子 50—开关体	低于 2 Ω

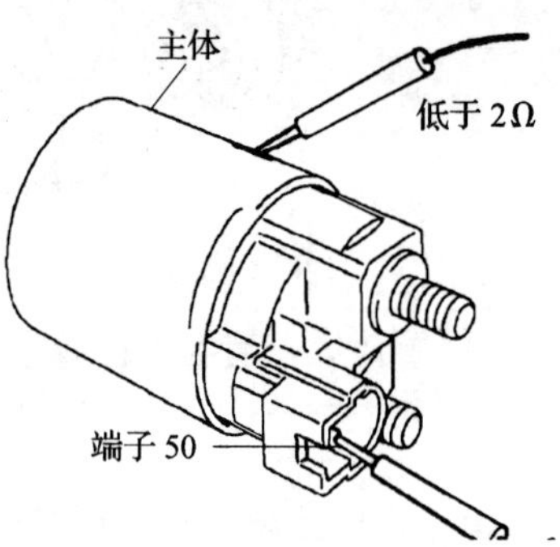

检查保持线圈电阻

（4）起动机磁吸线圈由________和________组成。

（5）起动机磁吸线圈其中一个线圈断路，会出现怎样的故障?

2. 检查小齿轮/离合器

(1) 检查小齿轮齿形。如果轮齿磨损或损坏，更换小齿轮。写出更换小齿轮的注意事项。

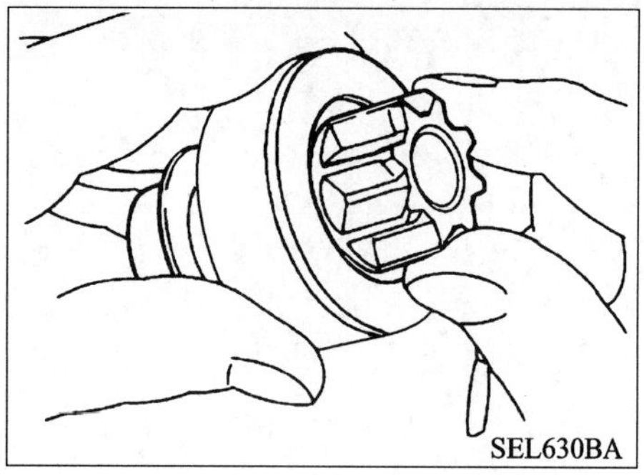

检查小齿轮齿形

(2) 检查减速齿轮齿形（如果装备），写出检查步骤。

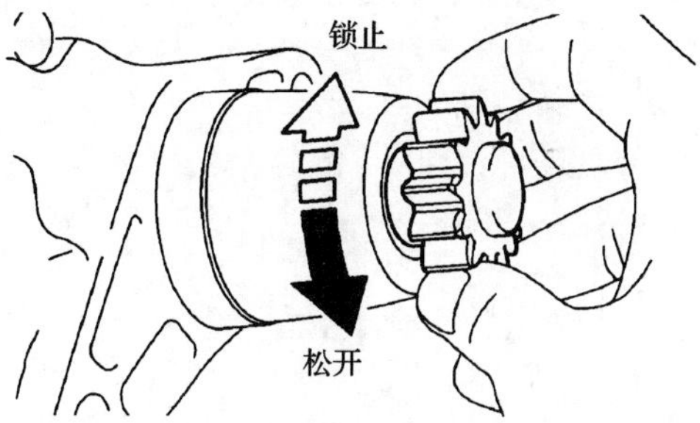

检查减速齿轮齿形

(3) 检查小齿轮是否在一个方向上锁止，而在另一个方向可以平滑转动。写出更换条件。

(4) 检查单向离合器。写出检查步骤与检查结果。

3. 检查电刷、电刷架

(1) 检查电刷长度。检查电刷的磨损情况，磨损极限长度参见具体车型维修手册。

所测电刷的长度是________，是否符合要求________。

一般来说，在什么情况下需要更换新的电刷?

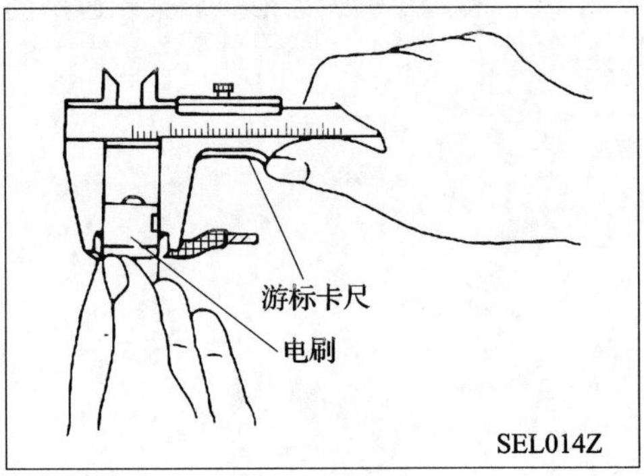

检查电刷长度

（2）检查电刷弹簧。将电刷弹簧从电刷中分离，并检查弹簧张力。弹簧张力参见具体车型维修手册，其更换条件是什么?

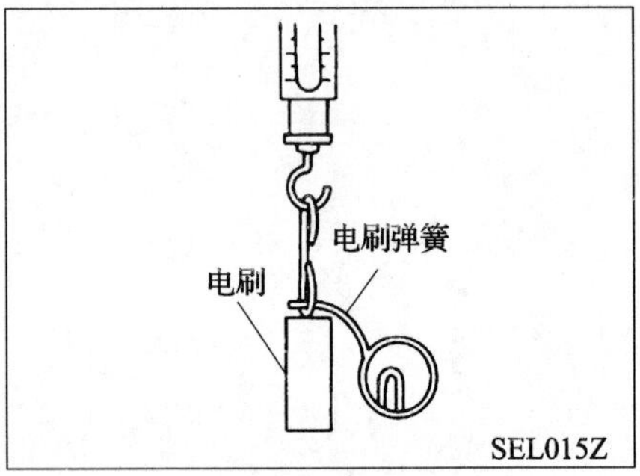

检查电刷弹簧

（3）检查电刷架。

①在电刷架（ 正极侧）与其基座（负极侧）之间进行绝缘性测试。电阻应为：________________。如果电阻不符合规定，则修理或更换起动机整流子端机座总成。

②检查电刷是否平滑移动。如果滑动表面脏，则进行清理。其更换条件是什么?

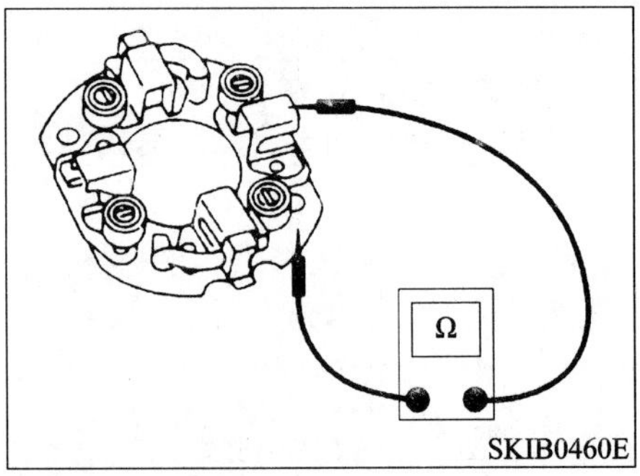

检查电刷架

（4）你所测电刷架绝缘电阻是__________，是否符合要求_____________________。

4. 检查定子

（1）检查磁铁是否被牢固地固定在定子上，并检查是否有裂纹。如零件发生故障，作为一个总成更换。

注意事项：

（2）下图所示属于________励磁方式。

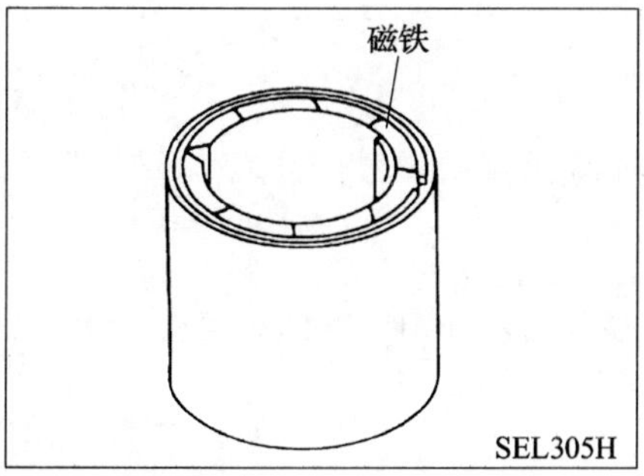

（3）能否列举其他励磁方式，并叙述相应的检测方法。

5. 检查电枢

（1）导通测试（在相邻的整流片之间进行），电枢的更换条件是什么？

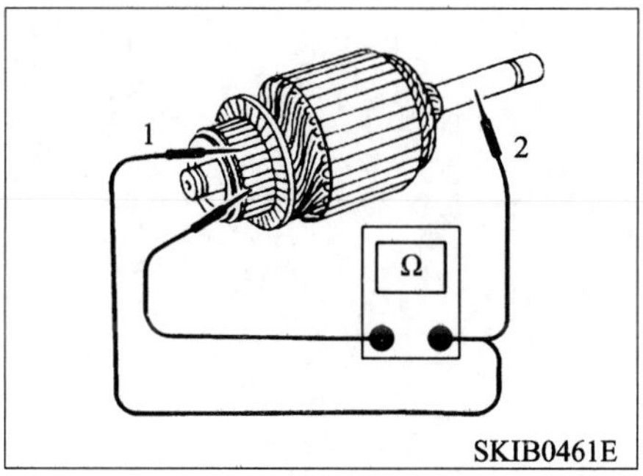

（2）绝缘性测试（在各个整流条与轴之间进行），电枢的更换条件是什么？

（3）你所测电枢的导通电阻是：________，是否符合要求：________，理由：________________。

（4）你所测电枢的绝缘电阻是：________，是否符合要求：________，理由：________________。

（5）检查换向器表面。换向器表面粗糙的处理措施是什么？

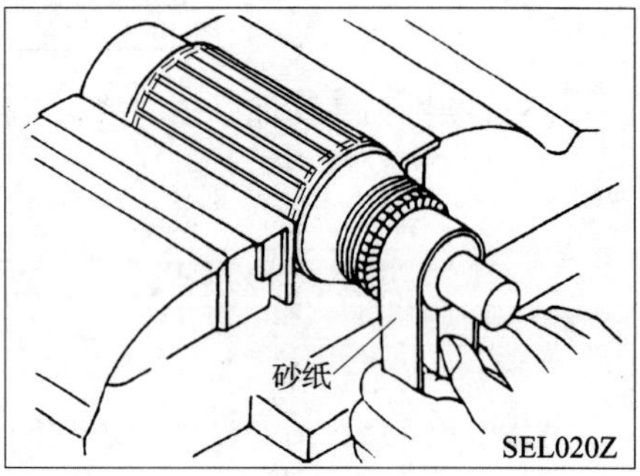

检查换向器表面

（6）检查换向器直径。参见具体车型维修手册，其更换条件是什么？

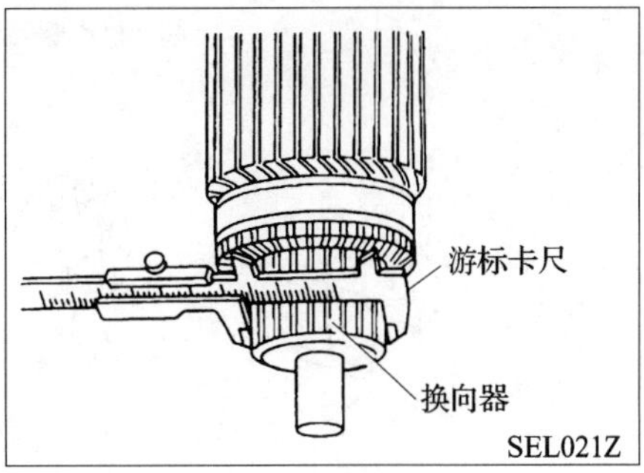

检查换向器直径

（7）你所测电枢的换向器的直径是：____________，是否符合要求：____________。

（8）测量换向器表面到绝缘架的深度，参见具体车型维修手册，其更换条件是什么？

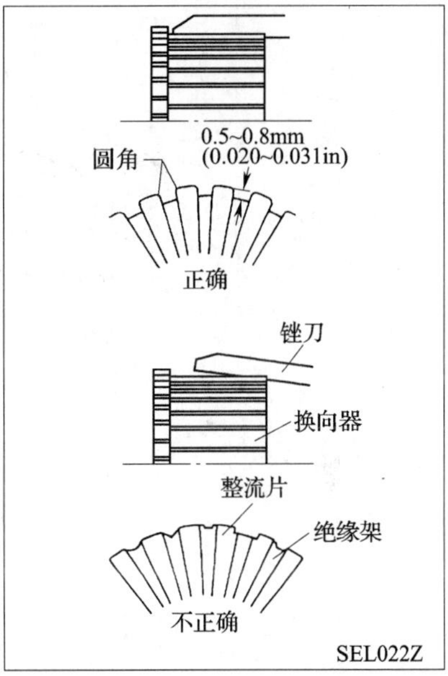

测量换向器表面到绝缘架的深度

（9）你所测换向器表面到绝缘架的深度是：________，是否符合要求：____________，理由：______________________________。

三、起动机零部件的组装测试

1．起动机零部件的组装

组装起动机时，使用高温润滑脂来润滑轴承、齿轮和摩擦表面，按分解过程相反顺序安装。查阅资料，描述起动机组装的工作流程。

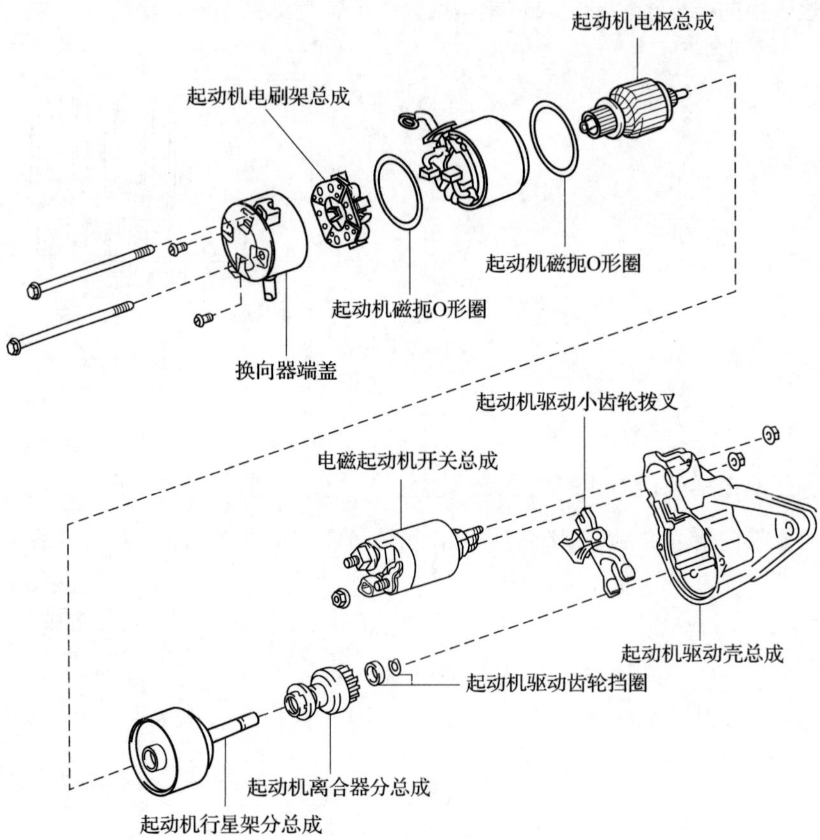
起动机电枢总成
起动机电刷架总成
起动机磁扼O形圈
起动机磁扼O形圈
换向器端盖
起动机驱动小齿轮拨叉
电磁起动机开关总成
起动机驱动壳总成
起动机驱动齿轮挡圈
起动机离合器分总成
起动机行星架分总成

起动机的组成

2. 总成测试

（1）小齿轮伸出长度检查。由于电磁开关使小齿轮凸出，需要将小齿轮推回以消除间隙，并测量小齿轮前端与小齿轮挡圈之间的间隙“L”（见下图）。间隙 L 的标准是什么?（参见具体车型维修手册）

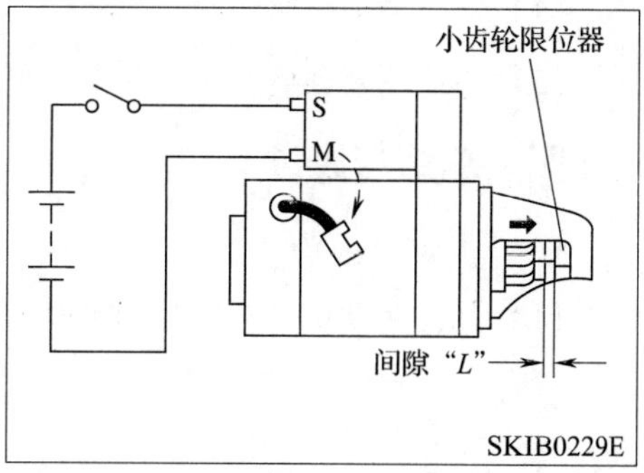

（2）若小齿轮伸出长度不在规定值范围内，需要对其进行调整，写出调整措施。

（3）进行无负荷性能测试。

无负荷性能测试接线如下图所示，首先用台钳夹住起动机，然后将蓄电池和电流表连接到起动机上。单向离合器小齿轮外移时，检查起动机旋转是否平滑和稳定；检查电流表读数是否为规定电流（标准参见下表）。检查结果如何?

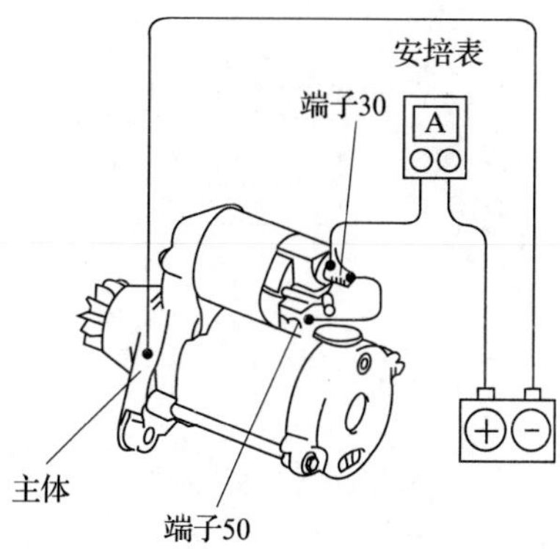

规定电流（参见具体车型维修手册）

条件	规定条件
在 11.5 V	低于 90 A 或以下

（4）你所测小齿轮的伸出长度是________________________。

（5）你所测起动机的无负荷电流是________，是否符合要求________。

四、总结与思考

1. 简答题

（1）励磁起动机与永磁起动机有何区别？拆检时检查的关键是什么？

（2）起动机在无负荷性能测试时，电流表读数过大说明什么？

（3）起动机在无负荷性能测试时，电流表读数过小说明什么？

（4）起动机在无负荷性能测试时，扭矩过小说明什么？

2. 案例分析

（1）案例1：

陈先生的汽车，起动发动机时，有时起动机转动能将发动机起动；有时则不转动。在起动机不转动时，其电磁开关有吸动的“嗒、嗒”声。

维修人员检修时，首先检查蓄电池，确认其电量充足，初步检查后，判断是起动机总成故障。然后把起动机从发动机上拆下来，解体检查。检查中发现它的四只电刷过度磨损，整流子表面有明显的烧痕。由于电刷和整流子接触不良，造成了起动机“时转时不转”的故障。用车床把整流子表面修复，再更换四只新的电刷，将起动机修复后装车试验。此时打开起动机，起动机正常驱动发动机，发动机也顺利着车，故障完全排除。

从结构原理上分析导致上述故障现象的原因。

（2）案例2：

黄先生的汽车，起动发动机，起动机不能正常转动时，表现为动力下降。维修人员首先检查蓄电池，确认其电量充足。然后把起动机从发动机上拆下来，在拆卸过程中发现起动机的前滑动轴承已从发动机后瓢上的轴承孔中脱出。起动机转子因前轴承损坏失去支撑，造成转子扫膛动力下降，所以有时无力驱动发动机运转。取一新的铜质滑动轴承，按工艺要求镶在发动机后瓢上的轴承孔内，再把起动机做例行保养后装车试验。此时打开起动机，起动机正常驱动发动机，发动机也顺利着车，故障完全排除。

从结构原理上分析导致上述故障现象的原因。

（3）案例3：

张先生的汽车，起动发动机时，有时起动机转动能将发动机起动；有时则不转动。在起动机不运转时，电磁开关没有“嗒、嗒”的吸合声。

检修时，首先检查蓄电池，确认其电量充足。在机舱内蓄电池右侧找到起动机电磁开关驱动线，将其连接器脱开。从蓄电池直接引火线接通电磁开关驱动线，此时起动机正常驱动发动机。初步判断可能是点火开关起动挡的触点接触不良而引发上述故障。换装一只新的点火开关后，再打开起动机，起动机恢复了正常功能，故障完全排除。

从结构原理上分析导致上述故障现象的原因。

（4）案例4：

骆先生的汽车，起动发动机时，有时起动机转动能将发动机起动；有时则不转动。其症状表现毫无规律性。检修中，首先检查蓄电池，确认其电量充足。然后把起动机从发动机上拆下来，解体检查。在解体过程中，发现机体内有尼龙碎屑，仔细观察发现其尼龙拨叉的支撑架已破裂。由于支撑架在安装孔中，不解体时虽破裂尚能维持原形，只是有时丧失支撑功能，所以造成了上述故障。取一新的拨叉总成将起动机修复，然后装车试验。此时打开起动机，起动机正常驱动发动机运转，发动机也顺利着车，故障完全排除。

从结构原理上分析导致上述故障现象的原因。

(5) 案例5:

秦先生的汽车，在起动发动机时，其电磁开关吸而复放、频繁动作。检修中，首先检查蓄电池，确认其电量充足。然后把起动机从发动机上拆下来。从故障现象分析该电磁开关的吸拉线圈工作正常，而保持线圈工作异常。将电磁开关从起动机上拆下来，经测试果然其保持线圈断路。取一只新的电磁开关装在起动机上，然后把起动机装到车上试验。此时打开起动机，起动机正常驱动发动机运转，发动机也顺利着车。

从结构原理上分析导致上述故障现象的原因。

评价与分析

学习活动过程评价表

<table>
<tr><td>班级</td><td></td><td>姓名</td><td></td><td>学号</td><td></td><td>日期</td><td>年　月　日</td></tr>
<tr><td>序号</td><td colspan="4">评价要点</td><td>配分</td><td>得分</td><td>总评</td></tr>
<tr><td>1</td><td colspan="4">能查阅维修手册，说明起动机的拆检方法</td><td>10</td><td></td><td rowspan="8">A□（86～100）
B□（76～85）
C□（60～75）
D□（60 以下）</td></tr>
<tr><td>2</td><td colspan="4">能使用工具正确地进行起动机总成的拆卸与安装</td><td>10</td><td></td></tr>
<tr><td>3</td><td colspan="4">能正确分解、检测起动机，并能判断各零部件的性能</td><td>20</td><td></td></tr>
<tr><td>4</td><td colspan="4">能正确保养、装配起动机，并能判断起动机的性能</td><td>20</td><td></td></tr>
<tr><td>5</td><td colspan="4">能对起动机故障进行分析，判断出可能原因</td><td>10</td><td></td></tr>
<tr><td>6</td><td colspan="4">能遵守劳动纪律，以积极的态度接受工作任务</td><td>10</td><td></td></tr>
<tr><td>7</td><td colspan="4">能积极参与小组讨论，发挥团队合作精神</td><td>10</td><td></td></tr>
<tr><td>8</td><td colspan="4">能及时完成老师布置的任务及工作页</td><td>10</td><td></td></tr>
<tr><td colspan="5">总　分</td><td>100</td><td></td><td></td></tr>
<tr><td>小结
建议</td><td colspan="7"></td></tr>
</table>

学习任务二评价表

班级：________　　　　姓名：________　　　　学号：________

项目	自我评价			小组评价			教师评价		
	10 ~ 9	8 ~ 6	5 ~ 1	10 ~ 9	8 ~ 6	5 ~ 1	10 ~ 9	8 ~ 6	5 ~ 1
	占总评 10%			占总评 30%			占总评 60%		
学习活动 1									
学习活动 2									
学习活动 3									
协作精神									
纪律观念									
表达能力									
工作态度									
安全意识									
任务总体表现									
小计									
总评									

任课教师：________　　　年　　　月　　　日

学习任务三　灯光不亮故障的检修

学习目标

1. 能根据维修手册要求，了解照明系统的作用、结构组成及原理，完成照明系统及电路故障原因分析（故障维修流程编写）。

2. 能识读常规车型照明系统电路图，并进行电路拆绘。

3. 能根据故障现象分析原因，制订照明系统的检修计划，并完成照明系统电路的检修。

4. 能修复照明系统电路，更换故障部件。

5. 能正确使用前照灯，并进行前照灯的检测与调整。

6. 能进行团队成员的有效沟通与协同作业。

建议学时

40 学时

工作情境描述

某客户驾驶桑塔纳 2000Gsi 轿车在夜间行车时，因该车前照灯不能正常使用而被交警罚款，并责令车主及时维修。现车主将车开往 4S 店维修，经维修技师检查初步判定为前照灯系统故障，作为维修人员需对相关部件进行检查。根据维修手册要求，在规定时间（参照维修资料）内，按专业要求对上述故障进行检查与零部件的更换，并做好记录，完成后交付班组长验收。

工作流程与活动

学习活动 1　维修方案制订

学习活动 2　故障基本检查

学习活动 3　照明系统电路的修复与更换

学习活动 4　前照灯的检测与调整

学习活动1　维修方案制订

学习目标

1. 能认识照明系统各部件，并能描述照明系统的组成、结构和功用。

2. 能查阅并正确识读照明系统电路图。

3. 能分析照明系统工作原理。

4. 能正确使用相应的工具和设备。

5. 能收集照明系统工作不良的故障现象，并分析相关原因。

6. 能查阅相关资料，制订前照灯不亮故障维修的工作方案。

建议学时：16学时

学习准备

汽车维修手册、互联网资源、简单电路元件、多媒体设备、车辆、汽车电气线路台架、万用表等电工工具组套等。

学习过程

一、照明系统的组成和作用

1. 汽车照明系统由哪几部分组成？各部分的主要元件有哪些？

2. 汽车外部照明灯具。下图所示是汽车外部照明灯具的安装位置，写出各照明灯的名称，并对照相应功能选择对应的灯具名称填空。

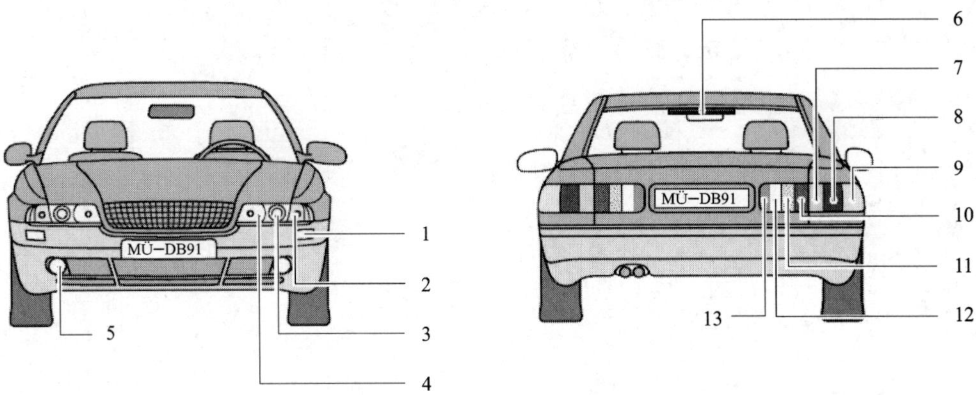

1. ____________ 2. ____________ 3. ____________ 4. ____________

5. ____________ 6. ____________ 7. ____________ 8. ____________

9. ____________ 10. ____________ 11. ____________ 12. ____________

13. ____________

______________灯在晚上或者在隧道内行驶时，可通知后面的车辆前方有车在行驶。

______________灯可通知后面的车本车正在刹车。通常情况下，停车灯和尾灯同在一个灯箱内并且灯光较亮。

______________灯可告知附近的其他车辆本车正准备右转或者左转，或者准备改变行驶方向。

______________灯可告知附近的其他车辆本车已准备紧急停车或者已经停车。

______________灯当车辆倒车时打开，在晚上也打开。

______________灯可告知附近的其他车辆本车的位置和宽度。

________灯使得车辆在夜间行驶时，其牌照清晰可见。

________灯常用于车辆在较低的能见度下行驶时，如雾天或者下雨天。

3. 汽车内部照明灯具。写出下列两图中汽车内部照明灯具的名称，并能就车介绍它们的位置和功用，填写下列空白。

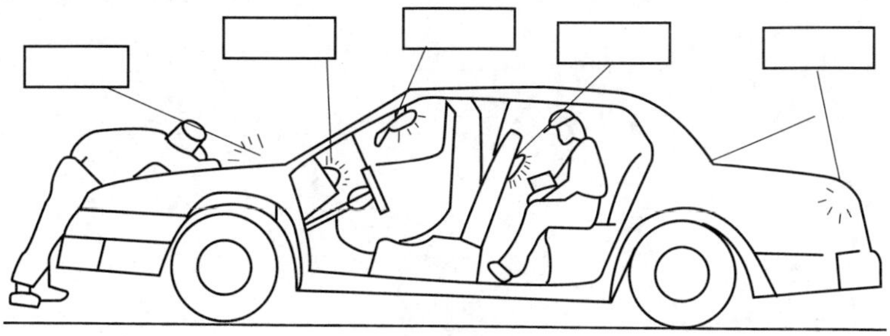

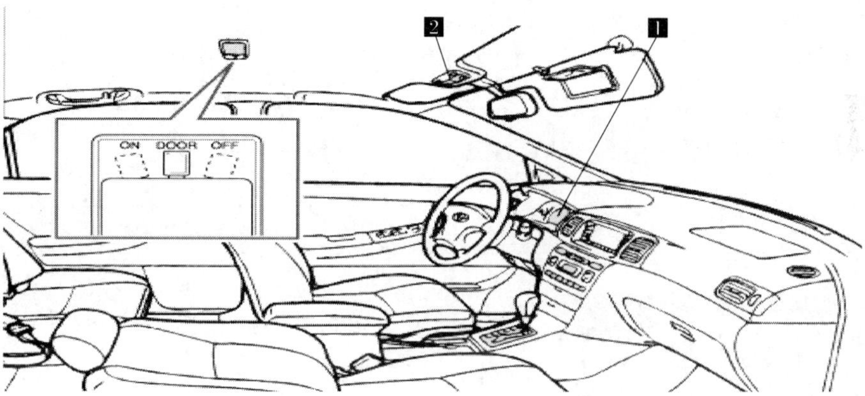

1 ________灯：照明作用，使仪表和计量表在夜间可看到，当大灯变光开关增减挡时点亮。

2 ________灯：通常此灯位于车辆顶篷中央或上侧后视镜内。此灯开关通常有如下三种设置："ON"表示________，"OFF"表示________，"DOOR"表示________。

4. 认识前照灯的控制电路元件。

（1）灯光开关。

1）灯光开关的类型有按钮式、旋钮式和________多种。目前车辆上多采用组合式变光开关，安装在方向盘上方，便于驾驶员操作。组合式开关将________、________及________等开关功能组合成一体。

2）写出下列三幅图所示元件的名称及在车辆中的作用。

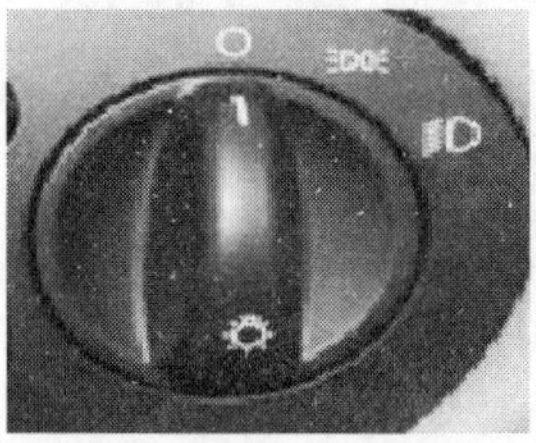

名称：＿＿＿＿＿＿　＿＿＿＿＿＿　＿＿＿＿＿＿

作用：＿＿＿＿＿＿　＿＿＿＿＿＿　＿＿＿＿＿＿

3）写出下列三幅图中每个符号对应的名称和含义。

名称：＿＿＿＿＿＿　＿＿＿＿＿＿　＿＿＿＿＿＿

含义：＿＿＿＿＿＿　＿＿＿＿＿＿　＿＿＿＿＿＿

4）将下表所示组合开关的操作位置及功用填写完整。

图示	操作位置及功用
	转动前照灯/转向信号灯杆旋钮，打开下列车灯，如左图所示，旋转前照灯开关，当开关位置旋转到“OFF”，前照灯、尾灯、停车灯、车牌灯、仪表板照明均＿＿＿＿
	当开关位置旋转到“○”：前照灯＿＿＿＿；其余的＿＿＿＿、＿＿＿＿、＿＿＿＿、＿＿＿＿打开；仪表板上的尾灯指示灯（绿灯）指示尾灯处于＿＿＿＿＿＿＿＿（“打开状态”或“关闭状态”）
	当开关位置旋到左图位置，＿＿＿＿、＿＿＿＿、＿＿＿＿、＿＿＿＿、＿＿＿＿＿＿均打开

续表

图示	操作位置及功用
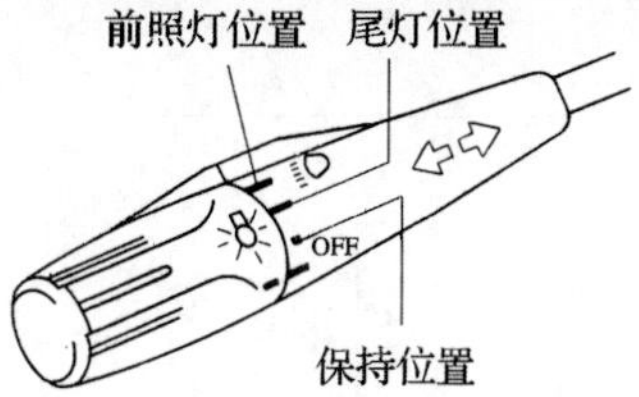	将开关向下压，便________；向上提也是远光，此位置用来作为超车信号。将开关向前后拔动，用来控制左右转向信号

5）前照灯远、近光变换操作。

如下图所示，使用远光时，打开前照灯并将操纵杆向________（内/外）推，位置应该在________（1/2/3）；使用近光时，将操纵杆向________（内/外）推，位置应该在________（1/2/3）。

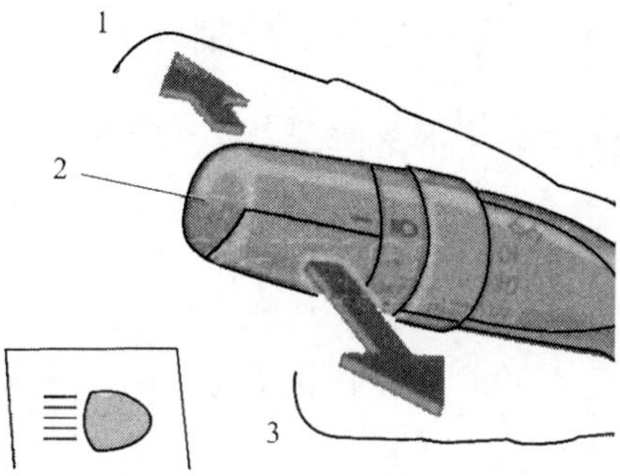

仪表板上的前照灯远光指示灯指示远光灯处于____________状态。

前照灯远光闪烁（位置 3）——将操纵杆一直向内拉，松开操纵杆时，前照灯远光____________。将旋钮转到____________（ON 或 OFF）时也可以使前照灯远光闪烁。

（2）前照灯继电器。

1）由于前照灯的工作电流大，特别是四灯制的汽车，如果用开关直接去控制，则车灯开关________________，因此安装了继电器。继电器的作用是：____。

2）查阅资料，写出继电器的控制原理。

3）参照下图，写出 SW 到 E 之间线圈的阻值是__________Ω；B 到 L 之间的阻值在断开时是________Ω，在闭合后应是________Ω。

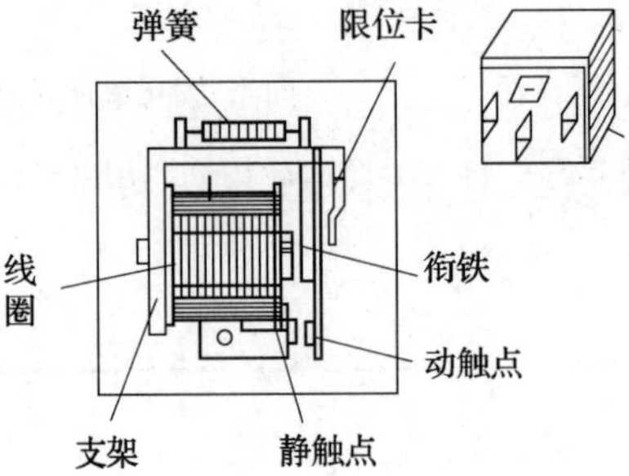

继电器结构

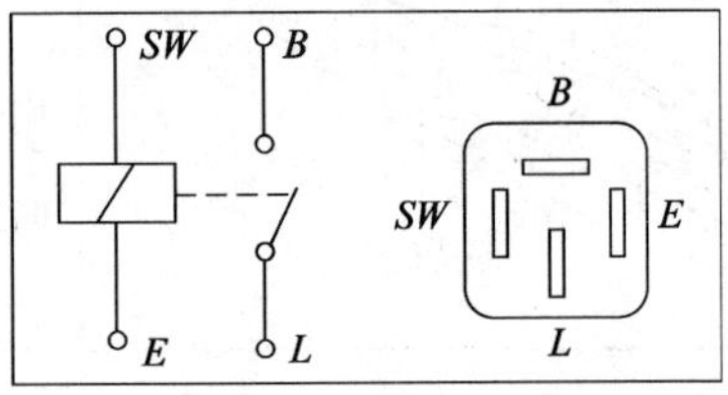

继电器电路

知识拓展

前照灯电子控制装置

为了提高汽车行驶的安全性，很多新型轿车采用电子控制装置对前照灯进行自动控制，如前照灯自动变光器、前照灯昏暗自动发光器、前照灯自动关闭延时器等。

①前照灯自动变光器。在夜间行驶时，为了防止迎面来车眩目，驾驶员必须频繁使用变光开关，分散其注意力。前照灯自动变光装置可根据迎面来车的________调节前照灯的近光和远光。下图所示为前照灯自动变光电路。

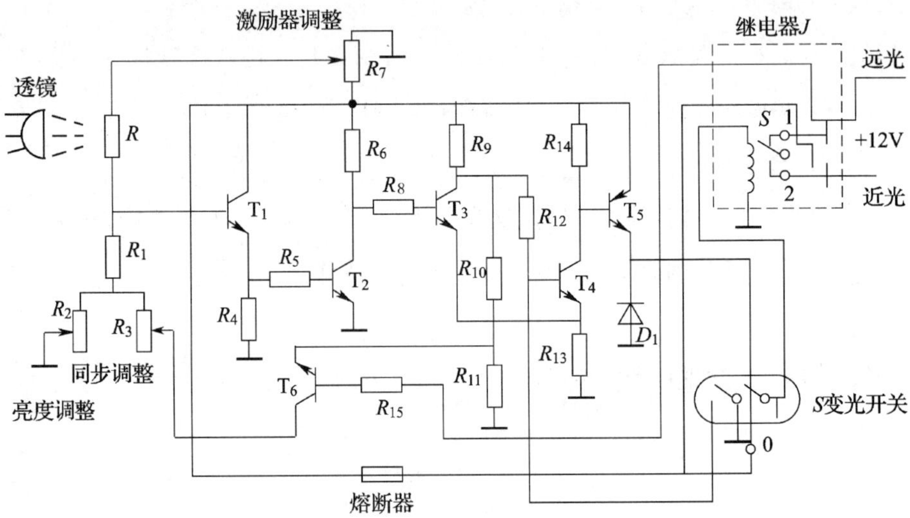

前照灯自动变光电路

1—接远光　2—接近光

②前照灯自动关闭延时器。前照灯关闭延时控制装置能使________延长一个时间关断，如下图所示，它采用________开关来控制，当发动机不运转时，机油压力开关的触点是闭合的。当发动机工作时，靠机油压力使触点断开，一般可延迟时间约 1 min。

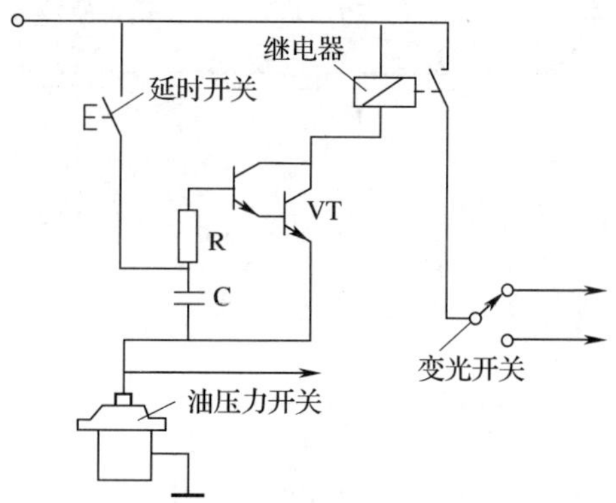

前照灯自动关闭延时电路

③前照灯昏暗自动发光器。汽车行驶中，当车前方自然光的强度降低到某一程度（如通过树林或突然天空乌云密布等），______（发光器/开关）便自动将前照灯电路接通，确保行驶安全。该装置主要由________传感器和晶体管放大器两部分组成。

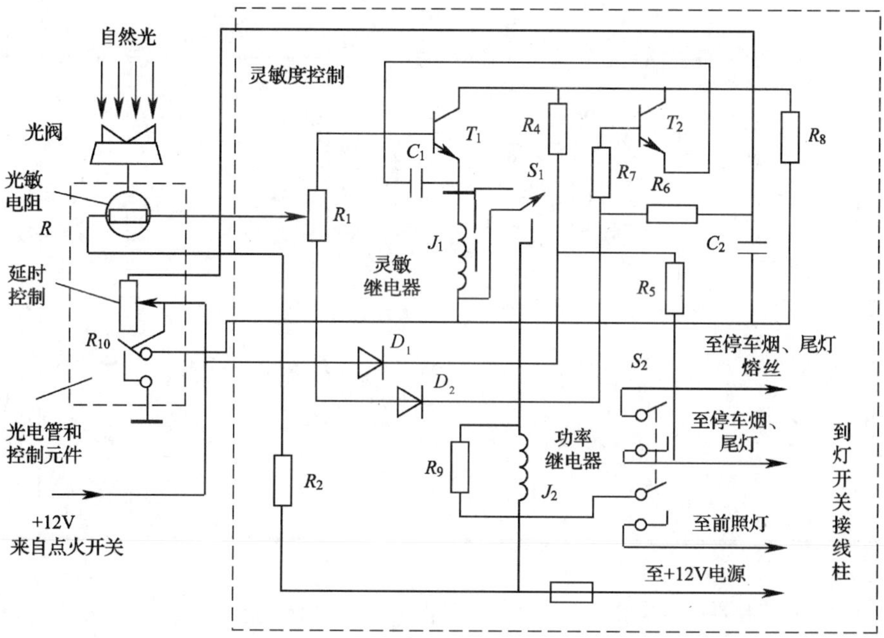

④前照灯水平调节器。该装置是根据__________状态自动调节前照灯水平度，确保驾驶员能见度范围。安装在后悬架上的________根据车辆装载高度输入的信号驱动前照灯水平调节执行器，遵循车辆微小变化，如下图所示。

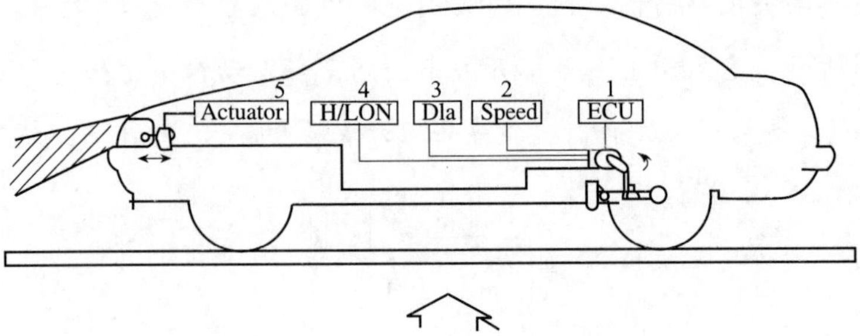

1—ECU　2—车速信号（T/M）　3—故障诊断　4—前照灯（ON）　5—执行器

5．前照灯的结构与类型。

（1）前照灯的结构由________、________________和________________组成，查阅资料并填写下表。

名称	功用	实物图及原理示意	材料
反射镜		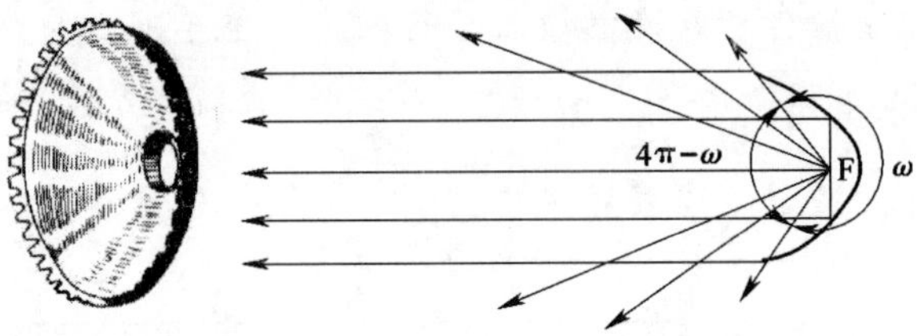	
配光镜		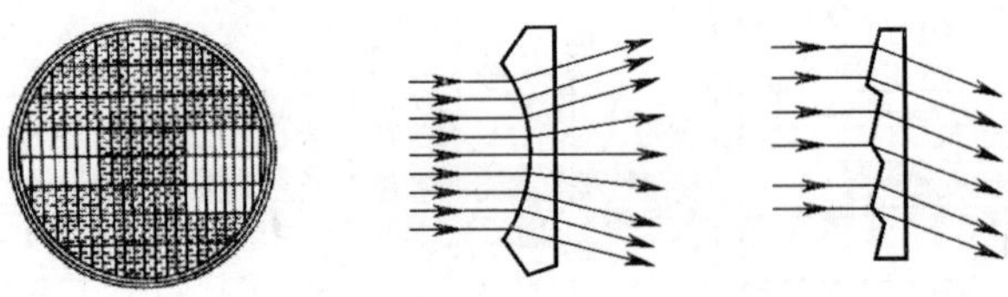	
灯泡			一般有白炽、卤素、氙气等类型

前大灯灯泡的灯丝由功率大的______灯丝和功率较小的________灯丝组成。由钨丝制作成________状，以缩小灯丝的尺寸，有利于光束的聚合。查阅资料，桑塔纳2000车上采用的灯泡型号是________。氙气灯的H1是单丝单脚的，多用于______（远光/近光）；H7是单丝双脚的，多用于________（远光/近光）。

（2）前照灯按结构可分为半封闭式前照灯和全封闭式前照灯。

1）下图所示为________式前照灯，其结构特点是什么？

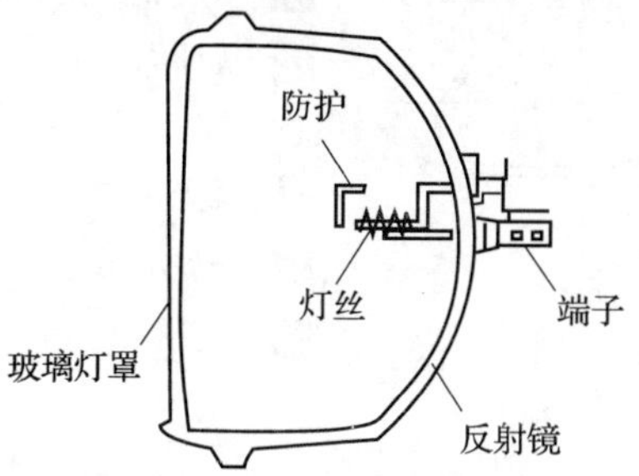

2）半封闭式前照灯又可以分为常规型大灯、HID 氙气大灯、多反射镜大灯、投射式大灯。下图所示为________大灯，这种大灯的灯泡可以更换，有两种形式的灯泡，分别写出它们的名称。

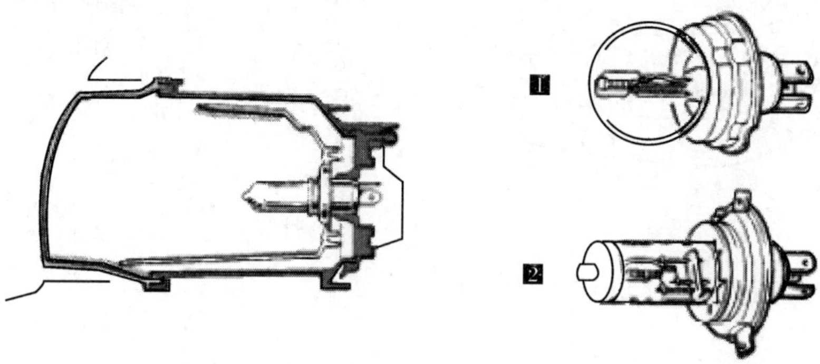

1________灯　2__________灯

3）下图所示为______________大灯，这种灯使用放电管作为光源，亮度是普通卤素灯泡的 3 ~ 5 倍，放电电压高达 20 000 V 以上。注意：在换灯泡时要小心操作。

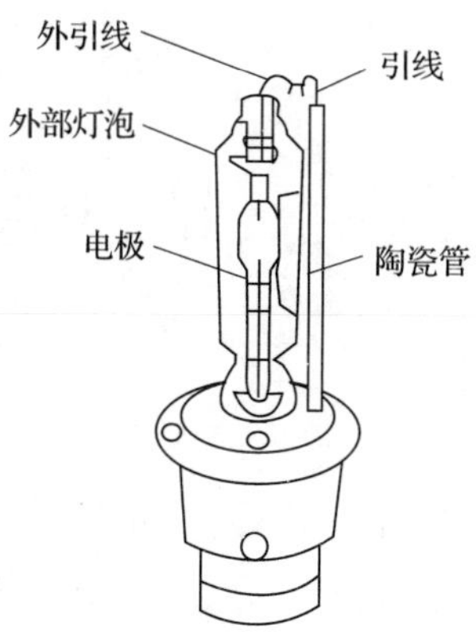

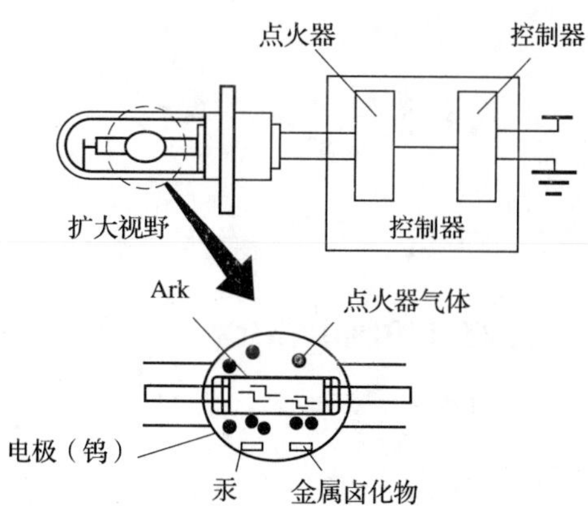

4）下图中左图所示为________________大灯。

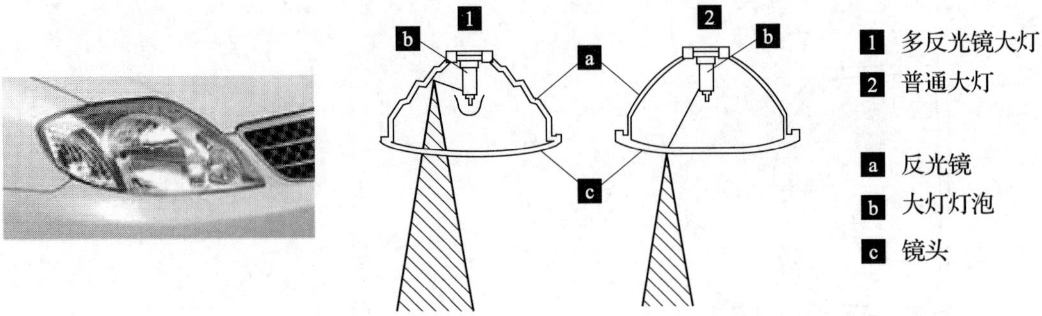

5）下图所示为________大灯。这种灯通过将光汇聚到一个小的区域来有效利用光源，尽管它体积小，但仍能发射强光。

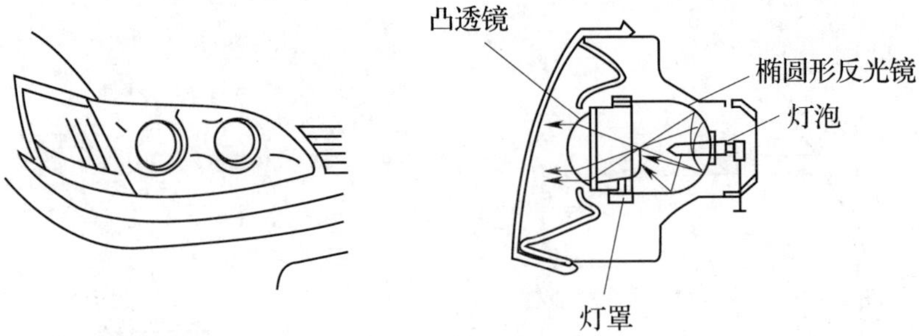

（3）前照灯的二灯制和四灯制的含义是什么?

二、前照灯控制电路

1. 汽车电路图主要包括：线束图、________和电路接线图，在下面三幅图下分别标识类型名称，并写出各自的特点。

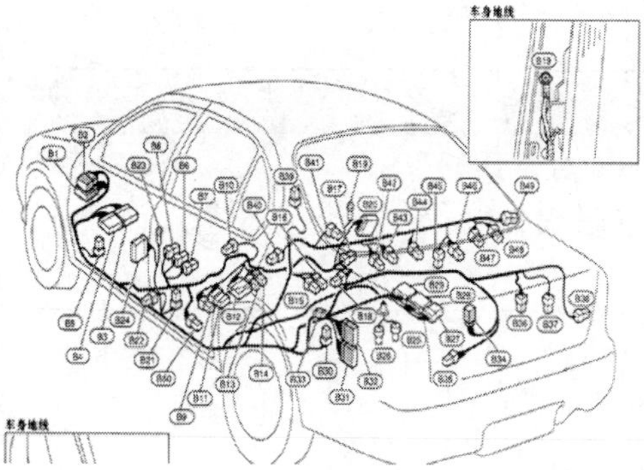
车身地线
车身地线

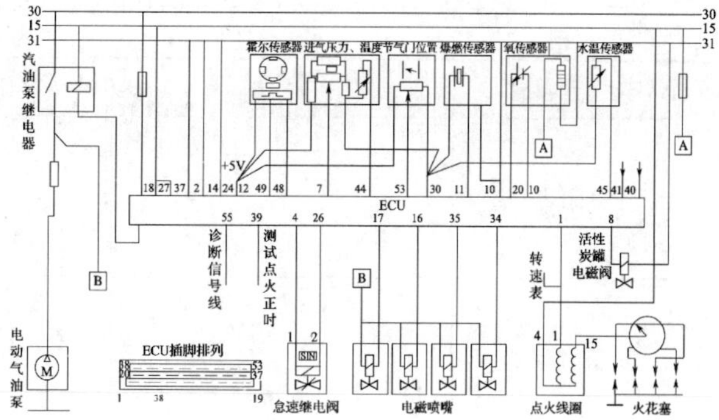
30
15
31
汽油泵继电器
霍尔传感器
进气压力、温度
节气门位置
爆燃传感器
氧传感器
水温传感器
+5V
ECU
诊断信号线
测试点火正时
活性炭罐电磁阀
转速表
电动气油泵
ECU插脚排列
急速继电阀
电磁喷嘴
点火线圈
火花塞

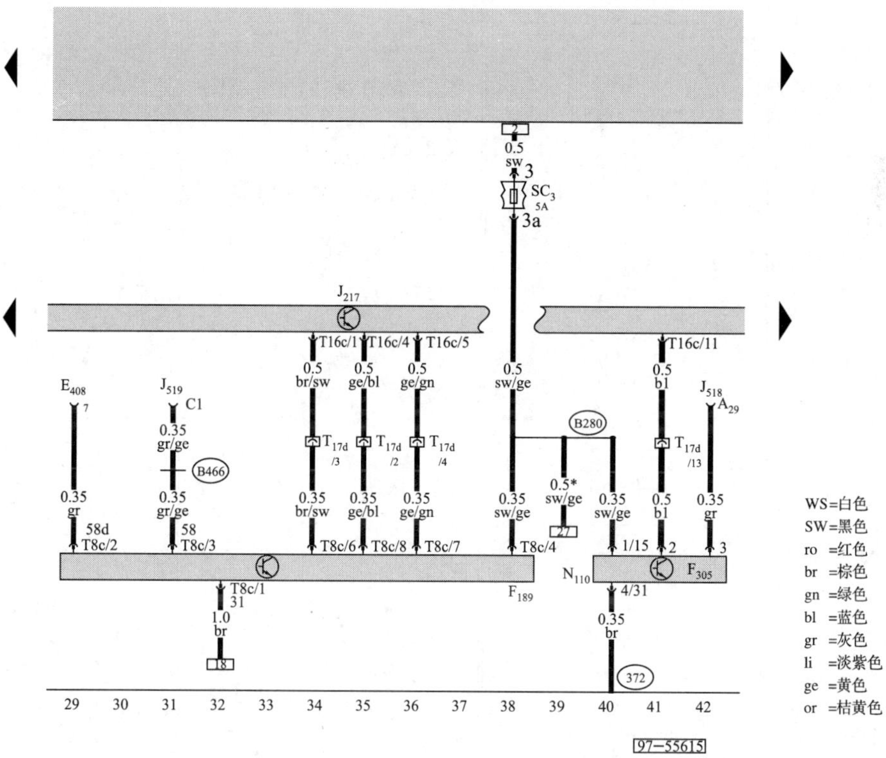
SC3
5A
J217
T16c/1
T16c/4
T16c/5
T16c/11
E408
J519
J518
B280
B466
T8c/2
T8c/3
T8c/6
T8c/8
T8c/7
T8c/4
T8c/1
F189
N110
F305
WS=白色
SW=黑色
ro =红色
br =棕色
gn =绿色
bl =蓝色
gr =灰色
li =淡紫色
ge =黄色
or =桔黄色
29 30 31 32 33 34 35 36 37 38 39 40 41 42
97-55615

各自的特点：

2. 查阅资料，补充填写下表中电路图的图形符号或名称。

电气元器件	符号	电气元器件	符号
电阻器		光电二极管	
可变电阻器		PNP 型三极管	
	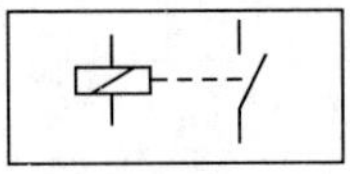		
触点常闭的继电器		具有两个电极的压电晶体	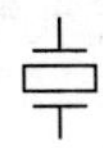
前照灯		电感器、线圈、绕组、扼流圈	
电动机			
	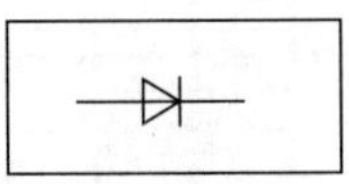	熔断器（熔丝）	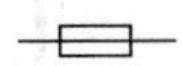
开关			
电容			

3. 查阅资料，写出电路图的识读方法及原则。

4．试用上述读图方法和原则识读下面的上海大众照明灯光电路图，回答下列问题。

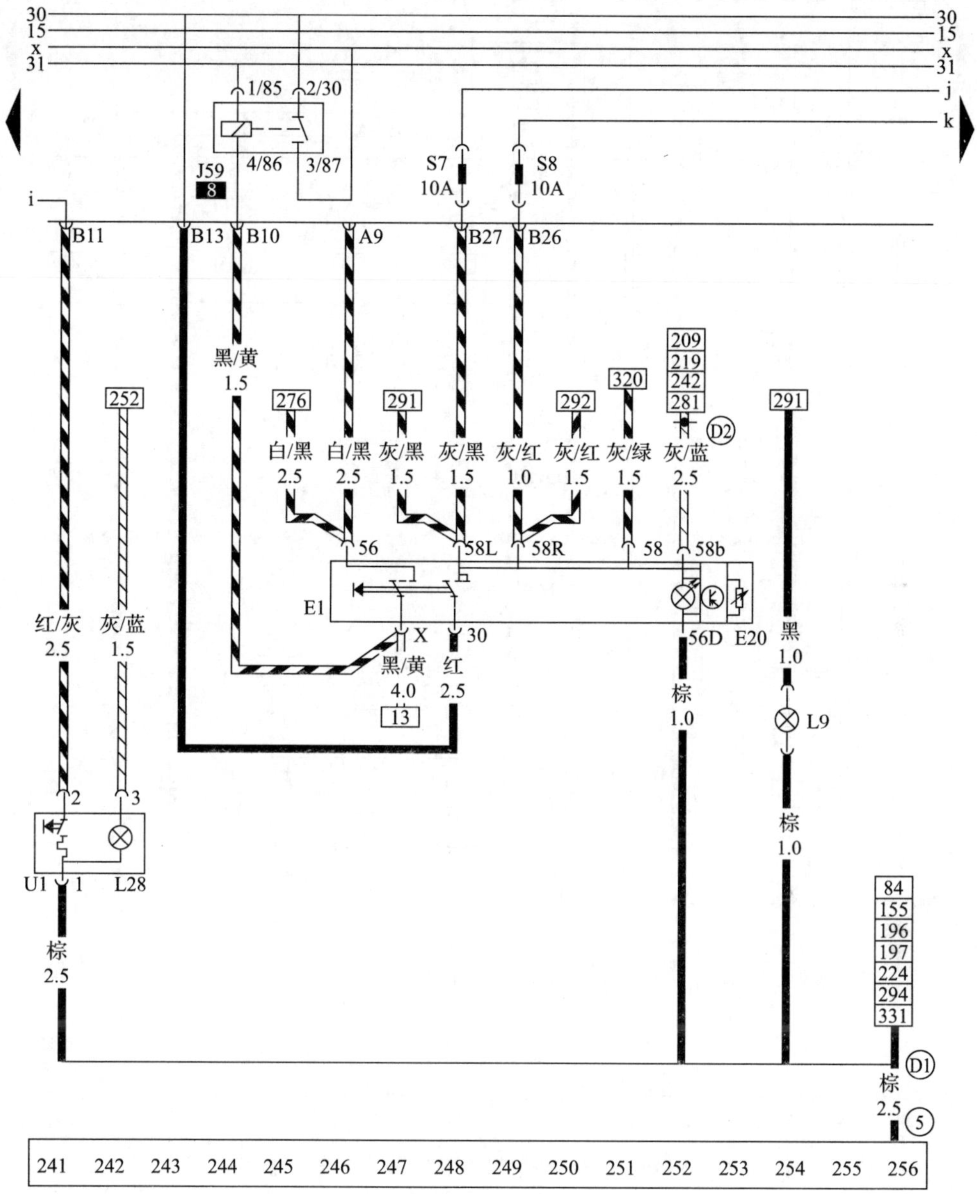

上海桑塔纳 2000GSi 型轿车灯光开关及点烟器电路图

E1—灯光开关　　E20—仪表板照明调节器

J59—X 接触继电器　　L9—灯光开关照明灯

L28—点烟器照明灯　S7—左尾灯、左前停车灯熔丝（10 A）

S8—右尾灯、右前停车灯、发动机舱照明灯熔丝（10 A）

U1—点烟器　　⑤—接地点（在中央线路板右侧星形接地爪上）

Ⓓ1—接地连接线（在仪表板线束内）　　Ⓓ2—连接线（在仪表板线束内）

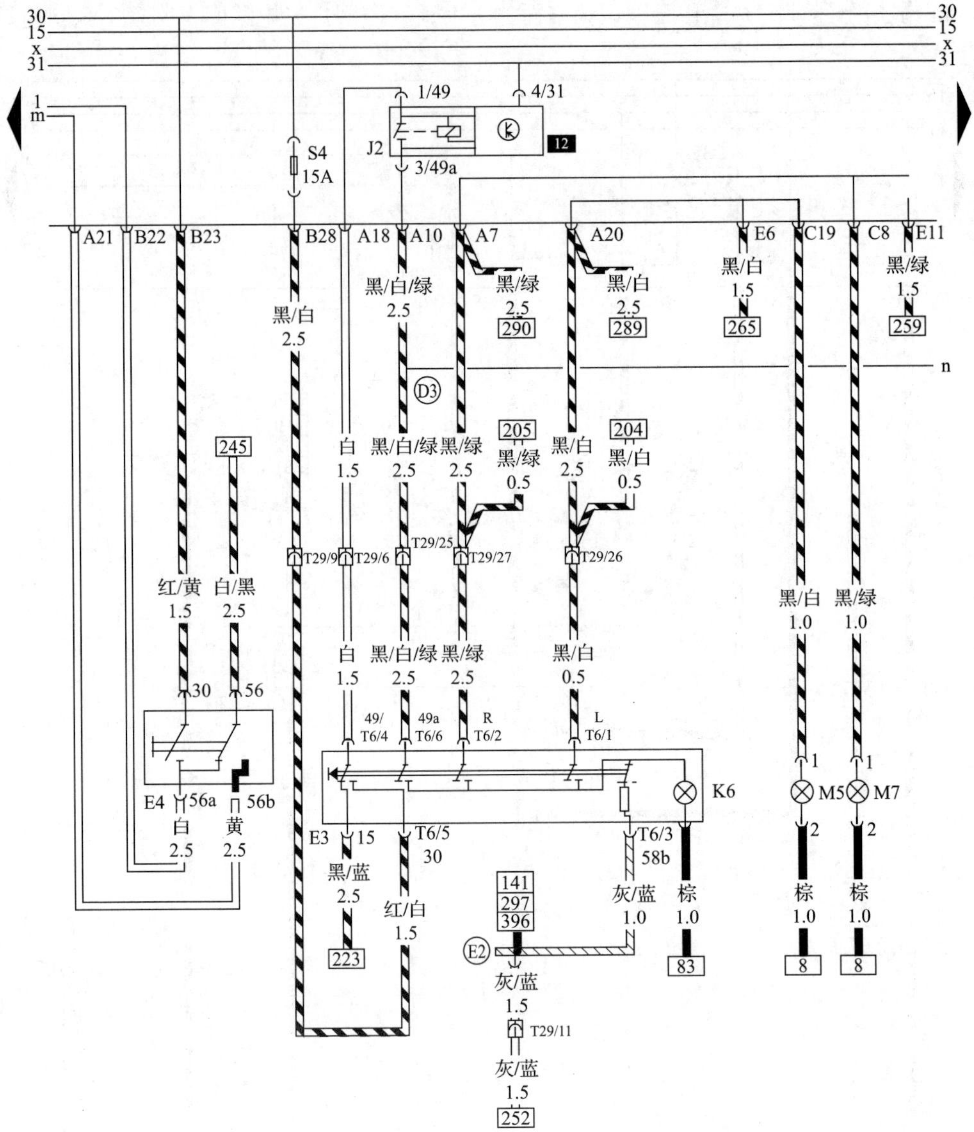

273	274	275	276	277	278	279	280	281	282	283	284	285	286	287	288

上海桑塔纳2000GSi型轿车变光开关、报警灯开关及前转向灯电路图

E3—报警灯开关

E4—变光开关

J2—转向灯继电器

K6—报警闪光指示灯

M5—左前转向灯

M7—右前转向灯

S4—报警灯熔丝（15 A）

T6—仪表板开关线束与报警灯开关插头连接（6 针，在报警灯开关上）

T29—仪表板线束与仪表板开关线束插头连接（29 针，在组合仪表下方）

Ⓓ3—正极连接线（在仪表板线束内）

Ⓔ2—连接线（在仪表板开关线束内）

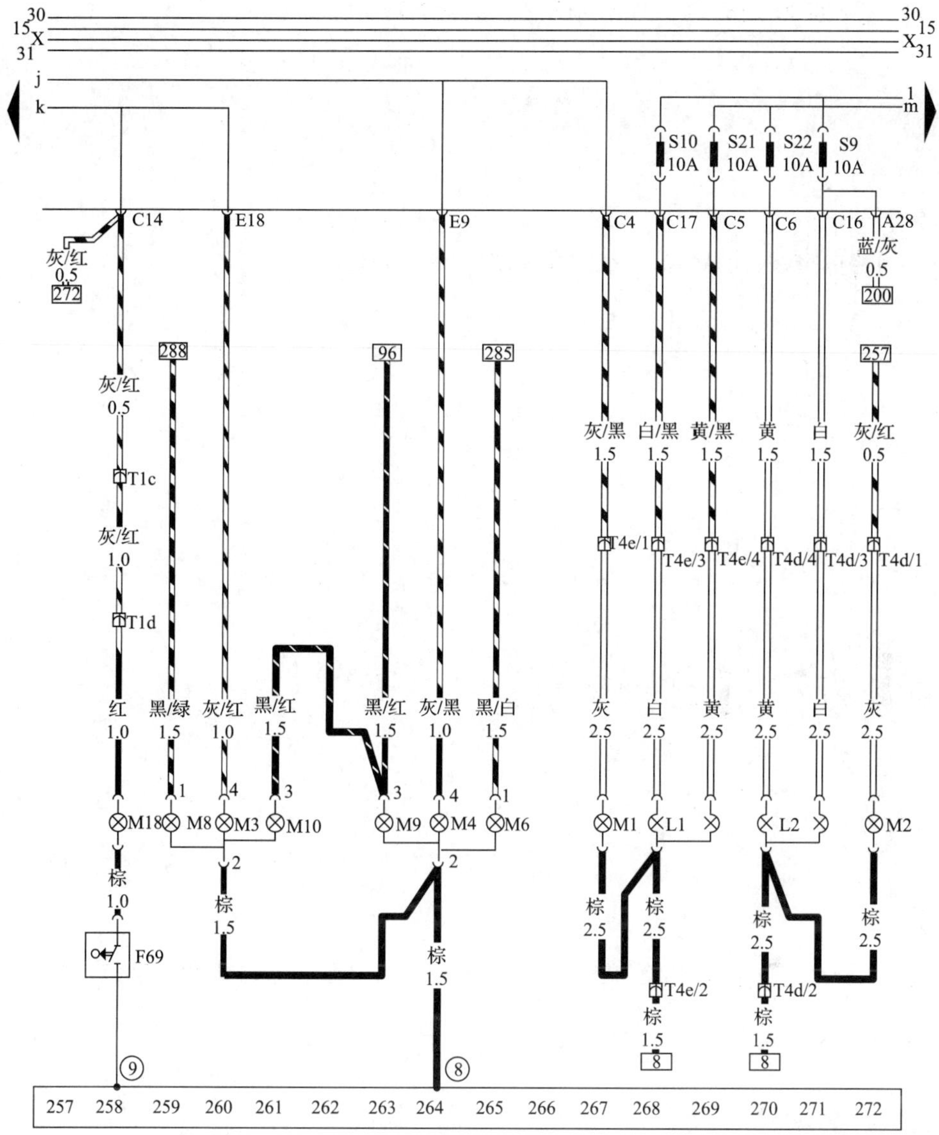

上海桑塔纳2000GSi型轿车前大灯、停车灯、后转向灯、尾灯、制动灯及发动机舱照明灯电路图

F69—发动机舱照明灯接触开关　L1—左前大灯　L2—右前大灯　M1—左停车灯　M2—右停车灯

M3—左尾灯　M4—右尾灯　M6—左后转向灯　M8—右后转向灯　M9—左制动灯　M10—右制动灯

M18—发动机舱照明灯　S9—右前大灯（远光）熔丝（10 A）　S10—左前大灯（远光）熔丝（10 A）

S21—右前大灯（近光）熔丝（10 A）　S22—左前大灯（近光）熔丝（10 A）

T1c—前大灯线束与发动机线束插头连接（1针，在中央线路板后面）

T1d—发动机线束与发动机舱照明灯电线插头连接（1针，在刮水器电动机前）

T4d—前大灯线束与右前大灯插头连接（4针，在右前大灯上）

T4e—前大灯线束与左前大灯插头连接（4针，在左前大灯上）

⑧—接地点（在左组合后灯左侧车身上）　⑨—自身接地

（1）图中的30、15、X、31分别代表什么含义？

（2）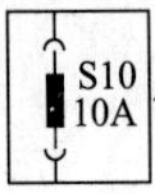

代表什么含义？在实车或台架上找到它。

（3）说明

与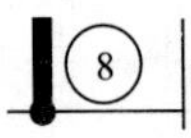

的区别。

（4）在图中画出远光灯的电路，其中电源侧用红色标识，接地侧用黑色，并写出远光灯的电流路径。

（5）写出左前远光灯的电路路径：

蓄电池+极→P6→30#常火线→P2→点火开关D（30→X）→灯光开关E1（X→56）→ ____________（56→56a）→B22→S11→C17→T4e/3→L1→T4e/2→2#接地点，接通相应开关后，该线路对应灯亮。

（6）参照上面路径的写法，写出右前远光灯的电路路径。

（7）根据上述解析，归纳出远光灯电路的控制元件有哪些。

三、故障原因分析及维修方案制订

1. 查阅资料，列举前照灯的常见故障现象。

2. 查阅资料，写出汽车前照灯常见故障的主要原因。

故障类型	单侧或两侧前照灯不亮	前照灯亮度不够	灯泡频繁烧坏
主要原因	灯泡损坏、熔丝断开、开关或继电器损坏及线路故障等		

3. 收集前照灯不亮故障现象及原因，完成下面鱼骨图的绘制。

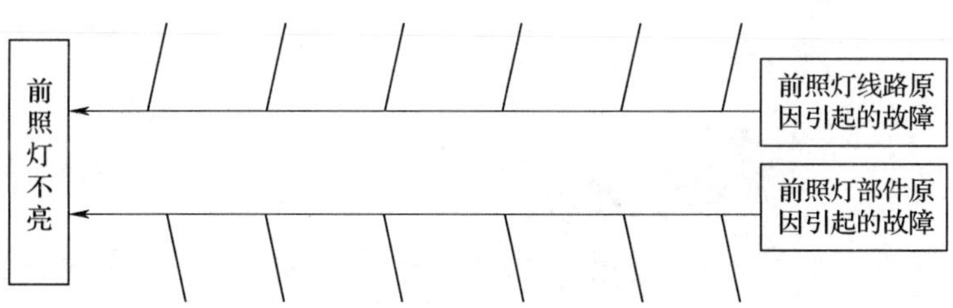

4. 列出照明系统检修所需的工具、量具、检具清单，查阅资料并填写下表。

序号	工具名称	图示	主要功用	备注
1	数字式万用表		测量线路中相关物理量等参数	该设备在线路检测中很重要，故后续内容中有较详细介绍
2		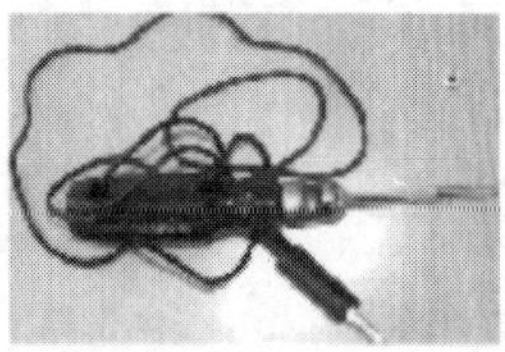	检测线路有无断路	
3		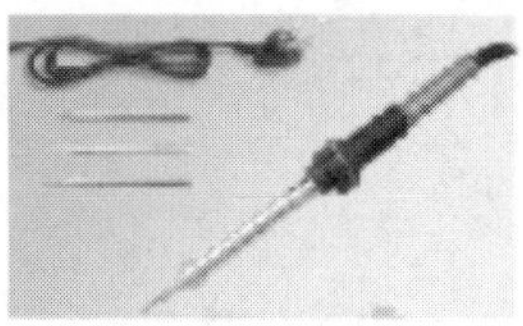		
4				
5				
6				

续表

序号	工具名称	图示	主要功用	备注
7				
8				
9				
10				

5. 查找资料，完成下列数字万用表的相关内容。

(1) 数字万用表的组成。在下图空白处将各组成部分的名称写出来。

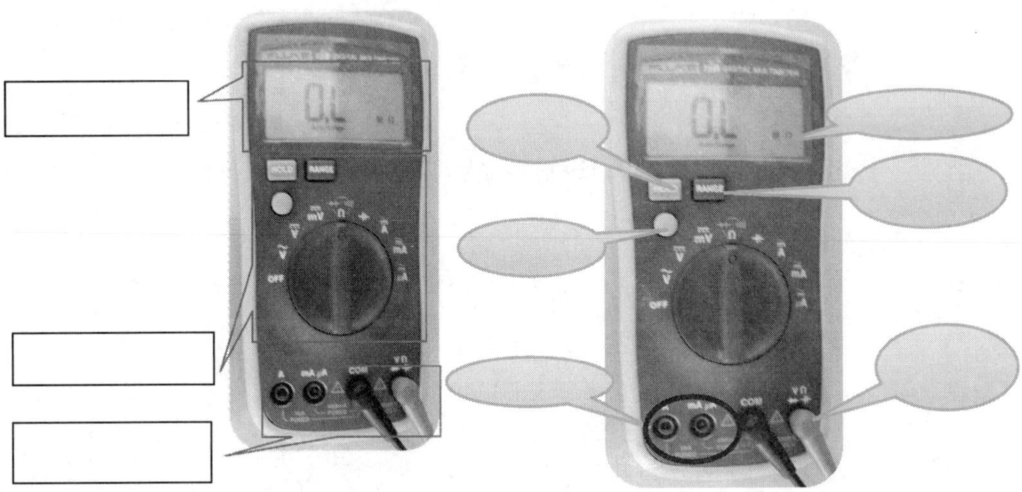

（2）数字万用表的校表。

6. 下图所示是前照灯不工作的基本检查方法，为防止对不相关部件进行拆解，需对车辆的前照灯系统进行基本检查，判断故障产生部位，制订维修方案。

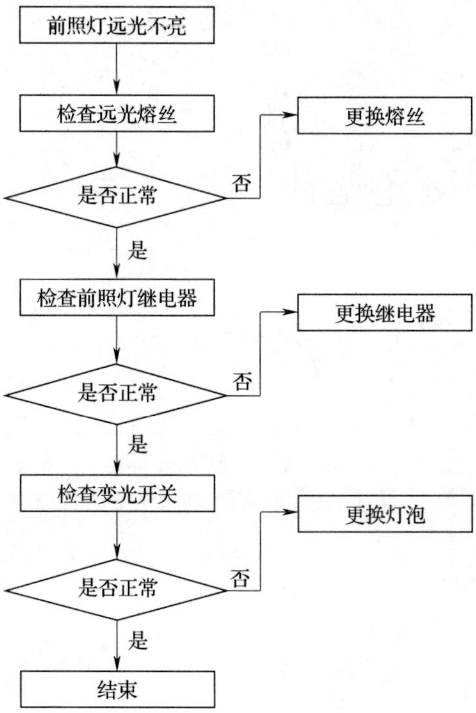

结合上述内容并查阅资料，小组讨论制订前照灯不亮故障的维修计划。

步骤	工作内容	完成时间	工作要求	备注
1	接受生产派工单	1 h	认真识读生产派工单，了解工作任务的具体要求	
2	查询资料	2 h	查阅有关设备维护和保养的相关知识，并了解设备的正确使用规范	
3	知识学习	5 h	了解照明系统结构部件、功用、组成等内容	
4	线路识读	4 h	能正确识读前照灯系统线路	
5	分析原因、制订计划	4 h	能根据故障现象分析原因并制订计划	
6	基本检查	8 h	能对前照灯电路做基本检查	
7	修复或更换	12 h	能根据基本检查确定的故障点进行修复或更换	
8	检测与调整	4 h	能根据要求，对前照灯进行检测和调整	

评价与分析

学习活动过程评价表

<table>
<tr><td>班级</td><td></td><td>姓名</td><td></td><td>学号</td><td></td><td>日期</td><td>年　月　日</td></tr>
<tr><td>序号</td><td colspan="5">评价要点</td><td>配分</td><td>得分</td><td>总评</td></tr>
<tr><td>1</td><td colspan="5">能认知照明系统相关组成部件及其作用</td><td>10</td><td></td><td rowspan="7">A□（86～100）
B□（76～85）
C□（60～75）
D□（60 以下）</td></tr>
<tr><td>2</td><td colspan="5">能认知前照灯的结构和类型</td><td>10</td><td></td></tr>
<tr><td>3</td><td colspan="5">能查阅相关资料，识读前照灯控制电路</td><td>20</td><td></td></tr>
<tr><td>4</td><td colspan="5">能分析灯光不亮的故障点，并制订维修计划</td><td>20</td><td></td></tr>
<tr><td>5</td><td colspan="5">能遵守劳动纪律，以积极的态度接受工作任务</td><td>10</td><td></td></tr>
<tr><td>6</td><td colspan="5">能积极参与小组讨论，团队间相互合作</td><td>15</td><td></td></tr>
<tr><td>7</td><td colspan="5">能及时完成老师布置的任务</td><td>15</td><td></td></tr>
<tr><td colspan="6">总　分</td><td>100</td><td></td><td></td></tr>
<tr><td>小结
建议</td><td colspan="8"></td></tr>
</table>

学习活动 2　故障基本检查

学习目标

1. 能根据前期编制的维修方案，对车辆故障进行基本检查，查找出相关故障元件的位置。

2. 能实车查找、分析照明系统相关电路。

3. 能判断各个部件的工作状态，通过维修手册，查找出相关标准参数。

建议学时：8 学时

学习准备

汽车维修手册、互联网资源、车辆或台架、试灯、万用表等常用电工工具组套等。

学习过程

一、故障检查基础

找到中央接线盒，指认中央接线盒上的元器件。

（1）从电源正极开始，能否查找到 P6、P2 端子，并找到接入点火开关的 30 号线？

（2）要使远光灯线路通电，点火开关须打到第几挡，哪个接出端子通电？

（3）远光灯线路要通过 X 继电器吗？找到灯光开关的 56 端口，如何能使之通电？

（4）远光灯线路通过变光开关时，从________端口入，从________端口出。如何查找灯光开关 56 端口至变光开关 56 端口的导线？

（5）如何查找到熔丝 S21、S22？

（6）找到插接器 T4e/1 在线路中的位置，并拆卸观察其针脚位置。

（7）拆卸远光灯插座，并找到接地导线。

2. 在初步确定发生故障的可能因素后，遵循从简单元件到复杂元件的检测程序可节约检修时间，提高检修工作的效率，讨论并制订基本检查计划。

检查项目	检测仪器/工具	测量点	理论值	实际值
电源电压	万用表			
灯泡				
熔丝				
继电器				
灯光开关				
变光开关				

二、检测前照灯电路和元件

1. 灯泡的检查。灯泡是电器元件中比较容易损坏的部件，检查时一般采用万用表检查灯丝的通断。

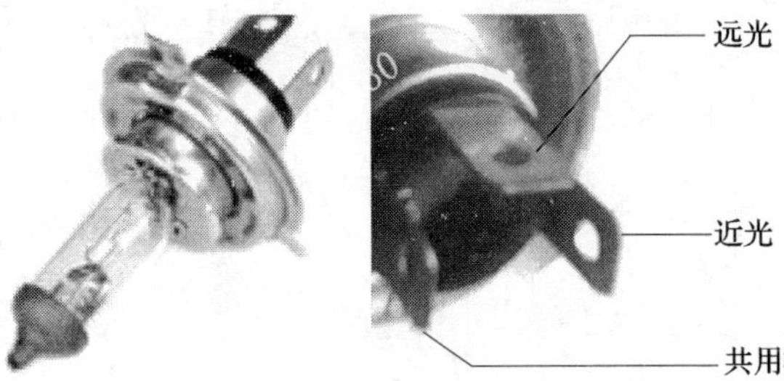

电阻值：远光与共用端子：____________；近光与共用端子：____________。

结论：______________。

如果测量到灯丝的电阻值为__________（无穷大/有阻值），则表示灯泡损坏。

2. 查阅资料，在下图中用笔分别圈出熔丝和继电器，并应用万用表电阻挡完成相关测量。

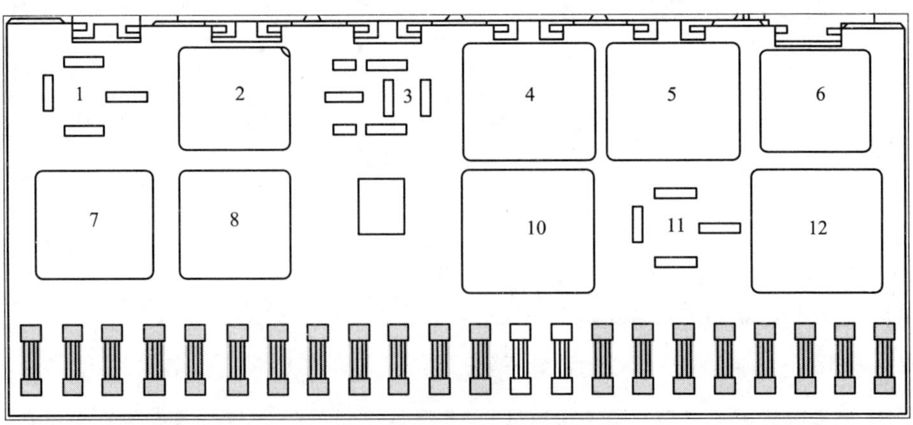

中央控制盒正面

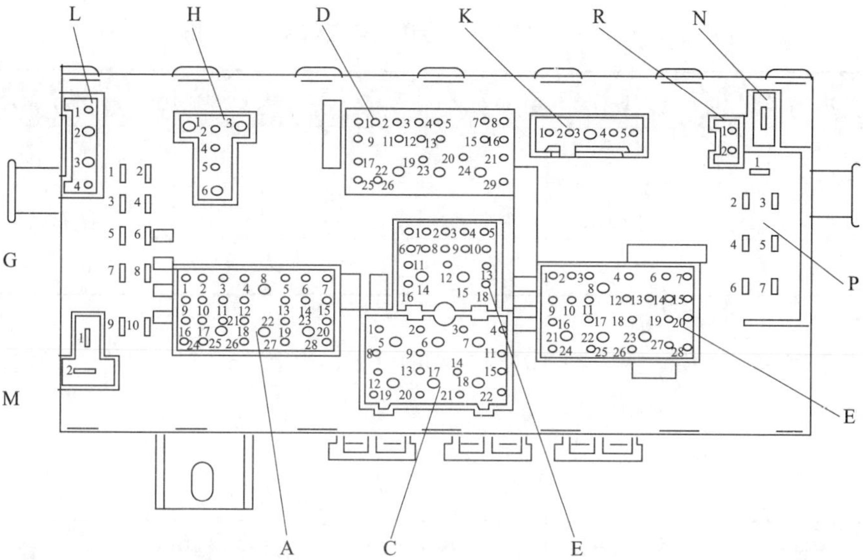

中央控制盒背面

下图中左图所示阻值为（□无穷大　□很小），说明该熔丝（□熔断　□正常）。

下图中右图所示阻值为（□无穷大　□很小），说明该熔丝（□熔断　□正常）。

经检测，对应熔丝正常否？ ____________。如若不正常，更换熔丝时应当更换（□相同　□大　□小）的熔丝。

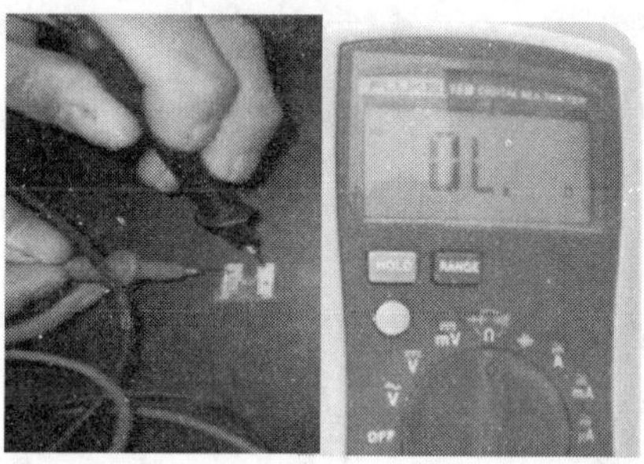

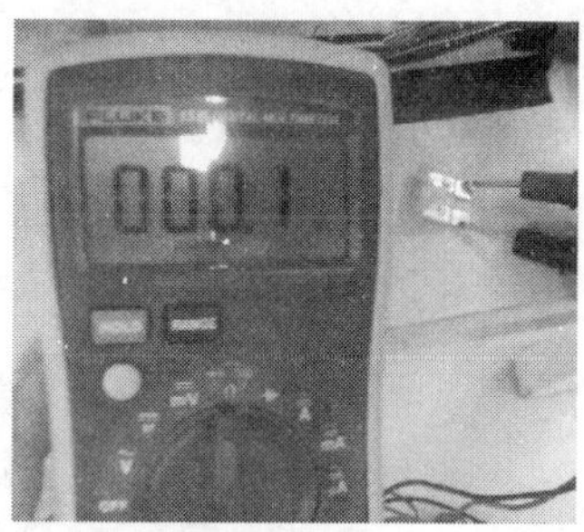

3. 根据灯光开关 E1 的接插件形状及针脚布置图，检查灯光开关 E1 的导通性，将检测结果记录在下表中。

前照灯灯光开关导通性检查记录表

万用表测试点	开关操作	规定电阻	检测值	检测结论

4. 画出变光开关 E4 的接插件形状及针脚布置图，检查变光开关 E4 的导通性，将检测结果记录在下表中。

前照灯变光开关导通性检查记录表

万用表测试点	开关操作	规定电阻	检测值	检测结论

5. 检查远光灯线路的连接器。

为检修方便，建议使用________（见下图右）检测线路。将无源测试灯的夹子夹在搭铁位置，当测试灯的探针接触到有电压的电路位置时，测试灯就会点亮。注意：测试灯不能用来测试高灵敏度电路，如 ECU、电控模块等，否则会________。

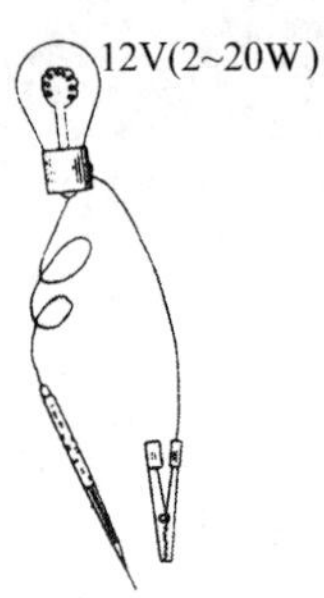

检查连接器（接插器）的导通

测量位置					检测结论
测试灯状态					

6. 完成电路和元件检测后，将检测结论汇总填写在下表中，并确定需要修复或更换的元件。

元器件	灯光开关	变光开光	熔丝	远光灯线路	灯泡
故障部位					

评价与分析

学习活动过程评价表

<table>
<tr><td>班级</td><td></td><td>姓名</td><td></td><td>学号</td><td></td><td>日期</td><td>年　月　日</td></tr>
<tr><td>序号</td><td colspan="5">评价要点</td><td>配分</td><td>得分</td><td>总评</td></tr>
<tr><td>1</td><td colspan="5">能检测熔丝的好坏</td><td>15</td><td></td><td rowspan="7">A□（86～100）
B□（76～85）
C□（60～75）
D□（60 以下）</td></tr>
<tr><td>2</td><td colspan="5">能检测灯光开关的好坏</td><td>15</td><td></td></tr>
<tr><td>3</td><td colspan="5">能检测变光开关的好坏</td><td>15</td><td></td></tr>
<tr><td>4</td><td colspan="5">能检测连接器的好坏</td><td>15</td><td></td></tr>
<tr><td>5</td><td colspan="5">能遵守劳动纪律，以积极的态度接受工作任务</td><td>10</td><td></td></tr>
<tr><td>6</td><td colspan="5">能积极参与小组讨论，团队间相互合作</td><td>15</td><td></td></tr>
<tr><td>7</td><td colspan="5">能及时完成老师布置的任务</td><td>15</td><td></td></tr>
<tr><td colspan="6">总　分</td><td>100</td><td></td><td></td></tr>
<tr><td>小结
建议</td><td colspan="8"></td></tr>
</table>

学习活动3　照明系统电路的修复与更换

学习目标

1. 能正确分解与检测前照灯，并能判断各零部件的性能。

2. 能熟悉电路故障修复工艺，并对照明电路故障进行修复。

3. 能规范拆装和更换前照灯，并检测前照灯的性能。

建议学时：10 学时

学习准备

汽车维修手册、互联网资源、车辆、汽车电气线路台架、旋具、线钳、电烙铁、焊锡、万用表等电工工具组套等。

学习过程

一、照明系统电路故障修复

1. 导线接头的修复工艺

（1）导线接头常因________或电火花烧蚀而发生损坏，或因________而使接头断裂。新增线路或修复接头时常用钎焊法、压力折皱法制作电线端子。

（2）钎焊修复工艺步骤如下：

1）将电线尾端剥掉一段绝缘层。

2）选用适当尺寸的套管和电线接头，套上线端。

3）用钳子将接线头柄部分分别与绝缘层和线芯夹紧。

4）用电烙铁将线芯加热，等线芯加热后用松香芯焊锡与接头处接触，使其熔接，熔后趁热将套管拉到接头处，线头即可制成。

根据上述步骤，将操作步骤序号填入下列图形后面对应的方框中。

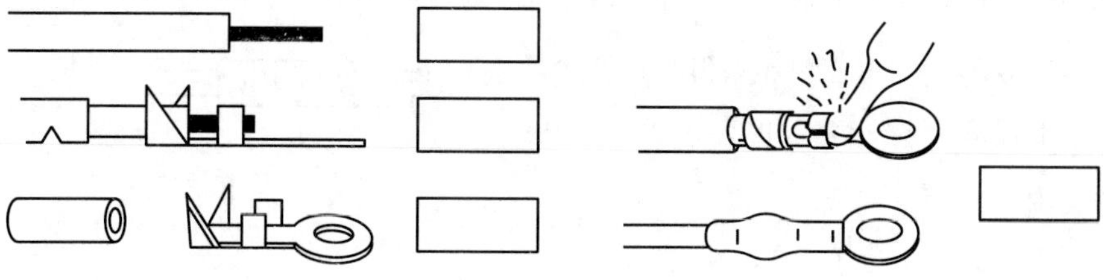

（3）压力折皱法修复技术。

压力折皱法工艺过程如下图所示。此方法是以________代替焊接的连接法，目前已被很多制造厂及汽修厂采用。压力折皱法需采用一种________，制作时先将线端剥去绝缘层露出线芯，套上塑料套管和接头，形成一个塑料夹头，最后用专用夹线钳加压就能制成牢固连接的接头。

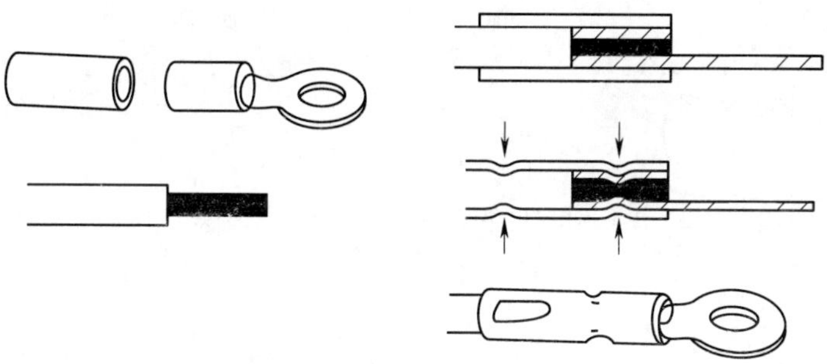

压力折皱法修复导线

2. 断线的修复工艺

（1）线束中的导线常因磨损、振动或意外载荷而出现折断，通常可采用________、压套法、附加接插器法（见右图）修复。

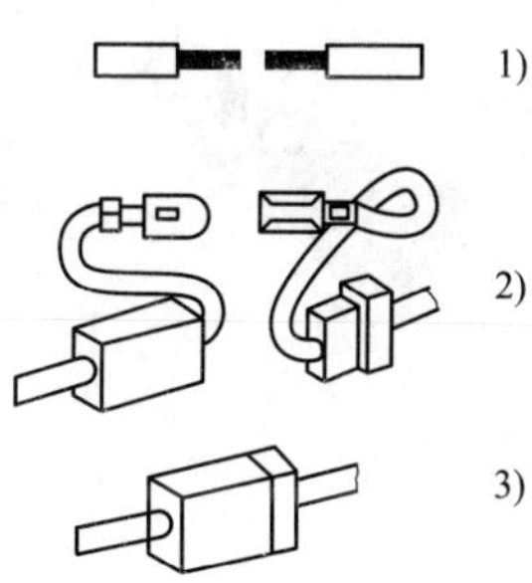

附加插接器法

（2）压套法修复工艺步骤如下：

1）将断头两端剥掉一段绝缘层。

2）将两线芯插入专用铜连接套管内。

3）用压紧器将线芯与铜连接套管压为一体。

4）绝缘包扎处理。

根据上述步骤，将操作步骤序号填入右图后面对应的方框中。

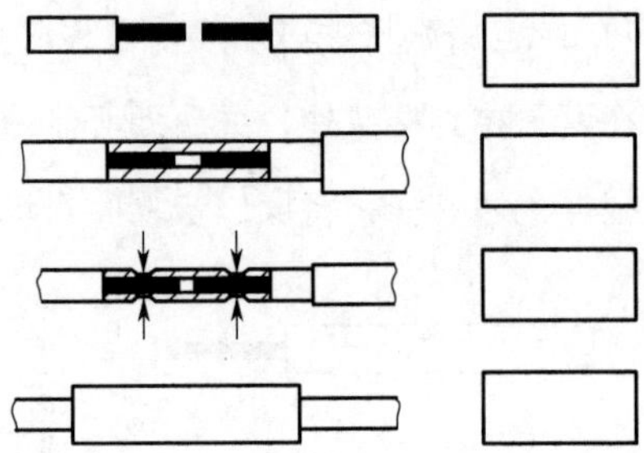

压套法修复

3. 插接器的修复工艺

（1）插接器的结构。插接器是汽车电路中不可缺少的元件，可分为单路、________或多路式多种。插接器由________和壳体组成，如下图所示。端子上设有倒扣，装入护套内以防脱出。插接器护套由________制成。

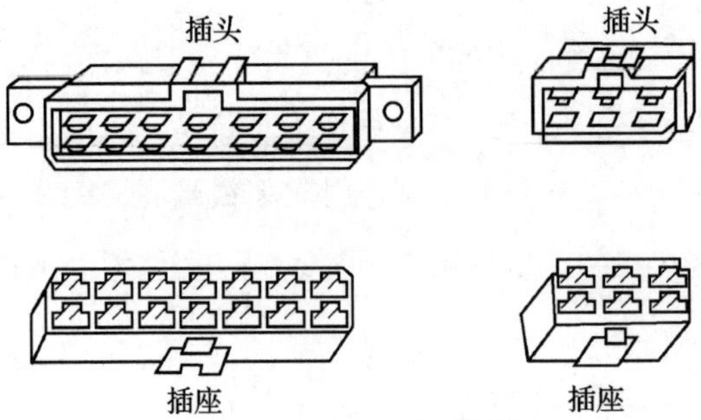

插接器的形式

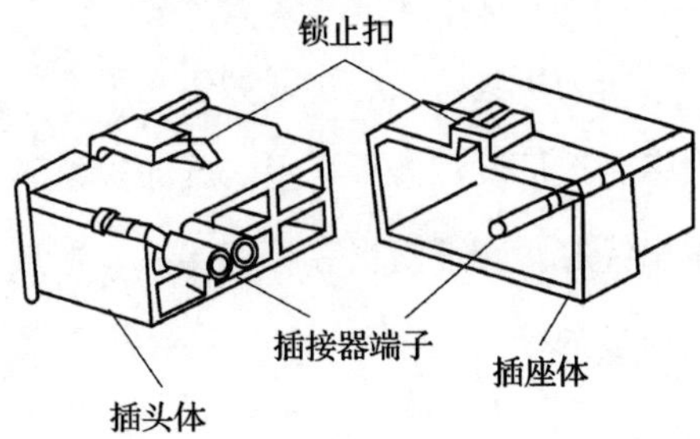

插接器的结构

（2）插接器的类型。写出下列图形对应的插接器的类型。

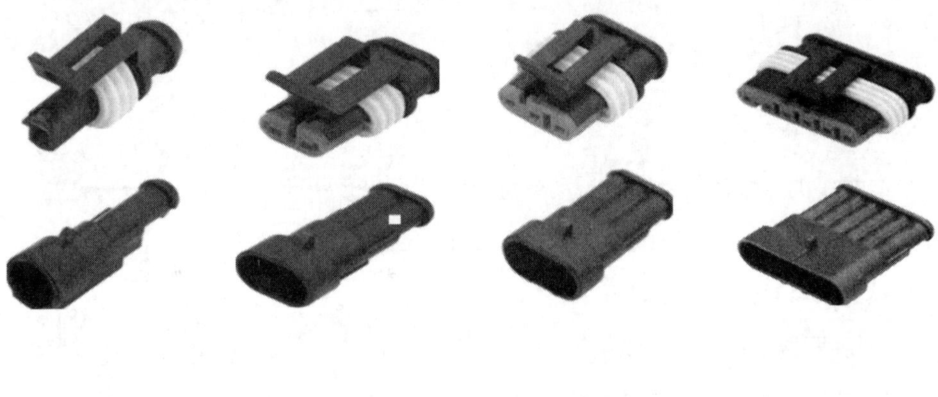

__________ __________ __________ __________

（3）插接器的修复。拆插接器时，须压下______，切不可直接猛拉电线，若发现插头、插座损坏或锈蚀严重，应按图示方法用小螺钉旋具自插口端伸入撬开________，拉出线头。对锈蚀严重的线头，可______________，若有损坏应更换插头、插座。

不能猛拉电线的原因是____。

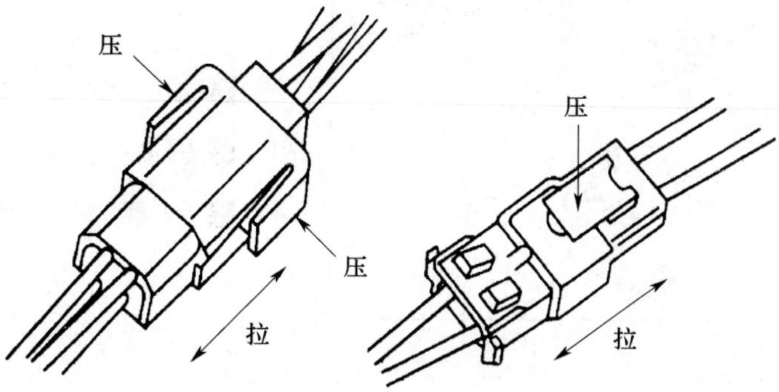

插接器的拆卸方法

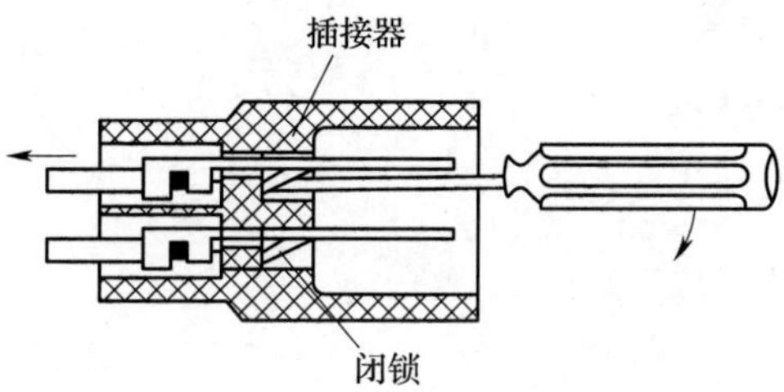

插接器的拆解

（4）如何修复一个内有断线的插接器？

二、元件拆装与更换

1. 不同类型灯泡的拆卸

根据灯泡类型的不同，其拆卸和安装方法也不相同。

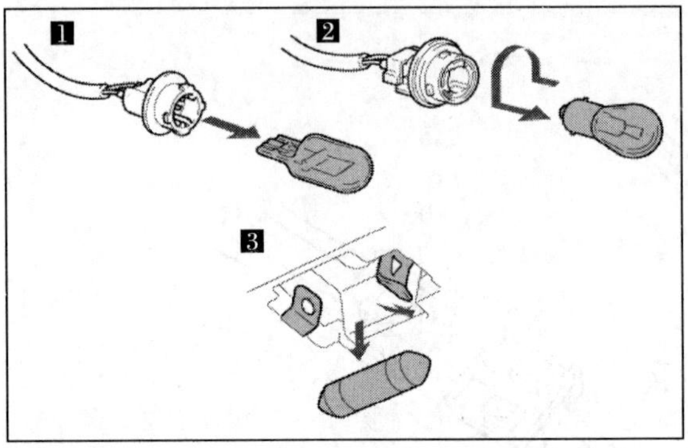

1先拉后拆

2先压后旋转

3拆下两端的接线端

实训车上用的灯泡属于哪种拆卸类型？________________。

2. 更换大灯灯泡

（1）拆下大灯灯泡的步骤：

1）断开大灯连接器的连接。

2）拉橡胶护罩的凸耳时取下橡胶护罩。

3）松开钩住灯泡的弹簧取下灯泡。

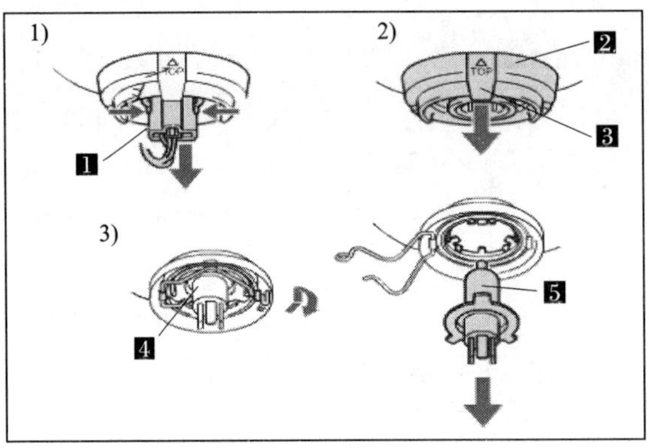

1连接器 2橡胶护套

3凸耳 4弹簧

5大灯灯泡

在拆卸灯泡前要不要断开电源？（　　）

【注意事项】

• 如果拆下灯泡后长时间放置，则灯罩上可能会堆积________，要防止这一现象的出现，必须尽快更换灯泡。为什么不能让灯罩堆积异物呢？____________________________

• 如果皮肤的________粘在灯泡上，则灯泡的使用寿命会缩短。因此，勿触碰到灯泡的玻璃部分。由于卤素灯泡比普通灯泡热，如果油脂粘在其表面，会导致它破裂。另外，汗液会粘污石英，因此，在换灯泡时要抓住法兰部分。

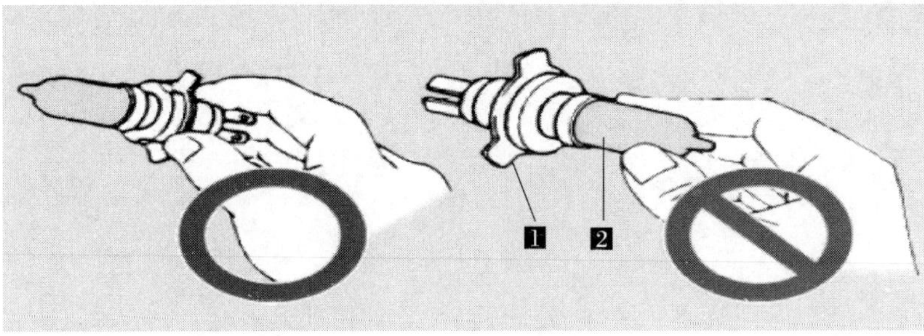

1法兰
2灯泡表面

判断题：法兰形状不同代表灯泡型号不同。(　　)

- 用力抓住灯泡的玻璃表面会使灯泡破碎引起人身伤害（见下图）。

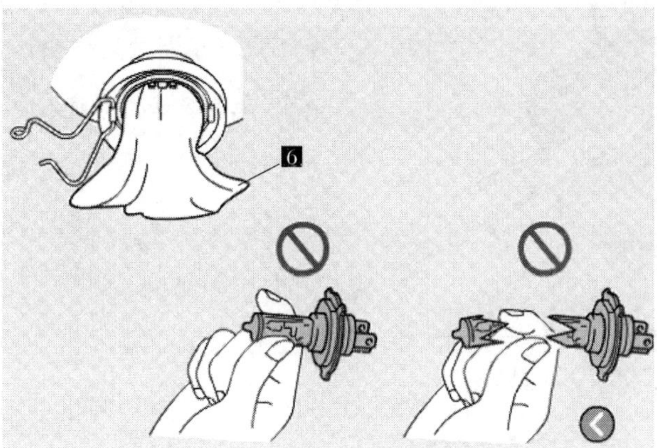

6布

(2) 安装大灯灯泡的步骤：

1) 将灯泡凸耳和安装槽孔对齐后将灯泡放入。

2) 钩住弹簧将灯泡安装上。

3) 将护罩的“上”标记朝上把护罩安装上。

【注意事项】如果“上”标记没有朝上，则水可能________。

4) 接上大灯连接器。

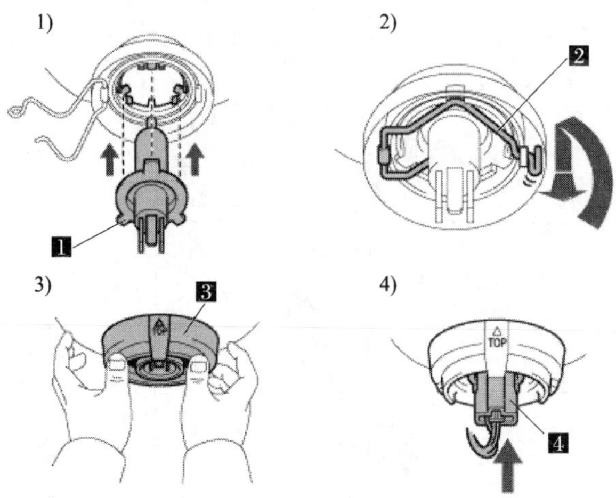

1灯泡凸耳　2弹簧　3橡胶护罩　4连接器

3. 整体更换前大灯

（1）观察前照灯在车上的安装连接关系，查阅维修手册，列出拆卸大灯的前期准备工作。

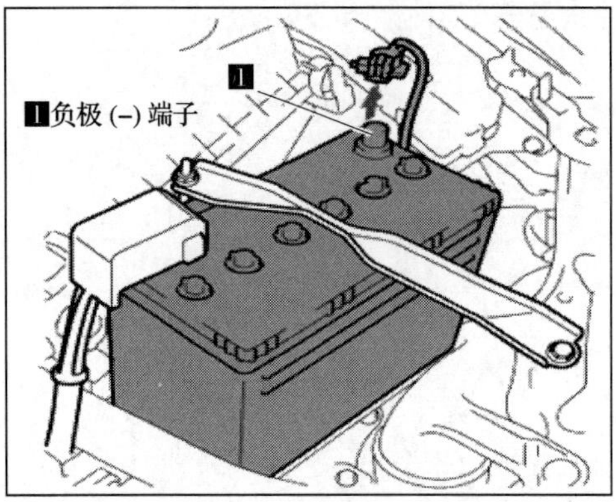

（2）断开蓄电池负极（–）端子电缆。

在断开蓄电池负极（–）端子电缆之前，操作准备工作如下：

- DTC（诊断故障代码）
- 选择的收音机频道
- 座椅位置（带记忆系统）
- 方向盘位置（带记忆系统）

你拆卸的蓄电池负极有什么标记吗？

____

____

（3）在前保险杠拆卸期间，用遮蔽带防止损坏。原因是：

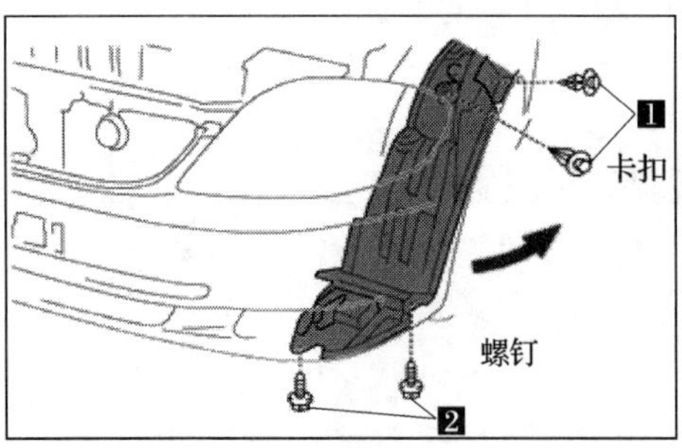

（4）拆卸内衬安装螺钉和卡扣（在轮罩前半部分）。

拆卸的卡扣还能重复使用吗？（　　）

在轮罩拆卸中不拆后半部分有没有影响？（　　　）

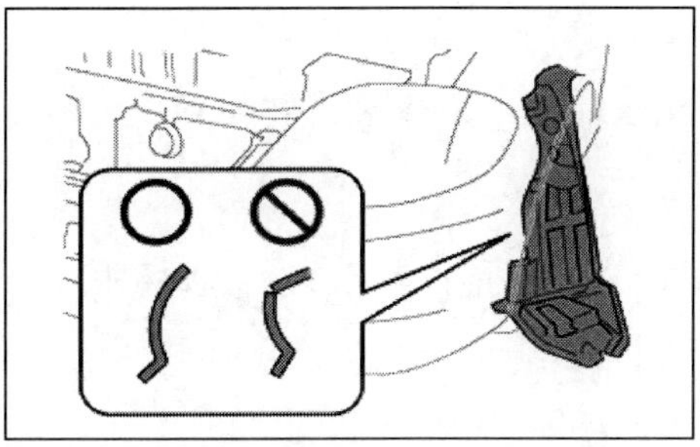

(5) 翼子板内衬板翻转。

注意事项：

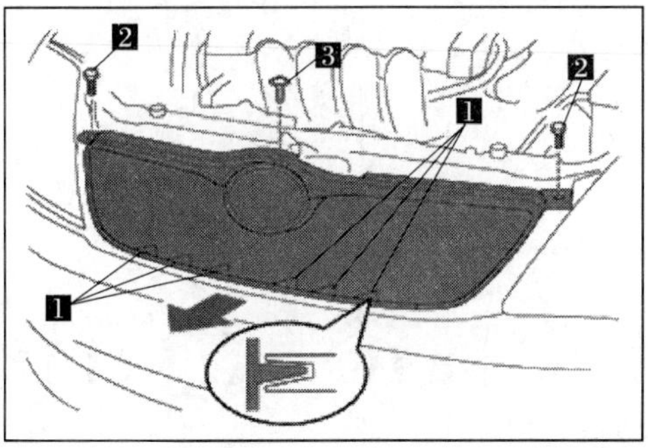

(6) 拆卸散热器护栅。

◆ 拆卸螺栓和螺钉。

◆ 松脱锁销和散热器护栅。

写出各部件的名称：

1—________

2—________

3—________

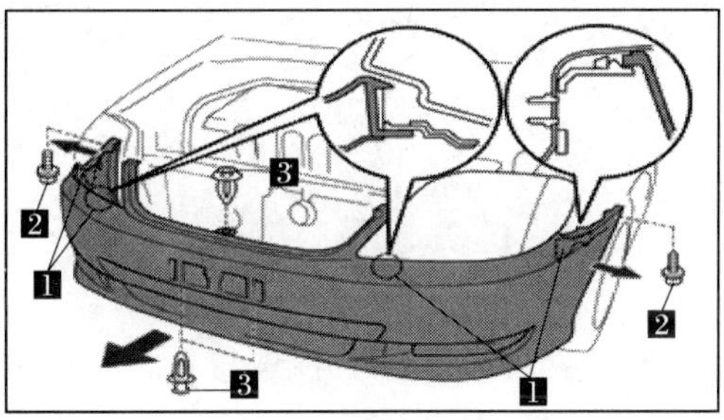

(7) 拆卸前保险杠。

◆拆卸卡扣和螺栓。

◆松脱卡钩和前保险杠。

1—卡钩　2—螺栓　3—卡扣

前保险杠的防撞梁有多厚？(　　)

有没有泡沫衬垫？(　　)

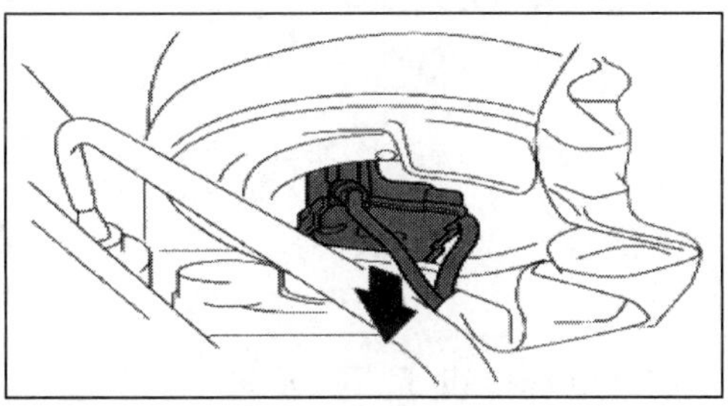

(8) 断开大灯接头。

大灯接头有几根线？(　　)

能说出分别控制什么灯吗？

____

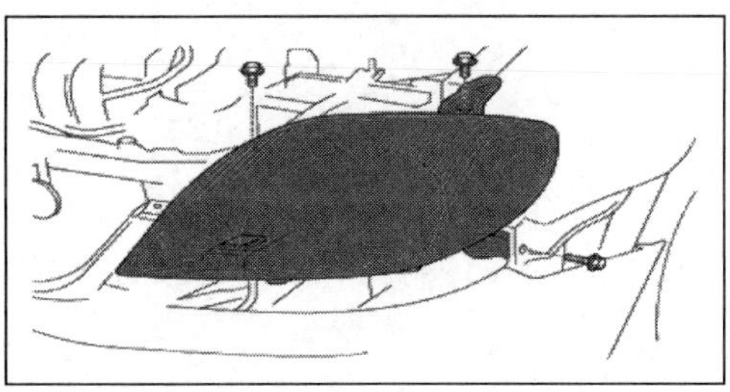

(9) 拆卸大灯安装螺栓。

拆卸时有几颗螺栓？(　　)

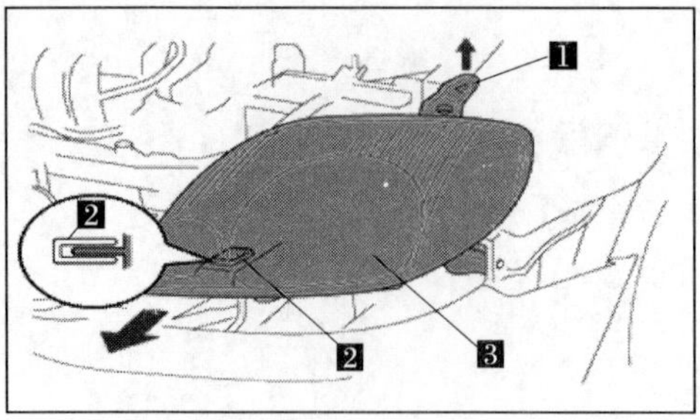

（10）从销子上分离大灯固定角。然后把大灯向车辆前部拉，分离内部托架，拆卸大灯。

注意：如不向前拉大灯，就会损坏托架。

4．整体拆卸和更换组合开关

（1）组合开关的拆卸步骤。

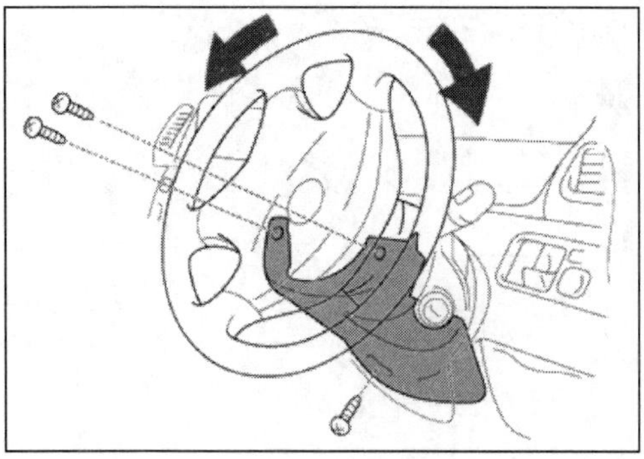

1）拆卸转向管柱罩：拆卸____个螺钉和转向管柱罩。

注意事项：

2）推连接器锁销并握住连接器，以便拆开____个连接器，分别控制哪些功能？

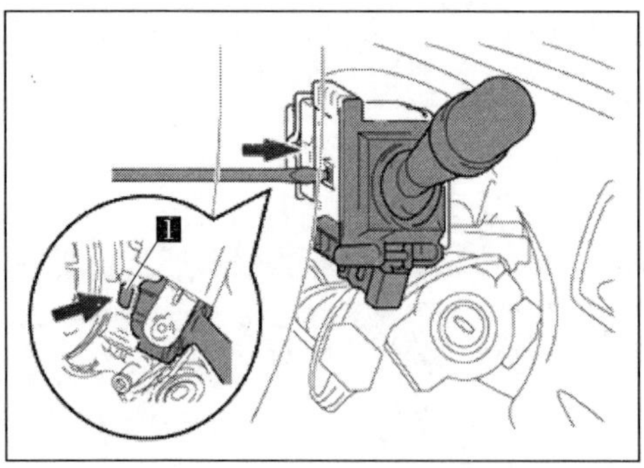

3）松开锁销并拆卸灯控开关。

注意事项：

（2）组合开关的更换与安装。

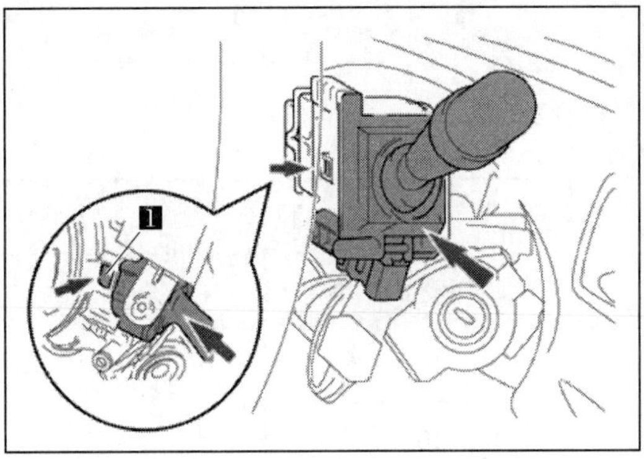

1）安装灯控制开关。

①安装灯控制开关。

②确保锁销可靠结合。

③握住连接器体并连接连接器。

④在连接好连接器后，确保锁销可靠连接。

注意事项：

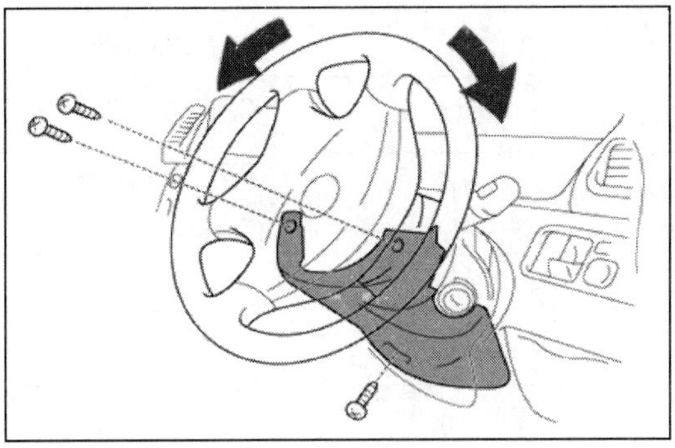

2）安装转向柱盖子。

安装盖子和三个螺钉。

注意事项：

3）最后检查。

①检查安装电器设备的步骤是否有错，并检查大灯是否正常工作。

②操作________，并检查在每个转换位置上能否有相应的灯亮。

评价与分析

学习活动过程评价表

班级		姓名		学号		日期	年　月　日
序号	评价要点				配分	得分	总评
1	能修复导线接头和断线				10		A□（86～100） B□（76～85） C□（60～75） D□（60 以下）
2	能认知插接器并正确插拔				10		
3	能正确对待锈蚀等情况，并修复插接器断线故障				10		
4	能正确拆装灯泡				15		
5	能正确拆装大灯总成				20		
6	能遵守劳动纪律，以积极的态度接受工作任务				15		
7	能积极参与小组讨论，团队间相互合作				10		
8	能及时完成老师布置的任务				10		
总　分					100		
小结 建议							

学习活动4　前照灯的检测与调整

学习目标

1. 能了解国家标准中对汽车照明的相关技术要求。
2. 能正确使用前照灯检测仪对前照灯进行检测。
3. 能将前照灯调整到国家标准规定的技术状态。

建议学时：6学时

学习准备

汽车维修手册、互联网资源、车辆、前照灯检测仪及使用说明书、旋具等常用电工工具组套等。

学习过程

一、前照灯的调整

1．在行车过程中，汽车受到振动可能引起________发生变动，从而改变光束的正确照射方向。同时，灯泡在使用过程中会________________，其聚光的性能变差，导致前照灯的亮度不足。

2．光束照射太高或太低会对驾驶员产生什么影响？

3．光束照射太偏左或偏右会对驾驶员产生什么影响？

4．国家标准 GB 7258—2004《机动车运行安全技术条件》规定前照灯的____________和____________被列为机动车运行安全检测的必检项目。

（1）查阅国家标准 GB 7258—2004，写出前照灯光束照射位置的检测要求。

（2）发光强度是指光源在给定方向上所能发出的________，单位是坎德拉（cd）。

查阅国家标准 GB 7258—2004《机动车运行安全技术条件》中关于前照灯发光强度的要求，填写下表。

车辆类型	新注册车		在用车	
	两灯制	四灯制①	两灯制	四灯制①
汽车、无轨电车				
四轮农用运输车				

注：①允许四灯制的机动车其中两只对称的灯达到两灯制要求即视为合格。

二、前照灯的检测

1．用屏幕法检测前照灯。如下图所示，屏幕上画有三条垂直线和三条水平线：中间垂直线________与被检车辆的纵向中心垂直面对齐；两侧的垂直线________和________分别为被检车辆左右前照灯基准中心的垂直线；水平线中的________线与被检车辆前照灯的基准中心等高，距地面高度为________。

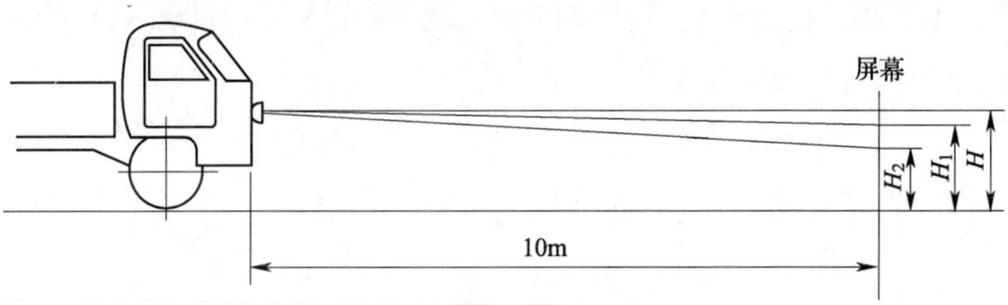

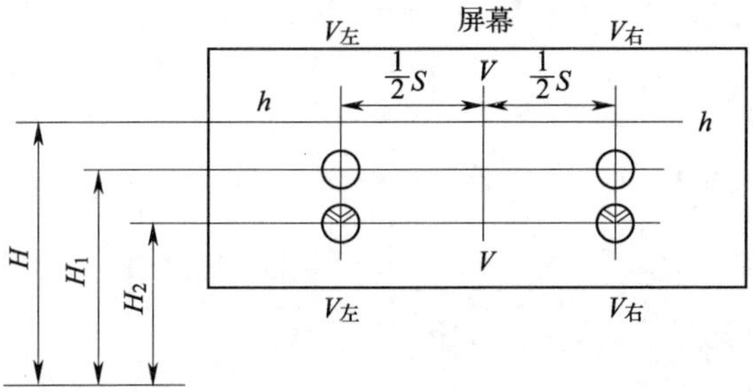

H 为被检车辆前照灯基准中心距地面的高度，其值视被检车型而定。

用屏幕法检测前照灯，其方法简单易行，但它只能检测出光束的偏斜方向和________，不能检测发光强度，而且为适应不同车型，还需经常更换屏幕，检测效率较低。目前维修企业和各检测站用得最多的是利用________检测前照灯的光束照射位置和________。

2．用前照灯检测仪对前照灯进行检测和调整。

（1）检测前的准备

1）清除前照灯上的油污。

2）轮胎____________应符合汽车制造厂的规定。

3）汽车蓄电池应处于____________状态。

（2）检测步骤

1）将汽车尽可能地与导轨保持垂直方向驶近检测仪，使前照灯与检测仪受光器相距________。

2）将车辆摆正，用找准器使检测仪与汽车对正，写出操作步骤。

3）点亮前照灯，接通检测仪电源，用________移动检测仪位置，使前照灯光束射到受光器上。

4）按下测量开关，受光器可追踪到前照灯光轴，根据光轴偏斜指示计（标有刻度）和光度计的指示值，即可测得发光强度。写出操作步骤及方法。

（3）检测结果分析

前照灯检测不合格有两种情况，一是前照灯发光强度________，二是前照灯照射位置________。

1）写出左右前照灯发光强度均偏低的原因。

2）左右前照灯发光强度不一致。检查发光强度偏低的前照灯的反射镜光泽是否________，灯泡是否________，质量是否符合要求，一般多为搭铁线路________。

3）写出前照灯光束照射位置偏斜的原因。

（4）检测后的调整

前照灯安装位置不当或因强烈振动而错位致使光束照射位置偏斜，应予以________。前照灯光束照射位置偏斜的调整可在前照灯________上进行。根据检测标准，在检测调整光束照射位置时，对远、近双光束灯以检测调整________光束为主。如果制造质量合格的灯泡，近光调整合格后，远光光束一般也能________；若近光光束调整合格后，经复核远光光束照射方向不合格，则应________。

一般调整方法是用旋具转动前照灯________调整螺钉进行调整（见下图），写出具体调整方法：

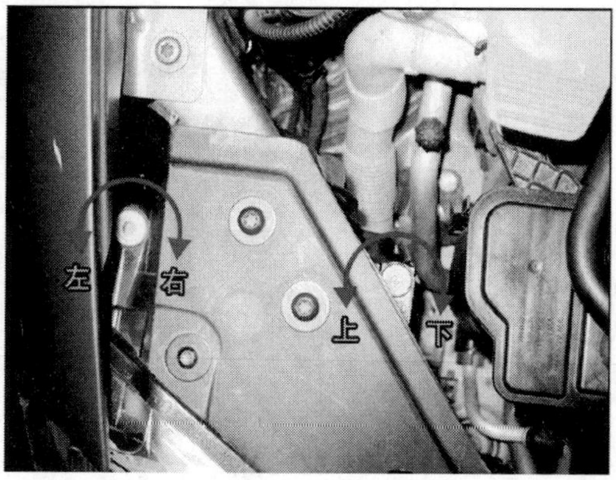

前照灯检测后的调整

评价与分析

学习活动过程评价表

<table>
<tr><td>班级</td><td></td><td>姓名</td><td></td><td>学号</td><td></td><td>日期</td><td>年　月　日</td></tr>
<tr><td>序号</td><td colspan="4">评价要点</td><td>配分</td><td>得分</td><td>总评</td></tr>
<tr><td>1</td><td colspan="4">能明确调整光束的意义</td><td>10</td><td></td><td rowspan="8">A□（86～100）
B□（76～85）
C□（60～75）
D□（60 以下）</td></tr>
<tr><td>2</td><td colspan="4">能了解屏幕法检测灯光的方法和优缺点</td><td>10</td><td></td></tr>
<tr><td>3</td><td colspan="4">能在检测前做好准备工作</td><td>10</td><td></td></tr>
<tr><td>4</td><td colspan="4">能正确操作自动追踪光轴式前照灯检测仪</td><td>20</td><td></td></tr>
<tr><td>5</td><td colspan="4">能对检测结果进行分析和调整</td><td>20</td><td></td></tr>
<tr><td>6</td><td colspan="4">能遵守劳动纪律，以积极的态度接受工作任务</td><td>10</td><td></td></tr>
<tr><td>7</td><td colspan="4">能积极参与小组讨论，团队间相互合作</td><td>10</td><td></td></tr>
<tr><td>8</td><td colspan="4">能及时完成老师布置的任务</td><td>10</td><td></td></tr>
<tr><td colspan="5">总　分</td><td>100</td><td></td><td></td></tr>
<tr><td>小结
建议</td><td colspan="7"></td></tr>
</table>

学习任务三评价表

班级：__________ 姓名：__________ 学号：__________

项目	自我评价			小组评价			教师评价		
	10～9	8～6	5～1	10～9	8～6	5～1	10～9	8～6	5～1
	占总评 10%			占总评 30%			占总评 60%		
学习活动 1									
学习活动 2									
学习活动 3									
学习活动 4									
协作精神									
纪律观念									
表达能力									
工作态度									
安全意识									
任务总体表现									
小计									
总评									

任课教师：__________ 年 月 日

学习任务四　信号系统不工作故障的检修

学习目标

1. 能根据维修手册要求，了解信号系统的作用、结构组成及原理。

2. 能分析汽车转向信号灯、电喇叭不工作的故障原因，并制订工作方案（故障维修流程编写）。

3. 能熟悉信号系统拆装安全操作规程，并在作业过程中自我检查贯彻的情况，做好过程记录。

4. 能分析信号系统电路图，并进行电路拆绘。

5. 能根据维修手册要求，正确选择并使用工量具与仪器，完成信号系统及电路的检查（就车检查）。

6. 能根据维修手册要求，对信号灯、信号开关和电喇叭进行拆卸、解体检查、更换和装配，并填写竣工单。

7. 能进行团队成员的有效沟通与协同作业。

建议学时

40 学时

工作情境描述

有一辆事故车在进行钣金修复后，车主发现该车转向灯、电喇叭等信号装置均不工作，交给 4S 店电器技术人员检查，初步判断是信号装置线路接线错误，作为维修人员需对相关部件进行拆检。根据维修手册要求，在规定时间内完成信号装置各部件的拆检与更换，完成后交付班组长验收。

工作流程与活动

学习活动 1　维修方案制订

学习活动 2　故障基本检查

学习活动 3　转向灯、电喇叭的就车拆卸与安装

学习活动 4　信号系统部件的检查、组装及性能测试

学习活动 5　倒车灯、制动灯电路的检测

学习活动 1　维修方案制订

学习目标

1. 能正确识读信号系统电路图，并进行拆绘。

2. 能初步分析信号系统不工作故障的现象及原因。

3. 能查阅维修手册，描述信号系统的基本组成、部件功能及工作原理。

4. 能列举信号系统各组成部件的安装位置和基本检查方法。

5. 能查阅相关资料，完成信号系统不工作故障维修方案的制订。

建议学时：10 学时

学习准备

常用工具：旋具一套、车用万用表。

材料：闪光继电器、电喇叭、继电器、转向灯、制动灯、倒车灯、熔丝等。

设备：车辆、汽车电气试验台、多媒体教学设备。

资料：维修手册、维修工单、安全操作规程、互联网资源、多媒体维修资料。

学习过程

一、信号系统的组成及功用

1. 汽车信号系统主要用于向他人或其他车辆发出警告和示意，对于保证行驶安全有着重要的意义。下图所示是车辆外部照明灯示意图，在其中找出哪些属于信号系统装置？并参照图片在实训车上指出来。

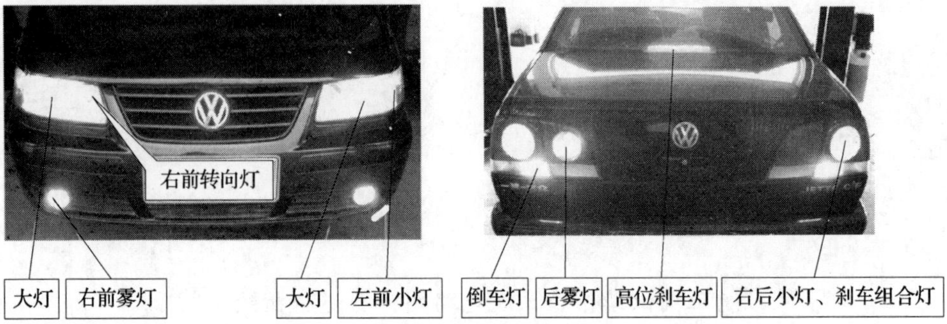

汽车外部照明灯

2．在实训车上找到下表中图形对应的信号系统各装置，并写出其名称、功用、数量及光色。

信号装置种类	名称	功用	数量	光色
闪光灯会让其他车辆知道这辆车将要转弯的方向  				
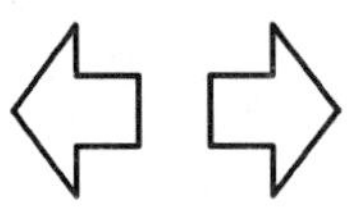				

续表

信号装置种类	名称	功用	数量	光色
一对制动灯让后方车辆的驾驶员知道本车要进行制动 				
换到倒车挡时，一对倒车灯点亮 				
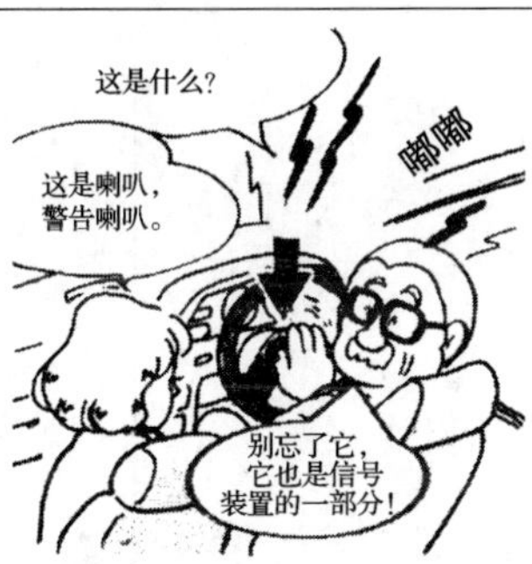				

3. 下图所示是汽车转向系统各组成部件示意图，在实训车上找到相对应的部件，并写出其功能及名称。

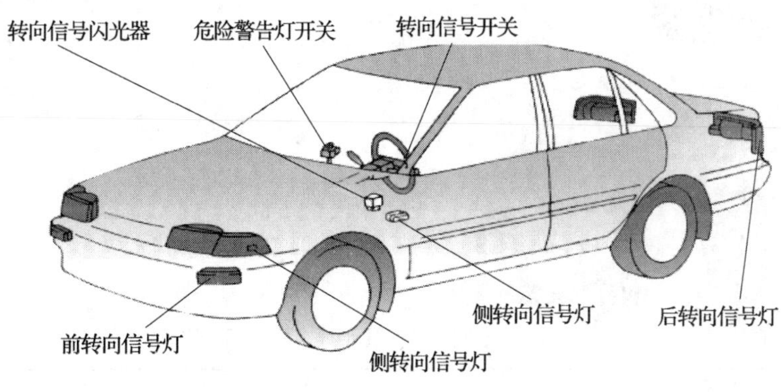

转向系统的组成

转向信号部件种类	名称	功用	安装位置
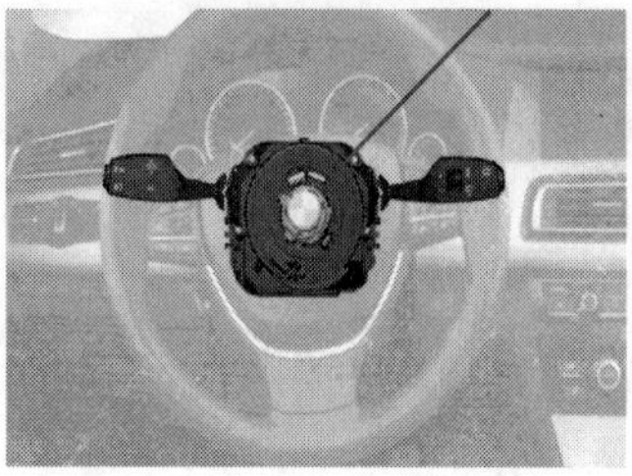			
方向灯开关 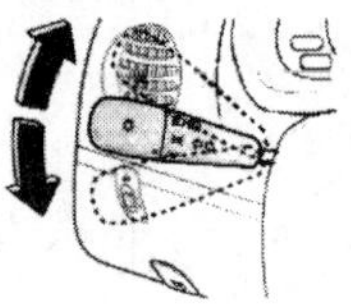 			
紧急警示闪光器开关 危险警告灯开关 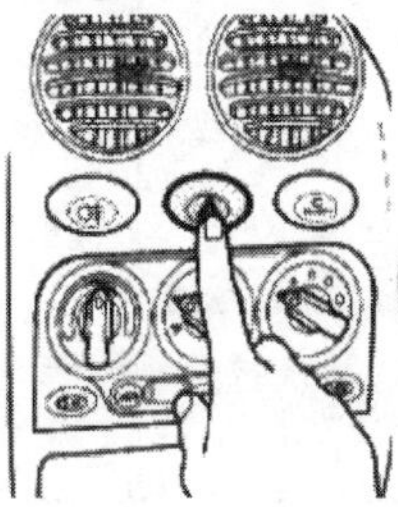 			

4．对照下图，叙述转向灯和危险警告灯的工作过程（填空）。

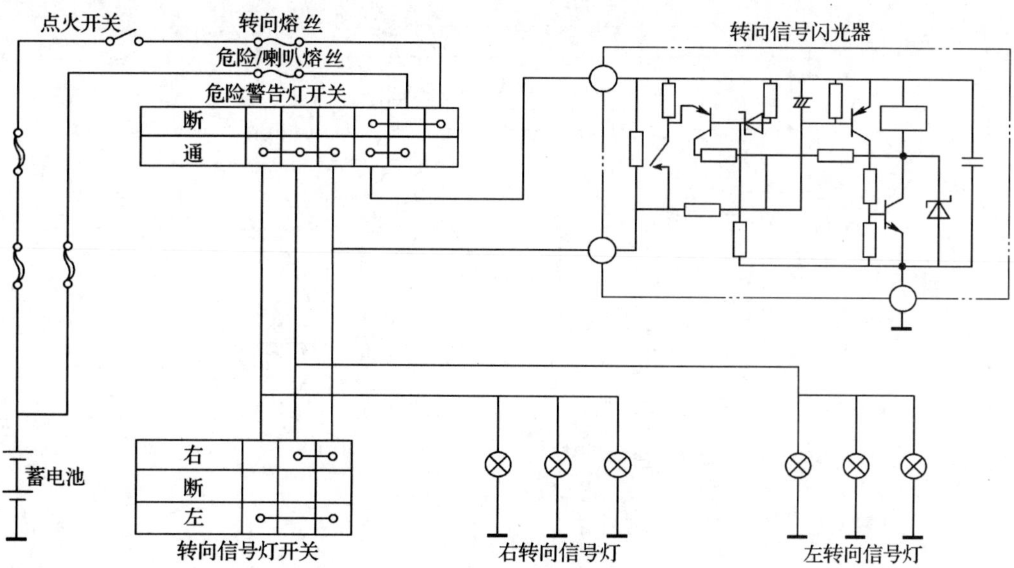

转向灯及危险警告灯电路系统图

（1）转向信号灯的工作过程

打开点火开关，断开危险警告灯开关，将转向灯开关拨到左（或右），电流从蓄电池正极→点火开关→________熔丝→危险警告灯开关→________→左（或右）转向信号灯开关→左（或右）转向信号灯→搭铁→蓄电池负极，左（或右）转向信号灯闪烁。

（2）危险警告灯的工作过程

危险警告灯在点火开关打开和关闭时均__________（能/不能）工作。

1）点火开关打开，接通危险警告灯开关，电流从蓄电池正极→点火开关→________熔丝→危险警告灯开关→________________→危险警告灯开关→左、右转向信号灯→搭铁→蓄电池负极，左、右转向信号灯同时闪烁。

2）点火开关关闭，电流从蓄电池正极→危险/喇叭熔丝→危险警告灯开关→转向信号闪光器→危险警告灯开关→左、右转向信号灯→搭铁→蓄电池负极，左、右转向信号灯同时闪烁。

5．下图所示是电喇叭系统电路图，在实训车上找到下表中各图对应的装置，并填写它们的名称、功用和安装位置。

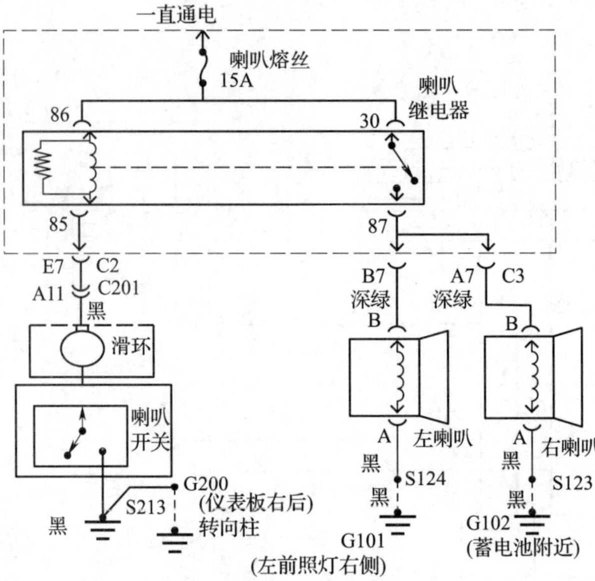

电喇叭系统电路图

电喇叭相关部件	名称	功　用	安装位置

续表

电喇叭相关部件	名称	功　用	安装位置
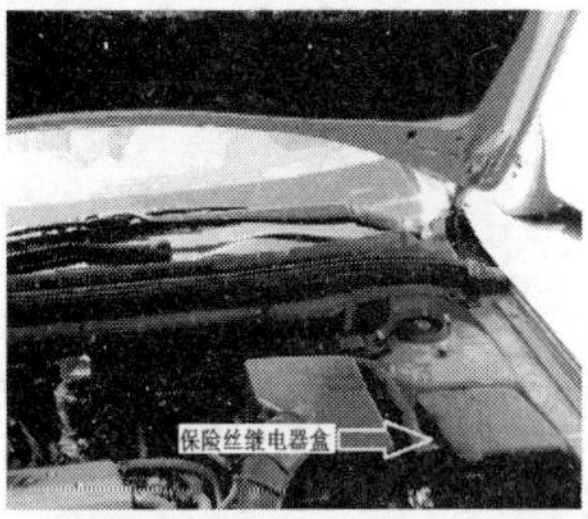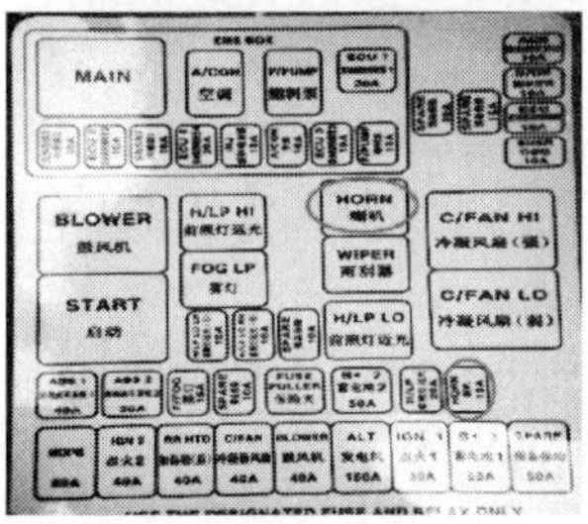			

6. 电喇叭的组成及工作过程。

（1）电喇叭控制电路的组成。电喇叭包括喇叭继电器、________、蓄电池等，由于继电器线圈的阻值很大，因此，电路中流经喇叭开关的电流________（较小/较大），继电器为________（常开/常闭）触点。

（2）电喇叭的工作过程。按下电喇叭按钮→喇叭继电器线圈通电→继电器常开触点________（闭合/断开）→蓄电池电压继电器的________加至喇叭→电喇叭发出响声。松开电喇叭按钮→继电器线圈断电→继电器的常开触点________（闭合/断开）→切断电喇叭电路→电喇叭停止发声。

二、故障原因分析及维修方案制订

1. 转向灯系统不工作故障的维修方案。

（1）依据信号系统的电路图，拆绘出右转向灯的电路连接图。

（2）造成转向灯不亮故障的原因有哪些？查阅相关资料，完成下列鱼骨图的绘制。

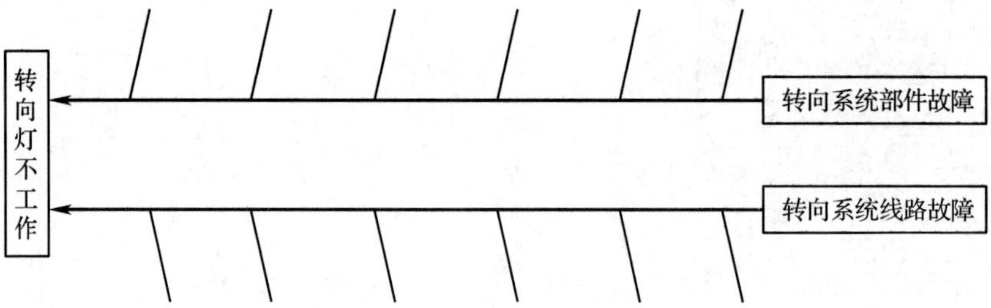

小资料

故障检查和检修：1）检测熔丝是否损坏；2）检测闪光继电器的火线接线柱是否有电，若无电，则证明闪光继电器至电源之间断路；3）若有电，可再用螺钉旋具将闪光继电器两接线柱短接，当转向灯亮则说明闪光继电器有问题，应检修；4）若转向灯仍不亮，则可能是转向灯开关或闪光器到转向灯的线路有问题，检查转向开关火线接线柱是否有电，若无电，则证明闪光器到转向开关线路有故障；5）若有电，用螺钉旋具分别接通转向开关火线接线柱与左右灯接线柱时，若灯全亮则说明转向灯开关有故障，需要更换；6）若不亮，则可能是转向开关到转向灯的线路有故障，检查转向灯火线是否有电，若无电，说明线路短路；7）若有电，检查灯泡是否有损坏；8）如灯泡正常，则应检查灯泡搭铁线是否有故障。

（3）查阅相关资料，写出汽车信号系统常见故障的主要原因。

故障现象	故障原因
左右转向灯都不亮	1. ________ 2. 蓄电池至转向开关之间的线路断路或接触不良 3. ________ 4. ________ 5. 公共连接导线断路
左右转向灯亮但不闪烁	
闪烁频率太高或太低	1. ________ 2. 闪光器调整不当 3. ________ 4. ________ 5. 灯泡接触不良
左右转向灯闪烁频率不一样，或一边闪一边不闪	1. ________ 2. ________ 3. 闪光器使用太久

（4）小组讨论并制订转向信号系统工作不良故障的维修方案。

步骤	工作内容	完成时间	工作要求	备注
1	接受生产派工单，明确转向信号系统故障现象		认真识读生产派工单，了解工作任务的具体要求	

续表

步骤	工作内容	完成时间	工作要求	备注
2	查询资料		查阅转向信号系统的有关知识，并了解设备正确使用规范	
3	制订检修方案			
4	检测熔丝是否损坏			
5	检查闪光继电器			
6	检查转向灯开关			
7	检查线路			

2. 电喇叭系统不工作故障的维修方案。

（1）绘制电喇叭系统（没有继电器）的电路简图，并叙述如果没有继电器会产生哪些不利影响?

电路简图:

不利影响：

（2）造成电喇叭不响故障的原因有哪些？查阅相关资料，完成下列鱼骨图的绘制。

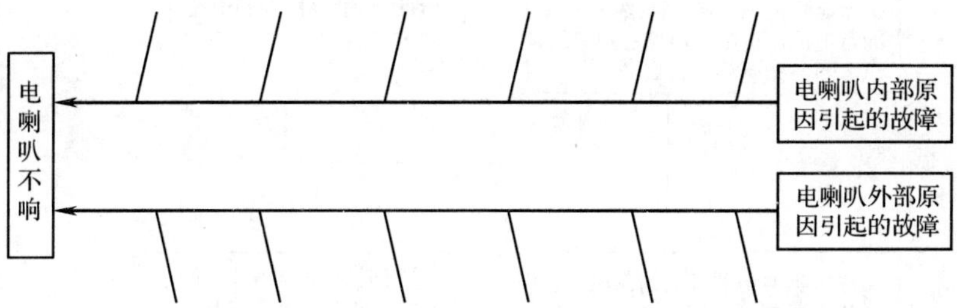

（3）电喇叭不响的诊断流程。

下图所示是电喇叭不工作故障的检查方法，汽车电喇叭系统发生工作不良故障后，为防止对不相关部件进行拆解，需对车辆电喇叭系统进行基本检查，判断出故障产生的部位，进行维修方案的制订。

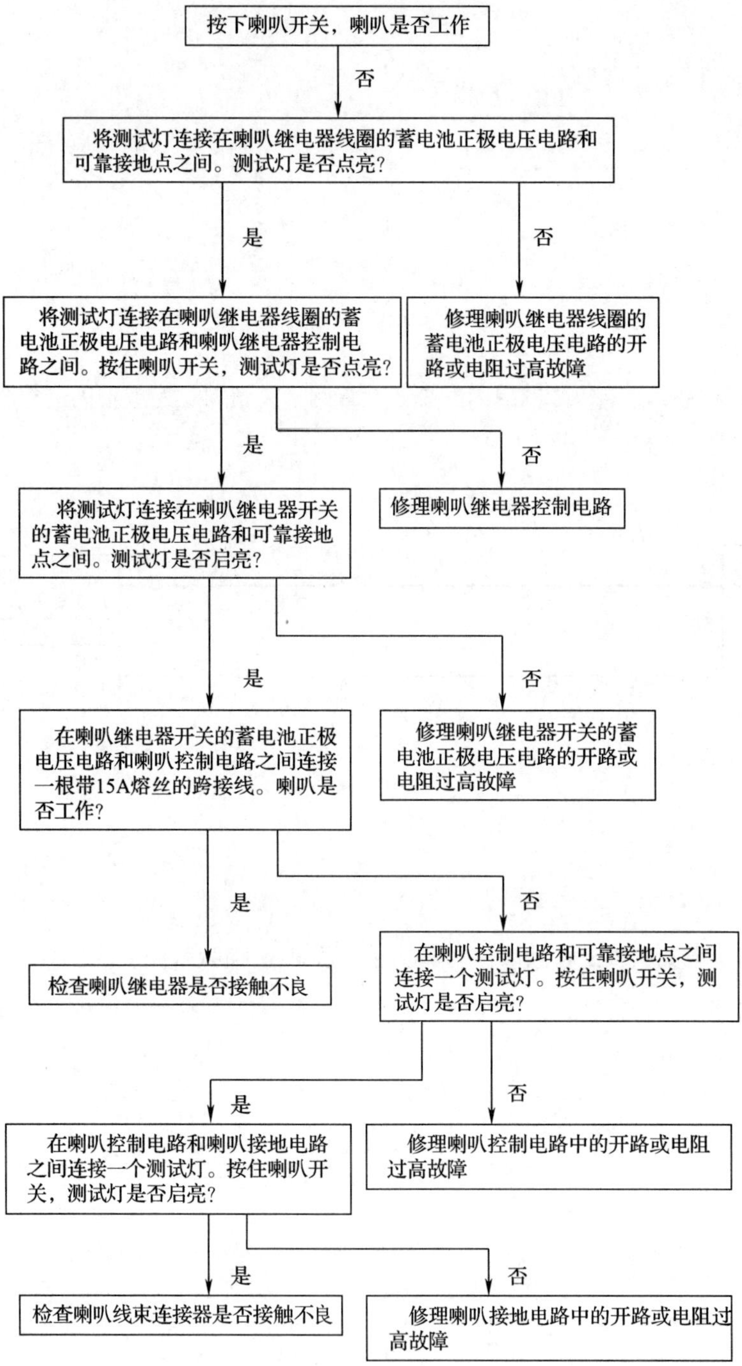
按下喇叭开关，喇叭是否工作
否
将测试灯连接在喇叭继电器线圈的蓄电池正极电压电路和可靠接地点之间。测试灯是否点亮？
是
否
将测试灯连接在喇叭继电器线圈的蓄电池正极电压电路和喇叭继电器控制电路之间。按住喇叭开关，测试灯是否点亮？
修理喇叭继电器线圈的蓄电池正极电压电路的开路或电阻过高故障
是
否
将测试灯连接在喇叭继电器开关的蓄电池正极电压电路和可靠接地点之间。测试灯是否启亮？
修理喇叭继电器控制电路
是
否
在喇叭继电器开关的蓄电池正极电压电路和喇叭控制电路之间连接一根带15A熔丝的跨接线。喇叭是否工作？
修理喇叭继电器开关的蓄电池正极电压电路的开路或电阻过高故障
是
否
检查喇叭继电器是否接触不良
在喇叭控制电路和可靠接地点之间连接一个测试灯。按住喇叭开关，测试灯是否启亮？
是
否
在喇叭控制电路和喇叭接地电路之间连接一个测试灯。按住喇叭开关，测试灯是否启亮？
修理喇叭控制电路中的开路或电阻过高故障
是
否
检查喇叭线束连接器是否接触不良
修理喇叭接地电路中的开路或电阻过高故障

（4）结合上图，小组讨论并制订电喇叭系统工作不良的维修计划。

步骤	工作内容	完成时间	工作要求	备注
1	接受生产派工单		认真识读生产派工单，了解工作任务的具体要求	
2	查询资料		查阅电喇叭系统的有关知识，并了解设备正确使用规范	

评价与分析

学习活动过程评价表

<table>
<tr><td>班级</td><td></td><td>姓名</td><td></td><td>学号</td><td></td><td>日期</td><td>年 月 日</td></tr>
<tr><td>序号</td><td colspan="4">评价要点</td><td>配分</td><td>得分</td><td>总评</td></tr>
<tr><td>1</td><td colspan="4">能明确任务要求</td><td>10</td><td></td><td rowspan="8">A□（86～100）
B□（76～85）
C□（60～75）
D□（60 以下）</td></tr>
<tr><td>2</td><td colspan="4">能查阅相关维修资料</td><td>10</td><td></td></tr>
<tr><td>3</td><td colspan="4">能叙述汽车信号系统的基本组成、部件功能及基本工作原理</td><td>10</td><td></td></tr>
<tr><td>4</td><td colspan="4">能正确完成汽车信号系统不工作故障维修方案的制订</td><td>20</td><td></td></tr>
<tr><td>5</td><td colspan="4">能正确识读并拆画汽车信号系统电路图</td><td>20</td><td></td></tr>
<tr><td>6</td><td colspan="4">能遵守劳动纪律，以积极的态度接受工作任务</td><td>10</td><td></td></tr>
<tr><td>7</td><td colspan="4">能积极参与小组讨论，团队间相互合作</td><td>10</td><td></td></tr>
<tr><td>8</td><td colspan="4">能及时完成老师布置的任务</td><td>10</td><td></td></tr>
<tr><td colspan="5">总 分</td><td>100</td><td></td><td></td></tr>
<tr><td>小结
建议</td><td colspan="7"></td></tr>
</table>

学习活动 2　故障基本检查

学习目标

1. 能掌握万用表及试灯的使用方法，并能正确使用。

2. 能正确识读并拆绘信号系统相关电路图。

3. 能正确检查转向灯、电喇叭基本线路，并编制出故障排除流程，制订诊断维修方案。

4. 能查阅维修手册，在教师指导下完成转向灯、电喇叭不工作故障的基本检查。

建议学时：8 学时

学习准备

常用工具：旋具一套、车用万用表、试灯、跨接线。

材料：闪光继电器、喇叭继电器、相关熔丝、灯泡、擦布。

设备：车辆、汽车电气试验台、多媒体教学设备。

资料：汽车维修手册、维修工单、安全操作规程、互联网资源、多媒体维修资料。

学习过程

一、转向灯系统的检查

1. 转向信号灯系统的控制电路拆画。找出实训车信号系统的控制线路，拆分出转向信号灯系统电路图，并理清电流流向，将电路图和电流流向图标注于展板上，并讲解给同组组员。

参考：本田雅阁轿车的起动系统控制电路如下图所示。

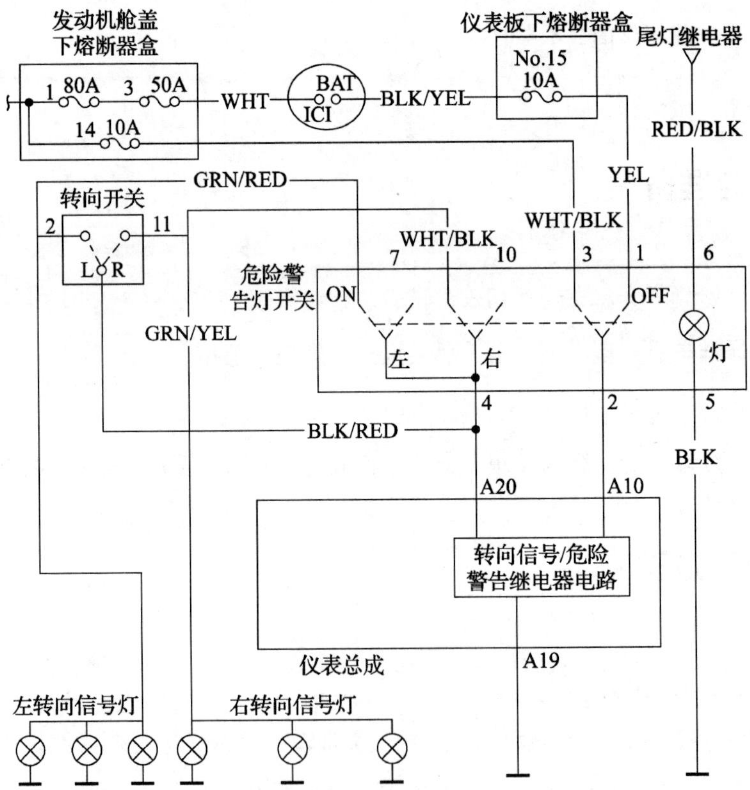

本田雅阁轿车的起动系统控制电路图

2. 检查转向灯系统熔丝及线路情况，补全下表。

检测方法	检测结果
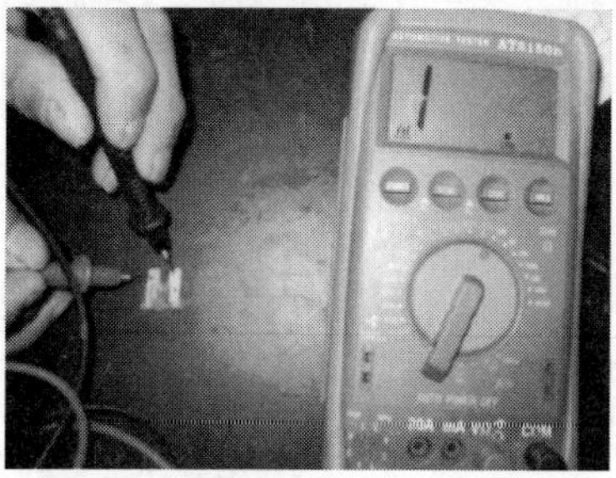	阻值为（□无穷大　□很小），说明该熔丝（□熔断　□正常）
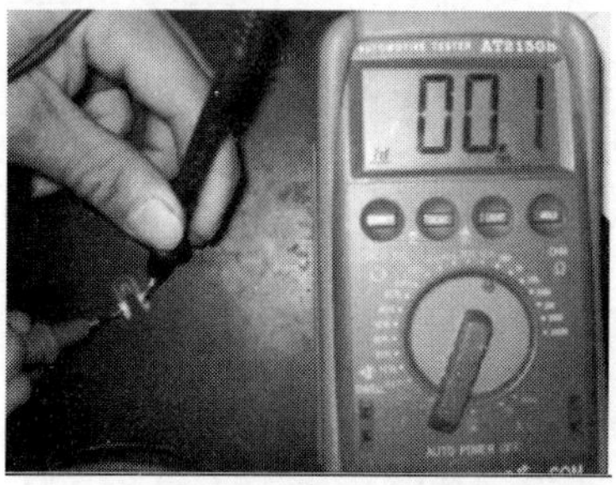	阻值为（□无穷大 □很小），说明该熔丝（□熔断 □正常）
闭合点火开关，用万用表测量该熔丝供电端子的电压	电压应为：____________
用试灯测量该熔丝供电端子 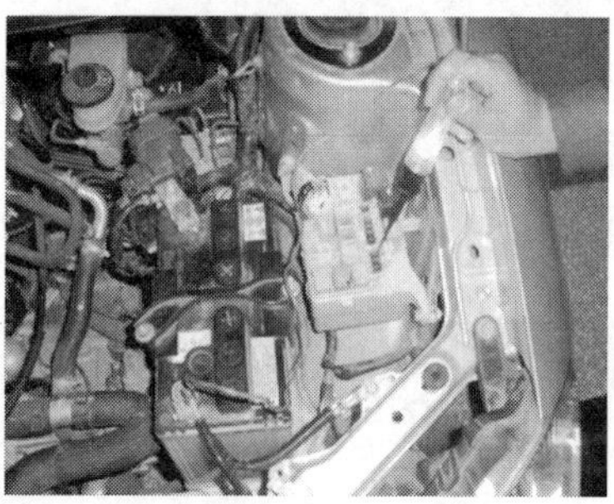	试灯应______________

【小提示】

保险丝损坏有两个原因：

（1）由于电流处在经常性开和关的状态，这样可引起熔断材料破裂（称为“热废劳”)，从而导致保险丝磨损。

(2) 由于电路里有过量电流 (超载) 而导致保险丝熔断(熔断材料熔化)。

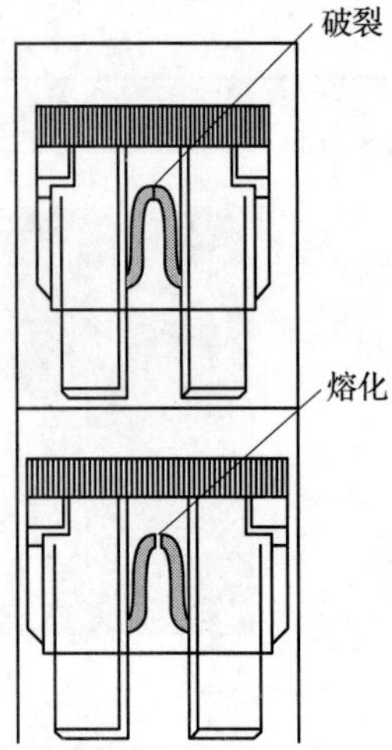

提示:

如果保险丝已经由于热疲劳而损坏，那么可更换一个新的保险丝。如果保险丝由于线束或电器部件短路而导致熔断，那么应确定短路位置并进行修理。

更换熔丝时应当更换规格（□相同 □大 □小）的熔丝。

3. 检查转向灯闪光器，填写相关记录。

闪光器及插座图

<table>
<tr><th>闪光器插座端子名称</th><th colspan="2">测试数据</th><th>是否正常</th></tr>
<tr><td rowspan="3">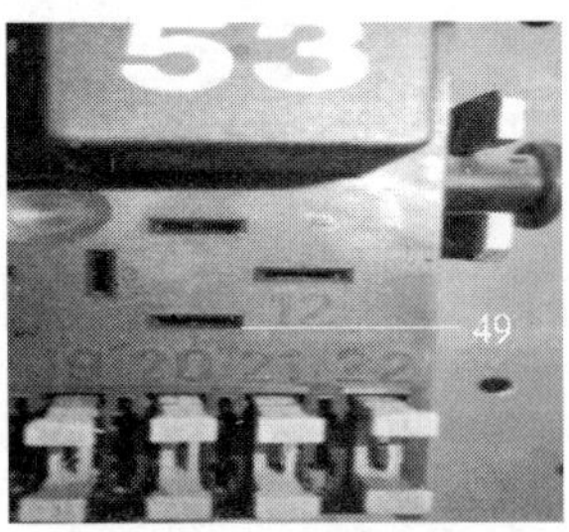
闪光器 49 插脚</td><td>未按下危险警报开关时</td><td>该端子电压：________V</td><td rowspan="3"></td></tr>
<tr><td>按下危险警报开关时</td><td>该端子电压________V</td></tr>
<tr><td colspan="2">插脚固定情况________。
插脚腐蚀情况________。</td></tr>
</table>

续表

闪光器插座端子名称	测试数据	是否正常
 闪光器 31 插脚	该端子电压________V。 搭铁电阻________Ω。 插脚固定情况________。 插脚腐蚀情况________。	
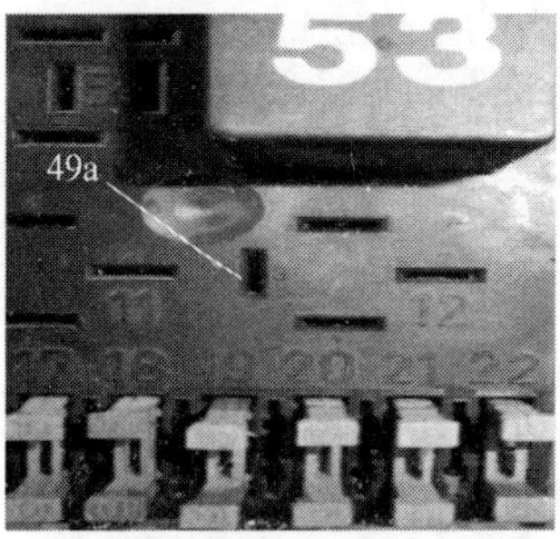 闪光器 49a 插脚	该端子电压________V。 开转向灯时搭铁电阻________Ω。 插脚固定情况______________。 插脚腐蚀情况______________。	

（1）若未按下危险警报开关时 49 没电压，则应根据如上电路图检查危险警报开关端子是否正常，检查方法：____。

（2）若按下危险警报开关时 49 没电压，则应根据如上电路图检查危险警报开关端子是否正常，检查方法：____。

（3）若 49、49a、31 端子正常，用跨接线跨接 49 与 49a 端子时转向灯亮则说明闪光器________（□不正常　□正常），应检测__________________。

（4）闪光器的检查：将电瓶和测试灯连接到闪光器上，如下图所示，若通电后灯泡________（□闪　□不闪），说明闪光器工作正常。

若 49、49a、31 端子正常，用跨接线跨接 49 与 49a 端子，若转向灯不亮则说明问题还没解决，应进行下一步检查。

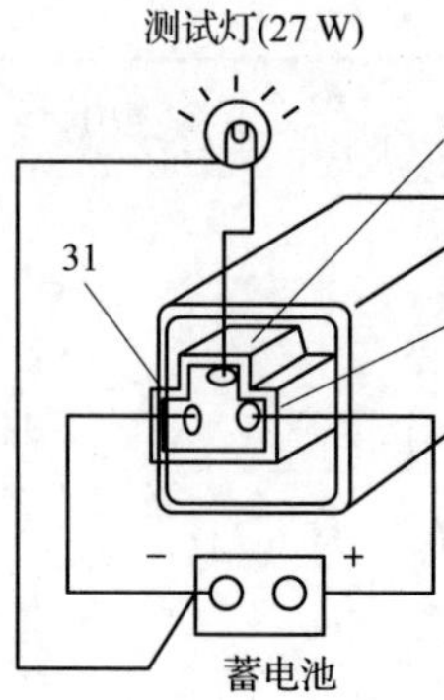

4. 根据下面的电路图，检查转向开关并填写记录。

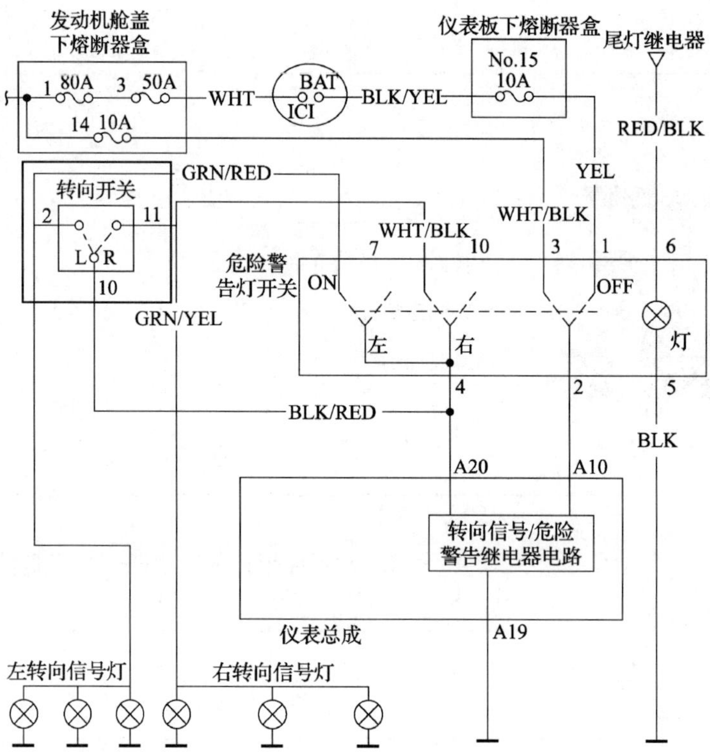

转向开关插脚测量	测量数据	是否正常
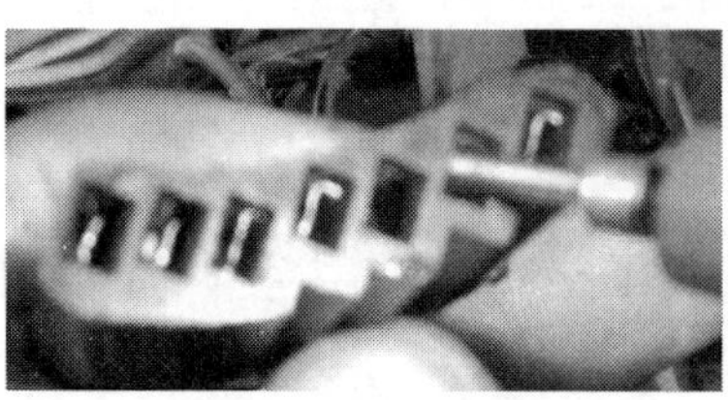 转向开关 10 号脚	该端子电压________V。 插脚固定情况________。 插脚腐蚀情况________。	

续表

<table>
<tr><th>转向开关插脚测量</th><th>测量数据</th><th>是否正常</th></tr>
<tr><td>10 号脚—闪光器 A20</td><td>电阻________Ω。</td><td></td></tr>
<tr><td>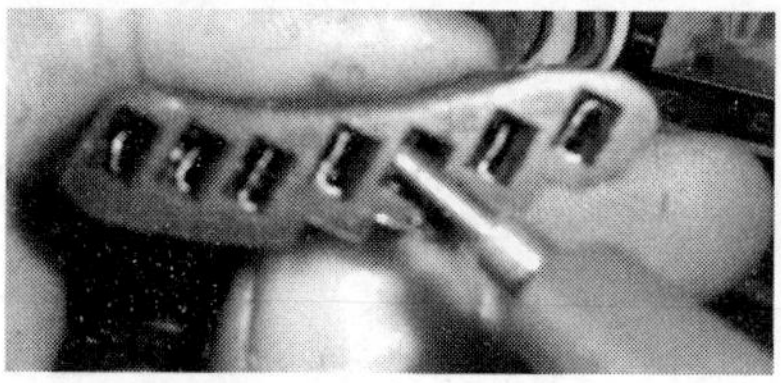
转向开关 2 号脚</td><td>该端子搭铁电阻________Ω。
插脚固定情况________。
插脚腐蚀情况________。</td><td></td></tr>
<tr><td>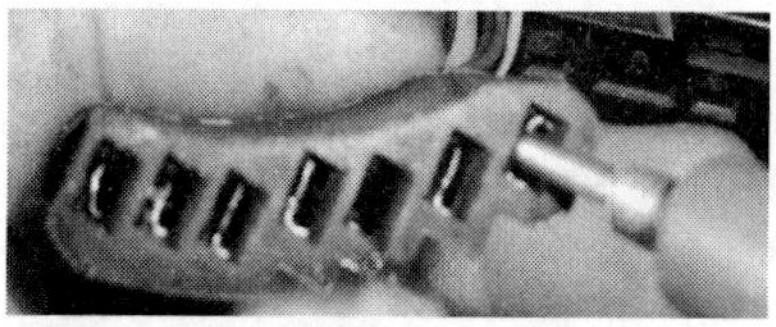
转向开关 11 号脚</td><td>该端子搭铁电阻________Ω。
插脚固定情况________。
插脚腐蚀情况________。</td><td></td></tr>
</table>

5. 检查危险警报开关。若拨动左右转向开关，转向灯闪烁，按下危险警报开关，转向灯不闪烁，则应根据上述电路图测量危险警报开关是否正常，填写测量结果。

危险警报开关端子	测量结果
4 与 7	
4 与 10	

二、电喇叭系统的检查

1. 电喇叭系统的控制电路拆画。找出实训车信号系统的控制线路，拆绘出电喇叭系统电路图，并理清电流流向，将电路图和电流流向图标注于展板上，并讲解给同组组员。

参考：某轿车的电喇叭系统控制电路如下图所示。

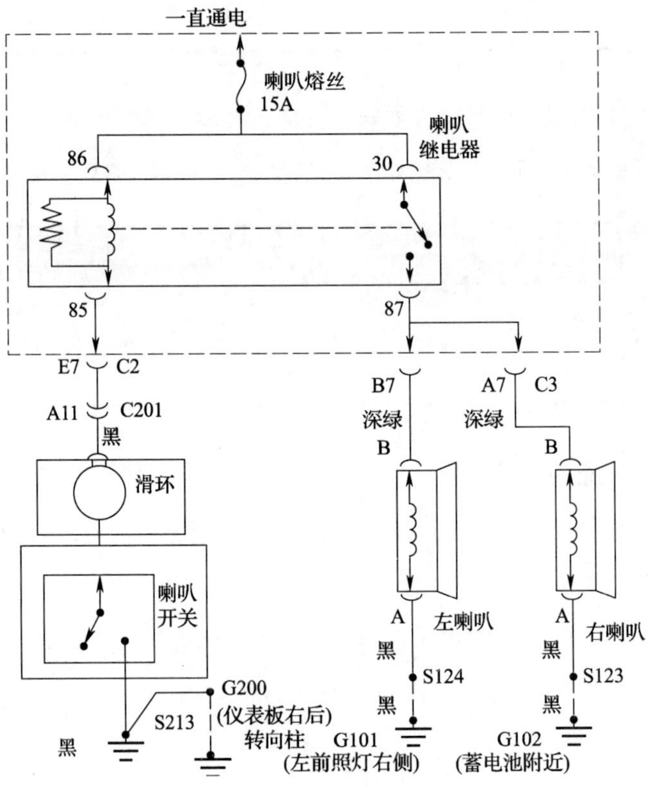

某车型轿车电喇叭系统控制电路

2. 喇叭继电器的检查与测量。

（1）直观检查。打开点火开关，按下喇叭按钮时，在继电器处应________（有/没有）“哒、哒”的声音。

（2）用万用表检查。

测量部位	测量方法	测量结果
继电器线圈的测量	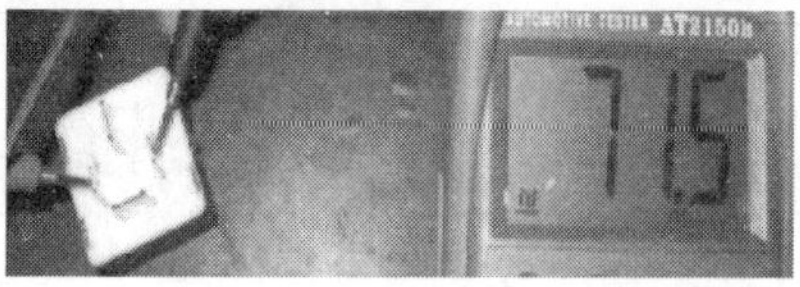	电阻：__________ 说明该继电器线圈 （□正常　□断路　□短路）
继电器触点的测量	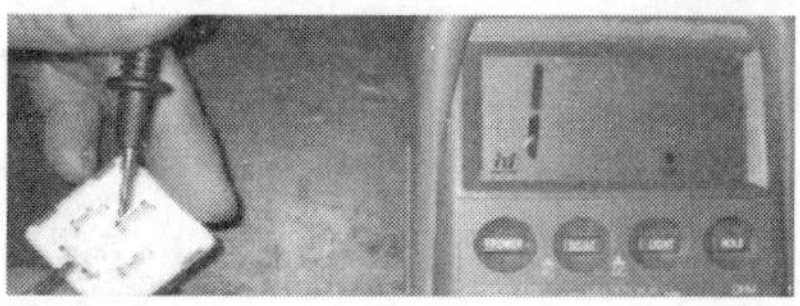	电阻：__________ 说明该继电器 （□正常　□损坏）
	给继电器线圈通电，使触点闭合，测量触点电阻	电阻：__________ 万用表应显示 （□有　□没有）阻值

3. 根据上述电路图，检查喇叭继电器并填写相关记录。

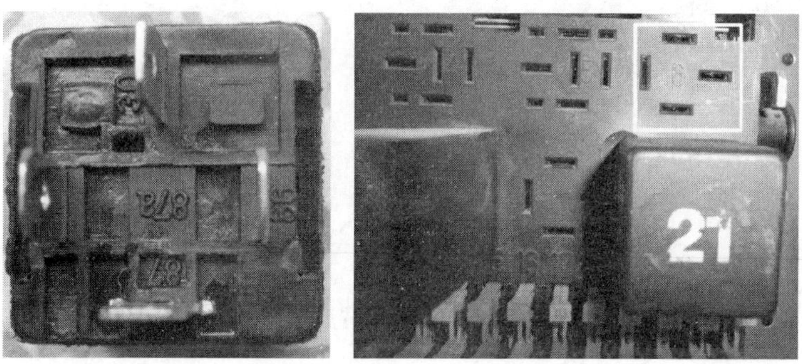

喇叭继电器及其插座图

端子名称	测试数据	是否正常
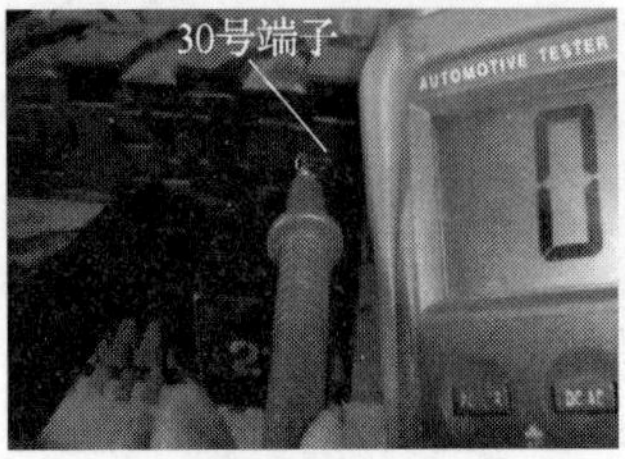 测量 30 插脚	该端子电压应为：________V。 插脚固定情况______________。 插脚腐蚀情况____________。	
 测量 86 插脚	该端子电压应为：________V。 插脚固定情况______________。 插脚腐蚀情况______________。	
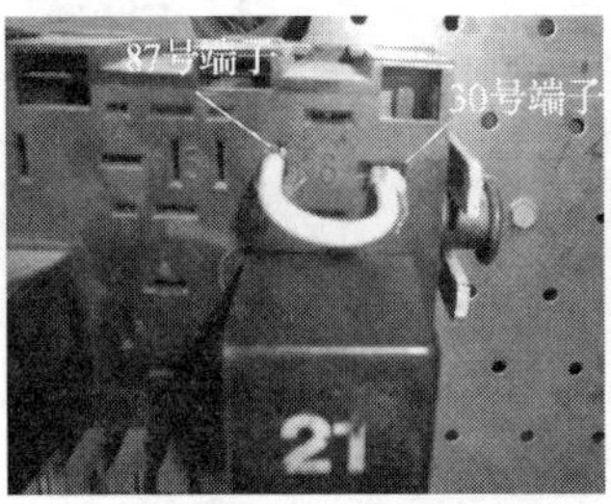 若 30、86 正常，用跨接线跨接 30 与 87 喇叭不响	测量 87 与喇叭 B 端子间的线路电阻，应为________Ω。 喇叭 A 端子与搭铁间的电阻，应为________Ω，若线路正常说明喇叭损坏。	

若 30、86 正常，用跨接线跨接 30 与 87 喇叭正常，应进入下一步，对________进行检查。

4. 检查喇叭开关及其线路，并填写下表。

<table>
<tr><th>端子名称</th><th>测试数据</th><th>是否正常</th></tr>
<tr><td>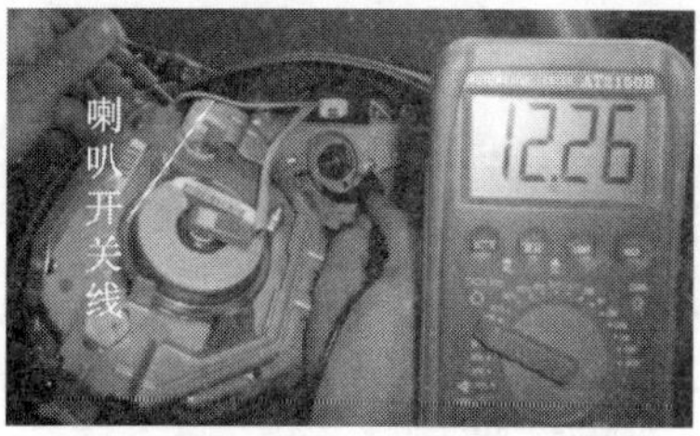

喇叭开关火线测量</td><td>测量该线电压为________V。
该线插脚固定情况______。
该线插脚腐蚀情况______。</td><td></td></tr>
<tr><td>
喇叭开关触点</td><td>该触点插脚固定情况______。
插脚腐蚀情况________。</td><td></td></tr>
<tr><td>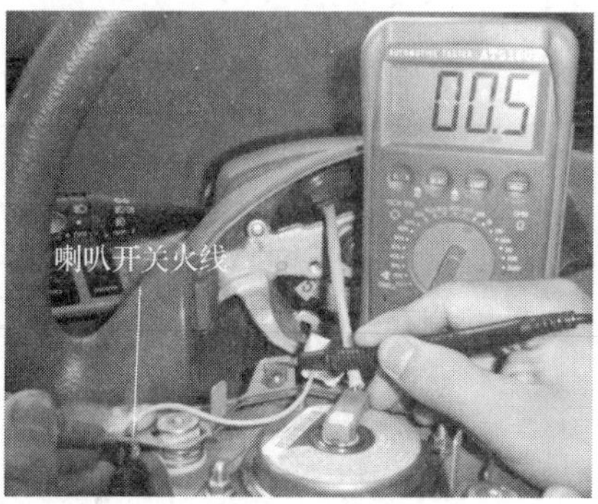

喇叭开关触点电阻的测量</td><td>按下喇叭检查喇叭火线与搭铁电阻应为________Ω。</td><td></td></tr>
</table>

评价与分析

学习活动过程评价表

<table>
<tr><td>班级</td><td></td><td>姓名</td><td></td><td>学号</td><td></td><td>日期</td><td>年　月　日</td></tr>
<tr><td>序号</td><td colspan="5">评价要点</td><td>配分</td><td>得分</td><td>总评</td></tr>
<tr><td>1</td><td colspan="5">能明确任务要求</td><td>15</td><td></td><td rowspan="8">A□（86～100）
B□（76～85）
C□（60～75）
D□（60 以下）</td></tr>
<tr><td>2</td><td colspan="5">能掌握万用表及试灯的使用方法，并正确使用</td><td>15</td><td></td></tr>
<tr><td>3</td><td colspan="5">能正确识读并拆绘相关电路图</td><td>10</td><td></td></tr>
<tr><td>4</td><td colspan="5">能正确检查转向灯、电喇叭基本线路，并编制出故障排除流程</td><td>15</td><td></td></tr>
<tr><td>5</td><td colspan="5">能正确判读转向灯、电喇叭系统各部件是否工作正常</td><td>15</td><td></td></tr>
<tr><td>6</td><td colspan="5">能遵守劳动纪律，以积极的态度接受工作任务</td><td>10</td><td></td></tr>
<tr><td>7</td><td colspan="5">能积极参与小组讨论，团队间相互合作</td><td>10</td><td></td></tr>
<tr><td>8</td><td colspan="5">能及时完成老师布置的任务</td><td>10</td><td></td></tr>
<tr><td colspan="6">总　分</td><td>100</td><td></td><td></td></tr>
<tr><td>小结
建议</td><td colspan="8"></td></tr>
</table>

学习活动3　转向灯、电喇叭的就车拆卸与安装

学习目标

1. 能查阅维修手册，了解转向灯、电喇叭的拆检方法。

2. 能正确使用工具对转向灯、电喇叭进行拆卸与安装。

3. 能有效协作，完成仪表板等部件的拆装。

建议学时：10学时

学习准备

常用工具：汽车通用工具一套、旋具一套、内饰拆装工具一套。

材料：汽车内饰卡扣若干、汽车灯泡若干、绝缘胶布。

设备：车辆、汽车电气试验台、多媒体教学设备。

资料：汽车维修手册、维修工单、安全操作规程、互联网资源、多媒体维修资料。

学习过程

一、多功能组合开关的拆卸

1. 拆下左侧固定螺栓和安全气囊固定螺栓，将方向盘转动________再拆右侧。

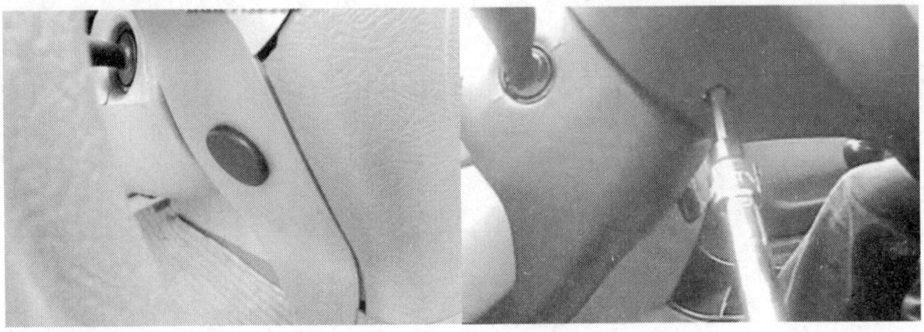

2. 取下安全气囊面罩放好，用旋具拨动并打开气囊气体发生器的固定用________。

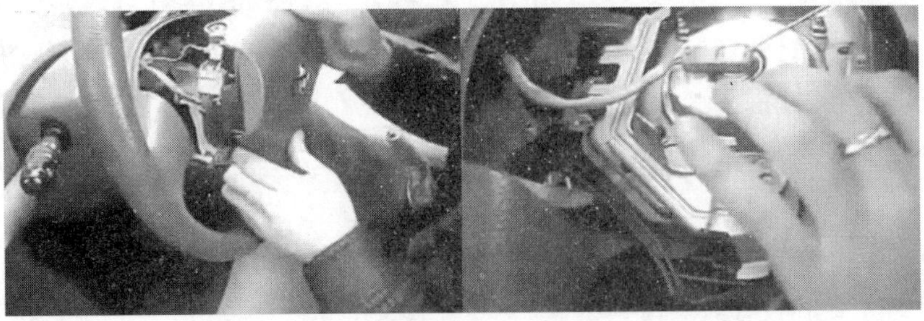

3. 用__________拆下方向盘轴端固定螺母和垫片，向上拉动方向盘，将方向盘从花键轴上拔出来放好。拆下组合开关上盖板的__________个固定螺钉，取下上盖板，分别拔出组合开关左侧、右侧电线插头，拔出电喇叭黄色电线插头。

4. 拆下组合开关固定螺钉，拔出组合开关总成。

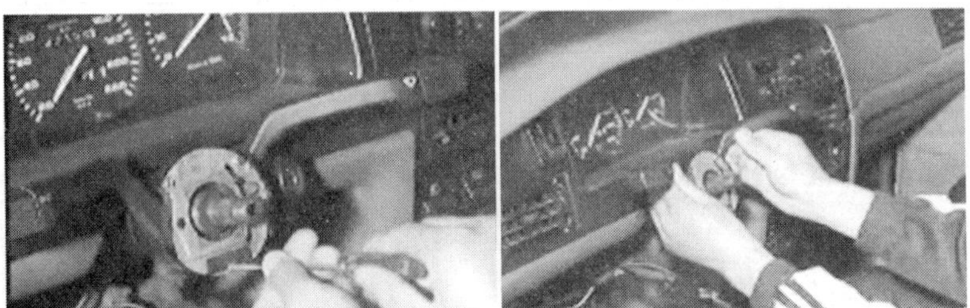

5. 通过目测及万用表测量判断组合开关__________（是/否）正常。判断依据是：____。

6. 总结从实训车上拆卸多功能组合开关的工作流程。

7. 查阅维修手册，写出多功能组合开关的安装流程、方法及注意事项。

二、危险警告开关的拆卸

1. 取掉中央出风口上面杂物箱盖内的橡胶垫，橡胶垫下有________个螺钉需要使用旋具去拆卸。拆掉螺钉后，用手抓住杂物盒前方用力提起。

2．用塑料撬棍将上面的塑料板左右两边撬松，再用塑料撬棍将下面的塑料板撬松。

3．撬开后将面板取下，将危险警报开关后面的插头拔下。

4．画出该开关的示意图及电路图。

5．当点火开关在 OFF 位置时，按下危险警告闪光灯开关时，危险警告闪光灯会不会继续工作？为什么？

三、信号灯泡的拆卸

1．汽车白炽信号灯按玻璃体形状可分为圆锥形、________、柱形、楔形四种。其中，圆锥形灯泡有________和双灯丝之分。双丝灯泡按插口销钉位置又可分为________和高低脚两种。

2．将下图所示各种白炽灯泡的类型名称填写在下表中。

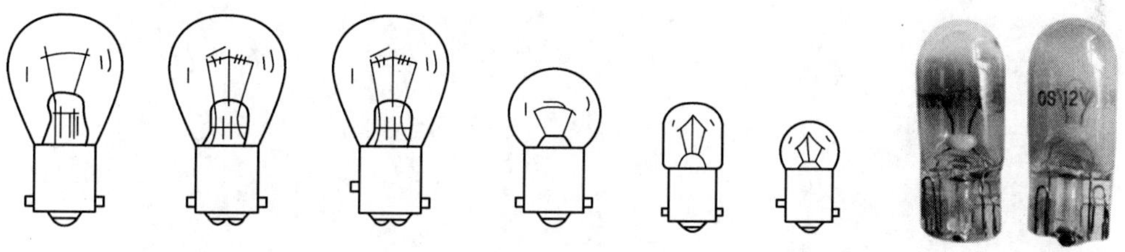

a　b　c　d　e　f　g

灯泡	类型
a	
b	
c	
d	
e	
f	球形、双丝、高低脚灯泡
g	楔形灯泡、单丝

3．参照下图，组合后灯是指将________、________、________、________________等组合起来。

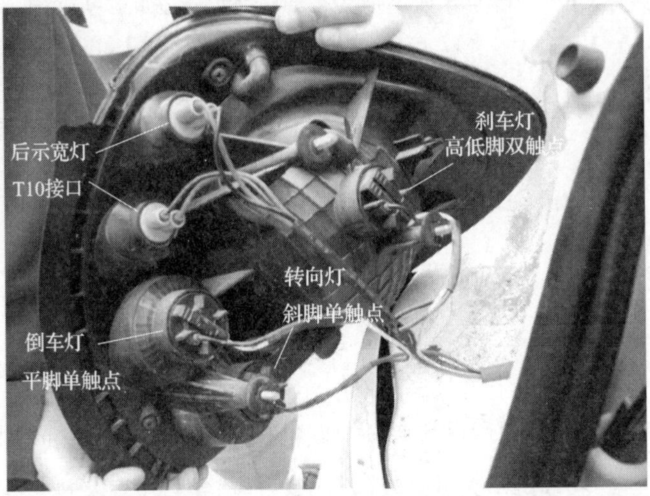

4. 根据下图提示并参照维修手册，更换后转向灯灯泡。

（1）打开后备箱的内衬垫，松开________固定螺钉并取下。

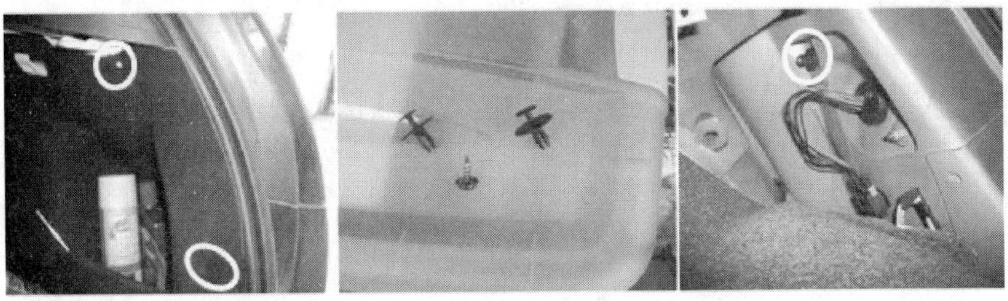

（2）双手上抬后取下尾灯总成，注意稍微用力就可以。

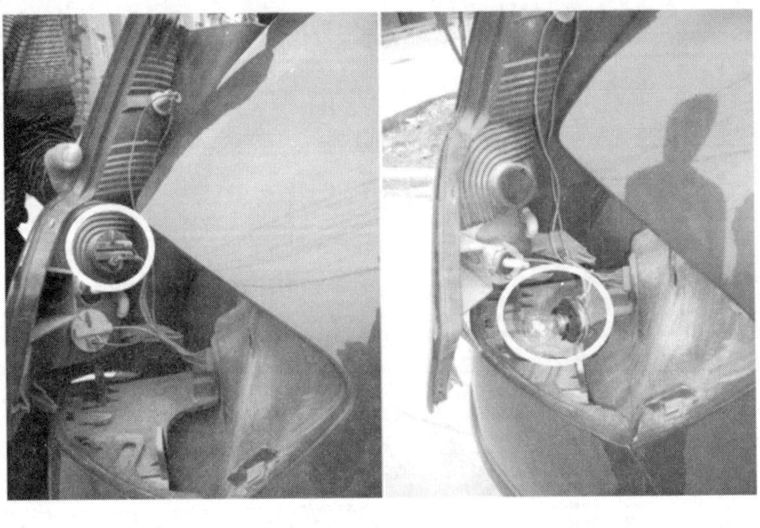

5. 根据下图提示并参照维修手册，更换前转向灯灯泡，写出更换时的注意事项。

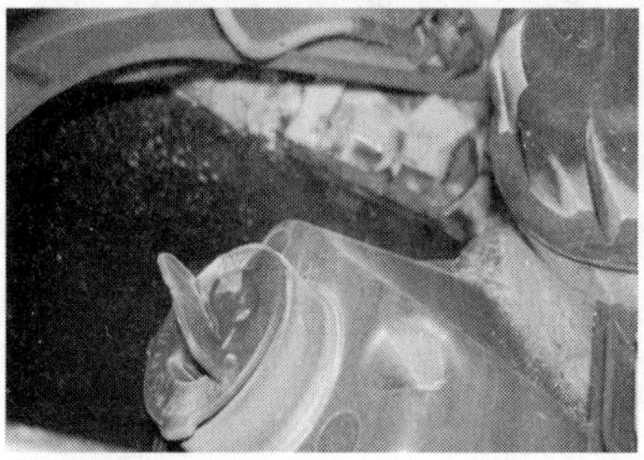

（1）在前组合灯处找到转向灯后盖

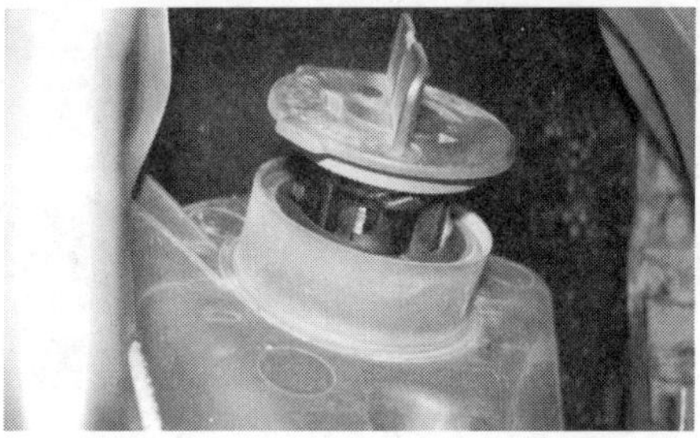

（2）拆转向灯座，旋一下，然后向外取出

注意事项：

小资料

LED 汽车信号灯灯泡

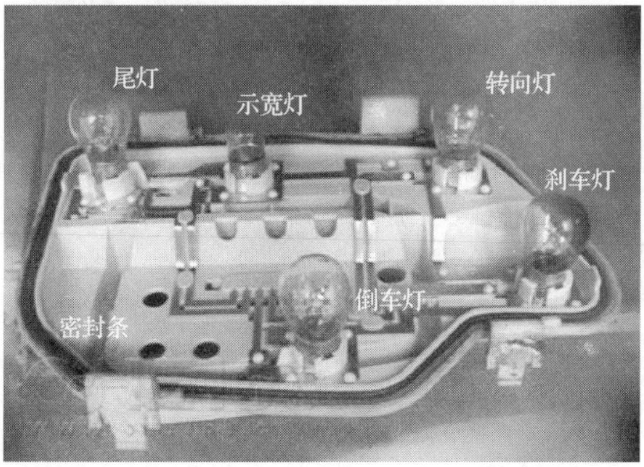

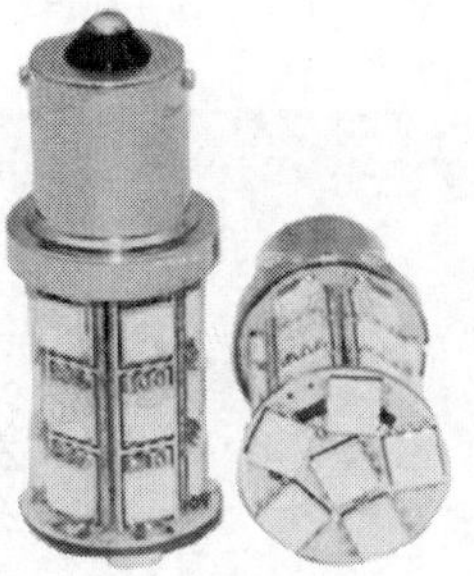 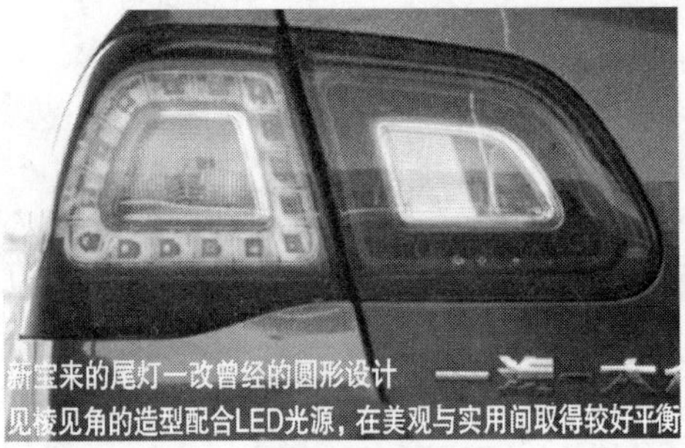

①LED 反应迅速，无丝毫延迟，能减少________的概率。

②省电，减少电力负担。如一颗原车 S25 平脚转向灯泡的功率是 21 W，而 YOTER 的 LED S25 平脚灯泡的功率是________，耗电量仅为原车的________(18%/30%)。

③发热量低，使灯罩不易老化。很多上了岁数的车尾灯________都被灯泡烫得变形，灯罩也老化，透光性下降，而使用 LED 灯泡就可避免这一问题。

④寿命长，免维护。很多车踩刹车时一边亮，一边不亮，这种现象在奔驰宝马等名车上也不少见。而 LED 灯泡______，通常用到车报废都不会坏。

四、电喇叭的拆卸与安装

1. 从车上拆卸喇叭开关需要使用哪些工具？对照下图，写出拆卸喇叭开关的操作步骤。

2. 查阅相关资料，叙述在安装电喇叭时有哪些要求？

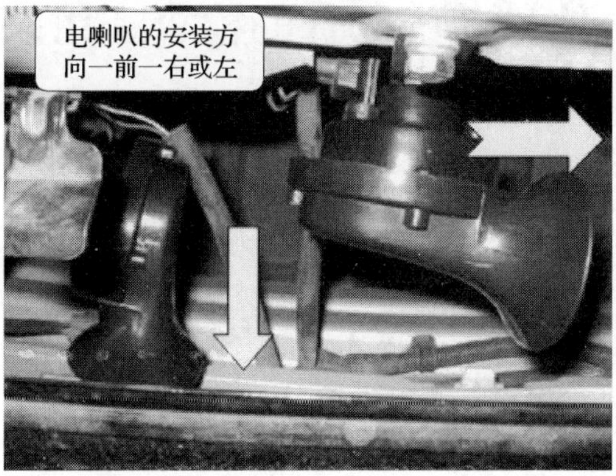

评价与分析

学习活动过程评价表

班级		姓名		学号		日期	年　月　日
序号	评价要点				配分	得分	总评
1	能明确任务要求				15		A□（86～100） B□（76～85） C□（60～75） D□（60 以下）
2	能正确使用转向灯、电喇叭拆装所需工量具				15		
3	能规范拆卸与安装转向灯和电喇叭				10		
4	能正确拆卸多功能组合开关及危险警告开关				15		
5	能按时、按要求独立完成工作页				15		
6	能遵守劳动纪律，以积极的态度接受工作任务				10		
7	能积极参与小组讨论，团队间相互合作				10		
8	能及时完成老师布置的任务				10		
总　分					100		
小结建议							

学习活动4　信号系统部件的检查、组装及性能测试

学习目标

1. 能叙述信号系统各部件的结构及原理。
2. 能对信号系统各部件进行检查及测量。
3. 能对信号系统各部件进行安装、调整及性能测试。

建议学时：6学时

学习准备

常用工具：汽车通用工具一套、旋具一套、车用万用表、试灯、跨接线。

材料：闪光继电器、喇叭继电器、绝缘胶布。

设备：车辆、汽车电气试验台、多媒体教学设备。

资料：汽车维修手册、维修工单、安全操作规程、互联网资源、多媒体维修资料。

学习过程

一、闪光器

1. 闪光器是用于指明汽车行驶方向变化的________________装置。闪光器设计有新型电路，由低电压开关电路、________________、脉冲发生电路、二极放大双管输出电路和两组灯光指示电路组成。

2. 查阅资料，写出闪光器的类型及特点。

闪光器的结构	闪光器类型	特点
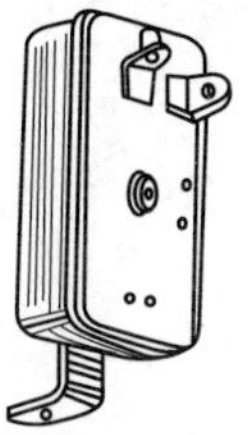 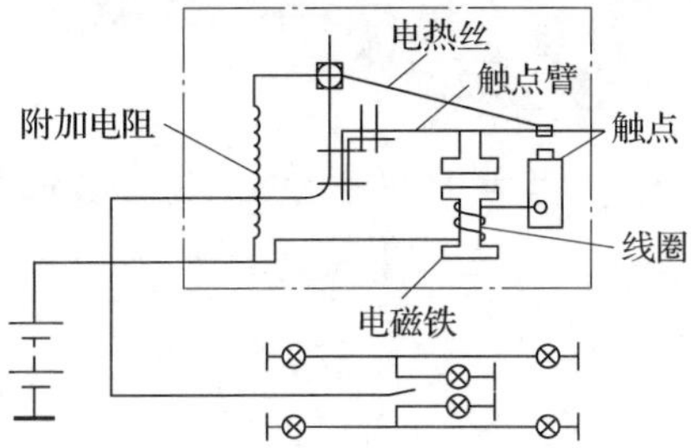		
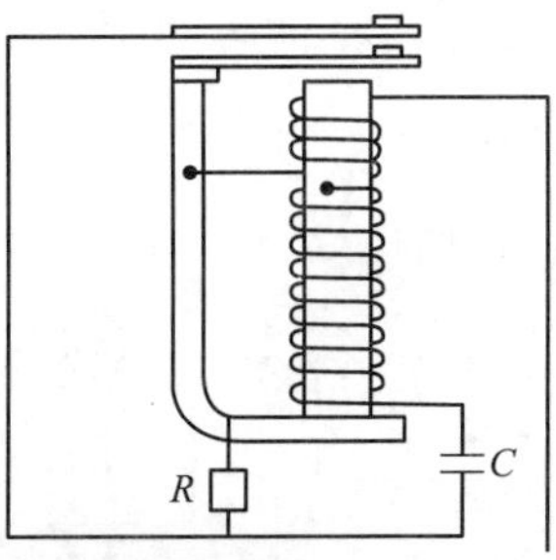		
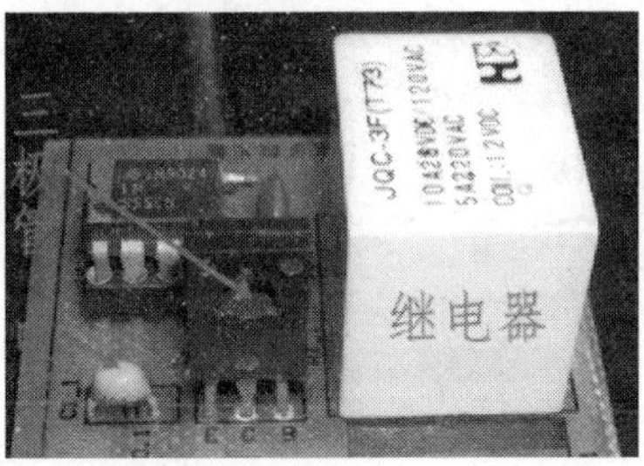		

3．电子式闪光器。电子闪光器可分为＿＿＿＿＿＿＿＿＿＿＿＿式（带继电器）和无触点式（不带继电器），不带继电器的电子闪光器又称为＿＿＿＿＿＿＿＿闪光器。下图属于＿＿＿＿＿＿＿＿电子闪光器。

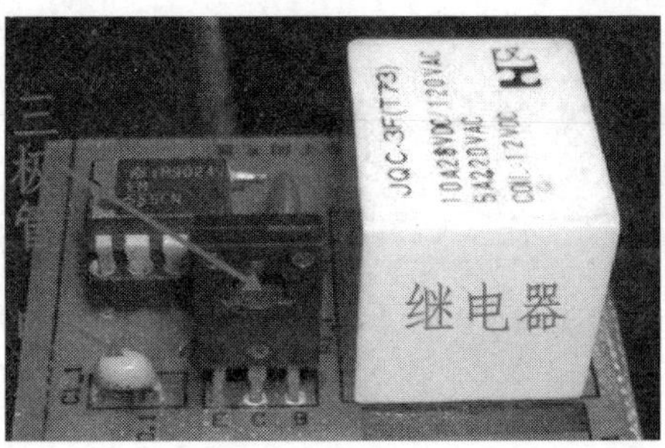

小资料

电容的充电与放电

（1）充电：使电容器________________（储存电荷和电能）的过程称为充电。这时电容器的两个极板总是一个极板带正电，另一个极板带等量的____________，充电过程把从电源获得的______________能储存在电容器中。

（2）放电：使________________后的电容器失去电荷（释放电荷和电能）的过程称为放电。例如，用一根导线把电容器的两极接通，两极上的电荷互相中和，电容器就会放出电荷和电能。

4．如右图所示，将电瓶和测试灯连接到闪光器上，通电后灯泡将_____________，闪光器的闪光频率为_____________。

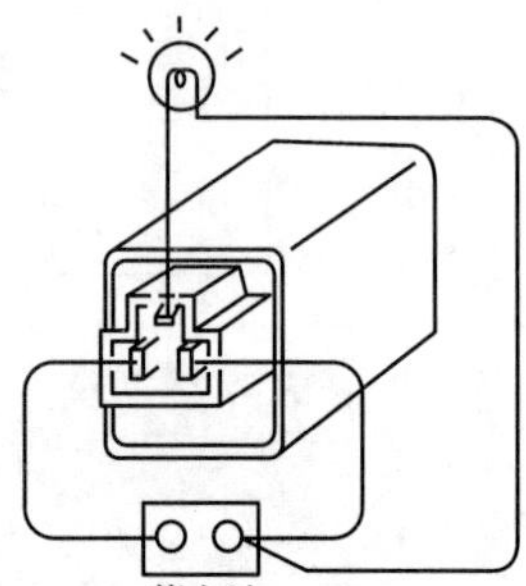

5．电子闪光器是利用______的充电、放电来控制________的导通与截止，从而控制转向灯的闪烁。

二、转向开关的检查

1．转向组合开关是由哪些部分组成的?

2．检查转向开关的工作状况，填写下表。

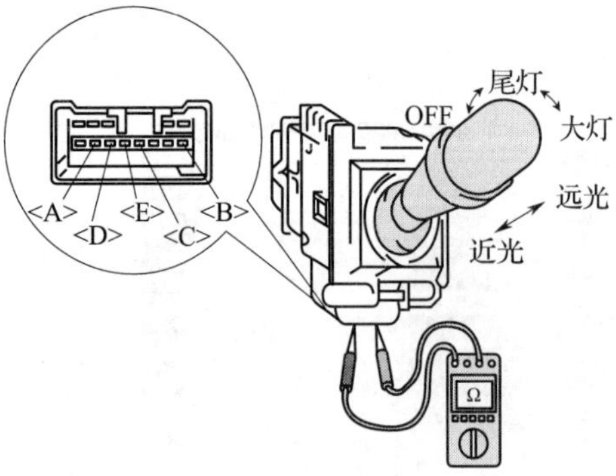

挡位	端子号	实测阻值
空挡		
左转向		
右转向		

3．如果将开关打到接通位置，万用表电阻显示（□无穷大/□有阻值），说明开关已经损坏。如果开关在OFF位置，万用表电阻显示（□无穷大/□有阻值），说明开关已经损坏。

三、喇叭的检查与调整

1．喇叭的检查

（1）结合下图，填写喇叭各组成结构件的名称。

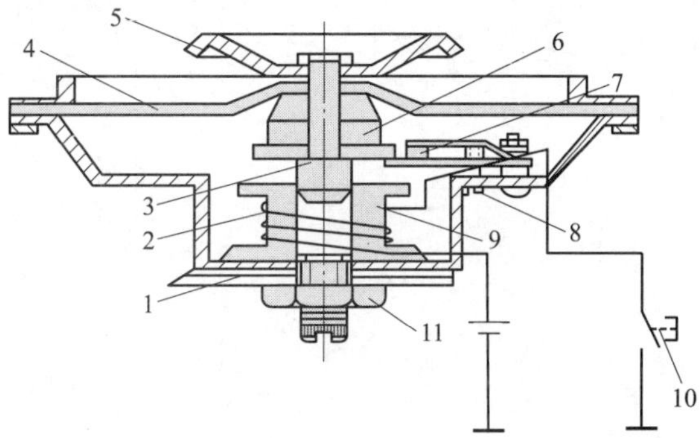

1—下铁心（调整螺钉）　2—_______　3—上铁心　4—_______　5—共鸣板　6—_______

7—_______　8—调整螺母　9—_______　10—_______　11—锁紧螺母

（2）查阅资料，写出电喇叭的工作过程。

（3）检查喇叭触点应保持________，否则要进行打磨修复，使触点接触面积大于________%。

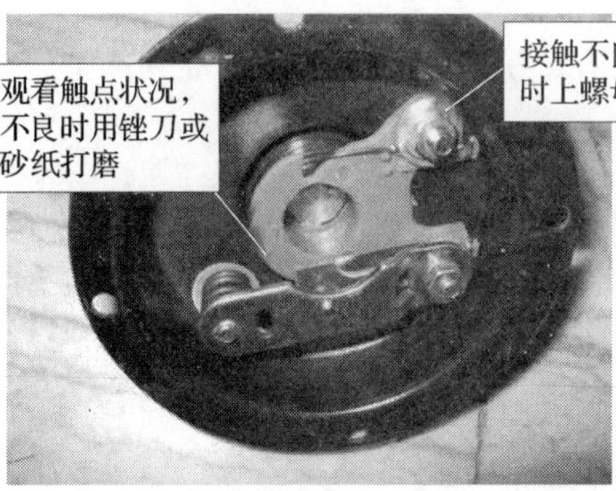

检查喇叭触点

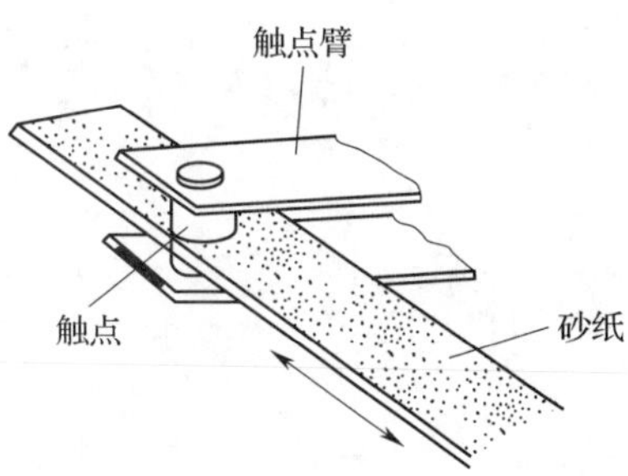

触点的打磨方法

(4) 有的喇叭在触点处装有电容器 17（见下图），它的作用是什么？

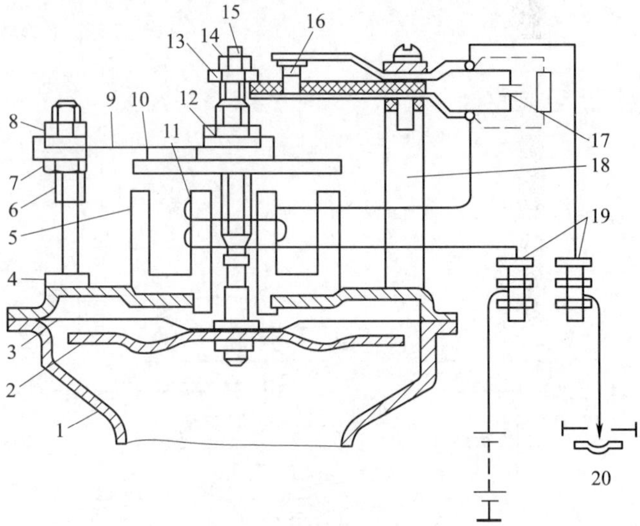

筒形、螺旋形电喇叭

1—扬声器 2—共鸣板 3—膜片 4—底板 5—山形铁心 6—线螺柱 7、13—调整螺钉 8、14—锁紧螺母 9—弹簧片 10—衔铁 11—线圈 12—锁紧螺母 15—中心杆 16—触点 17—电容器 18—导线 19—接线柱 20—按钮

(5) 喇叭线圈电阻的测量。

测量方法	测量结果
	实测电阻： 说明线圈（□断路 □短路 □正常）
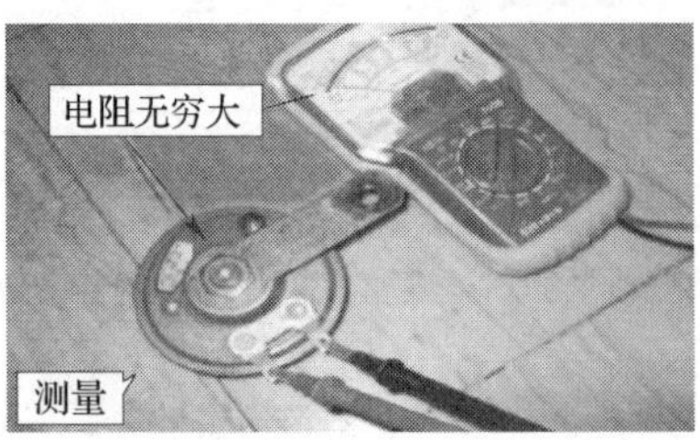	实测电阻： 说明线圈（□断路 □短路 □正常）

（6）电喇叭的调整。

调整项目	调整部位	调整方向	调整结果
音量调整		将调整螺钉旋入	音量（□大　□小）
		将调整螺钉旋出	音量（□大　□小）
音质调整	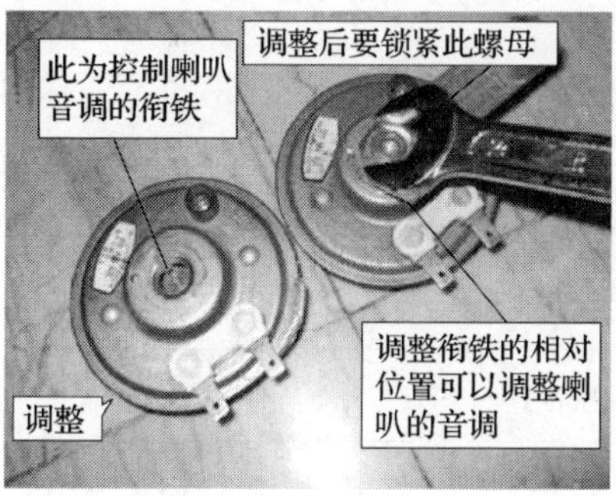	将调整螺钉旋入	音调（□高　□低）
		将调整螺钉旋出	音调（□高　□低）

（7）写出电喇叭继电器的功用。

评价与分析

学习活动过程评价表

班级		姓名		学号		日期	年　月　日
序号	评价要点				配分	得分	总评
1	能明确任务要求				15		A□（86～100） B□（76～85） C□（60～75） D□（60 以下）
2	能查阅相关资料，明确信号系统部件的工作原理				15		
3	能规范利用万用表及试灯对信号系统部件进行检查				10		
4	能完成闪光继电器及喇叭的检查与调整				15		
5	能按时、按要求独立完成工作页				15		
6	能遵守劳动纪律，以积极的态度接受工作任务				10		
7	能积极参与小组讨论，团队间相互合作				10		
8	能及时完成老师布置的任务				10		
总　分					100		
小结 建议							

学习活动 5　倒车灯、制动灯电路的检测

学习目标

1. 能叙述倒车灯、制动灯开关的结构与工作过程。
2. 能对倒车灯、制动灯开关进行检测。
3. 能对倒车灯、制动灯电路进行检测。
4. 能对倒车灯、制动灯故障进行分析与排除。

建议学时：6 学时

学习准备

常用工具：汽车通用工具一套、旋具一套、车用万用表、试灯、跨接线。

材料：绝缘胶布。

设备：车辆、汽车电气试验台、多媒体教学设备。

资料：汽车维修手册、安全操作规程、互联网资源、多媒体维修资料。

学习过程

一、倒车灯电路

1. 参照下图，倒车信号装置主要由__________、________________和________等组成。

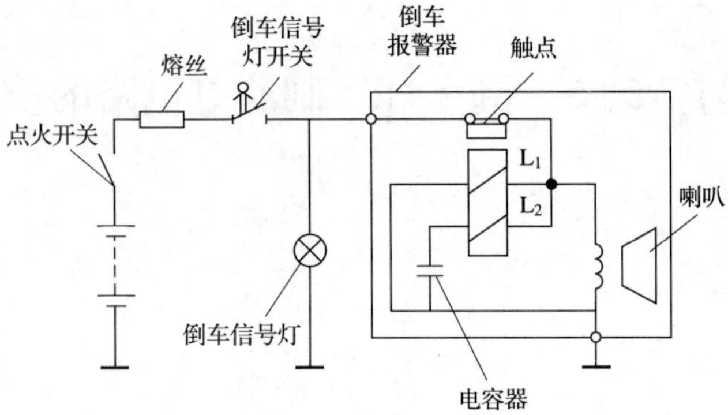

倒车信号装置

2. 查阅资料或汽车维修手册，在实训车上找到倒车开关，并在下图中填写信号灯开关各组成部分的名称。

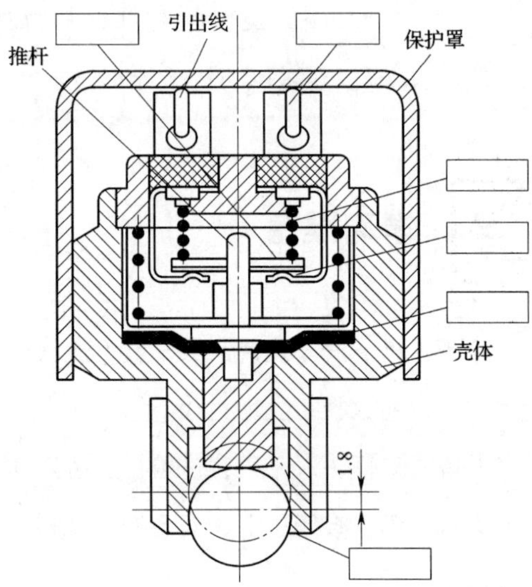

倒车信号灯开关

3. 倒车灯开关的检查。用万用表电阻挡测量开关的两个端子，并将测量结果填写在下表中。

开关动作	测量端子	实测值	结论
变速杆在倒车挡	1－2		
变速杆在空挡或前进挡	1－2		

二、制动灯电路

1. 查阅资料，在下图中补充制动灯电路各组成部件的名称。

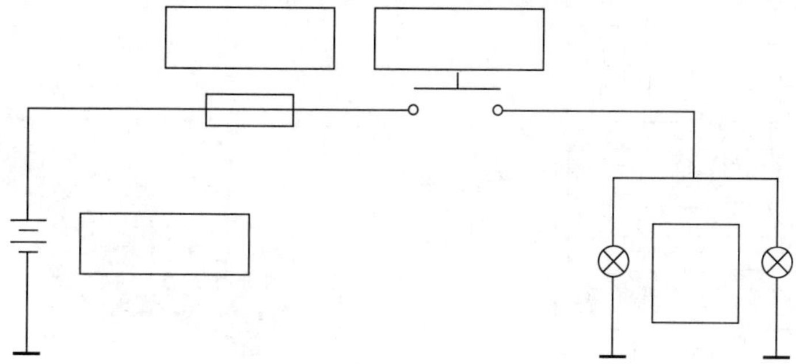

制动信号灯电路

2. 查阅资料，在下图中补充制动开关的分类。

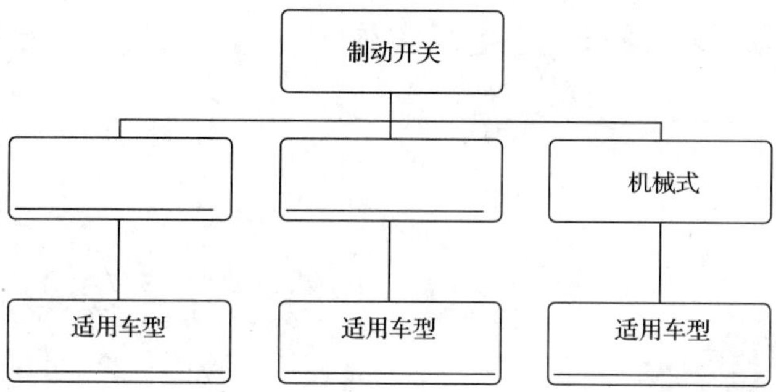

3. 在下图中填写制动开关的类型名称。

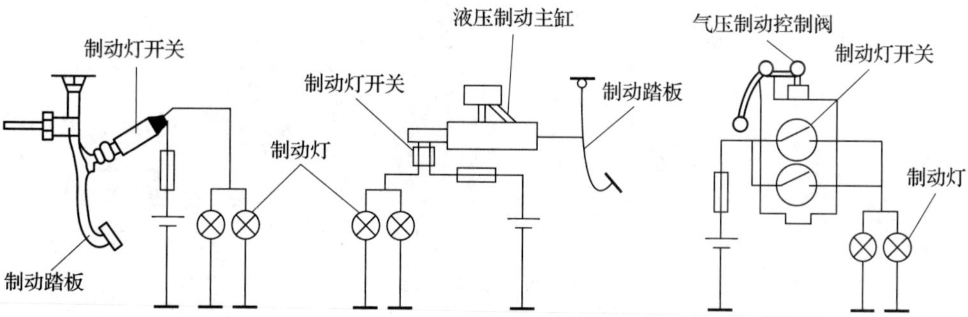

a）________　b）________　c）气压式

4. 制动开关的工作过程

（1）液压式制动开关安装在________________。踩制动踏板时，制动系统压力________（增大/减小），膜片向上弯曲，触点同时接通两接线柱，制动灯通电点亮；松开制动踏板时，系统压力________（增大/减小），触点在回位弹簧的作用下复位，制动灯电路被切断而熄灭。

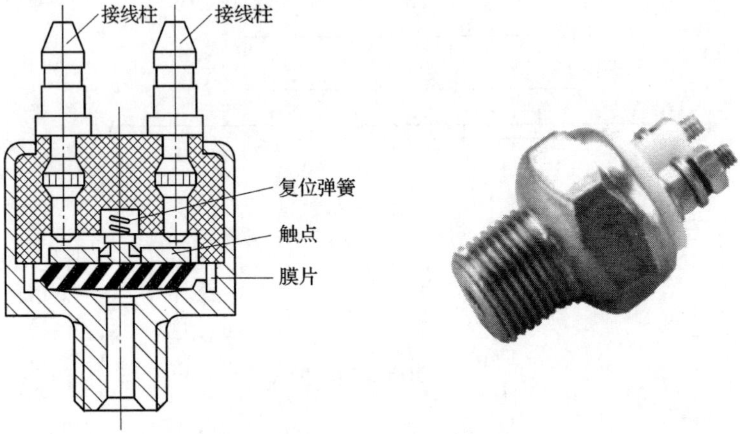

液压式制动信号灯开关

（2）气压式制动开关安装在________，是根据________控制 4、5 接线柱通电的，其工作过程：________________________________。

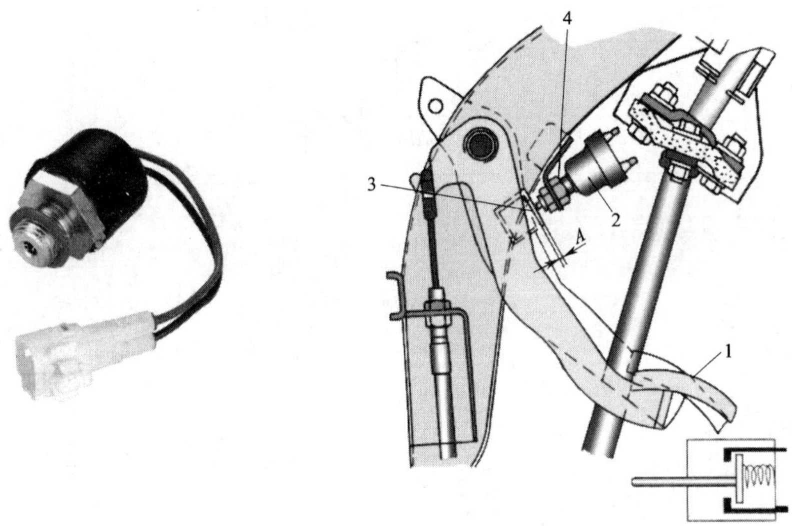

机械式制动开关

1—制动踏板　2—制动开关　3—制动踏板限制块　4—调整螺母

（3）机械式制动开关安装于________，当踏下制动踏板时，制动开关________（接通/断开），其工作过程：__________________________。

5. 制动开关的检查。用万用表电阻挡测量开关的两个端子，并将测量结果填写在下表中。

开关动作	测量端子	实测值	结论
变速杆在倒车挡	1－2		
变速杆在空挡或前进挡	1－2		

6. 制动灯电路的检测。

（1）对照下列制动灯电路图，该车制动灯电路主要由 15 A 熔丝、____________、高位制动灯、______________组成。

（2）写出制动灯电流的流向：____。

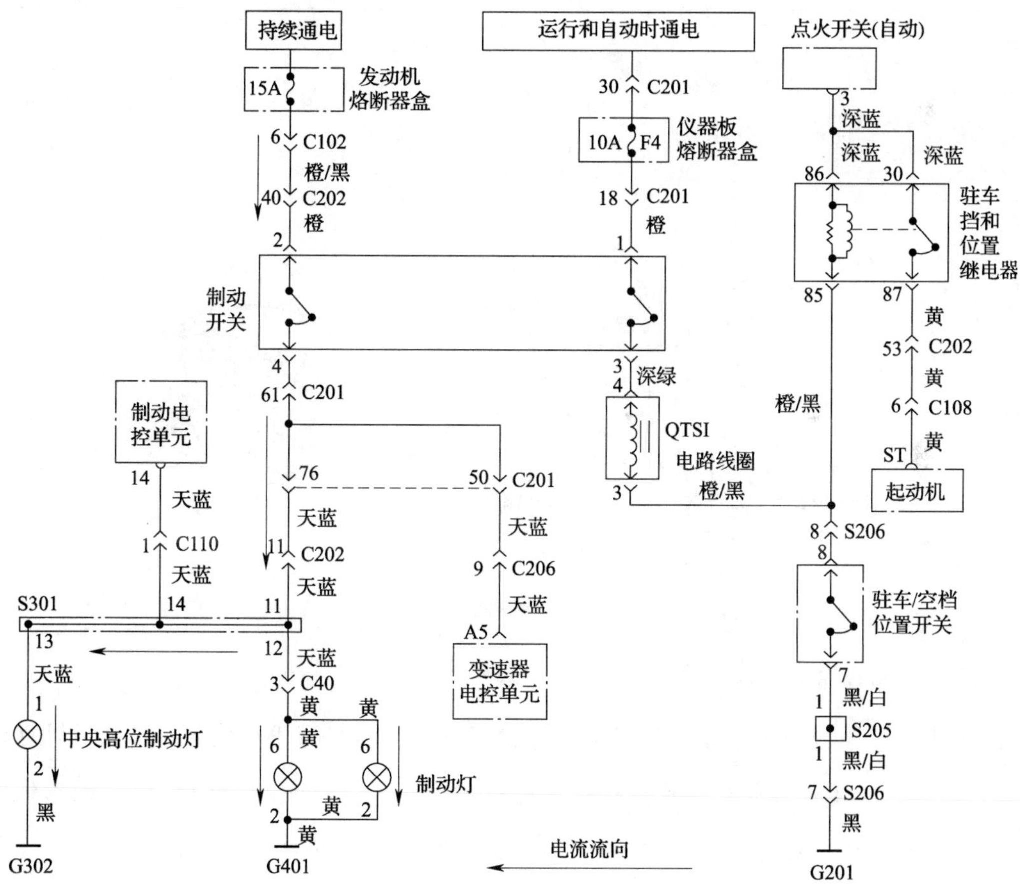

制动灯电路图

(3) 查阅资料，写出制动灯常见故障原因及检测方法。

故障现象	故障原因	检测方法
制动灯全不亮		
一个制动灯不亮		
制动灯一直亮		

小资料

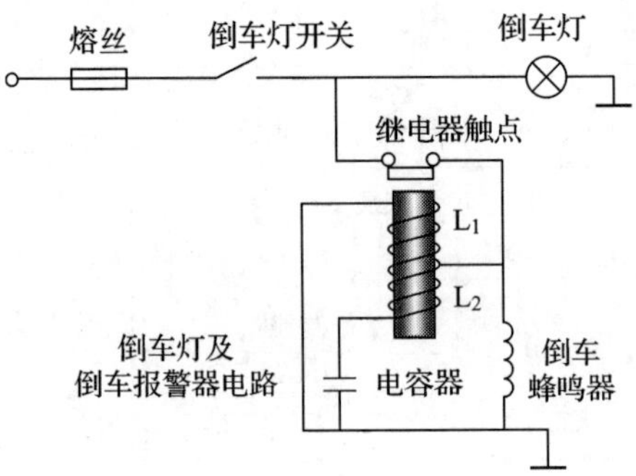

倒车报警器

①倒车报警器电路及工作过程：

当倒车开关接通时，蓄电池经继电器常闭触点给蜂鸣器供电发响，与此同时电流也将流过 L_1，同时也通过线圈 L_2 对电容进行________（充电/放电），由于流入线圈 L_1、L_2 的电流大小相等，方向相反，因流经两线圈产生的电磁力方向________（相反、相同），电磁力相互________（抵消/增强），使线圈不显磁性，因此继电器触点继续保持闭合。

②随着电容器端电压的上升，电容充电电流（□增大　□下降），L_2 的磁力（□

减弱　□增大），但线圈 L_1 产生的电磁力不变，当 L_1 与 L_2 产生的吸力差大于触点的弹簧拉力时，继电器触点（□闭合　□断开），蜂鸣器电路被切断而停止发响。同时电容通过 L_1 和 L_2 放电，使线圈产生电磁力，触点仍然继续处于（□闭合　□断开）状态。随着电容放电电流的减小，线圈磁场吸力（□减弱　□增大），继电器触点再次（□闭合　□断开），蜂鸣器线圈通电发出声响。

评价与分析

学习活动过程评价表

<table>
<tr><td>班级</td><td></td><td>姓名</td><td></td><td>学号</td><td></td><td>日期</td><td>年　月　日</td></tr>
<tr><td>序号</td><td colspan="4">评价要点</td><td>配分</td><td>得分</td><td>总评</td></tr>
<tr><td>1</td><td colspan="4">能明确任务要求</td><td>15</td><td></td><td rowspan="8">A□（86～100）
B□（76～85）
C□（60～75）
D□（60 以下）</td></tr>
<tr><td>2</td><td colspan="4">能查阅相关资料，明确制动系统部件的工作原理</td><td>15</td><td></td></tr>
<tr><td>3</td><td colspan="4">能识读倒车灯、制动灯电路</td><td>10</td><td></td></tr>
<tr><td>4</td><td colspan="4">能规范利用万用表及试灯对制动系统部件进行检查</td><td>15</td><td></td></tr>
<tr><td>5</td><td colspan="4">能按时、按要求独立完成工作页</td><td>15</td><td></td></tr>
<tr><td>6</td><td colspan="4">能遵守劳动纪律，以积极的态度接受工作任务</td><td>10</td><td></td></tr>
<tr><td>7</td><td colspan="4">能积极参与小组讨论，团队间相互合作</td><td>10</td><td></td></tr>
<tr><td>8</td><td colspan="4">能及时完成老师布置的任务</td><td>10</td><td></td></tr>
<tr><td colspan="5">总　分</td><td>100</td><td></td><td></td></tr>
<tr><td>小结
建议</td><td colspan="7"></td></tr>
</table>

学习任务四评价表

班级：________ 姓名：________ 学号：________

<table>
<tr><th rowspan="3">项目</th><th colspan="3">自我评价</th><th colspan="3">小组评价</th><th colspan="3">教师评价</th></tr>
<tr><th>10 ~ 9</th><th>8 ~ 6</th><th>5 ~ 1</th><th>10 ~ 9</th><th>8 ~ 6</th><th>5 ~ 1</th><th>10 ~ 9</th><th>8 ~ 6</th><th>5 ~ 1</th></tr>
<tr><th colspan="3">占总评 10%</th><th colspan="3">占总评 30%</th><th colspan="3">占总评 60%</th></tr>
<tr><td>学习活动 1</td><td></td><td></td><td></td><td></td><td></td><td></td><td></td><td></td><td></td></tr>
<tr><td>学习活动 2</td><td></td><td></td><td></td><td></td><td></td><td></td><td></td><td></td><td></td></tr>
<tr><td>学习活动 3</td><td></td><td></td><td></td><td></td><td></td><td></td><td></td><td></td><td></td></tr>
<tr><td>学习活动 4</td><td></td><td></td><td></td><td></td><td></td><td></td><td></td><td></td><td></td></tr>
<tr><td>学习活动 5</td><td></td><td></td><td></td><td></td><td></td><td></td><td></td><td></td><td></td></tr>
<tr><td>协作精神</td><td></td><td></td><td></td><td></td><td></td><td></td><td></td><td></td><td></td></tr>
<tr><td>纪律观念</td><td></td><td></td><td></td><td></td><td></td><td></td><td></td><td></td><td></td></tr>
<tr><td>表达能力</td><td></td><td></td><td></td><td></td><td></td><td></td><td></td><td></td><td></td></tr>
<tr><td>工作态度</td><td></td><td></td><td></td><td></td><td></td><td></td><td></td><td></td><td></td></tr>
<tr><td>安全意识</td><td></td><td></td><td></td><td></td><td></td><td></td><td></td><td></td><td></td></tr>
<tr><td>总体表现</td><td></td><td></td><td></td><td></td><td></td><td></td><td></td><td></td><td></td></tr>
<tr><td>小计</td><td colspan="3"></td><td colspan="3"></td><td colspan="3"></td></tr>
<tr><td>总评</td><td colspan="9"></td></tr>
</table>

任课教师：________ 年 月 日

学习任务五　雨刮系统工作不良故障的检修

学习目标

1. 能根据维修手册要求，了解雨刮系统的组成、工作原理、电路图等相关知识。

2. 能分析汽车雨刮系统工作不良的故障原因，并制订工作方案（故障维修流程编写）。

3. 能正确选择并使用工量具与仪器，对零部件进行测量，判断零部件的工作状态。

4. 能根据维修手册要求，在规定时间内对雨刮系统进行拆卸、检修、装配，并记录拆装步骤。

5. 能通过情景模拟，填写竣工单，并向班组长汇报维修情况。

6. 能进行团队成员的有效沟通与协同作业。

建议学时

24 学时

工作情境描述

一辆丰田卡罗拉轿车，在雨雾天气下，车主发现雨刮系统只有高速挡，现车主将车开往维修店维修，经维修技师检查后初步判断为雨刮开关故障，作为维修人员需对相关部件进行检查。根据维修手册要求，在规定时间（参照维修资料）内完成雨刮系统的检查与零部件的更换，完成后交付班组长验收。

工作流程与活动

学习活动1　维修方案制订

学习活动2　雨刮系统的拆检

学习活动 1　维修方案制订

学习目标

1. 能认识雨刮系统各部件及其在实车上的位置，并能描述各部件的功用。

2. 能正确识读与分析雨刮系统电路图。

3. 能初步分析雨刮系统工作不良故障的现象及相关原因。

4. 能查阅相关资料，制订雨刮系统工作不良故障的工作方案。

建议学时：10 学时

学习准备

汽车维修手册、互联网资源、雨刮系统示教板、实训车辆、弯头扳手、旋具、万用表等汽车维修常用工量具、多媒体设备。

学习过程

一、雨刮系统的组成、作用及工作原理

1. 查找维修手册，叙述雨刮系统的功用，并在下列两图中的括号内写出所指零部件的名称。

雨刮系统的功用：

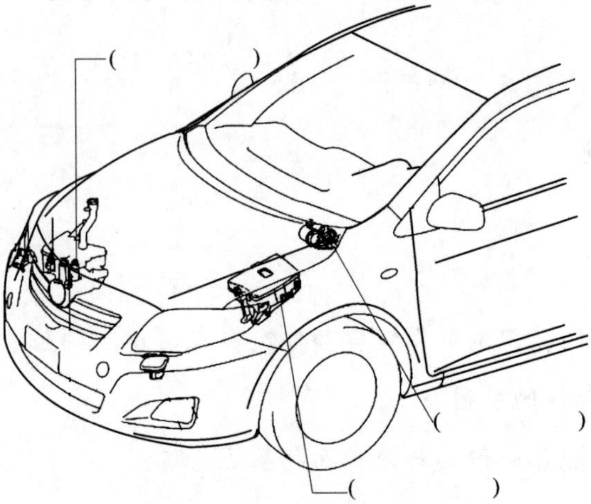

雨刮系统组成图 1

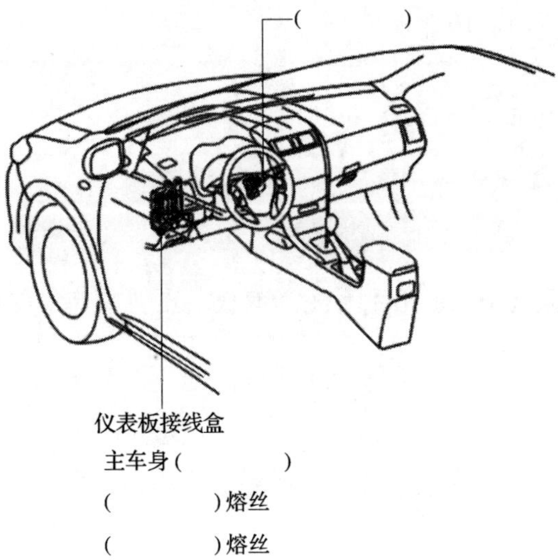

雨刮系统组成图 2

2. 对照仪表板接线盒上的熔丝盖标示图，在仪表板接线盒上找出雨刮器与喷洗器熔丝。雨刮器熔丝是____（3/5）号熔丝，其作用是保护____电路；喷洗器熔丝是______号熔丝，其作用是保护__________。

3．雨刮开关。

（1）观察组合开关右侧的雨刮开关，完成雨刮开关挡位关系的连线。

HI 挡　　　　低速挡，控制雨刮器电动机低速运转

LO 挡　　　　关闭挡，使雨刮器电动机停转

INT 挡　　　　间歇挡，控制雨刮器电动机间歇运转

OFF 挡　　　　喷洗挡，控制清洗器电动机运转，同时控制雨刮器电动机低速运转

MIST 挡　　　　高速挡，控制雨刮器电动机高速运转

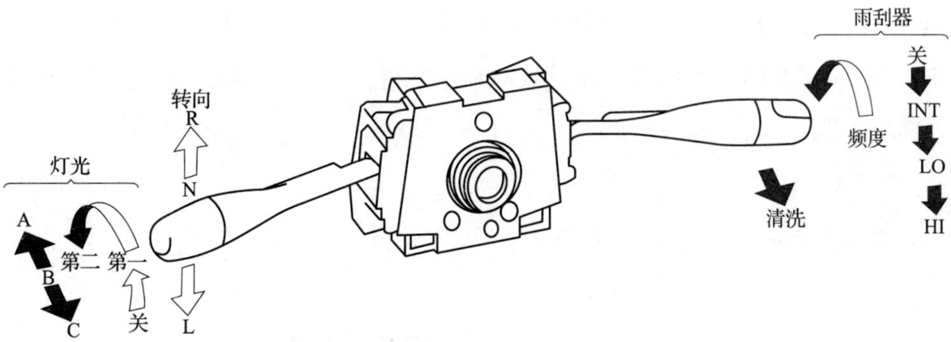

组合开关图

（2）识读雨刮开关端子图和内部电路图，填写下列内容（选择题）。

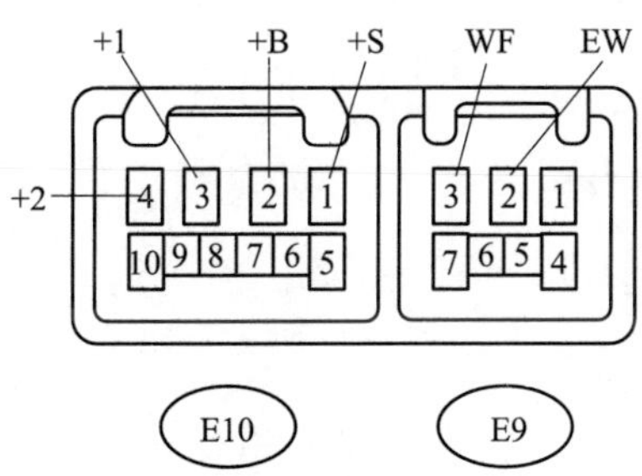

雨刮开关端子图

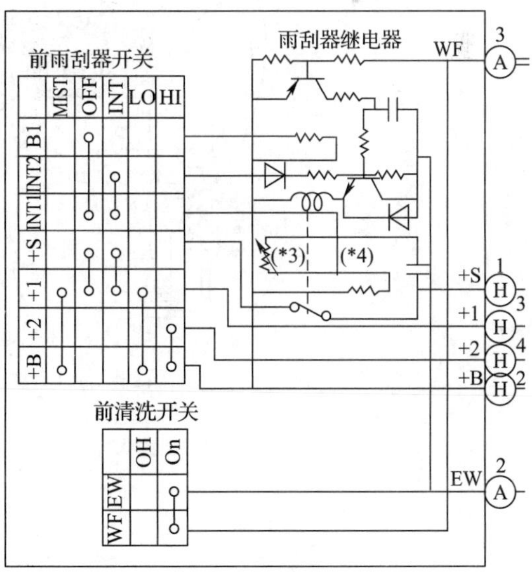

雨刮开关内部电路图

当雨刮开关位于HI挡时，雨刮开关的+B端子和（　　）端子导通；

当雨刮开关位于LO挡时，雨刮开关的+B端子和（　　）端子导通；

当雨刮开关位于INT挡时，雨刮开关的（　　）端子和+1端子导通，INTl端子和（　　）端子导通；

当雨刮开关位于MIST挡时，雨刮开关的（　　）端子和+1端子导通；

当雨刮开关位于OFF挡时，雨刮开关的+S端子和+1端子导通，INTl端子和（　　）端子导通。

A. +B　B. +S　C. INTl　D. INT2　E. +1　F. +2　G. B1

（3）雨刮继电器

当开关位于INT挡时，前雨刮器开关的+S端子和+1端子导通，INTl端子和INT2端子导通，雨刮器继电器内部线圈得电，其常开触点______，常闭触点______；几秒钟后，雨刮器继电器线圈失电，其常开触点______，常闭触点________（闭合/断开）。

4. 洗涤器。

（1）对照下图，在实车上找出雨刮洗涤电动机，其作用是什么？

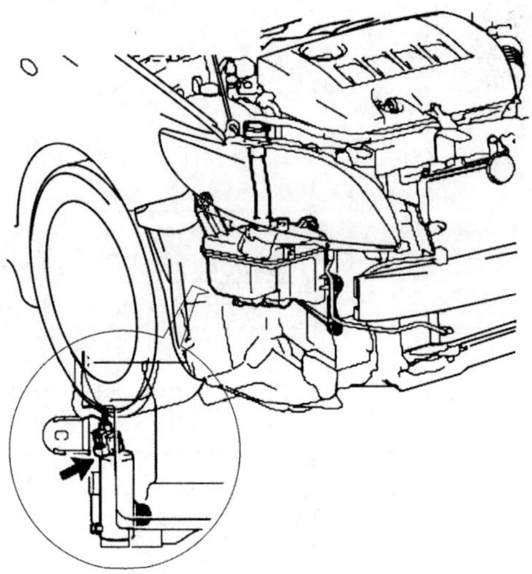

雨刮洗涤电动机位置图

（2）下面两幅图是雨刮洗涤器部件在汽车上的布置图，查阅维修手册，在括号内写出所指零部件的名称。

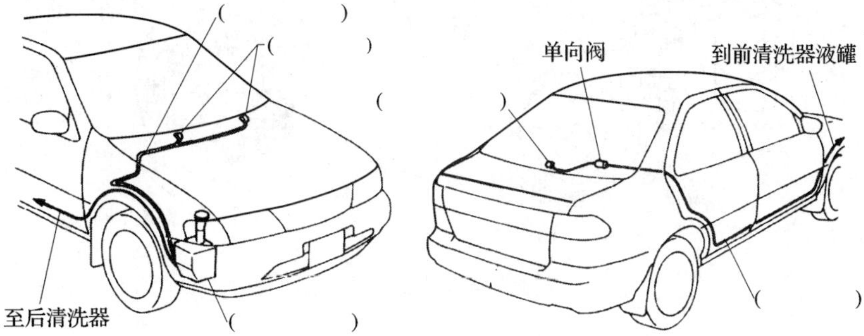

雨刮洗涤器部件图

5．雨刮器电动机。

（1）在下图中找出雨刮器电动机并标示出来。

雨刮器电动机的位置

（2）在下图方框内写出雨刮器电动机零部件的名称。

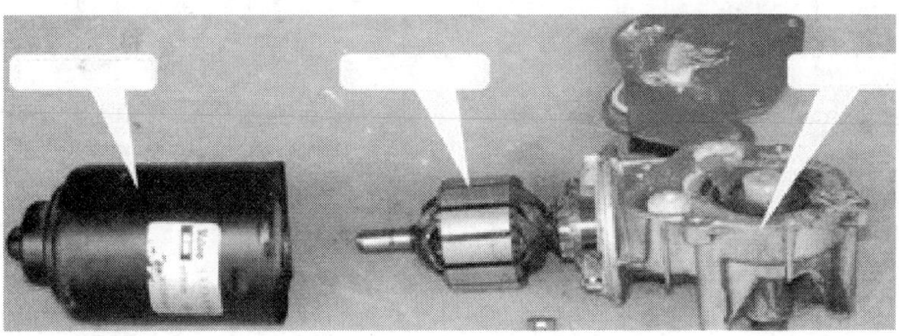

雨刮器电动机的组成

(3) 雨刮器电动机的工作原理。

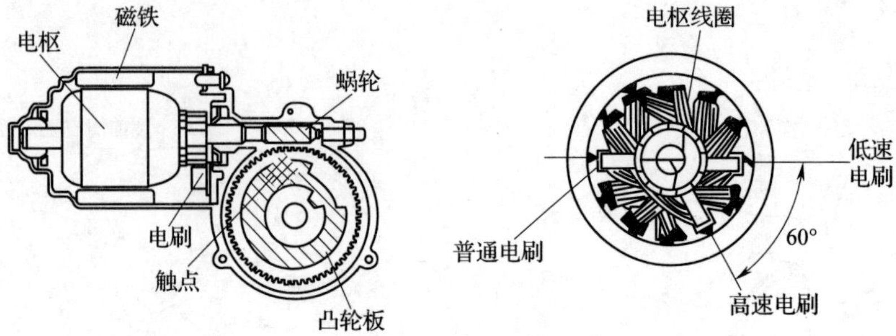

雨刮器电动机内部结构

1）当电流从低速电刷流入雨刮器电动机，从普通电刷流出时，电动机（　　）旋转；当电流从高速电刷流入雨刮器电动机，从普通电刷流出时，电动机（　　）旋转。

A. 高速　　　B. 低速　　　C. 间歇　　　D. 停止

2）参照下图，雨刮器电动机内部的凸轮板与触点共同组成了一个凸轮开关。当雨刮开关切换至 OFF 挡，若雨刮片停在挡风玻璃的底部，凸轮开关如下图左所示，端子______与______导通；若雨刮片未能停在挡风玻璃的底部，凸轮开关如下图右所示，端子______与______导通，其最终作用是使雨刮片都能停在挡风玻璃的底部。

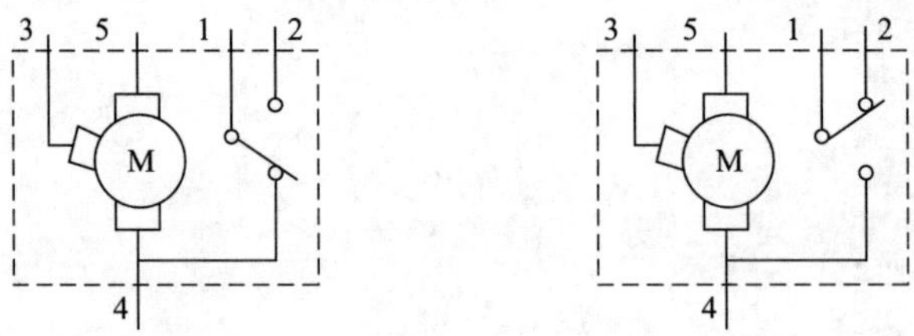

二、雨刮系统电路图

1. 雨刮系统电路。

(1) 观察实训用车及下面的丰田卡罗拉雨刮喷洗系统控制电路图，说明雨刮主要由哪几部分组成?

（2）电源由蓄电池或发电机经________________________________提供。

（3）观察实训用车和查阅维修手册，说明 25 A 刮水器熔丝及 15 A 喷洗器熔丝位于________________。

（4）雨刮及喷洗器控制开关有 6 个挡位，分别为________（MIST）、________（OFF）、________（LO）、________（HI）、________（INT）和________（W），雨刮继电器集成在控制开关中。

（5）雨刮器电动机总成共有 5 根线，分别为高速线 4（+2）、低速线____（+1）、电源线 2（B）、复位线______（S）及搭铁线 5（E）。

（6）喷洗器电动机位于________________________。

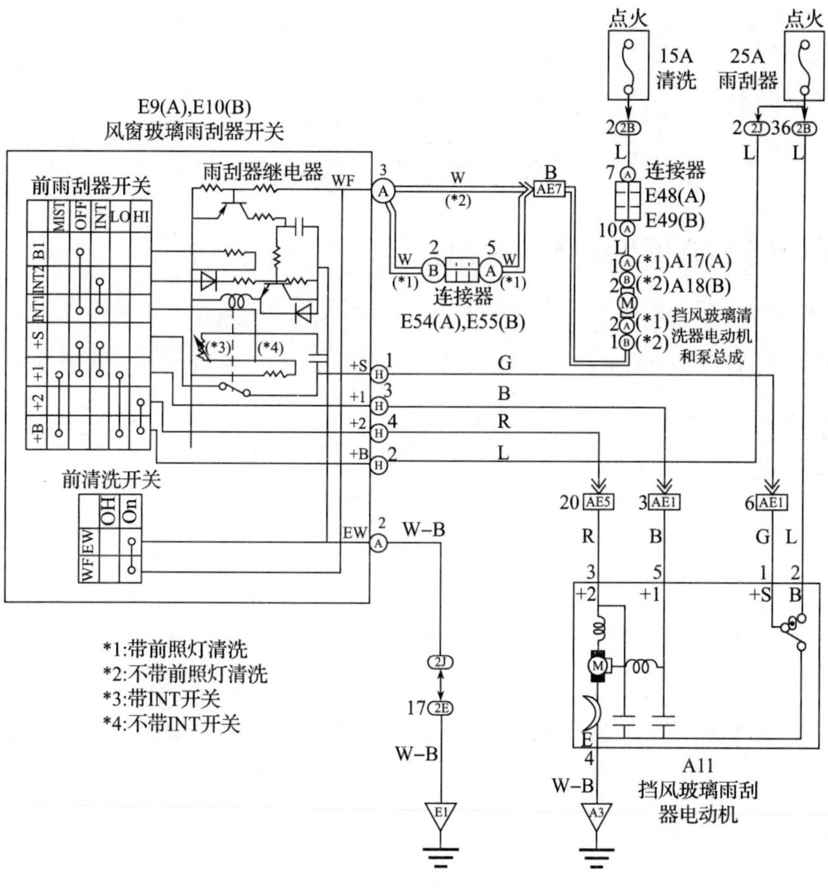

丰田卡罗拉雨刮喷洗系统控制电路图

2. 雨刮系统电路工作原理。在下图中用不同颜色的彩笔分别画出雨刮开关处于 HI 挡、INT 挡挡位时的电路，以及处于 OFF 挡挡位时的自动复位电路。

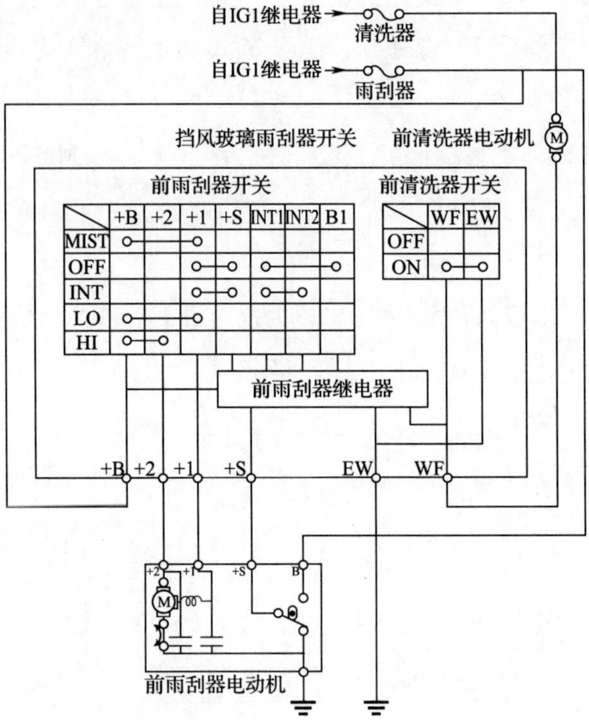

三、故障原因分析及维修方案制订

1. 查阅相关资料，分析汽车雨刮系统常见故障的主要原因。

(1) 雨刮器电动机不转。故障现象是点火开关打开后，将雨刮器开关置于快、慢挡和间歇挡时，其电动机均不转。

其主要原因是：

(2) 雨刮器无慢速挡。故障现象是打开点火开关后，将雨刮器开关拨至慢速挡，雨刮器不动作。

其主要原因是：

（3）雨刮器无快速挡。故障现象是打开点火开关后，将雨刮器开关拨至快速挡，雨刮器不动作。

其主要原因是：

（4）雨刮器无间歇挡。故障现象是打开点火开关后，将雨刮器开关拨至间歇挡，雨刮器不动作。

其主要原因是：

（5）雨刮器无自动停位功能。故障现象是雨刮器工作后，将雨刮器开关拨到停止位置时，雨刮器的雨刮片不能停在挡风玻璃的下方。

其主要原因是：

2. 查阅资料，分析造成雨刮系统工作不良故障的原因有哪些，完成下列鱼骨图的绘制。

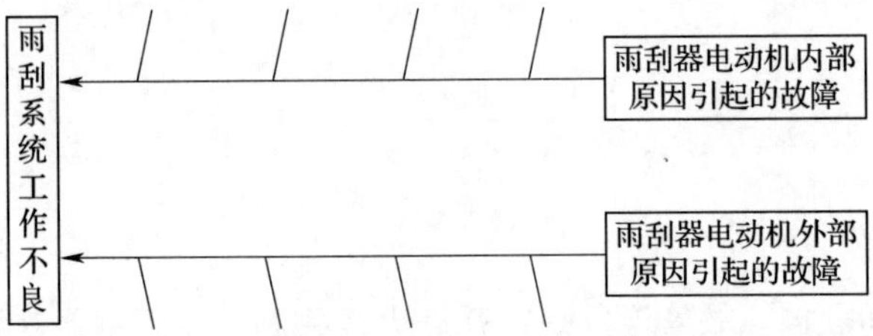

3. 制订雨刮系统只有高速挡故障的排除方案，将故障诊断流程图画出来。

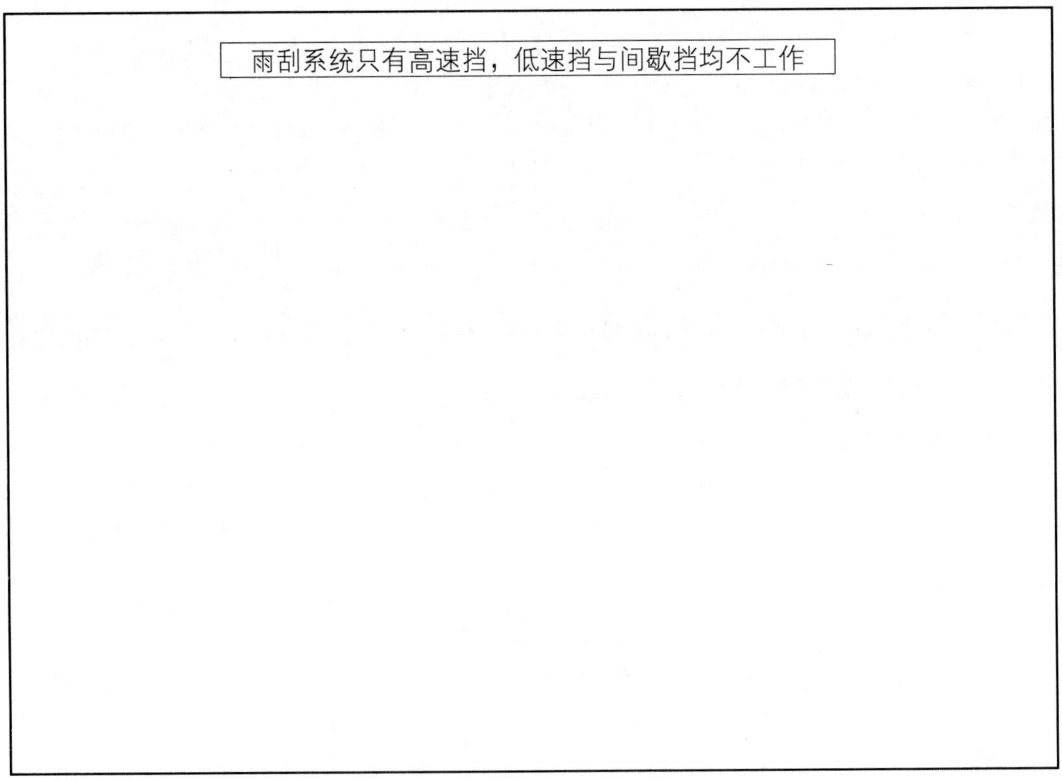

雨刮系统只有高速挡故障诊断流程图

4. 结合上图并查阅资料，小组讨论并制订雨刮系统工作不良故障的工作计划。

步骤	工作内容	完成时间	工作要求	备注
1				
2				
3				
4				
5				
6				
7				

评价与分析

学习活动过程评价表

<table>
<tr><td>班级</td><td></td><td>姓名</td><td></td><td>学号</td><td></td><td>日期</td><td>年　月　日</td></tr>
<tr><td>序号</td><td colspan="4">评价要点</td><td>配分</td><td>得分</td><td>总评</td></tr>
<tr><td>1</td><td colspan="4">能正确识读和填写生产派工单，明确任务要求</td><td>10</td><td></td><td rowspan="8">A□（86～100）
B□（76～85）
C□（60～75）
D□（60 以下）</td></tr>
<tr><td>2</td><td colspan="4">能向组员介绍雨刮系统各零部件及其作用</td><td>10</td><td></td></tr>
<tr><td>3</td><td colspan="4">能向组员描述雨刮系统的工作原理</td><td>15</td><td></td></tr>
<tr><td>4</td><td colspan="4">能分析雨刮系统工作不良故障的现象及原因</td><td>15</td><td></td></tr>
<tr><td>5</td><td colspan="4">能查阅相关资料，明确故障检测点</td><td>10</td><td></td></tr>
<tr><td>6</td><td colspan="4">能遵守劳动纪律，以积极的态度接受工作任务</td><td>10</td><td></td></tr>
<tr><td>7</td><td colspan="4">能积极参与小组讨论，团队间相互合作</td><td>15</td><td></td></tr>
<tr><td>8</td><td colspan="4">能与组员协同制订工作计划</td><td>15</td><td></td></tr>
<tr><td colspan="5">总　分</td><td>100</td><td></td><td></td></tr>
<tr><td>小结
建议</td><td colspan="7"></td></tr>
</table>

学习活动2　雨刮系统的拆检

学习目标

1．能根据维修手册要求，在规定时间内对雨刮喷水系统进行拆卸、检修和装配。

2．能向组员叙述雨刮喷水系统拆装、检测的安全操作规程，并在作业过程中自我检查贯彻情况，做好过程记录。

3．能通过情景模拟向班组汇报维修情况。

建议学时：14 学时

学习准备

汽车维修手册、互联网资源、车辆、汽车维修常用拆装工具、多媒体设备等。

学习过程

一、雨刮器电动机的拆装与检测

1．雨刮器电动机的就车检查及拆卸。

（1）打开发动机舱盖，断开蓄电池负极电缆。若不断开蓄电池负极电缆，在检测电路时可能会出现（　　）。

A．断路　　B．短路　　C．开路

（2）拆卸发动机舱盖至前围上板密封。

注意事项：	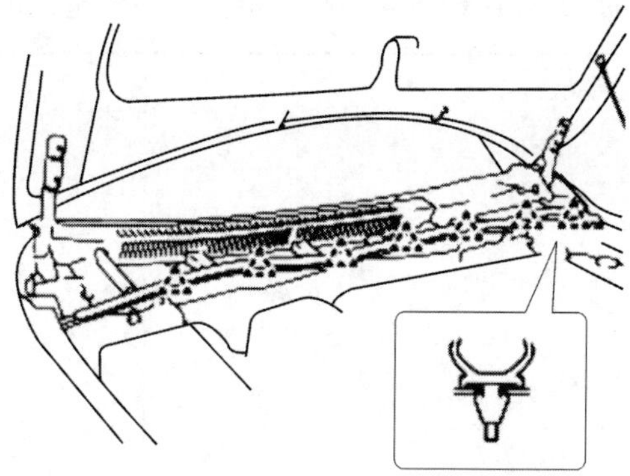
密封的作用：	

（3）拆卸右前围上通风栅板。

注意事项：	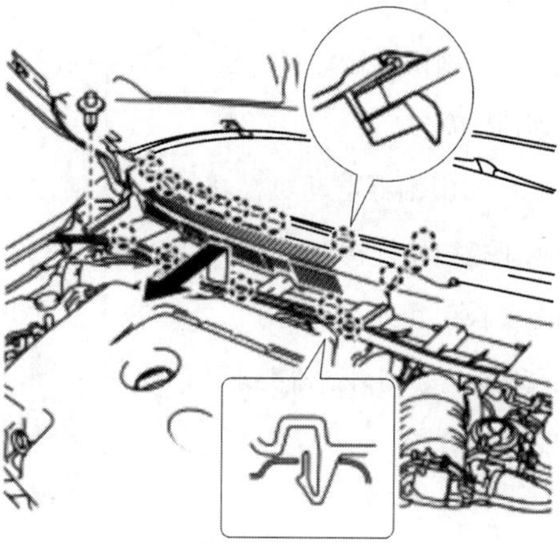
能先拆卸左前围上通风栅板吗？为什么？	

（4）拆卸左前围上通风栅板。

注意事项：	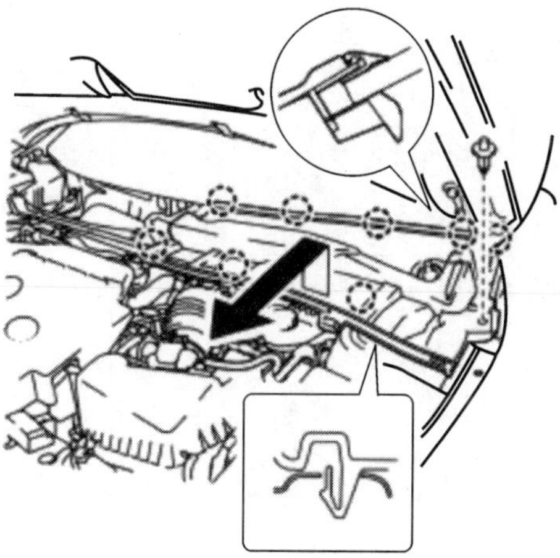
此时能找到雨刮器连杆总成、雨刮器电动机和雨刮器电动机连接器吗？	

（5）断开雨刮器电动机连接器并检测雨刮器电动机。

注意事项：

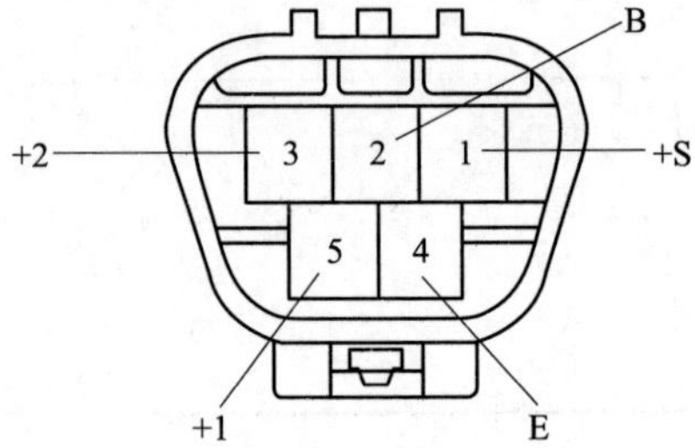

没有线束连接的零部件:
(挡风玻璃雨刮器电动机)

①检测雨刮器电动机低速挡时，将蓄电池正极引线连接至端子____，并将蓄电池负极引线连接至端子____。若电动机低速运行，则雨刮器低速挡正常，否则，低速挡故障。

②检测雨刮器电动机高速挡时，将蓄电池正极引线连接至端子____，并将蓄电池负极引线连接至端子____。若电动机高速运行，则雨刮器高速挡正常，否则，高速挡故障。

③让雨刮器电动机旋转时停止在自动停止位置外的任何位置。怎么实现?

④用导线连接端子 1 与 5，然后将蓄电池正极引线连接至端子 2，并将蓄电池负极引线连接至端子 4，若电动机能继续低速运行至自动停止位置，则自动复位功能正常，否则，该功能故障。

（6）拆卸前雨刮器臂端盖。

注意事项：

该端盖的作用：

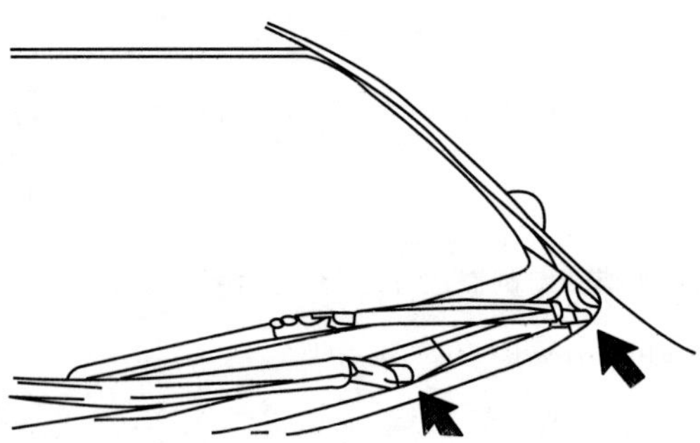

（7）拆卸左、右前雨刮器臂和雨刮片总成。

<table>
<tr><td>注意事项：</td><td rowspan="2">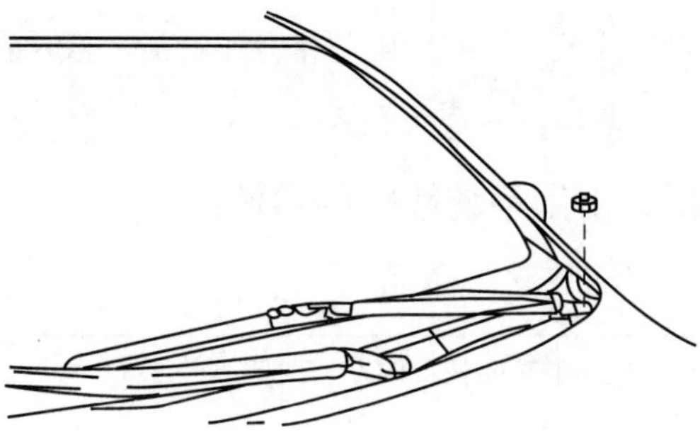</td></tr>
<tr><td>取出的雨刮片能否朝下放置？为什么？</td></tr>
</table>

（8）拆卸挡风玻璃雨刮器电动机及连杆总成。

<table>
<tr><td>注意事项：</td><td rowspan="2">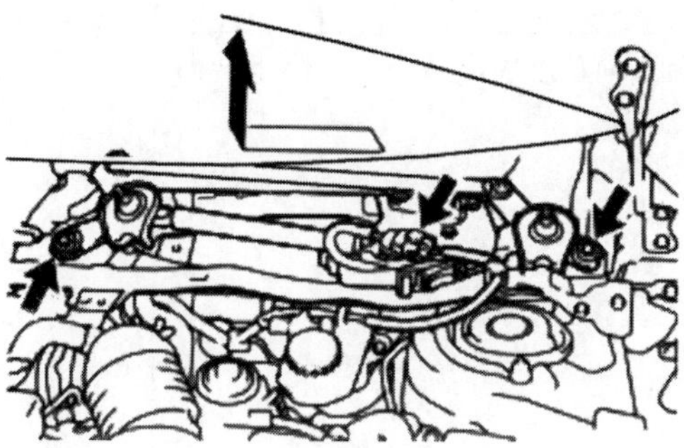</td></tr>
<tr><td>往左移动电动机及连杆总成的目的：</td></tr>
</table>

（9）分离雨刮器电动机总成。

<table>
<tr><td>注意事项：</td><td rowspan="2">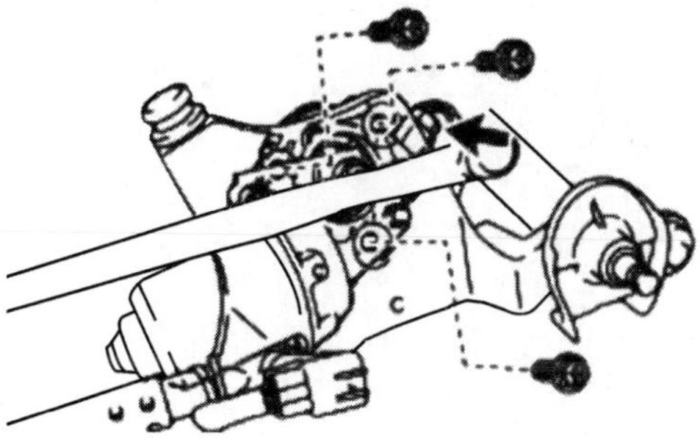</td></tr>
<tr><td>曲柄臂的位置是否应该复原？</td></tr>
</table>

2．雨刮器电动机的安装。安装顺序与拆卸顺序相反，应注意以下几点：

（1）在挡风玻璃雨刮器电动机总成的________枢轴上涂抹通用润滑脂。

（2）安装左、右前雨刮器臂和雨刮片总成前，要操作雨刮器自动停止在______位置。

（3）若雨刮器臂齿面锈蚀，可用________进行清洁。

二、雨刮系统线路的检测

1．拆卸下转向柱罩。

<table>
<tr><td>（1）拉动下转向柱罩的左右两侧，并脱开4个卡爪。
注意事项：</td><td rowspan="2">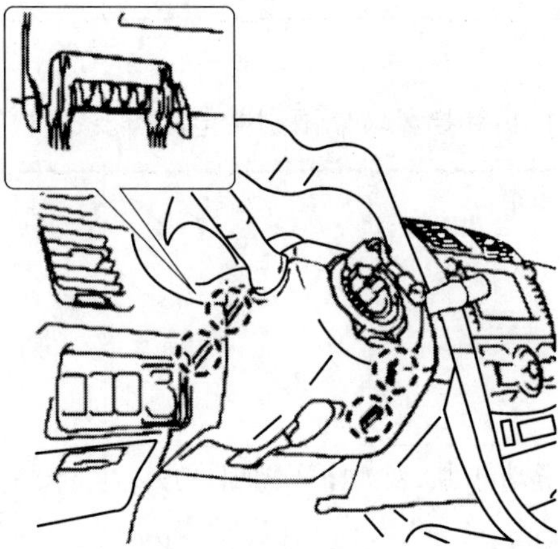</td></tr>
<tr><td>拆卸转向盘总成前（　　）拆下转向柱罩。
A．可以　　　B．不可以</td></tr>
<tr><td>（2）将手指插入下转向柱斜度调节杆的开口处以脱开卡爪。
注意事项：</td><td rowspan="2">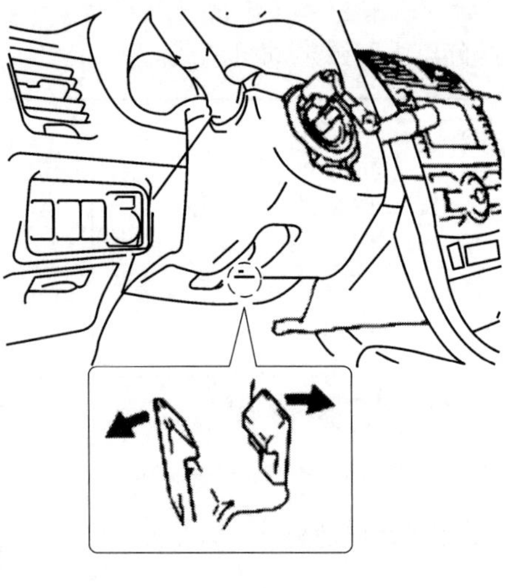</td></tr>
<tr><td>转向柱斜度调节杆的使用方法：</td></tr>
</table>

续表

（3）如图所示转动下转向柱罩以便脱开两个卡爪并拆下下转向柱罩。	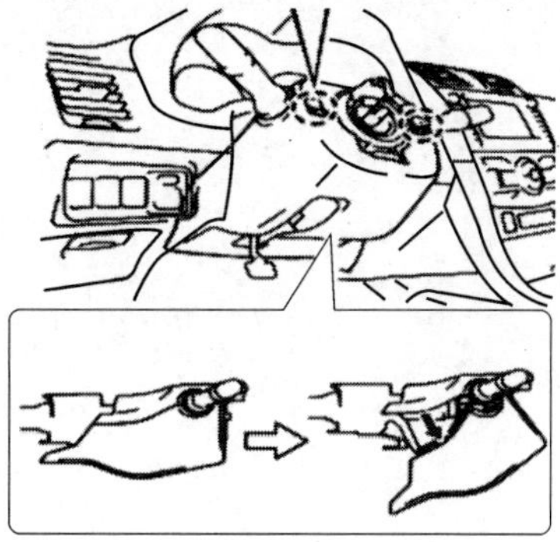
上、下转向柱罩是怎么扣住的呢？	

2．断开雨刮器开关连接器并检测线路。

（1）检测雨刮器开关 +1 端子与雨刮器电动机 +1 端子之间的导线电阻，正常值应小于____Ω。 问题 1：若该线路断路，则雨刮系统（　　）挡不能工作？ A．高速　　B．低速 C．间歇　　D．OFF 自动复位 （2）检测雨刮器开关 +2 端子与雨刮器电动机 +2 端子之间的电阻，正常值应小于（　　）Ω。 问题 2：若该线路断路，则雨刮系统（　　）挡不能工作？ A．高速　　B．低速 C．间歇　　D．OFF 自动复位 （3）检测雨刮器开关 +S 端子与雨刮电动机 +S 端子之间的导线电阻，正常值应小于（　　）Ω。	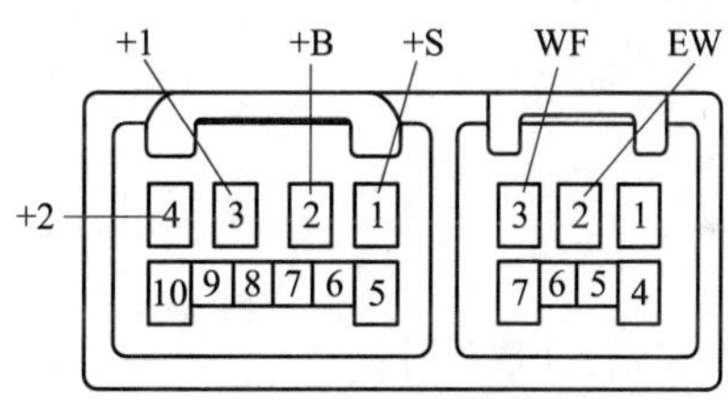 有线束连接端 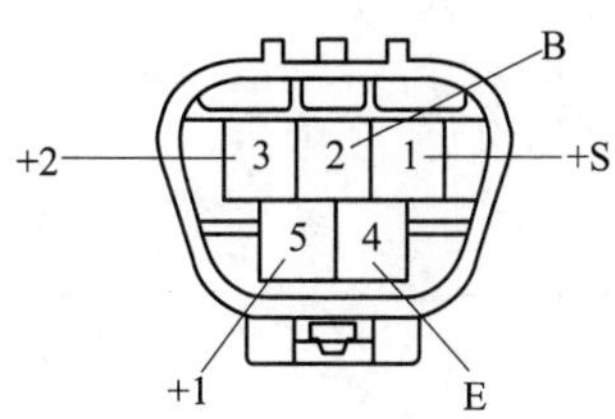 有线束连接端

3. 写出雨刮器开关的供电线路、雨刮器电动机的供电线路与搭铁线路的检测步骤。

三、雨刮器开关的拆装与检测

1. 检测雨刮器开关。

<table>
<tr>
<td>（1）使用万用表测量以下端子之间的电阻值。
雨刮器开关处于 HI 挡时：
+B 与 +2 之间：（　　）Ω
雨刮器开关处于 LOW 挡时：
+B 与 +1 之间：（　　）Ω
雨刮器开关处于 INT 挡时：
+S 与 +1 之间：（　　）Ω
雨刮器开关处于 OFF 挡时：
+S 与 +1 之间：（　　）Ω</td>
<td>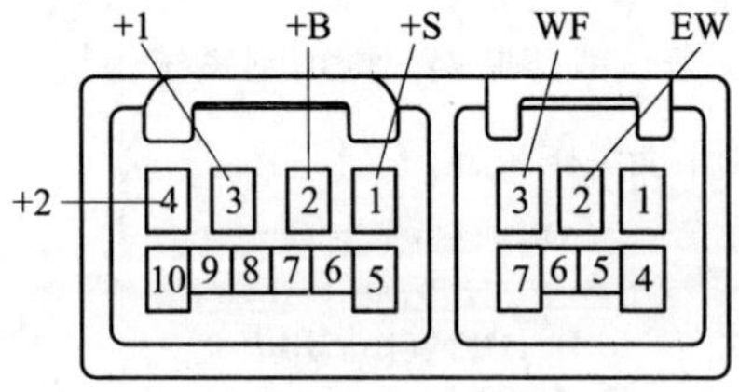

雨刮器开关端子</td>
</tr>
</table>

（2）雨刮器开关处于 HI 挡时：+B 与 +2 之间阻值无穷大会导致（　　）挡不工作。

A. 高速　　B. 低速　　C. 间歇　　D. OFF 自动复位　　E. 喷水挡

（3）雨刮器开关处于 LOW 挡时：+B 与 +1 之间阻值无穷大会导致（　　）挡不工作。

A. 高速　　B. 低速　　C. 间歇　　D. OFF 自动复位　　E. 喷水挡

（4）雨刮器开关处于 INT 挡时：+S 与 +1 之间阻值无穷大会导致（　　）挡不工作。

A. 高速　　B. 低速　　C. 间歇　　D. OFF 自动复位　　E. 喷水挡

（5）雨刮器开关处于 OFF 挡时：+S 与 +1 之间阻值无穷大会导致（　　）挡不工作。

A. 高速　　B. 低速　　C. 间歇　　D. OFF 自动复位　　E. 喷水挡

2. 更换雨刮器开关

（1）定位前轮，使其面向正前位置。

（2）从蓄电池负极端子上断开电缆。

（3）拆卸转向盘 2、3 号下盖。

注意：使用头部缠有保护性胶带的旋具脱开卡爪。

拆卸步骤：

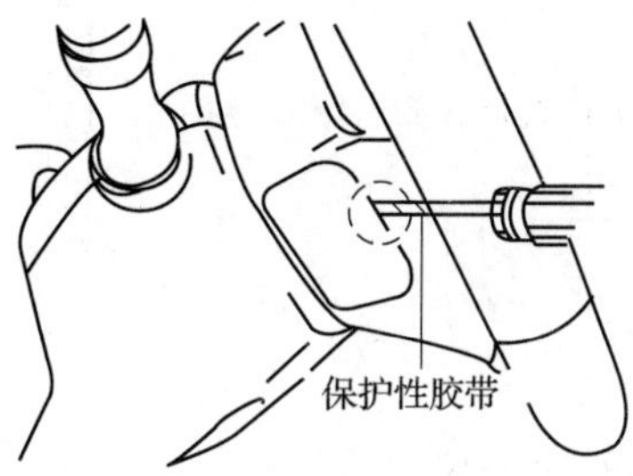

（4）拆卸转向盘装饰盖。

①使用一字旋具往里挤压箭头所指的弹簧卡扣。

拆卸零部件感觉无从下手时，怎么办？

续表

②从转向盘总成中拉出转向盘装饰盖。 注意事项：	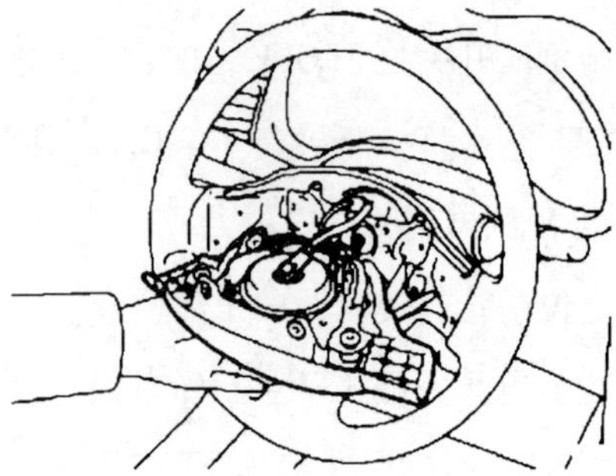
③断开喇叭连接器，如右图箭头所示。 ④断开气囊连接器。 注意：使用头部缠有保护性胶带的旋具撬起锁扣。 使用螺旋电缆的原因：	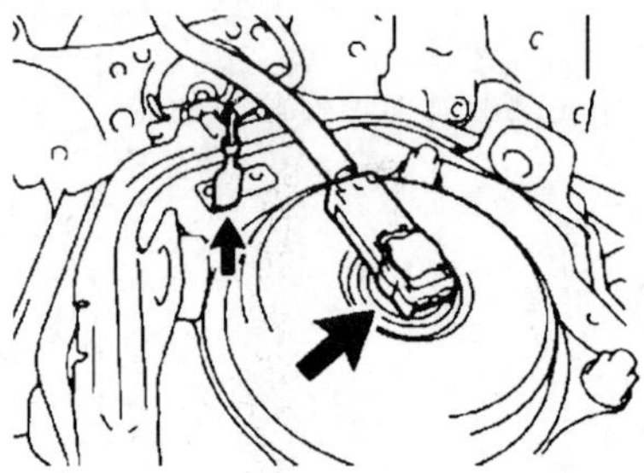

（5）拆卸转向盘总成。

拆下转向盘总成固定螺母。 注意：在转向盘总成与转向主轴上做装配标记。 写出拆卸步骤：	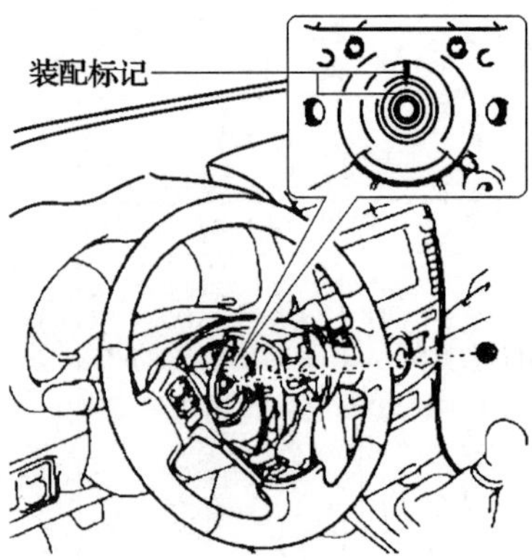

（6）拆卸上转向柱罩。

<table>
<tr><td>注意：脱开卡爪和 2 个销。
是否该为螺旋电缆位置做标记？为什么？</td><td>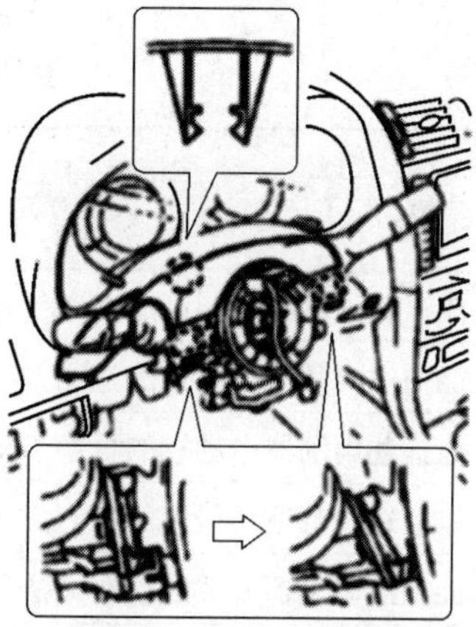</td></tr>
</table>

（7）拆卸带螺旋电缆分总成的组合开关总成。

<table>
<tr><td>注意：使用钳子撑开卡夹，从转向柱上拆下带螺旋电缆分总成的组合开关总成。
能否单独拆卸雨刮器开关？</td><td>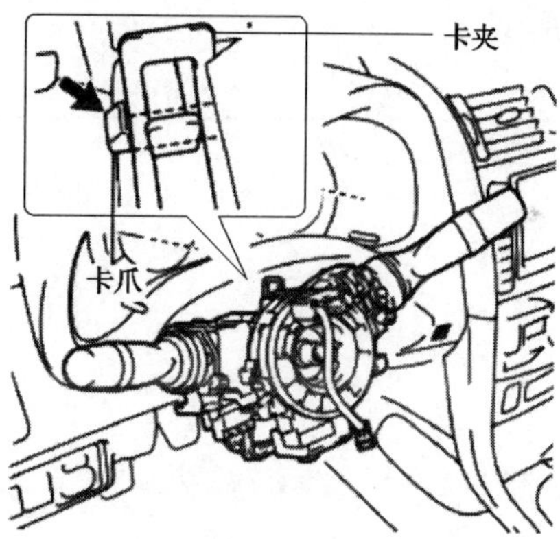
</td></tr>
</table>

3．查阅资料，针对雨刮系统只有高速挡这一故障，制订诊断与排除故障的方案。

评价与分析

学习活动过程评价表

班级		姓名		学号		日期	年　月　日
序号	评价要点				配分	得分	总评
1	能正确识读小组制订的工作计划，明确任务要求				10		A□（86～100） B□（76～85） C□（60～75） D□（60 以下）
2	能描述雨刮器电动机的检测方法				10		
3	能描述雨刮器电动机的更换步骤				15		
4	能描述雨刮系统线路的检测方法				15		
5	能描述雨刮器开关的检测方法				10		
6	能描述雨刮器开关的更换步骤				10		
7	能积极参与小组讨论，团队间相互合作				15		
8	能及时完成老师布置的任务				15		
总　分					100		
小结 建议							

学习任务五评价表

班级：__________　　姓名：__________　　学号：________

项目	自我评价			小组评价			教师评价		
	10～9	8～6	5～1	10～9	8～6	5～1	10～9	8～6	5～1
	占总评10%			占总评30%			占总评60%		
学习活动1									
学习活动2									
协作精神									
纪律观念									
表达能力									
工作态度									
安全意识									
任务总体表现									
小计									
总评									

任课教师：________　　年　　月　　日

学习任务六　仪表工作不良故障的检修

学习目标

1. 能根据维修手册要求，了解仪表系统的作用、结构组成及原理。

2. 能分析汽车仪表工作不良的故障原因，并制订工作方案（故障维修流程编写）。

3. 能熟悉仪表系统拆装安全操作规程，并在作业过程中自我检查贯彻的情况，做好过程记录。

4. 能正确选择并使用工量具与仪器进行就车检查。

5. 能根据维修手册要求，规范对仪表系统进行拆卸、装配，填写竣工单。

6. 能对相关资料、互联网资源进行检索，完成工单、工作页的填写。

7. 能进行团队成员的有效沟通与协同作业。

建议学时

20 学时

工作情境描述

一辆上海大众桑塔纳 3000 型汽车，在雨天行驶过程中，发生了仪表盘无显示故障，现车主将该车开往维修店维修，经维修技师检查初步判断为仪表系统故障，作为维修人员需对相关部件进行检查。根据维修手册要求，在规定时间（参照维修资料）内完成仪表系统的检查与零部件的更换，完成后交付班组长验收。

工作流程与活动

学习活动 1　维修方案制订

学习活动 2　故障基本检查

学习活动 3　仪表系统的拆装

学习活动1　维修方案制订

学习目标

1. 能认识仪表系统各部件及其在实车上的位置，并能描述各部件的作用。

2. 能正确识读与分析仪表系统的电路简图，列举仪表系统的结构和工作原理。

3. 能初步分析仪表系统工作不良故障的现象及原因。

4. 能查阅维修手册，列举仪表系统的基本检查方法并进行操作。

5. 能查阅相关资料，制订仪表系统工作不良故障维修方案。

建议学时：10 学时

学习准备

汽车维修手册、互联网资源、整车及仪表总成、多媒体设备。

学习过程

一、故障现象确认

1. 查阅相关资料，就车观察并记录仪表系统工作不良的故障现象。

2. 查阅维修手册，列出汽车仪表系统工作不良故障的维修步骤。

二、仪表系统的作用与组成

1. 仪表的分类。

（1）下图所示为带 CAN 总线传输的组合仪表，列出各输入信号。

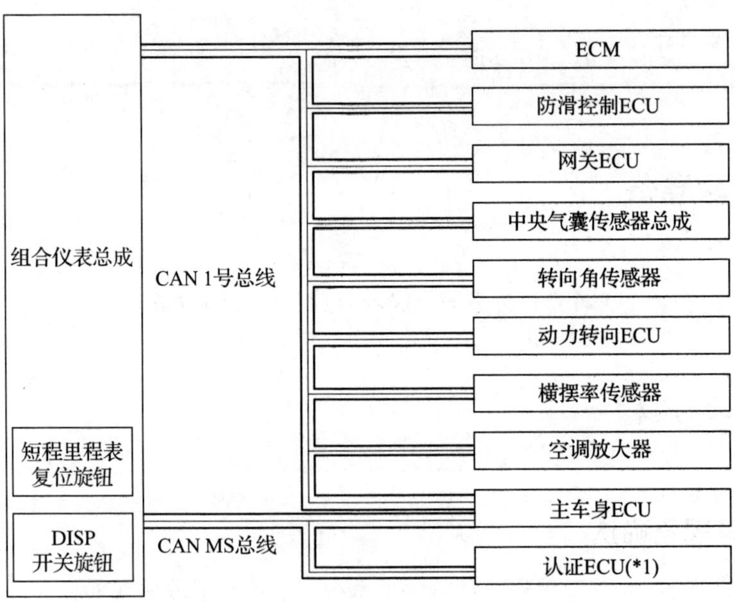

带 CAN 总线传输的组合仪表

（2）下图所示为直接连线的组合仪表，列出各输入信号。

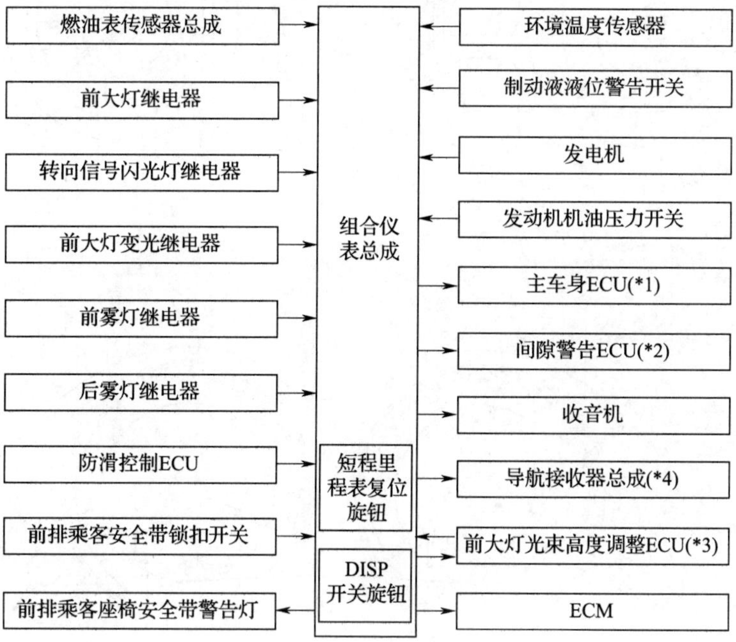

直接连线组合仪表

2. 仪表的组成。

（1）组合仪表由各种仪表、指示或警告灯及巡航信息等组成，填写下列两图中各部件的名称。

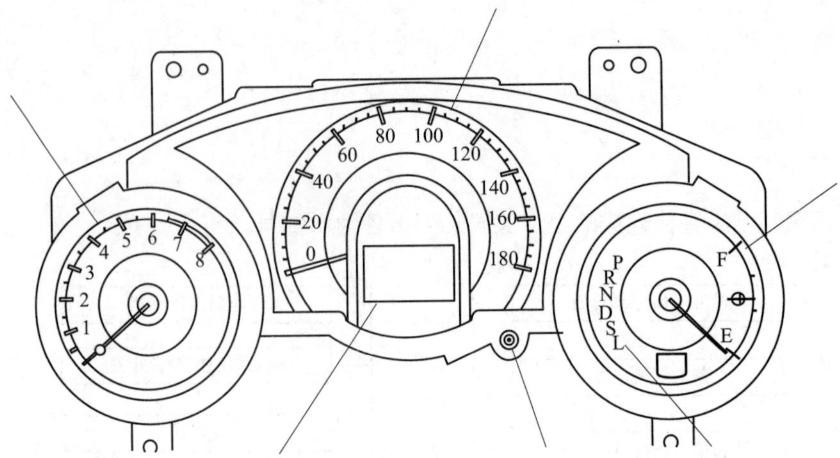

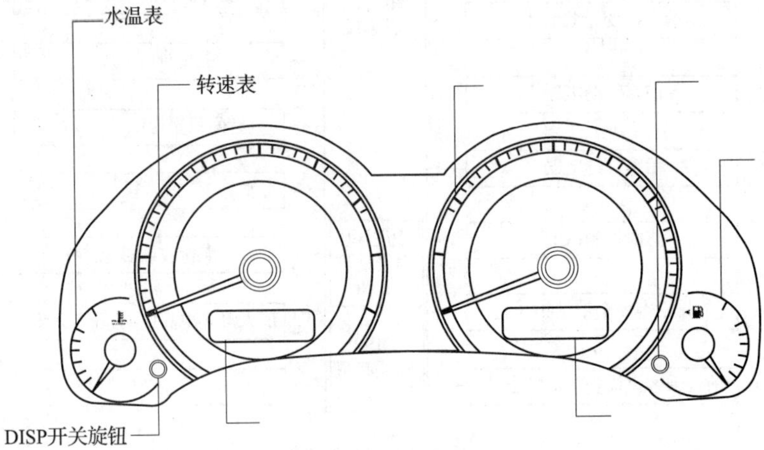

（2）查阅资料，写出下图所示仪表盘中所包含的仪表和指示灯。

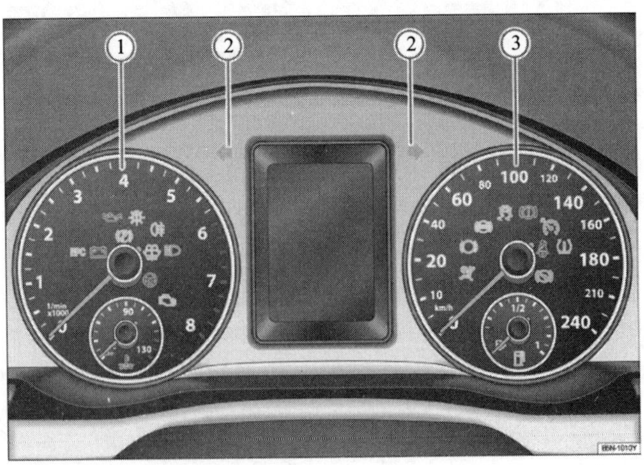

①__________ ②__________ ③__________

（3）燃油表。

说明	图示
燃油表包括油量传感器、仪表控制单元等。燃油表的类型有______________，燃油表中“E”表示________，“F”表示________________，油量传感器安装在__________________。	

（4）车速里程表。

说明	图示
车速里程表是用来指示汽车行驶速度和行驶里程的仪表，由车速表和里程表两部分组成。车速里程表有____________________和______________两种。电子车速里程表由____等组成。	

（5）发动机转速表。

说明	图示
发动机转速表用来直观地显示发动机在各个工况下的转速。发动机转速表有________和__________两种。电子式转速表一般由____________________等组成。	

（6）水温表。

说明	图示
水温表用来检测和指示发动机冷却液的工作温度。 水温表由________两部分组成；水温表中“C”表示______，“H”表示______。广州本田飞度车没有水温表，而该车有_______；没有水温表，只有水温报警灯的车辆如何指示发动机冷却液的工作温度？	

（7）机油压力表、机油灯。

说明	图示
机油压力表、机油灯是在发动机运转时，用来指示发动机润滑系统主油道压力大小和系统是否正常的仪表及指示灯。 列举安装有机油压力表的车辆：________、_______、________、_______等。 列举安装有机油灯的车辆：________、_______、________等。	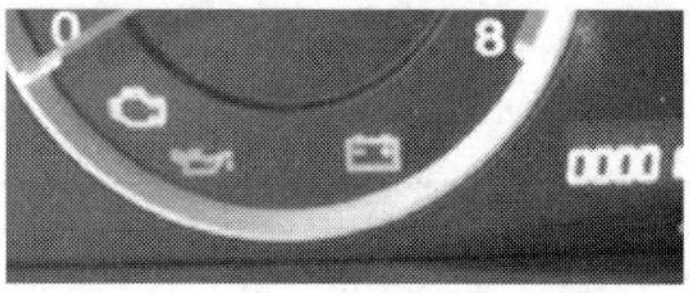

三、仪表上的指示灯

对照下图，补全下表。

名称	图示	显示类型及含义

续表

名称	图示	显示类型及含义

四、故障分析与维修方案制订

1. 仪表不工作故障分析。

故障现象：整个组合仪表不工作。

故障原因：电源电路不正常。

制订该故障的维修方案。

2. 仪表故障。分析故障原因，确定故障检查方法。

仪表故障	可能原因	检查方法
车速表故障		
转速表故障		
燃油表故障		
水温表故障		

3. 警告灯故障。分析故障原因，确定故障检查方法。

警告灯故障	可能原因	检查方法
充电警告灯不亮		
制动警告灯不亮		
充电警告灯不灭		

4. 指示灯故障。分析故障原因，确定故障检查方法。

指示灯故障	可能原因	检查方法

评价与分析

学习活动过程评价表

班级		姓名		学号		日期	年　月　日
序号	评价要点				配分	得分	总评
1	能分析故障现象及原因				10		A□（86～100） B□（76～85） C□（60～75） D□（60 以下）
2	了解仪表系统的作用及组成				15		
3	熟悉仪表盘上各种指示灯的名称及含义				15		
4	能制订合理的维修方案				20		
5	能遵守劳动纪律，以积极的态度接受工作任务				15		
6	能积极参与小组讨论，团队间相互合作				15		
7	能及时完成老师布置的任务				10		
总　分					100		
小结 建议							

学习活动2　故障基本检查

学习目标

1. 能查阅维修手册，在教师指导下完成仪表工作不良故障的基本检查。

2. 能完成车辆相关信息数据的收集。

建议学时：6学时

学习准备

汽车维修手册、互联网资源、汽车仪表示教板、车辆、一字旋具、十字旋具、车用万用表、电池接线柱清洁保护剂。

学习过程

一、车上检查

1. 拆画实训用车仪表系统的电源电路和接地电路。

参考：广州本田飞度轿车仪表系统的部分电路如下列两图所示。

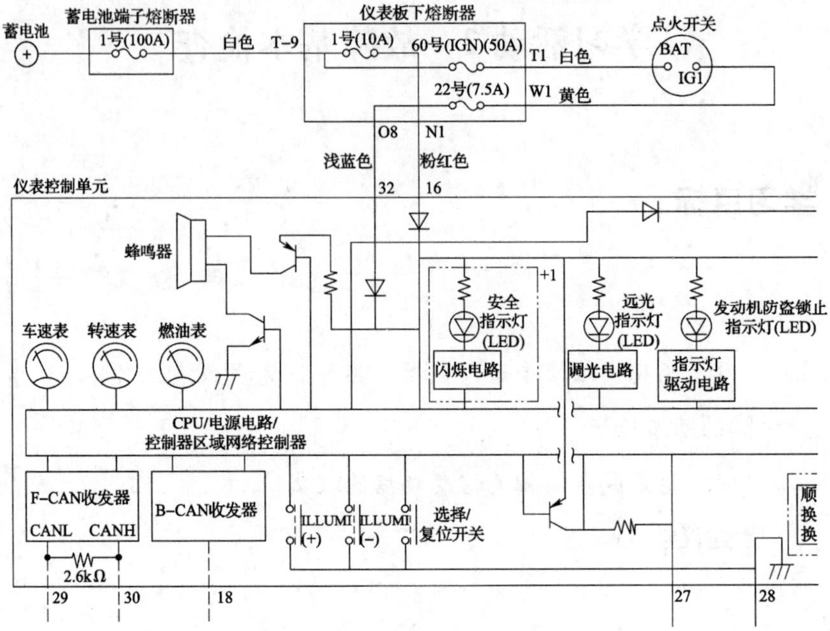

广州本田飞度轿车仪表系统的部分电路（一）

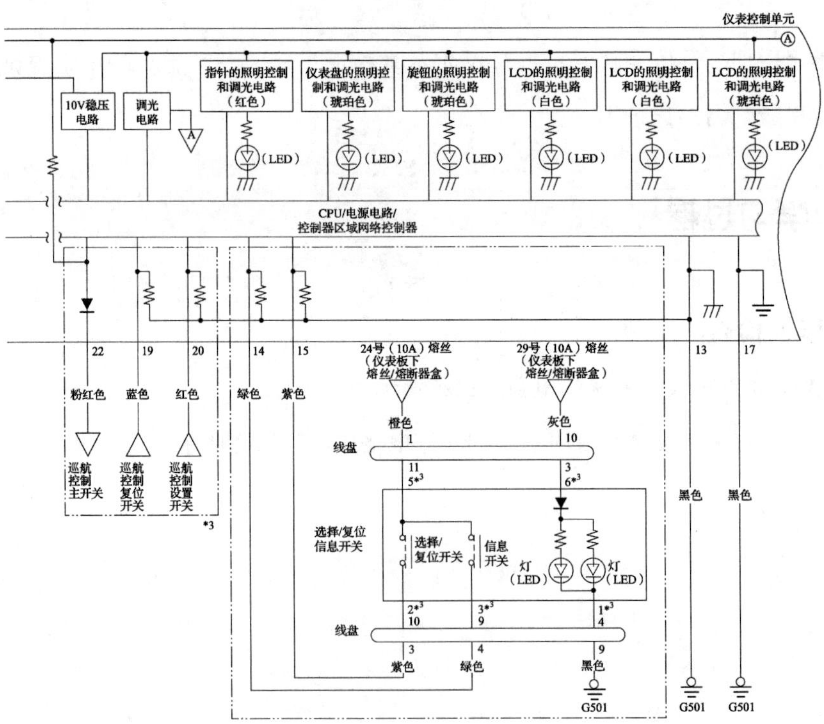

广州本田飞度轿车仪表系统的部分电路（二）

实训车型：____________________，在下列图框中绘制仪表的电源及接地线路。

2. 检查蓄电池。检查结果是：汽车______（□可以　□不可以）启动。

蓄电池电压是______V。

3. 检查保险。检查电路图仪表下熔断器中的熔丝（对照下图，查找相应的熔丝）。

检查结果是：1 号熔丝　□正常　□不正常

22 号熔丝　□正常　□不正常

60 号熔丝　□正常　□不正常

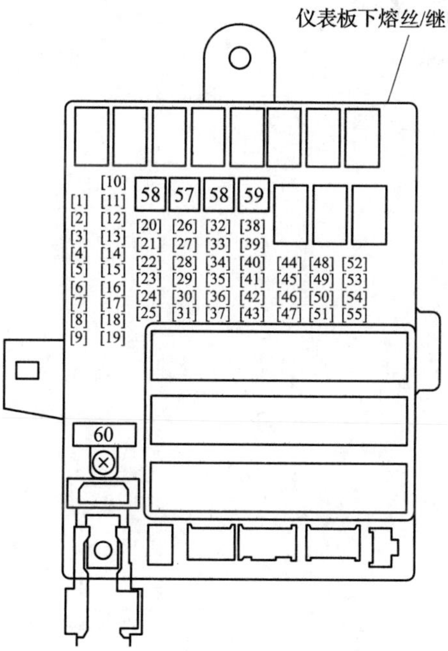

二、检查组合仪表插头及传感器插头

1．查阅维修手册，识读下列组合仪表插头，列举各端子的含义。

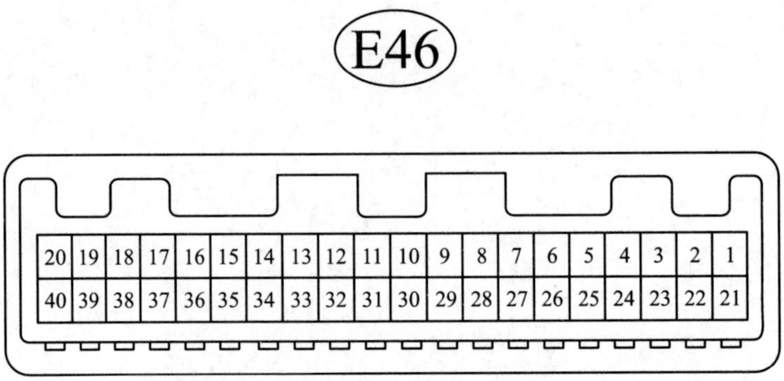

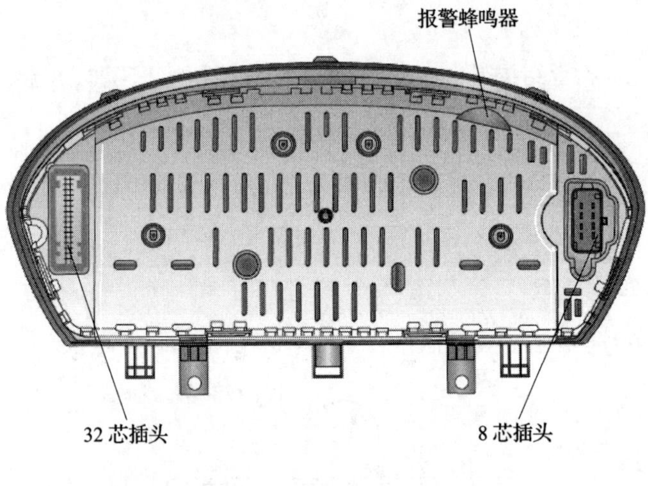

2．检查组合仪表电源，回答下列问题。

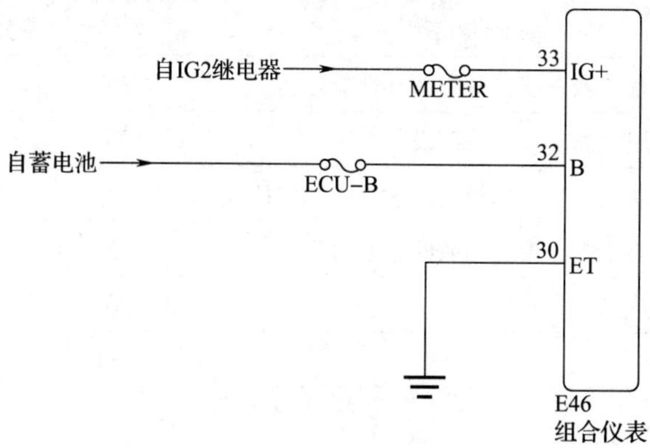

（1）断开组合仪表插头，写出注意事项。

（2）检测仪表搭铁端子与接地之间的阻值，记录检测结果________。

（3）检测仪表供电电压，在下表中填写检测结果。

检测端子	标准数据	实测值	结论

学习活动过程评价表

班级		姓名		学号		日期	年 月 日
序号	评价要点				配分	得分	总评
1	能正确检查仪表系统，并判断其性能好坏				25		A□（86～100） B□（76～85） C□（60～75） D□（60以下）
2	能正确使用检测工具和检测设备				25		
3	能遵守劳动纪律，以积极的态度接受工作任务				15		
4	能积极参与小组讨论，团队间相互合作				15		
5	能及时完成老师布置的任务				20		
总 分					100		
小结 建议							

学习活动3　仪表系统的拆装

学习目标

1. 能查阅维修手册，列举仪表的拆检方法。

2. 能描述起动机检查所使用工量具及仪器的名称、种类、用途及其使用方法，并正确使用。

3. 能正确完成仪表的拆装与检查。

建议学时：4 学时

学习准备

汽车维修手册、互联网资源、车辆、常用维修工具、量具、多媒体设备。

学习过程

一、仪表的拆卸

1. 结合下图，叙述从车上拆卸仪表的工作流程。

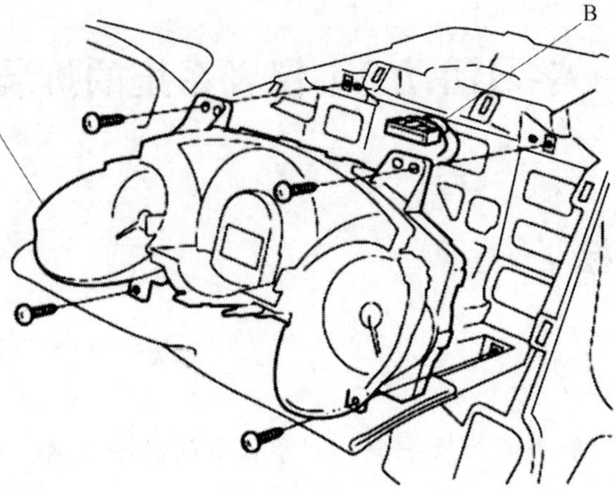

2. 查阅维修手册，完成仪表板的拆装，补全下表内容。

序号	操作内容	图示	注意事项	操作方法
1	拆卸蓄电池			
2	拆仪表板 左下装饰板	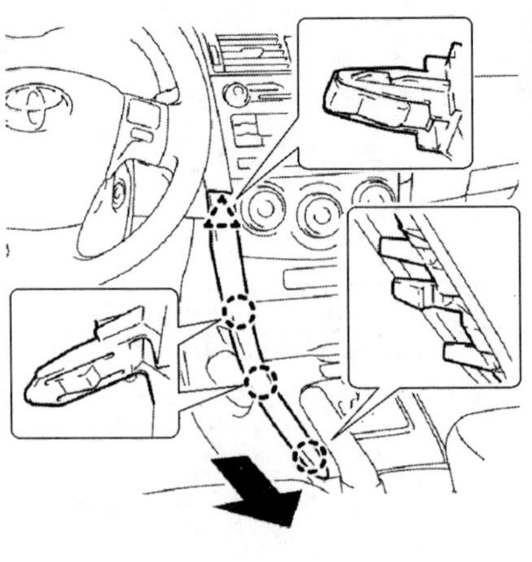		

续表

序号	操作内容	图示	注意事项	操作方法
3	拆仪表板 右下装饰板	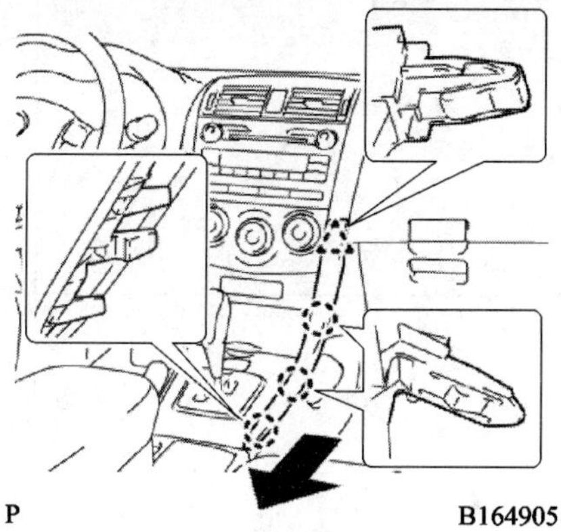		
4	拆仪表板 左端装饰板	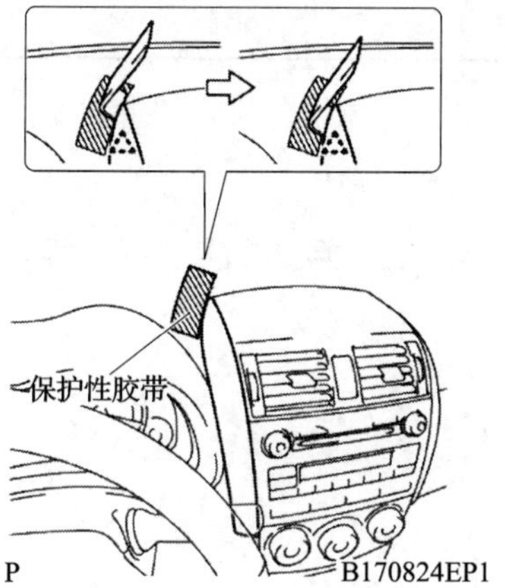		
5	拆仪表板 右端装饰板	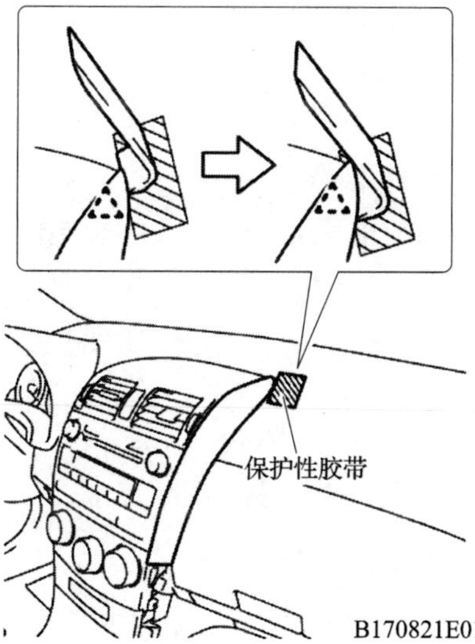		

续表

序号	操作内容	图示	注意事项	操作方法

二、总结与思考

1. 如果实训车的车速表不工作，且故障原因是仪表故障，结合实际维修方案判断是更换整个仪表总成还是只更换车速表，为什么?

2. 对带有电子仪表的汽车，如何重写里程数据，并将维护提示数据传送至新仪表控制单元。

评价与分析

学习活动过程评价表

班级		姓名		学号		日期	年　月　日
序号	评价要点				配分	得分	总评
1	能正确选择并使用拆装工具				25		A□（86 ~ 100） B□（76 ~ 85） C□（60 ~ 75） D□（60 以下）
2	能正确进行仪表系统的拆装				25		
3	能遵守劳动纪律，以积极的态度接受工作任务				15		
4	能积极参与小组讨论，团队间相互合作				15		
5	能及时完成老师布置的任务				20		
总　分					100		
小结建议							

学习任务六评价表

班级：________ 姓名：________ 学号：________

项目	自我评价			小组评价			教师评价		
	10～9	8～6	5～1	10～9	8～6	5～1	10～9	8～6	5～1
	占总评 10%			占总评 30%			占总评 60%		
学习活动 1									
学习活动 2									
学习活动 3									
协作精神									
纪律观念									
表达能力									
工作态度									
安全意识									
任务总体表现									
小计									
总评									

任课教师：________ 年 月 日

学习任务七　中控门锁不工作故障的检修

学习目标

1．能根据维修手册要求，结合中控门锁系统的作用、结构组成及原理，完成电路故障原因分析（故障维修流程编写）。

2．能分析中控门锁系统电路图，并进行电路折绘。

3．能根据维修手册要求，在教师指导下，完成中控门锁系统及电路的就车检查。

4．能进行中控门锁系统的拆装与调整。

5．能根据维修手册要求，在教师指导下，完成中控门锁系统及电路故障维修。

6．能进行团队成员的有效沟通与协同作业。

建议学时

30 学时

工作情境描述

某轿车在使用过程中，中控门锁无法工作，车主将其送到维修站，经班组长检查初步判断为中控门锁系统故障，作为维修人员需对相关部件进行拆检。根据维修手册相关要求，在规定时间内（参照维修资料）完成系统的检查与零部件的更换，完成后交付班组长验收。

工作流程与活动

学习活动1　维修方案制订

学习活动2　故障基本检查

学习活动3　中控门锁的拆检

学习活动 1　维修方案制订

学习目标

1. 能查阅维修手册，列举中控门锁控制系统的结构部件。

2. 能实车查找中控门锁系统结构部件，并描述其安装位置和作用。

3. 能够查阅维修手册，描述中控门锁系统的使用与检修注意事项。

4. 能识读汽车维修作业单。

5. 能制作中控门锁系统不工作的故障流程图，并制订故障诊断方案。

6. 展示故障诊断方案，交流学习。

建议学时：8 学时

学习准备

维修手册、用户手册、互联网资源、车辆、多媒体设备。

学习过程

一、分析故障现象

1. 填写车辆基本信息，确认故障现象。

基本信息	VIN 号码		车　型	
	发动机型号		公里数	
故障现象				

2. 查阅维修资料，列举中控门锁系统故障检修的注意事项。

3. 下表列出了中控门锁故障现象及可疑部位或检查要点。仔细阅读下表，分析此次中控门锁系统不工作故障的原因。

故障现象	可疑部位或检查要点
遥控门锁控制系统不工作	执行工作情况检查
	车门控制发射器
	进入自诊断模式
	如果识别码与钥匙代码不匹配，检查并确认在识别码注册的改写模式或添加模式下能否注册钥匙代码
	解锁警告开关电路
	门控灯开关电路
	如果已检查完上述区域并证实正常后，仍发生该症状，则更换主车身 ECU（仪表板接线盒）
自动锁止功能工作不正常	执行工作情况检查
	解锁警告开关电路
	门控灯开关电路
	如果已检查完上述区域并证实正常后，仍发生该症状，则更换主车身 ECU（仪表板接线盒）

续表

故障现象	可疑部位或检查要点
通过主开关、驾驶员侧车门锁芯不能操作所有车门的锁止/解锁功能	前门门锁总成（前排驾驶员侧）
	线束和连接器
	主开关总成
	主车身 ECU（仪表板接线盒）
仅驾驶员车门锁止/解锁功能不工作	前门门锁总成（前排驾驶员侧）
	线束和连接器
	主车身 ECU（仪表板接线盒）
仅副驾驶车门锁止/解锁功能不工作	前门门锁总成（前排乘客侧）
	线束和连接器
	主车身 ECU（仪表板接线盒）
仅左后车门锁止/解锁功能不工作	左后车门门锁总成
	线束和连接器
	主车身 ECU（仪表板接线盒）
仅右后车门锁止/解锁功能不工作	右后车门门锁总成
	线束和连接器
	主车身 ECU（仪表板接线盒）
防止钥匙锁在车内的功能工作不正常	前门门控灯开关（前排驾驶员侧）
	解锁警告开关
	线束和连接器
	主车身 ECU（仪表板接线盒）

组织小组成员讨论，确认本组所维修的教学车辆中控门锁系统不工作的故障原因。

4．根据下列电路图并结合上述表格，实车验证故障现象，写出教学车辆中控门锁系统不工作故障的可能原因（完成故障诊断图——鱼骨图）。

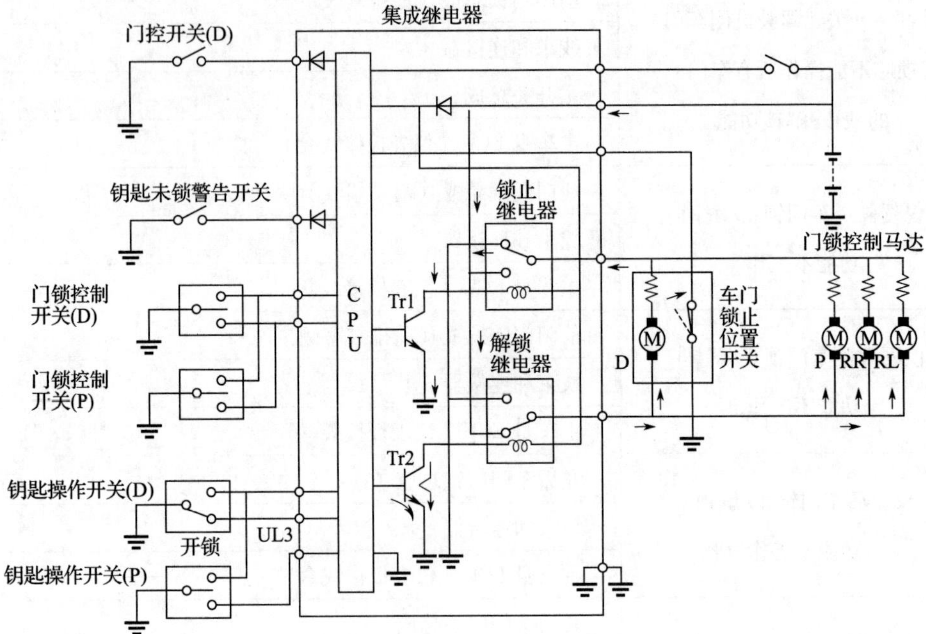

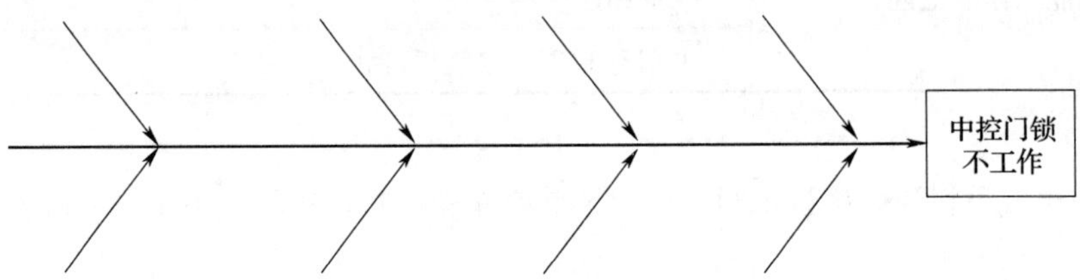

二、识别中控门锁系统部件

查阅维修手册，在下列图片中的空格内填写各部件的名称。

1．车内部件名称。

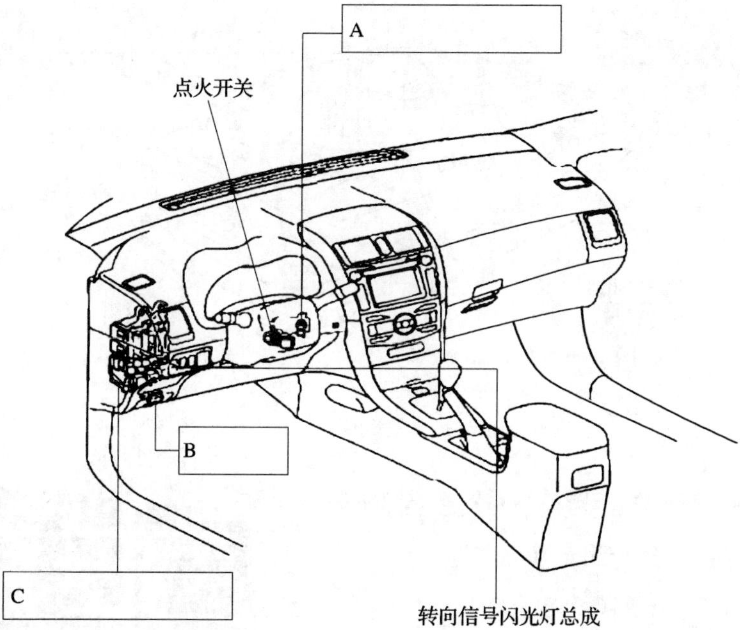
A
点火开关
B
C
转向信号闪光灯总成

2．车身内部件名称。

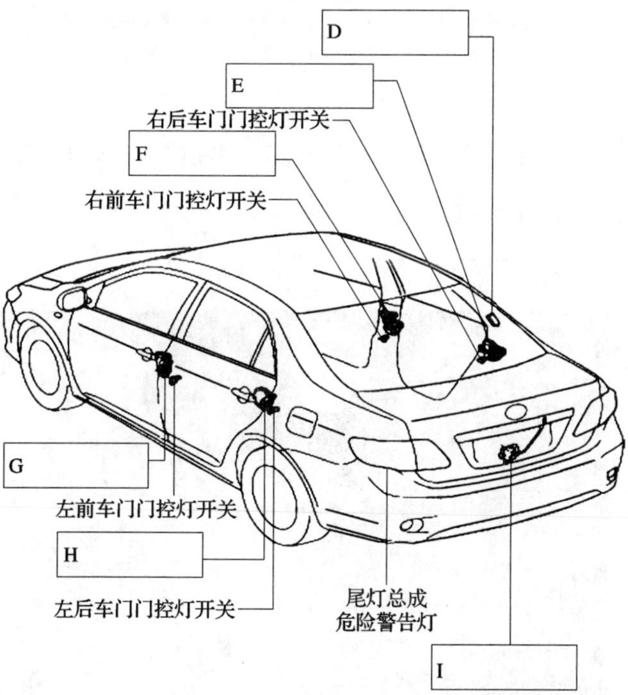
D
E
右后车门门控灯开关
F
右前车门门控灯开关
G
左前车门门控灯开关
H
左后车门门控灯开关
尾灯总成
危险警告灯
I

3．带遥控的门锁系统部件名称。

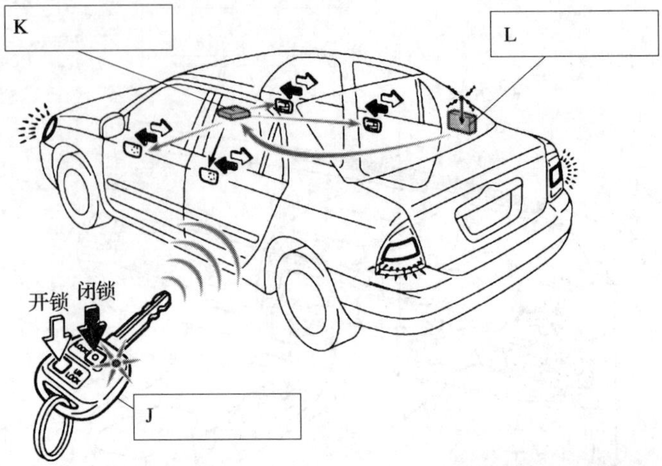

4．在教学车上找到右图所示元件“2”的实物。

（1）部件“2”的作用是（　　）。

A．可操作四个车门电动窗升降

B．可执行儿童锁功能

C．可操作车门上锁及解锁

D．可锁止四个车门电动窗，使其不工作

（2）在图中实现车门上锁的按键上打上“○”。

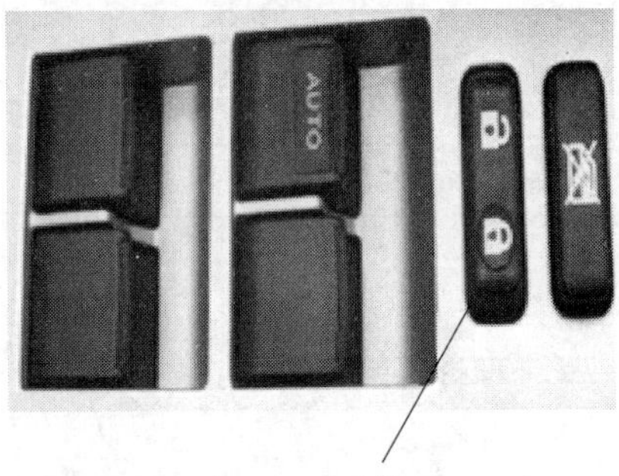

元件 2

5．检查中控门锁的熔丝。

查阅维修手册，确认中控门锁系统工作状态与熔断器中的哪些熔丝有关，在下图中指出所示序号，该熔丝的编号是：__________。

在教学车上找到相应的熔丝，确认熔丝的状态。

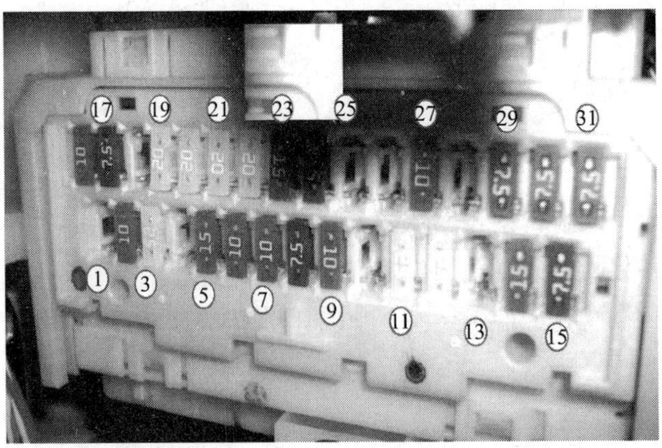

6. 检查门锁的机械操作状态。

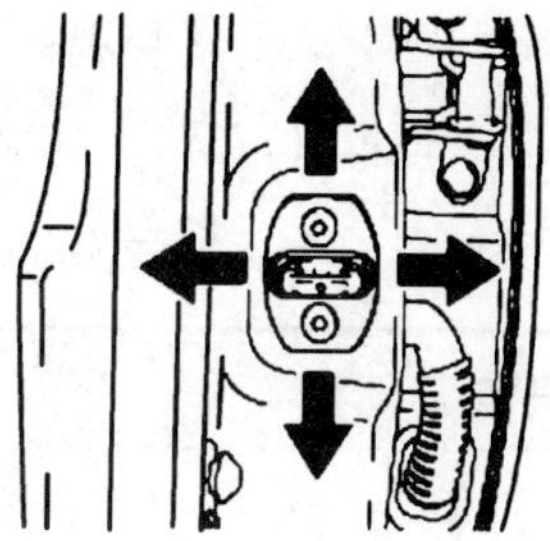

在下面的横线上记录检查结果：

□正常　□不正常，可能的故障原因是：______________________________。

7. 中控门锁系统结构图。

(1) 下图中共有____个继电器，______个中控门锁系统控制开关，____个中控门锁系统电动机，其中__________、____________、______车门锁的电动机为 2 针插脚。

(2) 根据电路图，写出与中控门锁系统相关的输入信号：______________开关、__________开关、____________接收器。

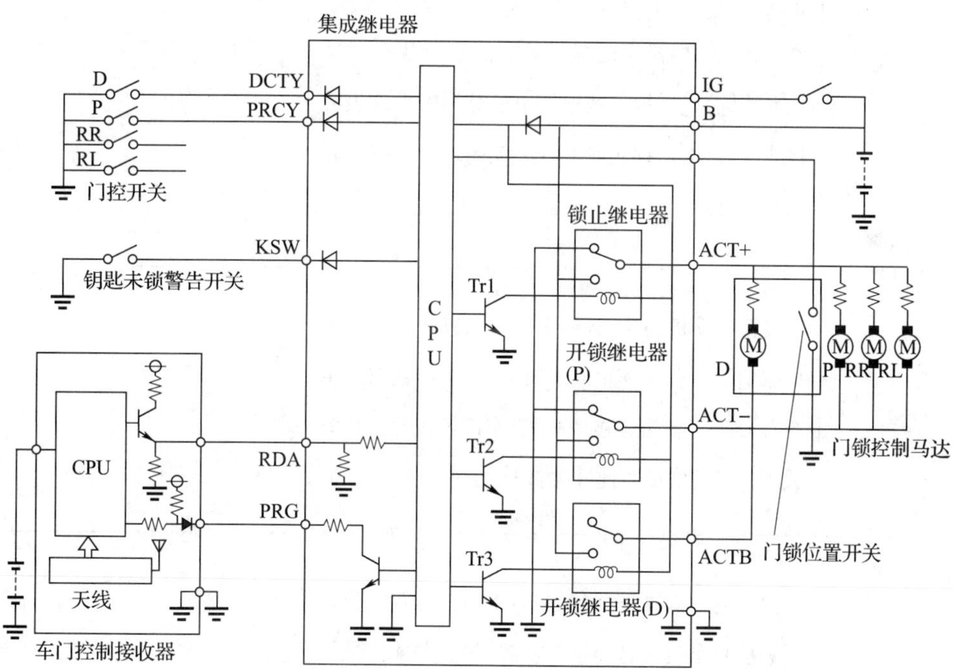

中控门锁系统电路图

8. 根据部件名称，实车找出部件。

按照已知的部件的功能和作用，将相应的部件名称、安装位置填入下表中。

【已知条件】

部件名称（可选）：电动车窗主开关、门控灯开关、驾驶员侧门锁、副驾侧门锁、左后门锁、右后门锁、主车身 ECU。

部件安装位置（可选）：驾驶员侧门内饰板上、各车门上、驾驶员侧车门内、副驾侧车门内、左后侧车门内、右后侧车门内、左侧仪表板接线盒。

部件名称	功能与作用	安装位置
	主开关上的门控开关锁止/解锁所有车门	
	检测车门状态（打开或关闭），并向主车身 ECU（仪表板接线盒）输出数据。车门打开时接通，车门关闭时断开	
	内置电动机锁止/解锁车门。内置门控开关（钥匙联动）检测车门钥匙操作的车门状态（锁止或解锁）并向主车身 ECU（仪表板接线盒）输出数据。内置式位置开关检测车门状态（锁止或解锁），并输出数据至主车身 ECU（仪表板接线盒）。车门锁止时此开关关闭，车门解锁时此开关打开	
	内置电动机锁止/解锁车门。内置式位置开关检测车门状态（锁止或解锁），并输出数据至主车身 ECU（仪表板接线盒）。车门锁止时此开关关闭，车门解锁时此开关打开	
	内置电动机锁止/解锁左后车门。内置式位置开关检测车门状态（锁止或解锁），并输出数据至主车身 ECU（仪表板接线盒）。车门锁止时此开关关闭，车门解锁时此开关打开	

续表

部件名称	功能与作用	安装位置
	内置电动机锁止/解锁右后车门。内置式位置开关检测车门状态（锁止或解锁），并输出数据至主车身 ECU（仪表板接线盒）。车门锁止时此开关关闭，车门解锁时此开关打开	
	控制车辆的电动门锁控制系统功能。可通过车辆的数据链路连接器（DLC3）来读取电动门锁控制系统数据和诊断故障码（DTC）	

三、制订中控门锁系统不工作故障的检查方案

序号	检查项目	使用工具、设备
1		
2		
3		
4		
5		
6		
7		
8		
9		
10		
11		
12		

四、总结与思考

1. 中控门锁的功能包括（　　）。

A. 钥匙中控　　B. 中控开关控制　　C. 速度控制

D. 双级锁　　E. 单车门锁　　F. 前门儿童锁

2. 若仪表上车门开启指示灯点亮，表明（　　）。

A. 全部车门打开　　B. 左前车门打开

C. 至少有一个车门打开　　D. 点火开关打开

3. 儿童锁功能指儿童在车内无法打开车门，该动作是由门锁电动机执行的。这种说法是否正确？(　　)

4. 能使防盗系统进入防盗状态的操作方式包括用（　　）锁门。

A. 遥控　　B. 钥匙　　C. 中控开关　　D. 以上三种方式

5. 通过对车门锁的检测，可知车门门灯控制开关位于（　　）。

A. 车门控制单元内部　　B. 车身 A 柱

C. 车身 B 柱　　D. 门锁单元内部

6. 故障诊断图对于故障的诊断与维修是（　　）。

A. 有帮助的　　B. 无用的

7. 通过本次学习，我学到的知识点有：________________；不理解的有________________。

8. 我对课程的意见或建议是：________________。

9. 我衷心希望改进的地方是：________________。

评价与分析

学习活动过程评价表

<table>
<tr><td>班级</td><td></td><td>姓名</td><td></td><td>学号</td><td></td><td>日期</td><td>年　月　日</td></tr>
<tr><td>序号</td><td colspan="5">评价要点</td><td>配分</td><td>得分</td><td>总评</td></tr>
<tr><td>1</td><td colspan="5">能正确识读和填写生产派工单，明确任务要求</td><td>10</td><td></td><td rowspan="8">A□（86～100）
B□（76～85）
C□（60～75）
D□（60 以下）</td></tr>
<tr><td>2</td><td colspan="5">能了解维修方案制订要求</td><td>10</td><td></td></tr>
<tr><td>3</td><td colspan="5">能了解中控门锁的系统部件、位置及功能</td><td>10</td><td></td></tr>
<tr><td>4</td><td colspan="5">能查阅相关资料，认知中控门锁电路图</td><td>15</td><td></td></tr>
<tr><td>5</td><td colspan="5">能写出中控门锁不工作故障的维修方案</td><td>15</td><td></td></tr>
<tr><td>6</td><td colspan="5">能遵守劳动纪律，以积极的态度接受工作任务</td><td>10</td><td></td></tr>
<tr><td>7</td><td colspan="5">能积极参与小组讨论，团队间相互合作</td><td>15</td><td></td></tr>
<tr><td>8</td><td colspan="5">能及时完成老师布置的任务</td><td>15</td><td></td></tr>
<tr><td colspan="6">总　分</td><td>100</td><td></td><td></td></tr>
<tr><td>小结
建议</td><td colspan="8"></td></tr>
</table>

学习活动2　故障基本检查

学习目标

1. 能查阅维修手册，识读中控门锁系统控制电路图，掌握中控门锁系统零部件性能检测方法。

2. 能对照车辆中控锁系统，向组员叙述中控门锁系统的控制原理。

3. 能够查阅维修手册，进行中控门锁系统控制电路及部件的基本检查。

4. 能有效收集车辆相关信息数据。

建议学时：6学时

学习准备

维修手册、用户手册、互联网资源、车辆、维修工具、万用表、多媒体设备。

学习过程

一、中控门锁系统控制电路

1. 结合下图，查阅维修资料，写出左前门中控门锁的控制原理，并与其他同学交流探讨以下问题：钥匙操作开关与中控门锁系统的正常操作有何关系？如果这个钥匙操作开关出现故障，客户可能会有哪些反馈与投诉？

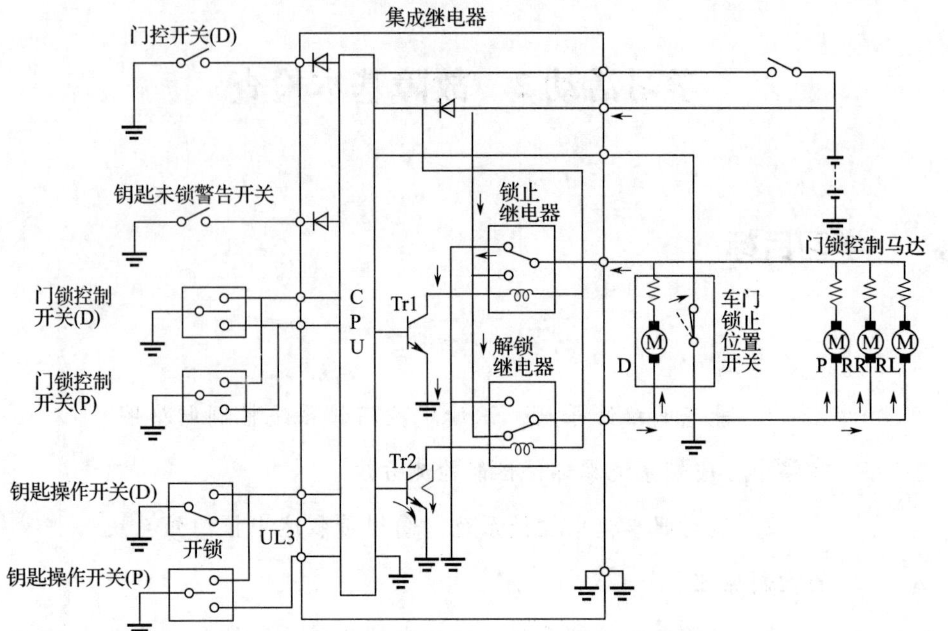

2. 参考上图，查阅维修手册及电路图，在教学车辆上查找到以下部件的位置，并将这些部件的作用写下来，制作成相关的演示文稿或海报，向其他同学展示，交流学习心得。

名称	位置	作用
门控开关		
钥匙未锁警告开关		
门锁控制开关（驾驶员侧）		
门锁控制开关（副驾侧）		
钥匙操作开关（驾驶员侧）		
钥匙操作开关（副驾侧）		
驾驶员侧车门中控门锁电动机		
驾驶员侧车门锁位置开关		
锁止继电器		
集成继电器		

3. 在教学车辆上找到下图中的部件，查阅维修手册，将该部件的名称、位置、作用写出来，并在实车上找到这些元件，向同学介绍这些部件的性能检测方法。

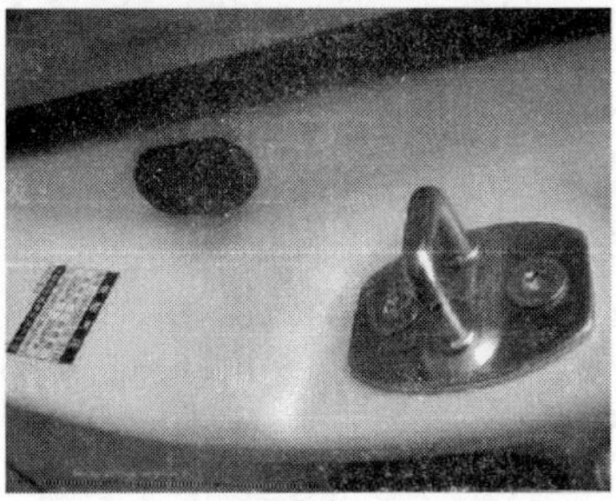

名称：________________

位置：________________

作用：________________

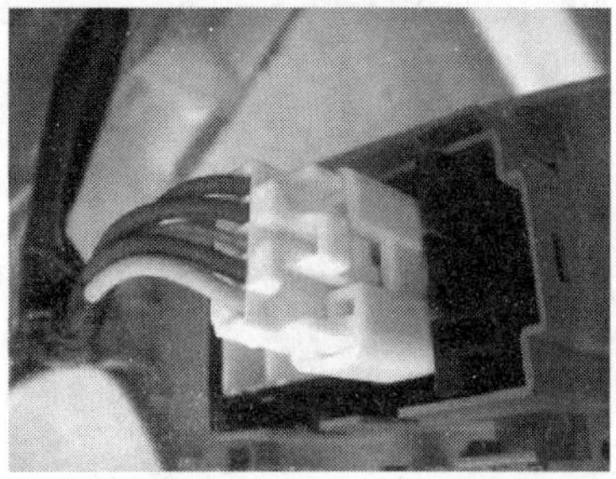

名称：________________

位置：________________

作用：________________

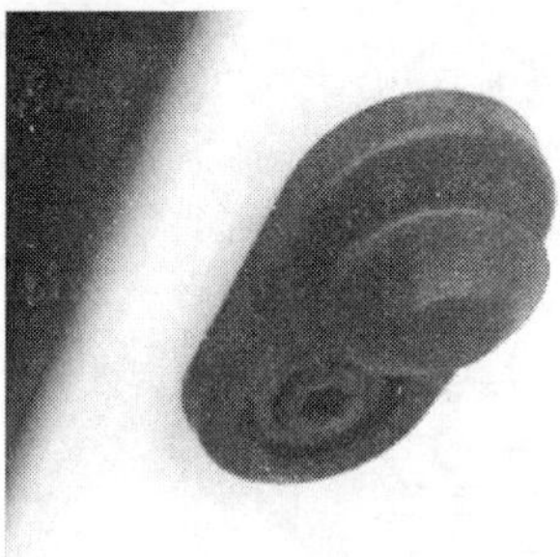

名称：________________

位置：________________

作用：________________

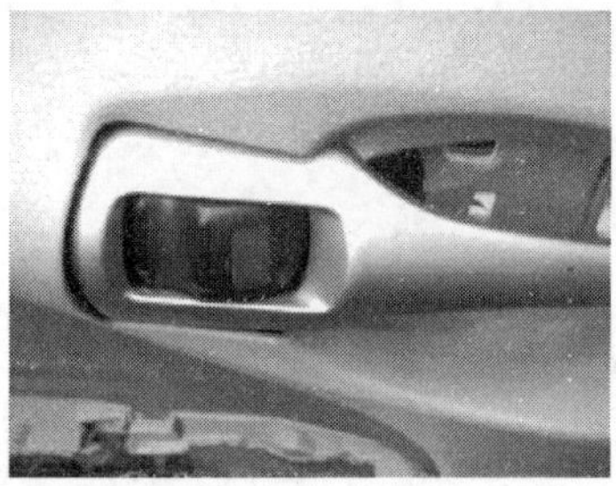

名称：________________

位置：________________

作用：________________

名称：________________

位置：________________

作用：________________

名称：________________

位置：________________

作用：________________

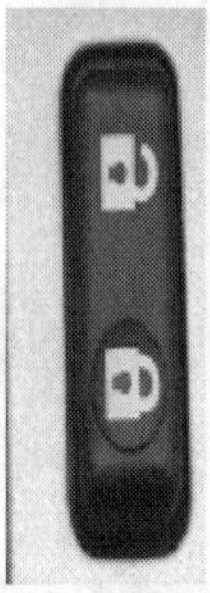

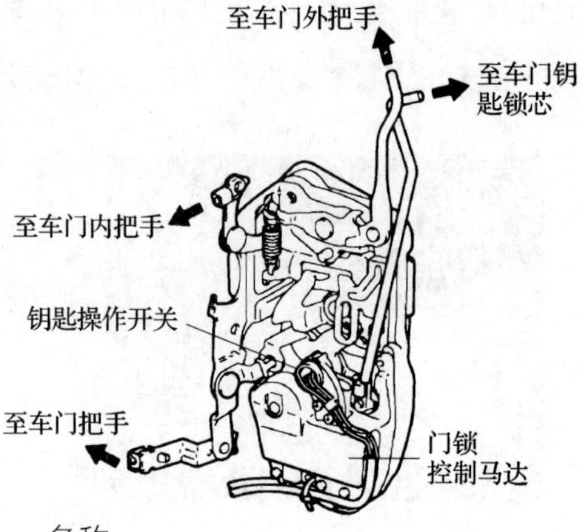

名称：________________　　名称：________________

位置：________________　　位置：________________

作用：________________　　作用：________________

4. 参考维修手册，结合下图，按照故障排除思路，简要地写出中控门锁系统的检查步骤。

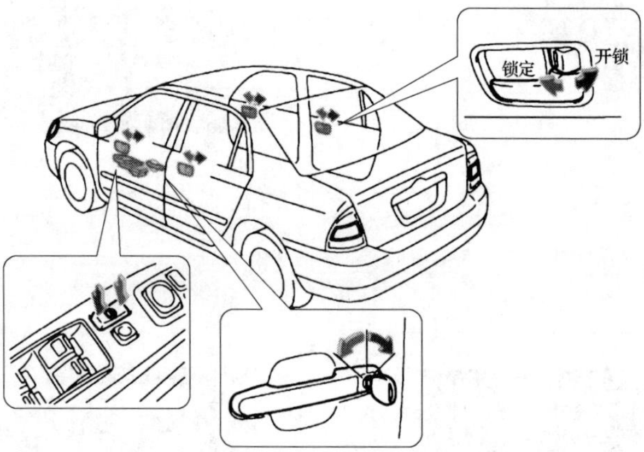

序号	检查项目	使用工具
1		
2		
3		
4		
5		
6		
7		

续表

序号	检查项目	使用工具
8		
9		
10		
11		
12		

二、驾驶员侧中控门锁系统不工作故障的检修

1．检查驾驶员侧门锁控制开关总成操作性能状态，测试驾驶员侧门锁性能。记录检查结果。

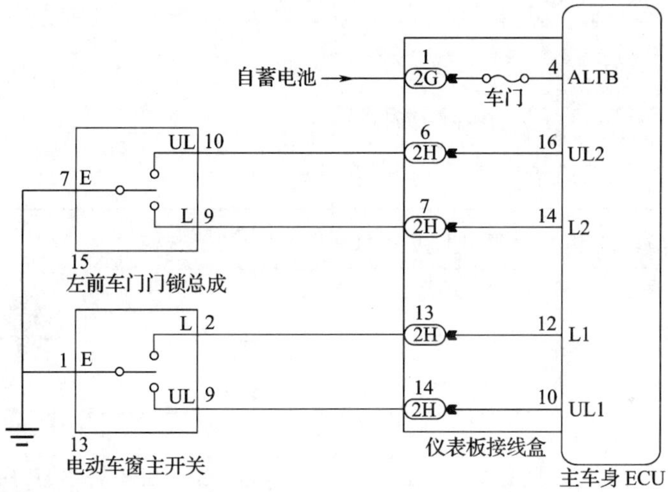

□正常　□不正常，可能的故障原因是：________________。

2．检查驾驶员侧门锁性能状态及线束状态，记录检查结果。

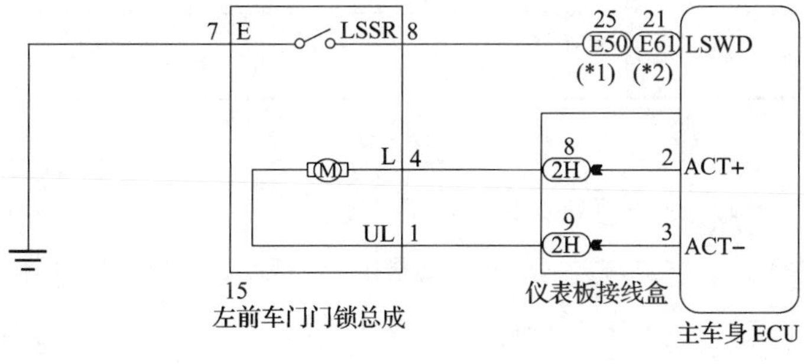

*1：带智能上车和起动系统及自动灯控

*2：不带智能上车和起动系统及自动灯控

□正常 □不正常，可能的故障原因是：________________。

3. 读取专用诊断仪的数值，执行相关的主动测试。

（1）诊断仪初步诊断，填写相关记录。

诊断仪的品牌/型号	
进入系统的操作路径	
是否正常进入系统	□是 □否
故障代码及内容（如果有）	

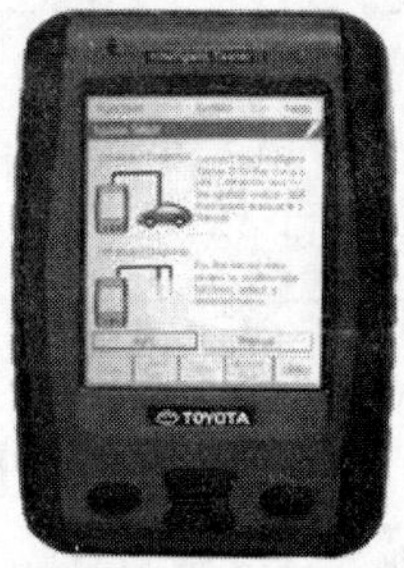

（2）使用所提供的诊断仪，找到中控门锁系统数据流测试的操作界面，执行数据流测试，诊断中控门锁系统工作状态，记录检查结果。

□正常 □不正常，可能的故障原因是：________________。

4. 检查电源、接地，补充填写下表相关内容。

检查项目	检测端子	操作事项	检查结果	结果分析

故障部位：________________。

5. 检查中控门锁系统控制线束与插头性能。

根据维修手册，制订线束与插头的检查流程，与小组成员进行讨论，在教师的指导下，按照检修方案，对线束与插头的性能进行检查。

记录检查结果：

□正常 □不正常，可能的故障原因是：________________。

6. 与小组成员交流、探讨本次维修检查的过程及维修心得，记录下来，并与全班同学进行交流。

三、总结与思考

1. 学习中控门锁系统的相关知识，针对下列中控门锁系统功能（1 到 4），功能的正确解释（a 到 d），将两者进行相应连线。

1）手动锁定/解锁功能	a）即使车门锁定，当拉车门把手时，该功能使车门开启
2）单步式开锁功能	b）当门锁控制开关被置于锁定/解锁侧时，该功能也可锁定/解锁所有车门
3）钥匙遗忘安全功能	c）该功能先解锁插入钥匙的车门，再次转动钥匙后，解锁所有车门
4）两次开锁功能	d）当钥匙遗忘在点火开关中时，该功能防止所有车门锁定

2. 针对下列中控门锁系统部件（1 到 4），部件的正确解释（a 到 d），将两者进行相应连线。

1）门锁总成	a）在门锁装置中，探测车门钥匙锁芯的锁定/解锁操作
2）门锁控制电动机	b）由门锁控制电动机和门锁位置开关等组成，锁定/开锁车门
3）门锁位置开关	c）锁定/解锁车门
4）钥匙操作开关	d）探测车门的锁定/解锁状态。

3. 通过本次学习，我学到的知识点有：________________________________；不理解的有________________________________。

4. 我对课程的意见或建议是：________________________________。

5. 我衷心希望改进的地方是：________________________________。

评价与分析

学习活动过程评价表

班级		姓名		学号		日期	年　月　日
序号	评价要点				配分	得分	总评
1	能正确识读和填写生产派工单，明确任务要求				10		A□（86～100） B□（76～85） C□（60～75） D□（60 以下）
2	能按要求完成工作页				10		
3	能写出中控锁检查的步骤与要求				15		
4	能识读中控门锁的系统电路图				15		
5	能查阅相关资料，制订维修检查计划				10		
6	能遵守劳动纪律，以积极的态度接受工作任务				10		
7	能积极参与小组讨论，团队间相互合作				15		
8	能及时完成老师布置的任务				15		
总　分					100		
小结 建议							

学习活动3　中控门锁的拆检

学习目标

1. 能拆绘中控门锁系统的控制电路图。

2. 能与组员配合完成中控门锁系统的拆装与性能检测，并能合理评价检测结果。

3. 能对相关资料、互联网资源进行检索，完成工作页的填写。

4. 能在规定时间内完成演示与汇报，进行成果展示。

建议学时：16学时

学习准备

维修手册、用户手册、互联网资源、车辆、维修工具、万用表、多媒体设备。

学习过程

一、中控门锁系统电路图的识读与拆绘

1. 查阅维修手册，识读中控门锁系统的电路图。

（1）识读下图可知车身控制单元由______________熔丝提供电源，写出这几个熔丝的名称：____，并在实车上指出它们的位置。

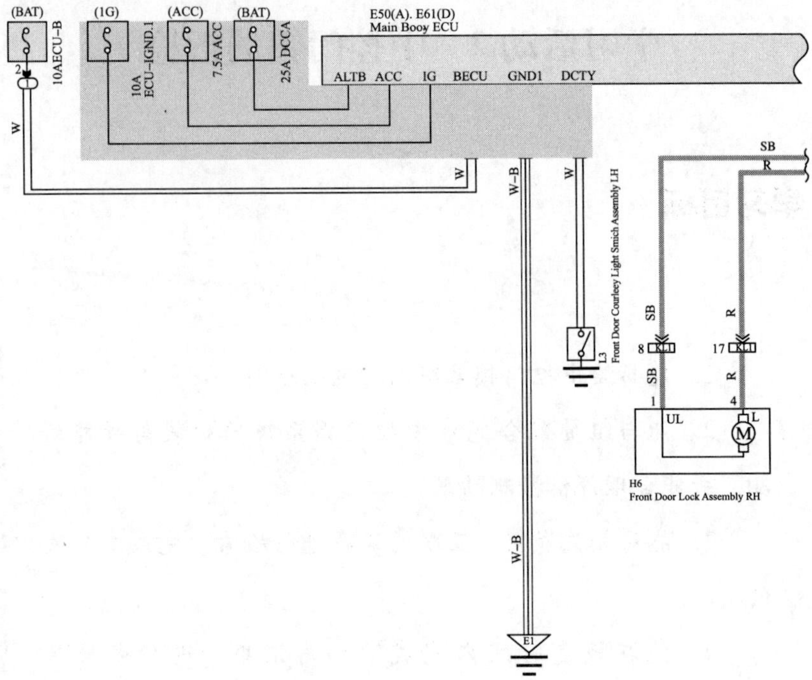

（2）参照下图，回答下列问题。

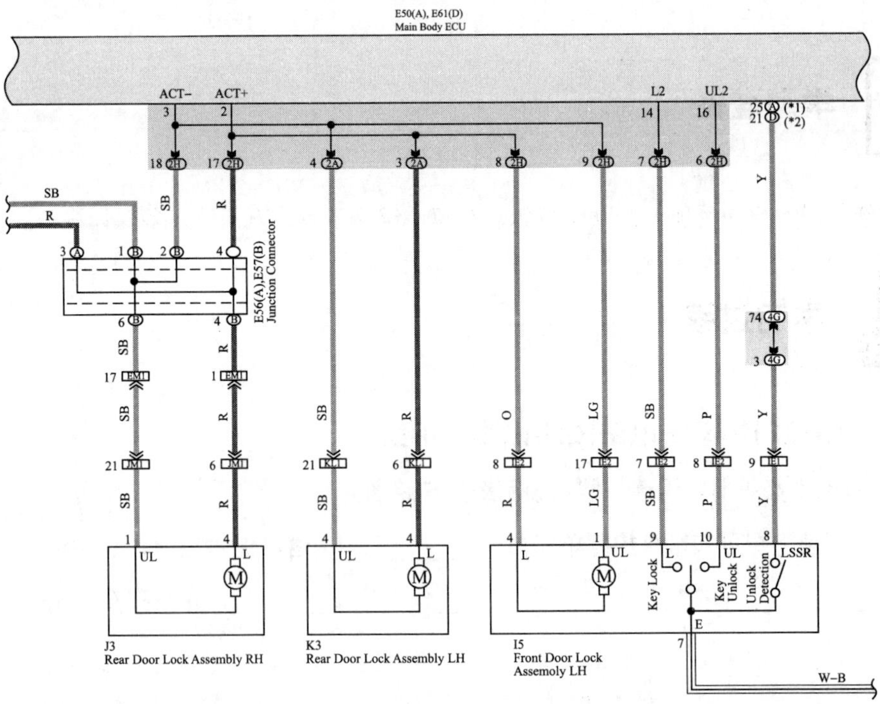

1）这是哪几个车门上的中控门锁系统电路?

2）这几个中控门锁的工作电源由（　　）提供。

A. 车身控制模块　　　　B. 独立熔丝

C. 独立继电器　　　　D. 驾驶员侧主控开关

3）驾驶侧车门的中控门锁电动机（H6）上共有____个针脚，后门的中控锁电动机上有____个针脚。

（3）根据下面的电路图回答问题。

1）图中所画的左侧的I3单元中的中控门锁系统控制元件是（　　）车门上的。

A. 驾驶员侧　　B. 副驾侧　　C. 左后　　D. 右后

2）此中控门锁系统元件给车身控制模块提供（　　）信号，以控制车门锁的动作。

A. 车门上锁　　B. 车门解锁　　C. 车窗上升　　D. 车窗下降

2. 拆绘出完整的左前门中控门锁系统控制电路图，并将其绘制在下列空白处。

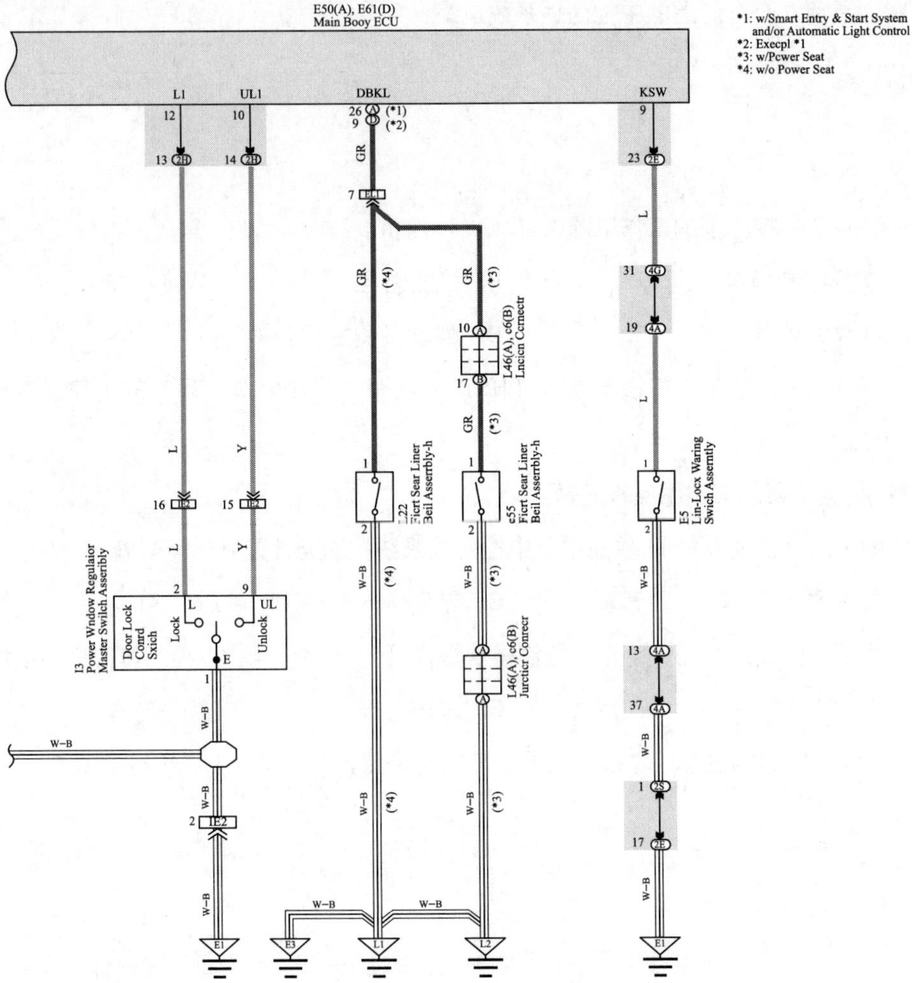

二、左前门锁总成及门锁电动机的拆装

1. 拆卸前门饰板及内外装饰件。

（1）查阅维修手册，对照教学车辆，你认为需要拆卸的前门内侧部件有哪些?

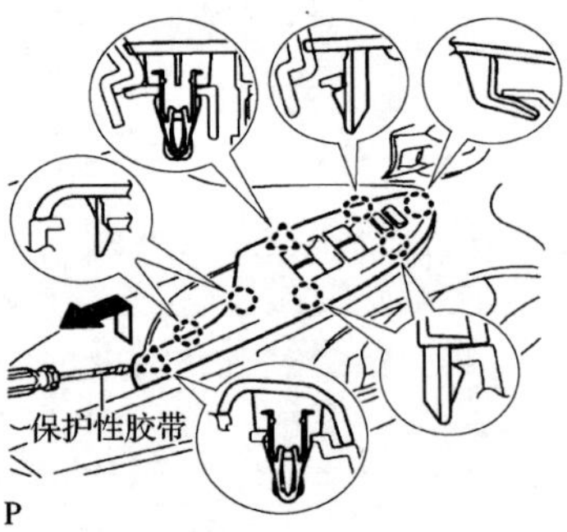

前门内侧部件

（2）查阅维修手册，对照教学车辆，你认为需要拆卸的前门外侧部件有哪些？

前门外侧部件

（3）根据维修手册进行前门内、外侧部件的拆卸，并记录拆卸步骤。

2. 玻璃升降器的拆卸。根据维修手册的信息，在教师指导下完成玻璃升降器的拆卸，并记录拆卸步骤。

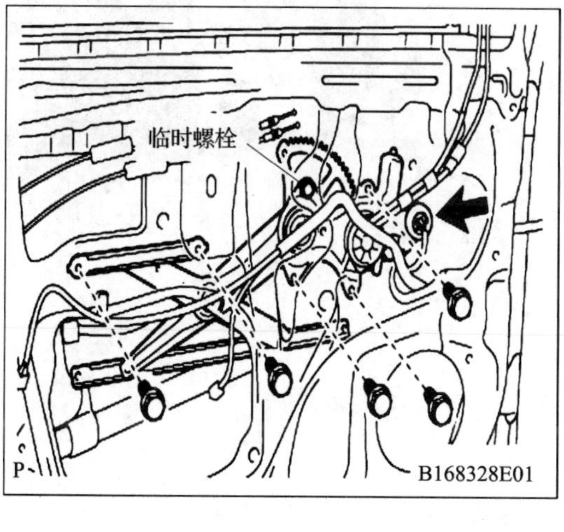

玻璃升降器的拆卸

3. 门锁总成的拆卸。根据维修手册的信息，在教师指导下完成门锁总成的拆卸，并记录拆卸步骤。

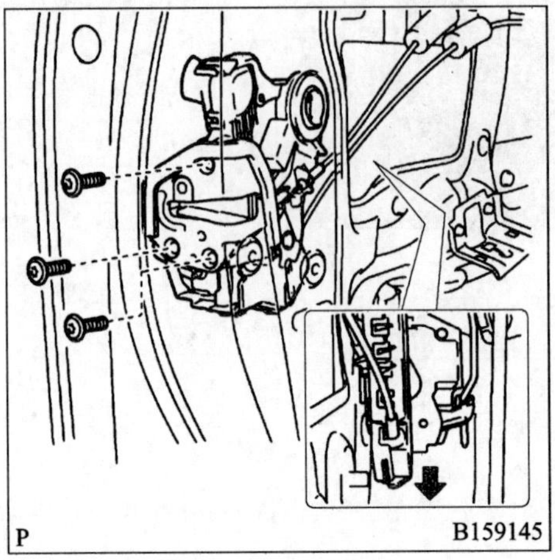

门锁总成的拆卸

4. 根据维修手册，在教学车辆上找到右图所示部件，并记录该部件的拆装注意事项。

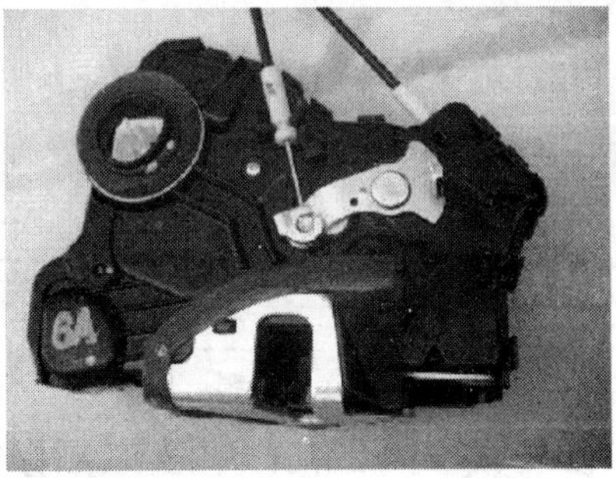

该部件的名称是：__________。

该部件的拆装注意事项：

5. 检测驾驶员侧车门锁（H6）。

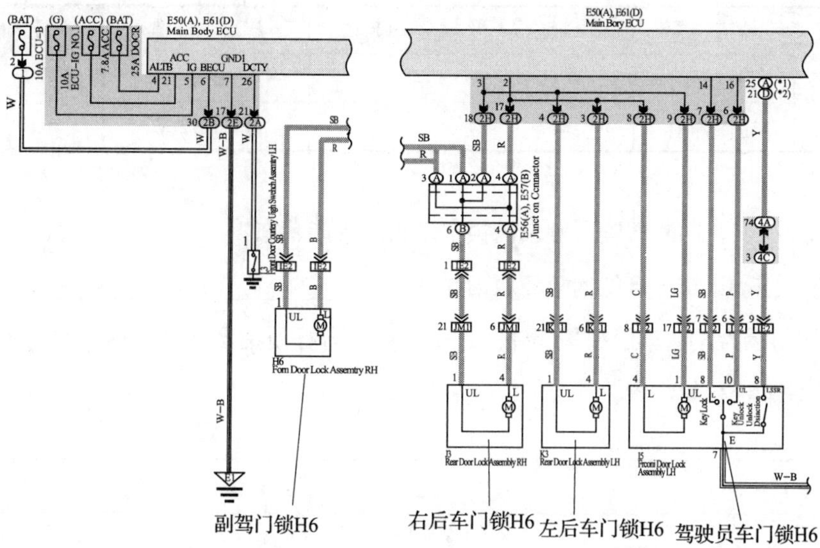

（1）检测车门开关并填写下表。

端子	检测状态	电阻值	检测电阻值	标准电压值	检测电压值
	车门打开	0 Ω		0 V	
	车门关闭	∞		4.7 V～12 V	

（2）检测钥匙锁门开关并填写下表。

端子	检测状态	电阻值	检测电阻值	标准电压值	检测电压值
	钥匙锁门	0 Ω		0 V	
	钥匙开门	∞		0 V～12 V	

（3）检测车门闭锁位置开关并填写下表。

端子	检测状态	电阻值	检测电阻值	标准电压值	检测电压值
	遥控锁门	∞		0 V～12 V	
	遥控解锁	0 Ω		0 V	

（4）检测门锁电动机并填写下表。

端子	检测状态	电阻值	检测电阻值	标准电流值	检测电流值
	未通电	1～5 Ω			
	通电			1～5 A	

（5）检测安全锁开关并填写下表。

端子	检测状态	电阻值	检测电阻值	标准电压值	检测电压值
	遥控锁门	0 Ω		0 V	
	遥控解锁	∞		0 V ~ 12 V	

根据以上检测，判断驾驶员侧车门锁电动机的性能状态：

□正常 □不正常，可能的故障原因是：________________。

6. 下图所示为左前车门锁零部件图，填写空白方框所指零件的名称，并写出安装左前车门内各元件的流程与步骤。

（1）________________。

（2）________________。

（3）________________。

（4）________________。

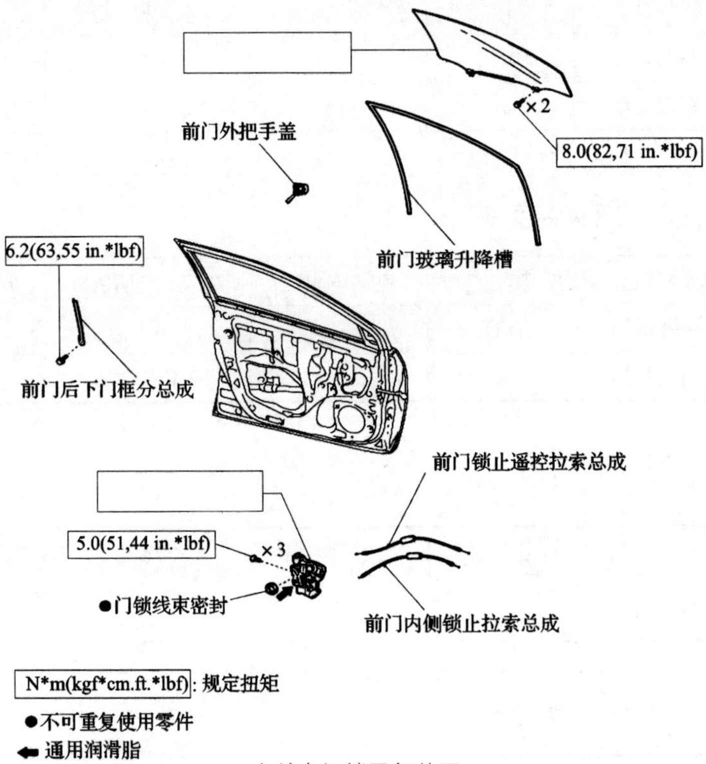

左前车门锁零部件图

7. 下图所示为左前车门内饰板的零部件图，填写空白方框所指零件的名称，并写出安装左前车门内饰板及相关部件的流程与步骤。

(1) ____。

(2) ____。

(3) ____。

(4) ____。

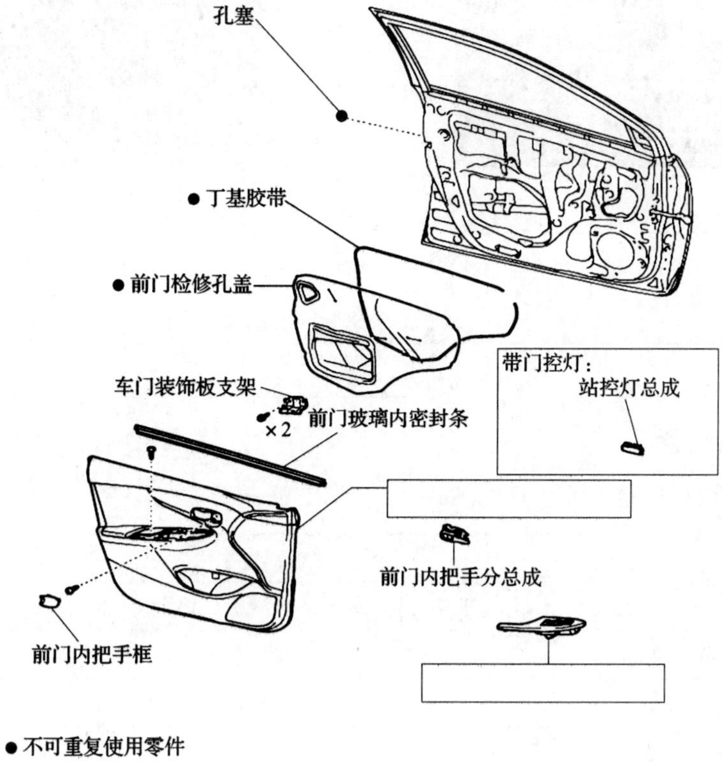

左前车门锁内饰板的零部件图

8. 写出安装左前车门各个部件的流程，并恢复左前车门功能，进行维修检测。与小组成员交流、讨论，根据维修手册，结合拆装步骤，写出左前车门安装的注意事项及检测左前车门锁性能的方法。

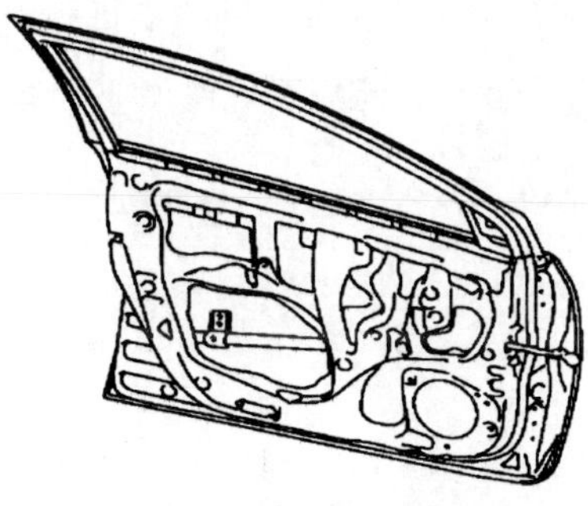

安装左前车门各个部件

9. 故障检修。如果出现车门锁无法正常锁闭车门，需要调整下列两图中的哪个部位?查阅维修手册，与小组成员交流，写出维修方案，并在教学车辆上进行相应的维修作业。

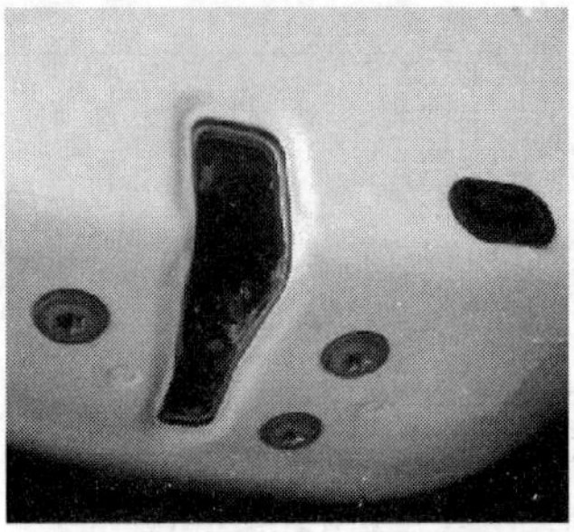

____

____

检修步骤:

(1) ______________________________。

(2) ______________________________。

三、质量检查

1. 对车辆进行检验，填写下表。

检验项目	检验结果			备注
	是（正常）	基本符合	未做好	
熔丝及熔断器复位完整				
所有装饰件完好				
连接器连接可靠				
中控门锁系统使用正常				
未有工具设备遗漏				

2. 根据维修手册，编写一份教学车辆中控门锁系统的维修质量评定标准及细则，以小组形式讨论交流，向全班同学进行汇报，展示小组的学习成果。依据此评价标准及细则，以小组为单位，相互对维修作业过程进行评价，并进行点评。

3. 以小组形式讨论交流，并制作出中控门锁系统操作与维修检测的演示文稿，向全班同学进行汇报，展示小组的学习成果。

4. 根据中控门锁的检修流程及注意事项，以小组形式讨论交流，制作出一份关于中控门锁维修流程及注意事项的演示文稿，向全班同学进行汇报，展示小组的学习成果。

5. 根据所学知识，提出车辆中控门锁系统使用的合理化建议，并进行展示。

四、总结与思考

1. 钥匙开关向控制单元发送（　　）信号，使其能控制门锁动作。

A. 电源　　B. 接地

C. 电源和接地

2. 双级安全锁的作用是使车门在/用（　　）无法打开，从而确保车辆安全。

A. 车内　　B. 原车钥匙

C. 中控开关　　D. 车外

E. 遥控

3.（判断题）车门闭锁开关的作用是通知控制单元门锁电动机已执行闭锁动作。（　　）

4.（判断题）改变汽车车载控制单元编码可以实现不同的控制功能。（　　）

5. 按照维修手册重置卡罗拉车型的中控门锁系统防夹功能，并和小组同学交流操作技巧。将重置防夹功能的步骤记录下来。

6. 通过本次学习，我学到的知识点有：____________________________；不理解的有：____________________________。

7. 我对课程的意见或建议是：____________________________。

8. 我衷心希望改进的地方是：____________________________。

评价与分析

学习活动过程评价表

<table>
<tr><td>班级</td><td></td><td>姓名</td><td></td><td>学号</td><td></td><td>日期</td><td>年　月　日</td></tr>
<tr><td>序号</td><td colspan="5">评价要点</td><td>配分</td><td>得分</td><td>总评</td></tr>
<tr><td>1</td><td colspan="5">能正确识读和拆绘中控门锁电路图</td><td>15</td><td></td><td rowspan="8">A□（86～100）
B□（76～85）
C□（60～75）
D□（60 以下）</td></tr>
<tr><td>2</td><td colspan="5">能拆装中控门锁总成</td><td>15</td><td></td></tr>
<tr><td>3</td><td colspan="5">能检测中控门锁的性能</td><td>15</td><td></td></tr>
<tr><td>4</td><td colspan="5">能了解中控门锁的检修标准和要求</td><td>15</td><td></td></tr>
<tr><td>5</td><td colspan="5">能查阅相关资料，制订维修检验标准</td><td>10</td><td></td></tr>
<tr><td>6</td><td colspan="5">能遵守劳动纪律，以积极的态度接受工作任务</td><td>10</td><td></td></tr>
<tr><td>7</td><td colspan="5">能积极参与小组讨论，团队间相互合作</td><td>10</td><td></td></tr>
<tr><td>8</td><td colspan="5">能及时完成老师布置的任务</td><td>10</td><td></td></tr>
<tr><td colspan="6">总　分</td><td>100</td><td></td><td></td></tr>
<tr><td>小结
建议</td><td colspan="8"></td></tr>
</table>

学习任务七评价表

班级：__________　　　　姓名：__________　　　　学号：________

<table>
<tr><th rowspan="3">项目</th><th colspan="3">自我评价</th><th colspan="3">小组评价</th><th colspan="3">教师评价</th></tr>
<tr><th>10 ~ 9</th><th>8 ~ 6</th><th>5 ~ 1</th><th>10 ~ 9</th><th>8 ~ 6</th><th>5 ~ 1</th><th>10 ~ 9</th><th>8 ~ 6</th><th>5 ~ 1</th></tr>
<tr><th colspan="3">占总评 10%</th><th colspan="3">占总评 30%</th><th colspan="3">占总评 60%</th></tr>
<tr><td>学习活动 1</td><td></td><td></td><td></td><td></td><td></td><td></td><td></td><td></td><td></td></tr>
<tr><td>学习活动 2</td><td></td><td></td><td></td><td></td><td></td><td></td><td></td><td></td><td></td></tr>
<tr><td>学习活动 3</td><td></td><td></td><td></td><td></td><td></td><td></td><td></td><td></td><td></td></tr>
<tr><td>协作精神</td><td></td><td></td><td></td><td></td><td></td><td></td><td></td><td></td><td></td></tr>
<tr><td>纪律观念</td><td></td><td></td><td></td><td></td><td></td><td></td><td></td><td></td><td></td></tr>
<tr><td>表达能力</td><td></td><td></td><td></td><td></td><td></td><td></td><td></td><td></td><td></td></tr>
<tr><td>工作态度</td><td></td><td></td><td></td><td></td><td></td><td></td><td></td><td></td><td></td></tr>
<tr><td>安全意识</td><td></td><td></td><td></td><td></td><td></td><td></td><td></td><td></td><td></td></tr>
<tr><td>任务总体表现</td><td></td><td></td><td></td><td></td><td></td><td></td><td></td><td></td><td></td></tr>
<tr><td>小计</td><td colspan="3"></td><td colspan="3"></td><td colspan="3"></td></tr>
<tr><td>总评</td><td colspan="9"></td></tr>
</table>

任课教师：________　　　年　　月　　日

学习任务八　电动车窗不工作故障的检修

学习目标

1. 能根据维修手册要求，结合电动车窗系统的作用、结构组成及原理，完成电路故障原因分析（故障维修流程编写）。

2. 能分析电动车窗系统电路图，并进行电路拆绘。

3. 能根据维修手册要求，在教师指导下，完成电动车窗系统及电路的检查（就车检查）。

4. 能正确使用电动车窗系统，并能进行电动车窗系统的拆装与调整。

5. 能根据维修手册要求，在教师指导下，完成电动车窗系统及电路故障维修。

6. 能进行团队成员的有效沟通与协同作业。

建议学时

30 学时

工作情境描述

某轿车在使用过程中，车窗玻璃无法升降，送到维修站，经班组长检查判断为电动车窗系统故障，作为维修人员需对相关部件进行拆检。根据维修手册要求，在规定时间内（参照维修资料）完成系统的检查与零部件的更换，完成后交付班组长验收。

工作流程与活动

学习活动1 维修方案制订

学习活动2 故障基本检查

学习活动3 电动车窗的拆检

学习活动1　维修方案制订

学习目标

1. 能查阅维修手册，列举电动车窗控制系统的结构部件。

2. 能实车查找电动车窗部件，并描述其安装位置和作用。

3. 能查阅维修手册，描述电动车窗的使用与检修注意事项。

4. 能制作电动车窗不工作的故障流程图，并进行讨论与交流。

5. 能查阅资料，制订电动车窗不工作故障维修方案。

建议学时：8学时

学习准备

汽车维修手册、用户手册、互联网资源、车辆、维修工具、万用表、多媒体设备。

学习过程

一、分析故障现象

1. 填写车辆基本信息，确认故障现象。

<table>
<tr><td rowspan="2">基本信息</td><td>VIN 号码</td><td></td><td>车　型</td><td></td></tr>
<tr><td>发动机型号</td><td></td><td>公里数</td><td></td></tr>
<tr><td>故障现象</td><td colspan="4"></td></tr>
</table>

2. 查阅维修资料，列举电动车窗系统故障检修的注意事项。

3. 下表列出了电动车窗系统故障现象及可疑部位或检查要点。仔细阅读下表，分析此次电动车窗系统不工作故障的原因。

<table>
<tr><th>故障现象</th><th>可疑部位或检查要点</th></tr>
<tr><td rowspan="4">电动车窗主开关无法操作所有电动车窗</td><td>1. 电动车窗主开关电源（FL DOOR 熔丝）、接地电路</td></tr>
<tr><td>2. 数据表/ 主动测试</td></tr>
<tr><td></td></tr>
<tr><td></td></tr>
<tr><td rowspan="4">任一电动车窗副开关无法操作对应的副电动车窗</td><td>1. 副电动车窗开关电源电路（POWER 继电器、POWER、RR DOOR、RL DOOR 熔丝）</td></tr>
<tr><td></td></tr>
<tr><td></td></tr>
<tr><td></td></tr>
<tr><td rowspan="2">电动车窗主开关不能控制副车窗上升/下降</td><td>1. 电动车窗主开关</td></tr>
<tr><td>2. 线束或连接</td></tr>
<tr><td rowspan="3">驾驶员侧电动车窗不能完全关闭（防夹功能被触发）</td><td>1. 电动车窗升降器电动机重置</td></tr>
<tr><td>2. 检查和清洁车窗玻璃升降槽</td></tr>
<tr><td></td></tr>
<tr><td>副电动车窗过热保护功能（PTC 功能）不起作用</td><td>1. 电动车窗升降器电动机（对应的副电动车窗电动机）</td></tr>
</table>

续表

组织小组学生讨论，确认本组所维修的教学车辆电动车窗不工作的故障现象是：

4. 根据下面的电路图，结合上述表格实车验证故障现象，写出教学车辆电动车窗系统不工作故障的可能原因（完成故障诊断图——鱼骨图）。

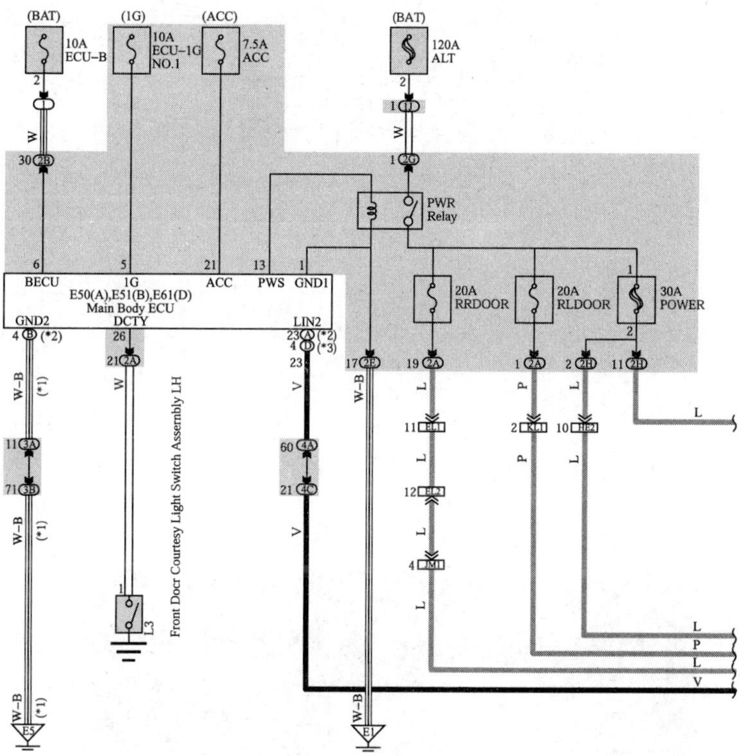

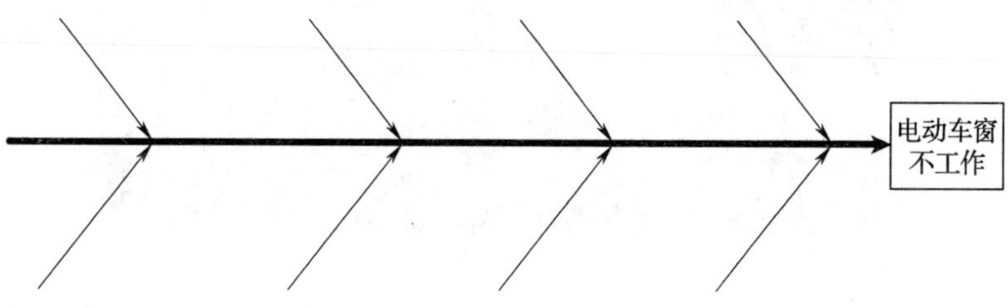

二、识别电动车窗系统部件

1. 查阅维修手册，将下图所示电动车窗各部件的名称填写在对应空格中。

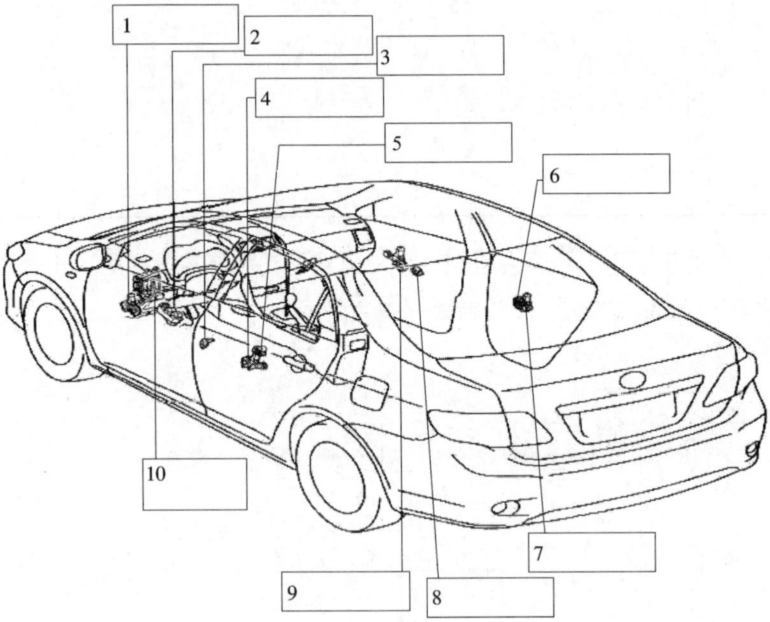

2. 上图部件“10”总成的正面和底部实物图如下，阅读维修手册，回答下列问题。

(1) 部件“10”的总成正面安装有__________继电器 1 个，位于图中_________的位置，外壳为________色；有_________熔丝 1 个，位于图中_________的位置，外壳为_______色。

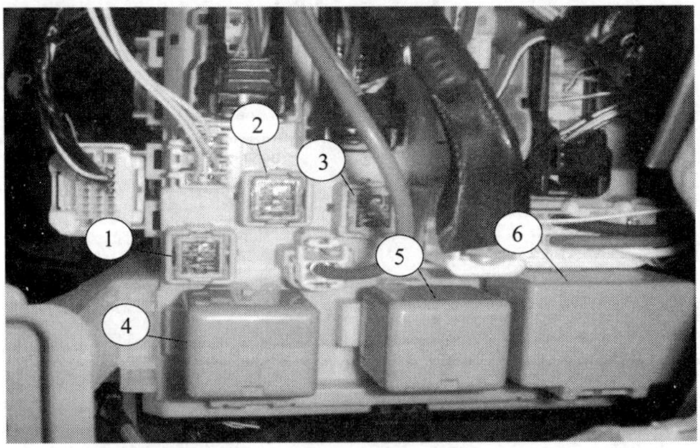

正面实物图

（2）底部实物图中共安装有________、________、________熔丝共3个，位于图中________、________、________的位置，额定电流分别为________、______、________，颜色分别为________、________、________。

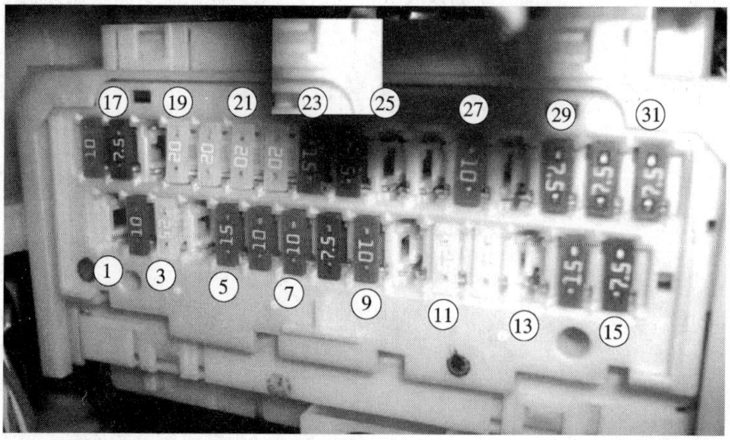

底部实物图

3．分析下图所示电动车窗系统结构图，其中共有继电器________个，熔丝________个，熔丝________个，电动车窗开关____________个，电动车窗电动机________个，其中________、________、________电动车窗的电动机为2针插脚式。

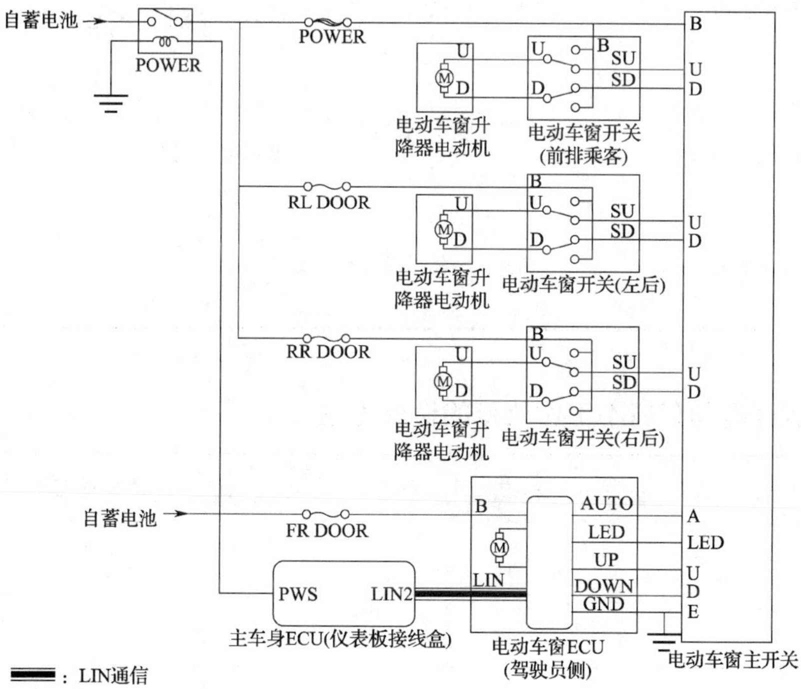

电动车窗系统结构图

4. 将下列电动车窗组成部件的名称、安装位置、作用联系起来，进行连线。

部件名称	安装位置	作用
主电动车窗开关	左侧仪表板接线盒	提供副电动车窗开关电源
主电动车窗升降电动机总成	乘客侧/左后/右后车门内	提供副电动车窗开关电源并保护副电动车窗控制电路
主车身 ECU	乘客侧/左后/右后车门上	与主电动车窗 ECU 进行通讯，控制副电动车窗开关电源
PWR 继电器	驾驶侧车门锁闩下部	控制所有车门电动车窗升降
POWER、RR、RL 熔丝	驾驶侧门板上	提供车门开关信号给车身 ECU，以作为电源延时的依据
FR 熔丝	左侧仪表板接线盒	控制乘客侧/左后/右后车门电动车窗电动机动作
驾驶侧车门门灯开关	左侧仪表板接线盒	控制主电动车窗升降，并检测和执行自动升降和防夹功能
乘客侧/左后/右后电动车窗开关	驾驶侧车门内部	提供主电动车窗开关电源并保护主电动车窗控制电路
副电动车窗电动机	左侧仪表板接线盒	控制副电动车窗升降，并有过热保护功能

三、制订电动车窗不工作故障的检查方案

序号	检查项目	使用工具、设备
1		
2		
3		

续表

序号	检查项目	使用工具、设备
4		
5		
6		
7		
8		
9		
10		
11		

四、总结与思考

1．学习前，我认为驾驶员侧主开关可以控制（　　）电动车窗升降，学习后，发现实际上可以控制（　　）电动车窗升降。

A．驾驶侧　　B．乘客侧

C．左后　　D．右后

2．学习后，我了解驾驶员侧主开关不但可以控制电动车窗升降，还可以（　　）。

A．控制中央门锁　　B．开启行李箱

C．开启天窗　　D．开启车头盖

3．我认为电动车窗的故障可能有（　　）。

A．机械的　　B．电气的

C．网络控制的　　D．混成故障的（多类型故障的组合）

4．我认为故障诊断图对于故障的诊断与维修是（　　）。

A．有帮助的　　B．无用的

5．通过本次学习，我学到的知识点有：________________________；不理解的有：________________________。

6．我对课程的意见或建议是：________________________。

7．我衷心希望改进的地方是：________________________。

评价与分析

学习活动过程评价表

班级		姓名		学号		日期	年　月　日
序号	评价要点				配分	得分	总评
1	能正确识读和填写生产派工单，明确任务要求				10		A□（86～100） B□（76～85） C□（60～75） D□（60以下）
2	能了解维修方案制订要求				10		
3	能制订电动车窗不工作故障的维修方案				15		
4	能了解电动车窗的系统部件名称、位置及作用				15		
5	能查阅相关资料，认知电动车窗电路图				10		
6	能遵守劳动纪律，以积极的态度接受工作任务				10		
7	能积极参与小组讨论，团队间相互合作				15		
8	能及时完成老师布置的任务				15		
总　分					100		
小结 建议							

学习活动2　故障基本检查

学习目标

1. 能查阅维修手册，识读电动车窗控制电路图，掌握电动车窗零部件性能检测方法。

2. 能对照车窗系统，向组员叙述电动车窗的控制原理。

3. 能查阅维修手册，进行电动车窗控制电路及部件的基本检查。

4. 能完成汽车维修作业单的识读。

5. 能完成车辆相关信息数据的收集。

建议学时：6 学时

学习准备

维修手册、用户手册、互联网资源、车辆、成套维修工具、万用表、多媒体设备。

学习过程

一、电动车窗控制电路

1. 分析下图所示的左前电动车窗控制电路图，回答问题。

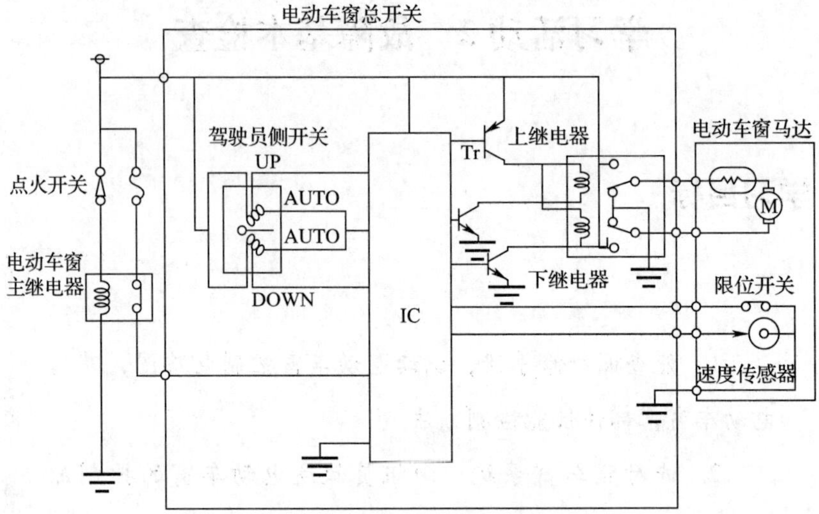

总结电动车窗的控制原理，并与其他同学交流探讨以下问题：电动车窗主继电器与电动车窗的正常操作有何关系？如果这个继电器出现故障，客户可能会有哪些反馈与投诉？

2. 参考下图，查阅维修手册及电路图，在教学车辆上查找到以下部件的位置，并将这些部件的作用写下来。

名称	位置	作用
POWER M－熔丝		
电源主继电器		
电动车窗控制总开关		
驾驶员车门电动车窗电动机		
后左侧车门电动车窗开关		

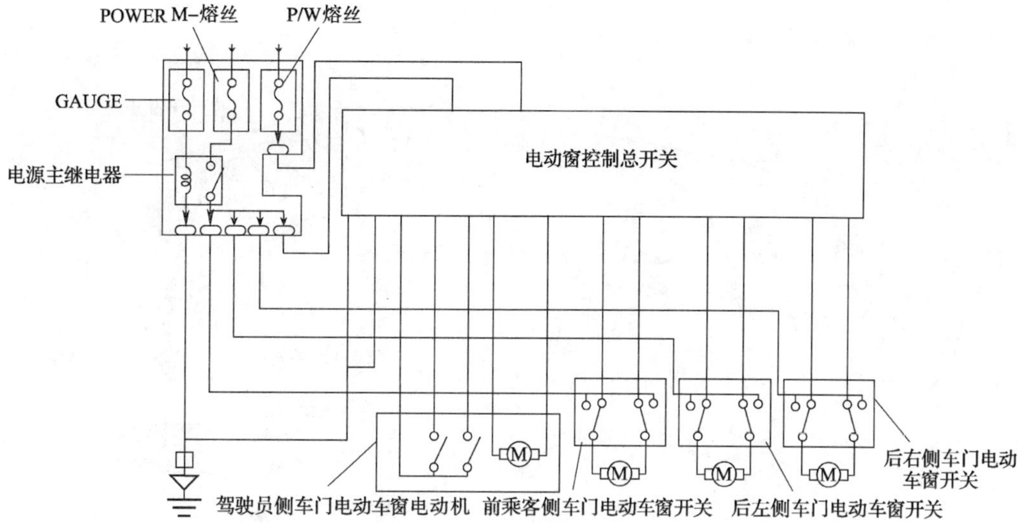

3．在教学车辆上找到下图中的部件，查阅维修手册，写出这些部件的名称、位置、作用，并在实车上找到这些部件，介绍这些元件的性能检测方法。

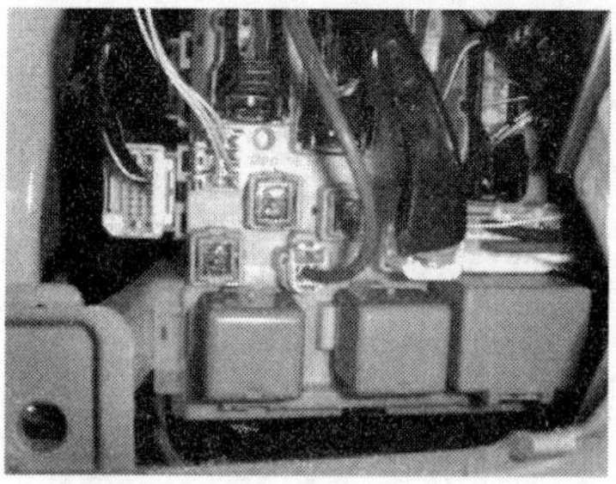

名称：________________

位置：________________

作用：________________

名称：________________

位置：________________

作用：________________

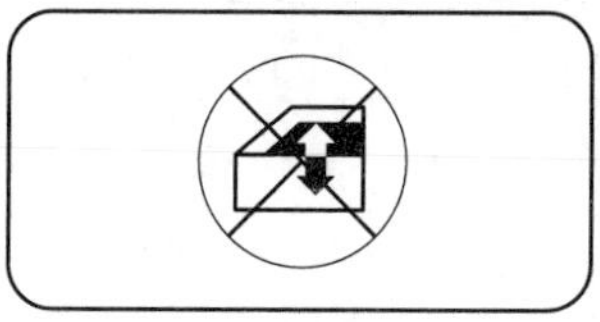

名称：________________

位置：________________

作用：________________

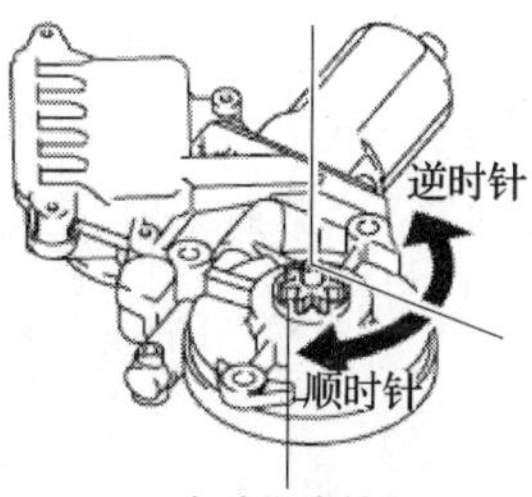

名称：________________

位置：________________

作用：________________

4．电动车窗的基本检查。

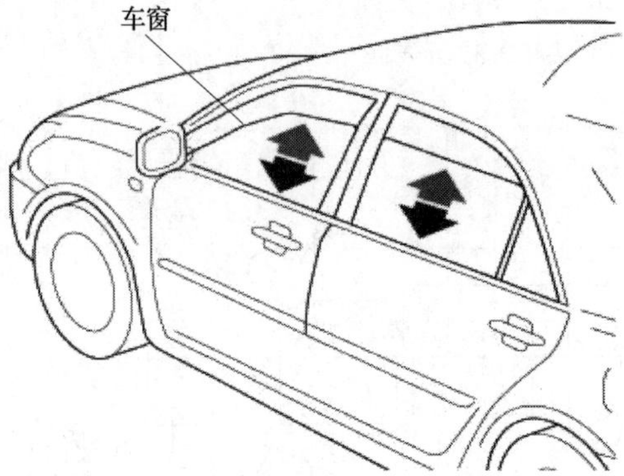

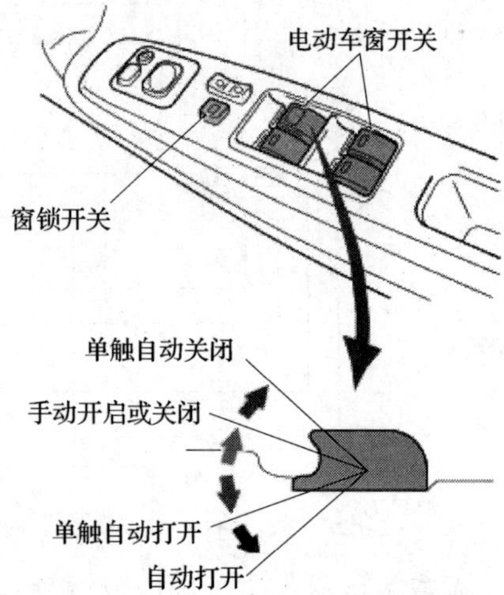

根据上述基本操作示意图进行检查，教学车辆电动车窗不工作的可能故障现象是：

二、驾驶员侧电动车窗不工作故障检修

1．检查熔丝。参考下列电路图检修相关的熔丝，记录检查结果。

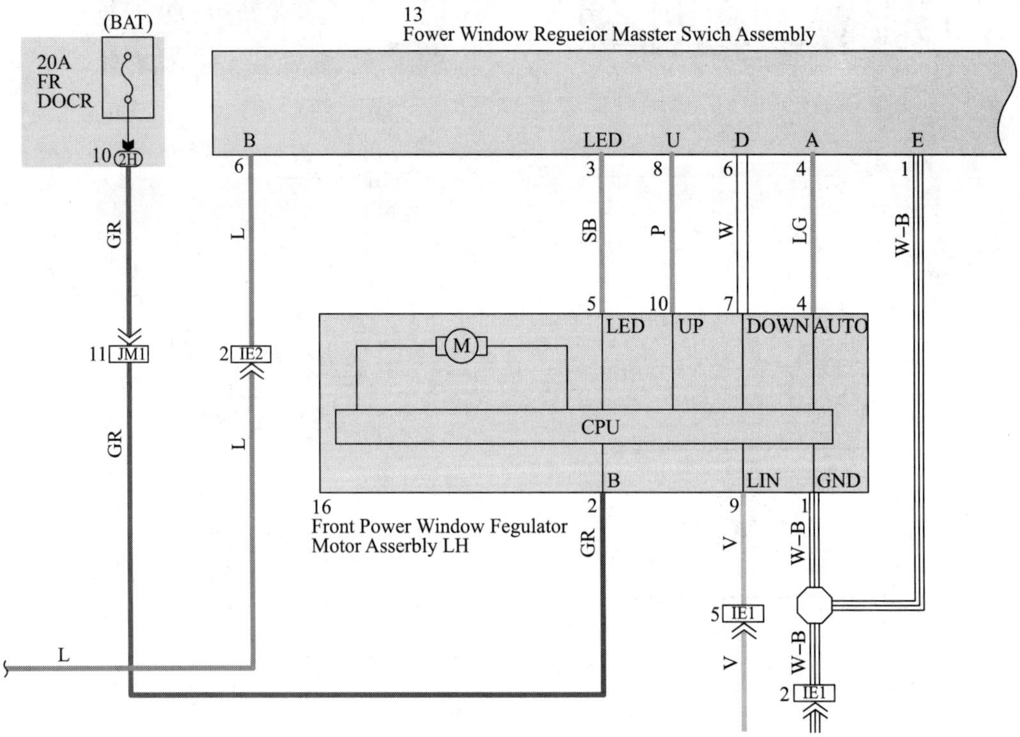

□正常　　□不正常，可能的故障原因是：____________________________。

2. 检查驾驶侧电动车窗控制开关总成操作性能状态。

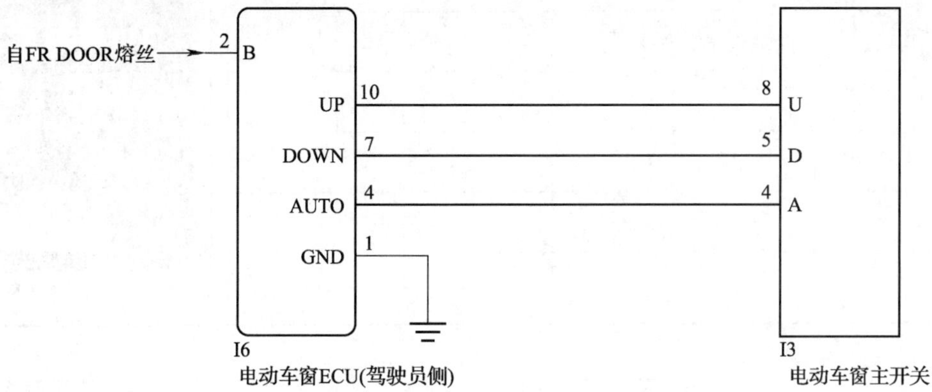

□正常　　□不正常，可能的故障原因是：____________________________。

3. 读取专用诊断仪的数值，执行相关的主动测试。

（1）诊断仪初步诊断。

诊断仪的品牌/型号		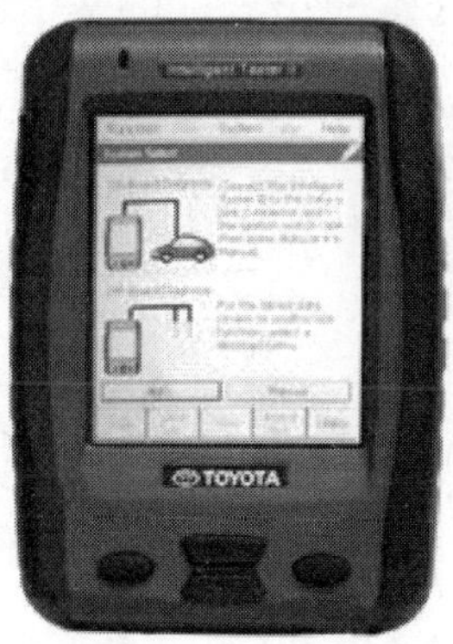
进入系统的操作路径		
是否正常进入系统	□是　□否	
故障代码及内容（如果有）		

（2）使用所提供的诊断仪，找到电动车窗数据流测试的操作界面，执行数据流测试，诊断电动车窗升降器状态。记录检查结果：

□正常　□不正常，可能的故障原因是：____________________________。

4. 检查电源、接地情况，并填写在下表中。

检查项目	检测端子	操作事项	检查结果	结果分析

可能的故障原因是：____。

5. 检查电动车窗主控制开关线束与插头性能。

根据维修手册，制定线束与插头的检查流程，与小组成员进行讨论，在教师的指导下，按照检修方案，对线束与插头的性能进行检查，记录检查结果：

□正常 □不正常，可能的故障原因是：____________________。

6. 与小组成员交流、探讨此次维修检查的过程及维修心得，记录下来，并与全班同学进行交流。

三、总结与思考

1. 学习电动车窗的相关知识，针对下列电动车窗系统功能（1 到 4），功能的正确说法（a 到 d），将两者进行正确的连线。

1）单触式自动开/关功能	a）如果车窗玻璃和窗框间卡住了东西，该功能自动降低车窗玻璃
2）车窗锁止功能	b）该功能使除驾驶员车窗外的所有车窗的开闭失效
3）防夹保护功能	c）该功能自动全开或全闭车窗
4）无钥匙电动车窗功能	d）即使点火开关被置于 ACC 或 LOCK 位置，该功能仍可开闭车窗

2. 针对下列电动车窗系统部件（1 到 4），关于部件的正确说法（a 到 d），将两者进行正确的连线。

1）车窗开闭调节器	a）该部件控制整个电动车窗系统
2）电动车窗主开关	b）该部件用于控制无钥匙电动车窗功能
3）电动车窗开关	c）该部件把电动车窗电动机的转动转变为上下运动以开闭车窗
4）门控开关	d）每个车门上都有该部件，它单独控制相应的电动车窗电动机

3. 通过本次学习，我学到的知识点有：______________________________；不理解的有：______________________________。

4. 我对课程的意见或建议是：______________________________。

5. 我衷心希望改进的地方是：______________________________。

评价与分析

学习活动过程评价表

班级		姓名		学号		日期	年　月　日
序号	评价要点				配分	得分	总评
1	能正确识读和填写生产派工单，明确任务要求				10		A□（86～100） B□（76～85） C□（60～75） D□（60 以下）
2	能按要求完成工作页				10		
3	能写出电动车窗拆装与检修的步骤与要求				15		
4	能了解电动车窗系统电路图				15		
5	能查阅相关资料，制订维修检查计划				10		
6	能遵守劳动纪律，以积极的态度接受工作任务				10		
7	能积极参与小组讨论，团队间相互合作				15		
8	能及时完成老师布置的任务				15		
总　分					100		
小结建议							

学习活动3　电动车窗的拆检

学习目标

1. 能向组员描述汽车电动车窗的基本组成及各部件的功能。

2. 能向组员叙述控制原理，讲解电动车窗控制电路图。

3. 能根据维修手册，拆绘电动车窗的控制电路图。

4. 能参考资料，制订电动车窗系统的维修质量评定标准。

5. 能与组员配合完成电动车窗系统的拆装与性能检测，并能合理评价检测结果。

6. 能对相关资料、互联网资源进行检索，完成工作页的填写。

7. 能在规定时间内完成演示与汇报，进行成果展示。

建议学时：16 学时

学习准备

维修手册、用户手册、互联网资源、车辆、维修工具、万用表、多媒体设备。

学习过程

一、电动车窗电路图的识读

1. 查阅维修手册，识读下图所示的电动车窗电路图，完成相关内容的填写。

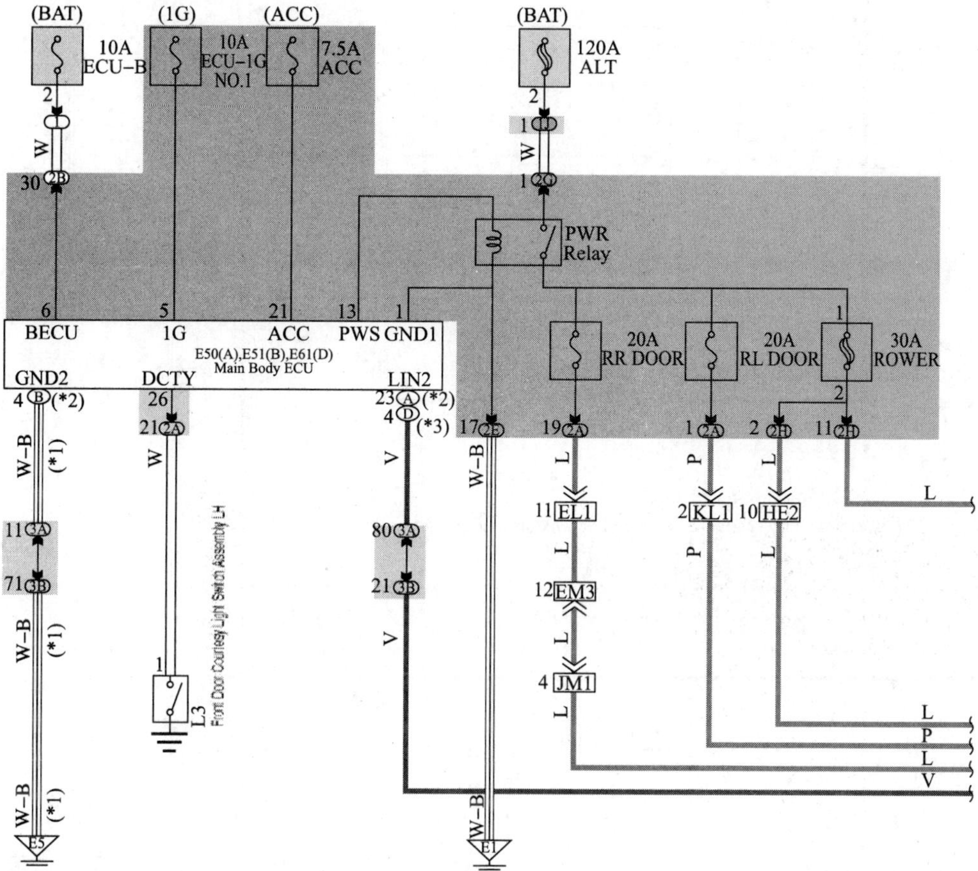

（1）根据上图，车身控制单元由________熔丝提供电源，写出这几个熔丝的名称：________________________，并在实车上指出它们的位置。电动车窗的电源由______继电器提供，并在实车上指出它的位置；电动车窗的电源端共有__________个熔丝，写出这几个熔丝的名称：________________________________，并在实车上指出它们的位置。

（2）根据下图，确认这是____车门上的电动车窗电路，在实车上找出图中左上角所标示的熔丝，颜色：__________；电流额定值：__________ A（安培）。该车门的电动车窗电动机上共有__________个针脚。

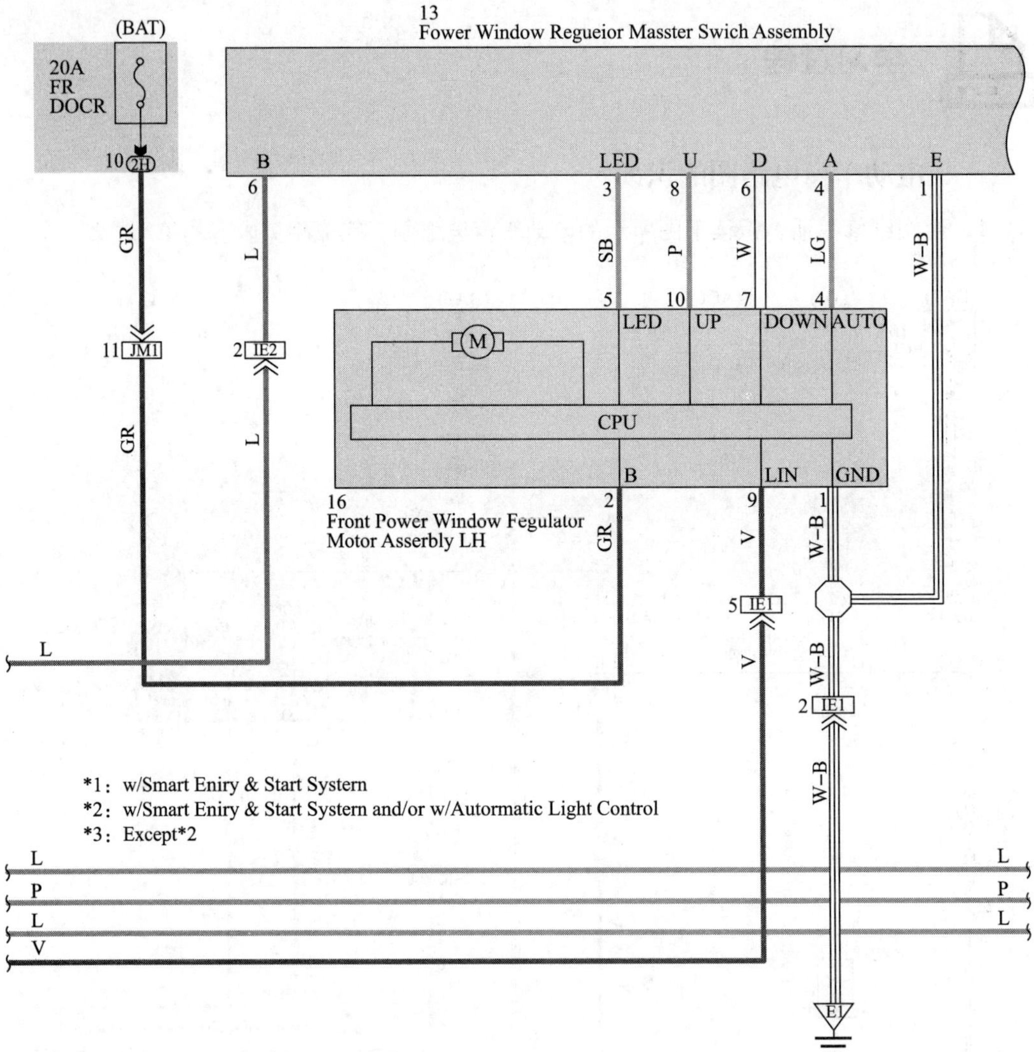

（3）识读下面的电路图可知，这张图中所画的共有____个车门的电动车窗电路，每个电动车窗电动机上有____个针脚，这些电动车窗与左前门的电动车窗控制开关有何关系：（　　）。

A. 没有关系，这些电动车窗可以独立通过各自的电动车窗控制开关进行操作

B. 这些电动车窗只可以通过左前门电动车窗控制开关进行操作

C. 没有左前门电动车窗控制开关，这些车窗将无法正常工作

D. 当按下左前门电动车窗控制开关上的车窗锁止开关，这些车窗将无法使用各自的开关进行操作

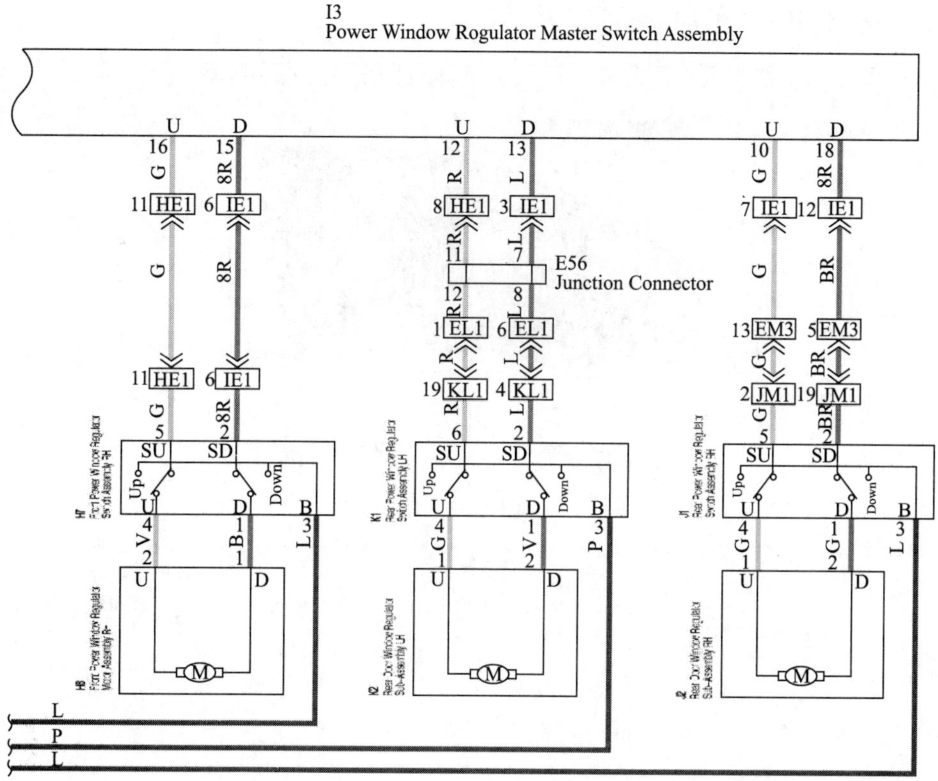

2. 根据上述电路图的学习，拆绘出一个完整的电动车窗系统控制电路图，绘制在下列图框中。

二、左前门电动车窗的拆装与维修

1. 拆卸左前电动车窗控制开关总成，记录拆卸步骤与注意事项。

拆卸左前电动车窗控制开关总成

2. 拆卸左前车门内饰板，记录拆卸步骤与注意事项。

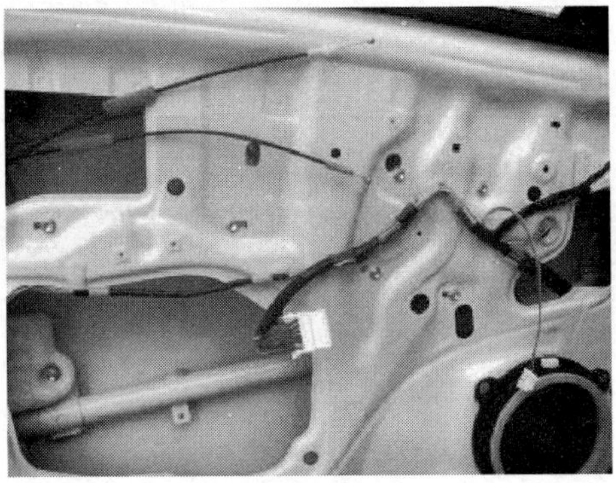

拆卸左前车门内饰板

3. 拆卸左前车门外饰件及相关零件，记录拆卸步骤与注意事项。

拆卸左前车门外饰件及相关零件

4. 拆卸左前门车门玻璃，记录拆卸步骤与注意事项。

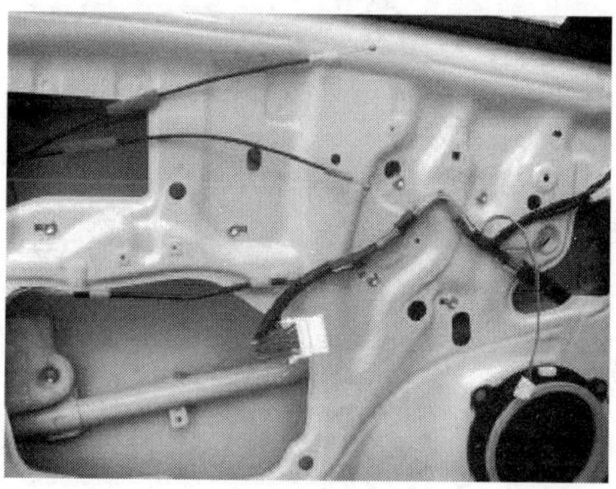

拆卸左前门车门玻璃

5. 根据维修手册的信息，在老师指导下完成玻璃升降器的拆卸，记录拆卸步骤。

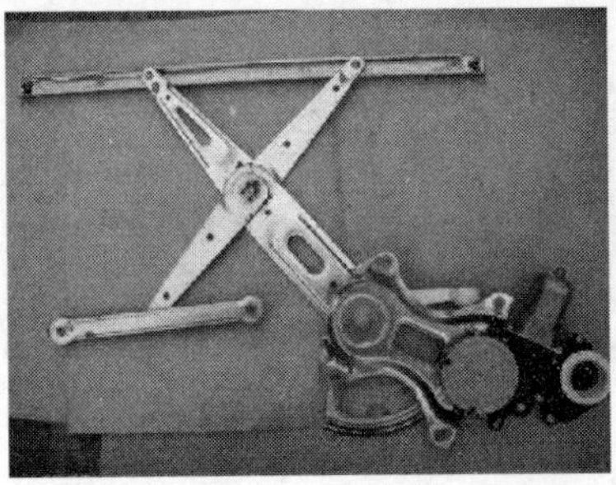

玻璃升降器总成

(1) 上图右所示应为下图中部件（ ）的实物图，识别依据是（ ）。

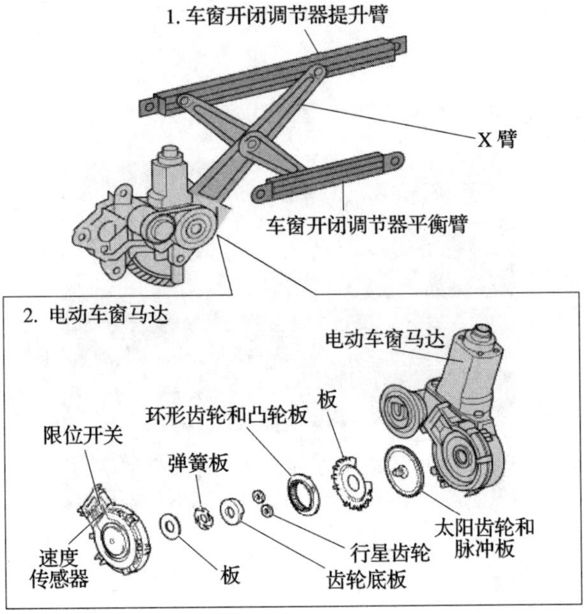

A. “1” 插针 B. “2” 形状

(2) 对该部件描述错误的是（ ）。

A. 总成内部含有 ECU

B. 能执行自动升降功能

C. 该部件通过串行数据线与主车身 ECU 通信

D. 该部件的电源需通过“POWER”继电器

（3）车窗开闭调节器的功能是将电动车窗电动机的旋转运动转换为________运动，打开和关闭车窗。车窗开闭调节器由电动车窗____正向或反向转动来实现驱动。

小资料

车窗由车窗开闭调节器提升臂支持，它用____支持，车窗开闭调节器均衡器臂与其相连。车窗利用X臂高度的变化来打开和关闭。除了X臂型车窗开闭调节器外，还有拉索型和单臂型的车窗开闭调节器。

6. 与小组成员交流、讨论，根据维修手册，结合拆卸步骤，写出安装左前车门各部件的流程与步骤，经指导老师确认后执行安装步骤。

7. 故障检修。

如果出现左前车窗升降中错位故障，需再调整下图中的哪个部位？查阅维修手册，与小组成员交流，写出维修方案，并在教学车辆上进行相应的维修作业。

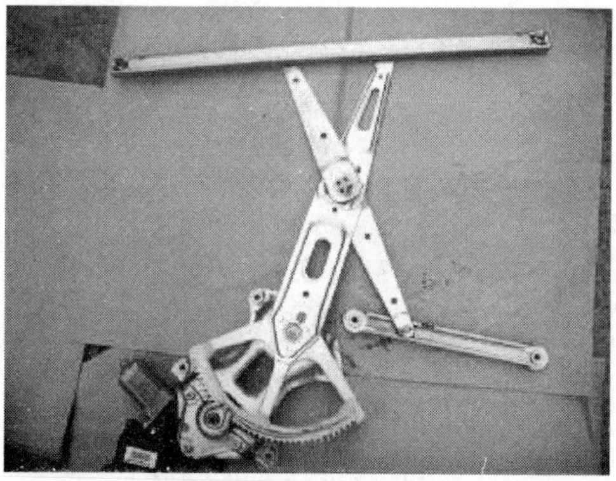

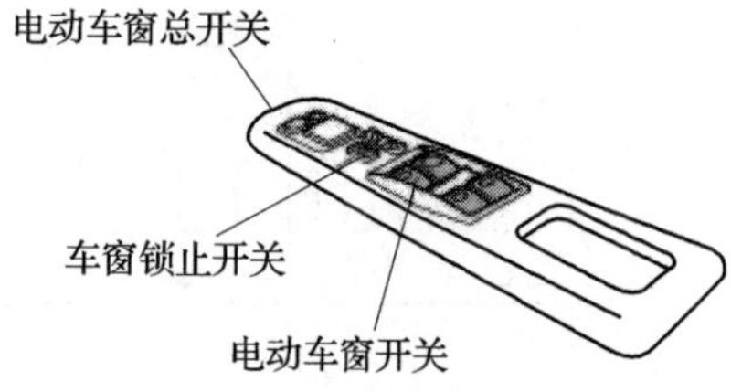

________　　________

8. 电动车窗功能测试。

顾客反映他的车辆的左前门车窗防夹功能出了问题，查阅维修手册，写出进行车窗防夹功能测试与防夹功能自学习（初始化）功能的操作步骤与流程。

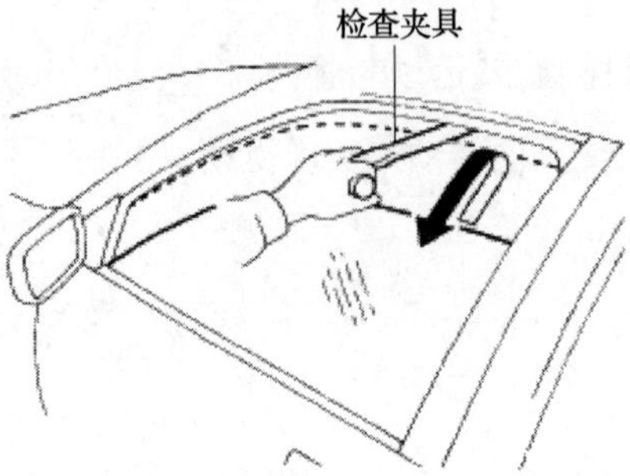

小资料

通过电动车窗电动机中的限位开关和____两个部件检测车窗是否被卡住。速度传感器根据电动机转速发出一个脉冲信号，从____可以检测出车窗是否被卡住。限位开关根据齿圈的空段来判别是卡住情况下的脉冲信号波长改变，还是车窗已经完全关闭情况下的脉冲信号波长改变。

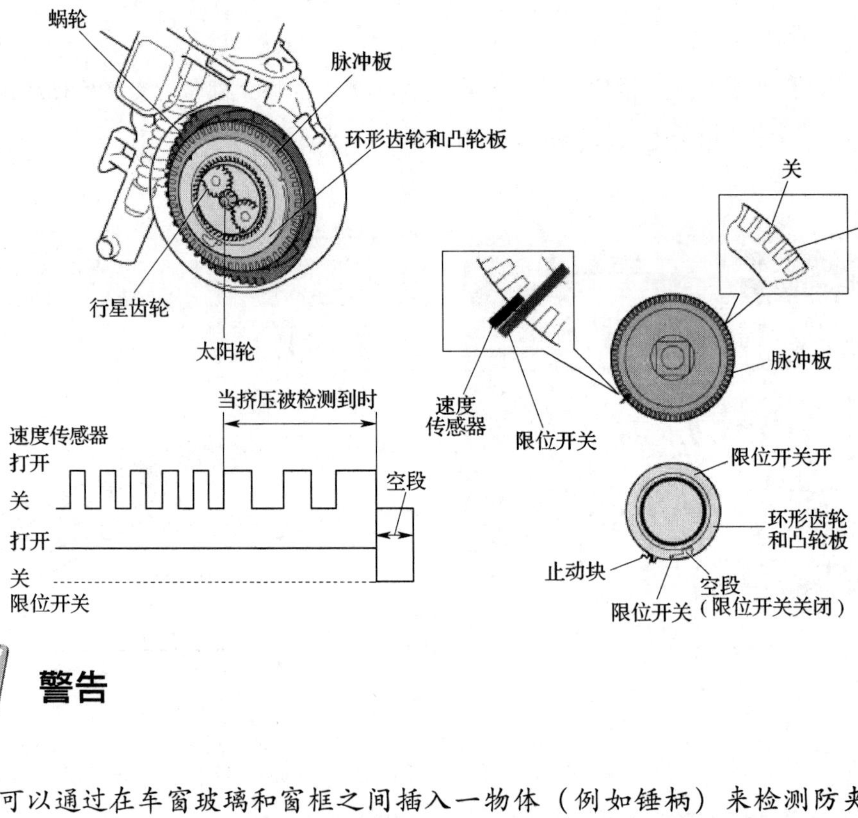

警告

可以通过在车窗玻璃和窗框之间插入一物体（例如锤柄）来检测防夹保护功能的运行。因为如果当车窗处于几乎要关闭的状态时，防夹保护功能不触发，所以用手进行试验容易引起伤害。

9. 质量检查及准备工作。对车辆进行检验，并填写下表。

检验项目	检验结果			备注
	是（正常）	基本符合	未做好	
熔丝及熔断器复位完整				
所有装饰件完好				
连接器连接可靠				
中控门锁系统使用正常				
未有工具设备遗漏				

三、总结与思考

1. 在带有防夹保护功能的车辆上，当（　　）时，不需要重置电动车窗电动机。

A. 电动车窗总开关连接器断开

B. 车窗开闭调节器和电动车窗电动机断开

C. 车窗开闭调节器在不安装玻璃的情况下操作

D. 执行了诸如更换玻璃运行槽之类的修理步骤，车窗完全闭合的位置改变

2. 按照维修手册，重置卡罗拉车型的电动车窗防夹功能（见下图），并和小组同学交流操作技巧。

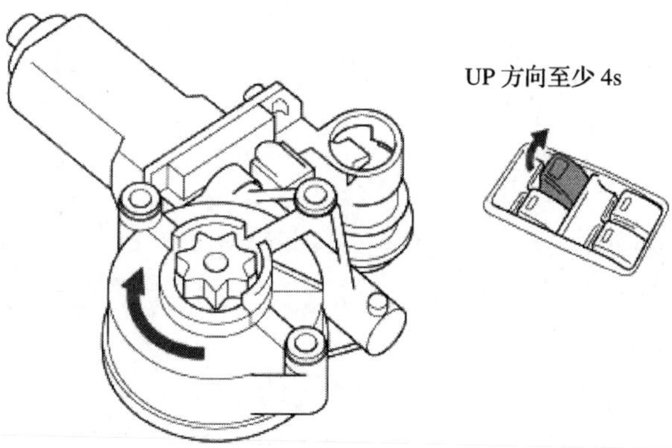

3. 通过本次学习，我学到的知识点有：________________________；不理解的有：________________________。

4. 我对课程的意见或建议是：________________________。

5. 我衷心希望改进的地方是：________________________。

评价与分析

学习活动过程评价表

<table>
<tr><td>班级</td><td></td><td>姓名</td><td></td><td>学号</td><td></td><td>日期</td><td>年　月　日</td></tr>
<tr><td>序号</td><td colspan="5">评价要点</td><td>配分</td><td>得分</td><td>总评</td></tr>
<tr><td>1</td><td colspan="5">能正确识读和拆绘电动车窗电路图</td><td>15</td><td></td><td rowspan="8">A□（86～100）
B□（76～85）
C□（60～75）
D□（60 以下）</td></tr>
<tr><td>2</td><td colspan="5">能拆装和检修电动车窗系统</td><td>15</td><td></td></tr>
<tr><td>3</td><td colspan="5">能检测电动车窗的性能</td><td>15</td><td></td></tr>
<tr><td>4</td><td colspan="5">能了解电动车窗的检修标准和要求</td><td>15</td><td></td></tr>
<tr><td>5</td><td colspan="5">能查阅相关资料，制定维修检验标准</td><td>10</td><td></td></tr>
<tr><td>6</td><td colspan="5">能遵守劳动纪律，以积极的态度接受工作任务</td><td>10</td><td></td></tr>
<tr><td>7</td><td colspan="5">能积极参与小组讨论，团队间相互合作</td><td>10</td><td></td></tr>
<tr><td>8</td><td colspan="5">能及时完成老师布置的任务</td><td>10</td><td></td></tr>
<tr><td colspan="6">总　分</td><td>100</td><td></td><td></td></tr>
<tr><td>小结
建议</td><td colspan="8"></td></tr>
</table>

学习任务八评价表

班级：________　　姓名：________　　学号：________

<table>
<tr><td rowspan="3">项目</td><td colspan="3">自我评价</td><td colspan="3">小组评价</td><td colspan="3">教师评价</td></tr>
<tr><td>10 ~ 9</td><td>8 ~ 6</td><td>5 ~ 1</td><td>10 ~ 9</td><td>8 ~ 6</td><td>5 ~ 1</td><td>10 ~ 9</td><td>8 ~ 6</td><td>5 ~ 1</td></tr>
<tr><td colspan="3">占总评 10%</td><td colspan="3">占总评 30%</td><td colspan="3">占总评 60%</td></tr>
<tr><td>学习活动 1</td><td></td><td></td><td></td><td></td><td></td><td></td><td></td><td></td><td></td></tr>
<tr><td>学习活动 2</td><td></td><td></td><td></td><td></td><td></td><td></td><td></td><td></td><td></td></tr>
<tr><td>学习活动 3</td><td></td><td></td><td></td><td></td><td></td><td></td><td></td><td></td><td></td></tr>
<tr><td>协作精神</td><td></td><td></td><td></td><td></td><td></td><td></td><td></td><td></td><td></td></tr>
<tr><td>纪律观念</td><td></td><td></td><td></td><td></td><td></td><td></td><td></td><td></td><td></td></tr>
<tr><td>表达能力</td><td></td><td></td><td></td><td></td><td></td><td></td><td></td><td></td><td></td></tr>
<tr><td>工作态度</td><td></td><td></td><td></td><td></td><td></td><td></td><td></td><td></td><td></td></tr>
<tr><td>安全意识</td><td></td><td></td><td></td><td></td><td></td><td></td><td></td><td></td><td></td></tr>
<tr><td>任务总体表现</td><td></td><td></td><td></td><td></td><td></td><td></td><td></td><td></td><td></td></tr>
<tr><td>小计</td><td colspan="3"></td><td colspan="3"></td><td colspan="3"></td></tr>
<tr><td>总评</td><td colspan="9"></td></tr>
</table>

任课教师：________　　年　　月　　日

学习任务九　空调系统工作不正常故障的检修

学习目标

1. 能通过情景模拟，对照汽车向客户介绍空调系统的基本组成、部件功能，并能说明空调系统制冷及制热原理，提出日常使用合理化建议。

2. 能向小组成员叙述空调系统拆装安全操作规程，并在作业过程中自我检查执行情况，做好过程记录。

3. 能查阅维修手册，在规定时间内，正确选择并使用工量具与仪器，规范地对空调系统的压缩机、冷凝器、蒸发器等主要部件进行拆卸、清洁、检测、安装并记录。

4. 能识读并分析维修手册中空调系统电路，描述其控制原理，并列举可能的故障原因。

5. 能正确操作冷媒回收加注机等专用设备进行空调系统维护。

6. 能通过情景模拟，正确回收废旧零部件或冷冻油等，填写竣工单，完成自检工作，并向班组长汇报维修情况。

7. 能进行团队成员的有效沟通与协同作业。

建议学时

80 学时

工作情境描述

一辆装有手动空调的上海大众桑塔纳 2000 型轿车，在炎热的夏天出现了空调不致冷的故障，故障现象是关闭车门，起动发动机到正常工作温度，打开空调开关，结果各出风口没有冷风吹出。现车主将该车开到维修站维修。经维修技师检查判断为空调系统故障，维修人员需要根据维修手册相关要求，在规定时间（参照维修资料）内完成对空调系统的检查与零部件的更换，自检正常后交付班组长验收。

工作流程与活动

学习活动1　维修方案制订

学习活动2　故障基本检查

学习活动3　压缩机电磁离合器控制电路的检查

学习活动4　鼓风机不工作故障的拆检

学习活动5　空调风扇不工作故障的拆检

学习活动6　空调压缩机的拆检

学习活动7　冷凝器的拆检

学习活动8　通风配气装置的拆检

学习活动9　干燥器及节流装置的拆检

学习活动 1　维修方案制订

学习目标

1. 能识别空调系统各部件及其安装位置，并能描述各部件的作用。

2. 能正确识读与分析空调系统的控制电路与控制原理。

3. 能检查确认空调系统工作不正常故障现象，并分析故障原因。

4. 能查阅资料，正确选用空调维修专用工具。

5. 能查阅相关资料，制订空调系统工作不正常故障的维修方案。

建议学时：10 学时

学习准备

汽车维修手册、互联网资源、多媒体设备、空调台架或车辆、歧管压力表、常用拆装工具、万用表、温度计、汽车防护装置等。

学习过程

一、分析故障现象

1. 填写车辆基本信息，确认故障现象。

<table>
<tr><td rowspan="2">基本信息</td><td>VIN 号码</td><td></td><td>车　型</td><td></td></tr>
<tr><td>发动机型号</td><td></td><td>公里数</td><td></td></tr>
<tr><td>故障现象</td><td colspan="4"></td></tr>
</table>

2．查阅维修资料，写出检修空调系统的注意事项。

3．结合下图，在待检车辆上有序安装防护装置，并填写各防护装置的名称及作用。

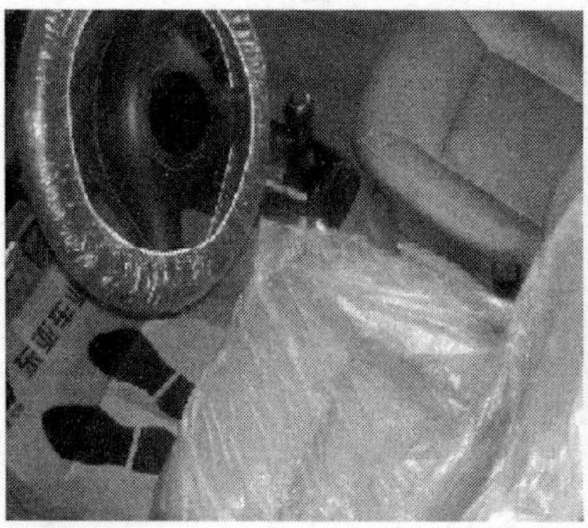

安装顺序	防护装置的名称	作用
1		
2		
3		
4		
5		
6		
7		
8		

4. 空调系统出现工作不正常故障后，为确认是否空调系统零部件损坏造成的故障，防止不必要的空调系统拆解工作造成的损坏，需对车辆空调系统进行基本检查，判断故障产生的部位。填表说明空调系统的故障原因。

故障现象	可能的故障原因
空调制冷系统不制冷	
空调制冷系统制冷效果差	
空调暖风不热，除霜效能低	

二、认识空调系统组成部件

1．空调制冷系统各部件及安装位置的认识。

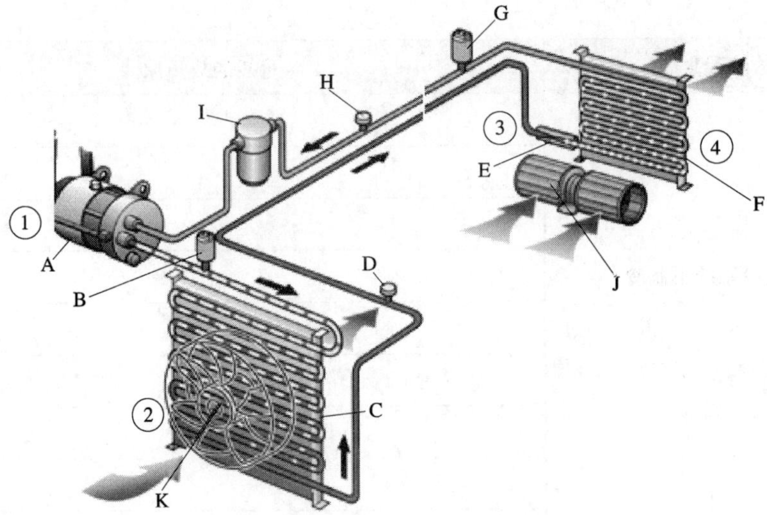

结合上图并就车观察，写出空调系统各个部件的名称、安装位置及作用。

名称	对应上图的字母	部件图片	安装位置及作用

续表

名称	对应上图的字母	部件图片	安装位置及作用
		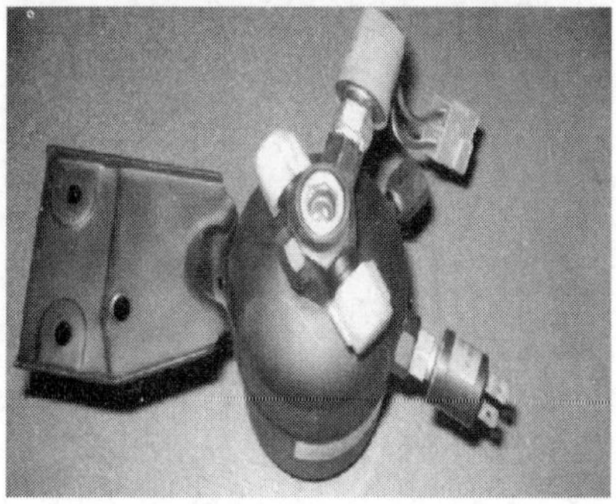	

		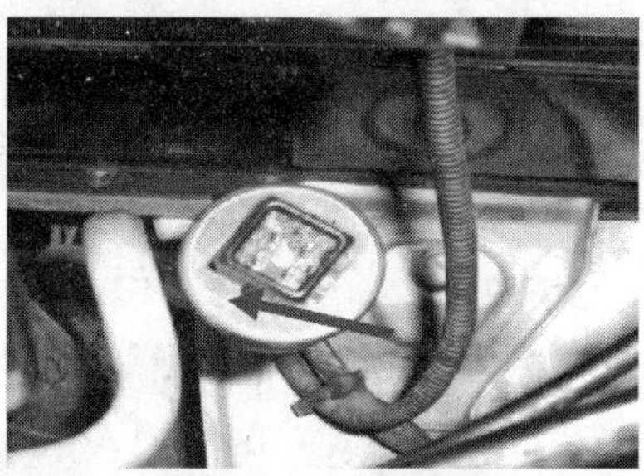	
		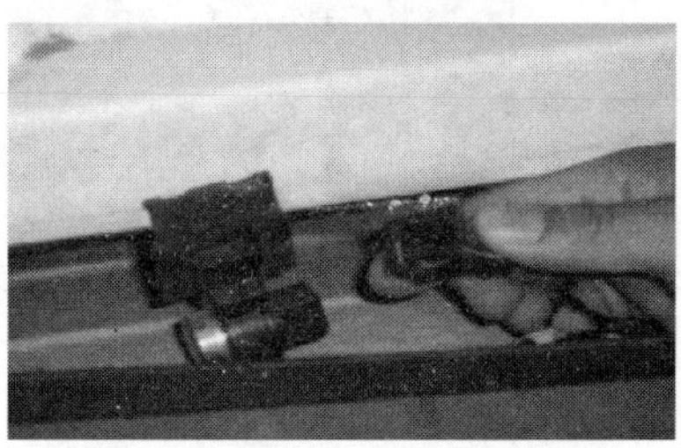	

续表

名称	对应上图的字母	部件图片	安装位置及作用
		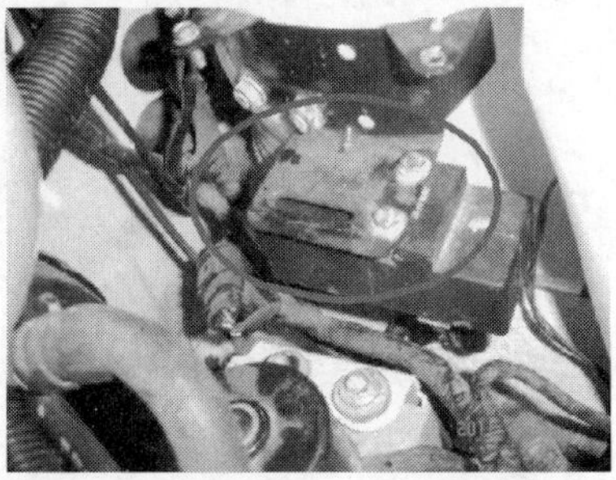	

2. 空调制冷系统的类型。

（1）对照下图，描述膨胀阀式空调系统的组成及制冷原理。

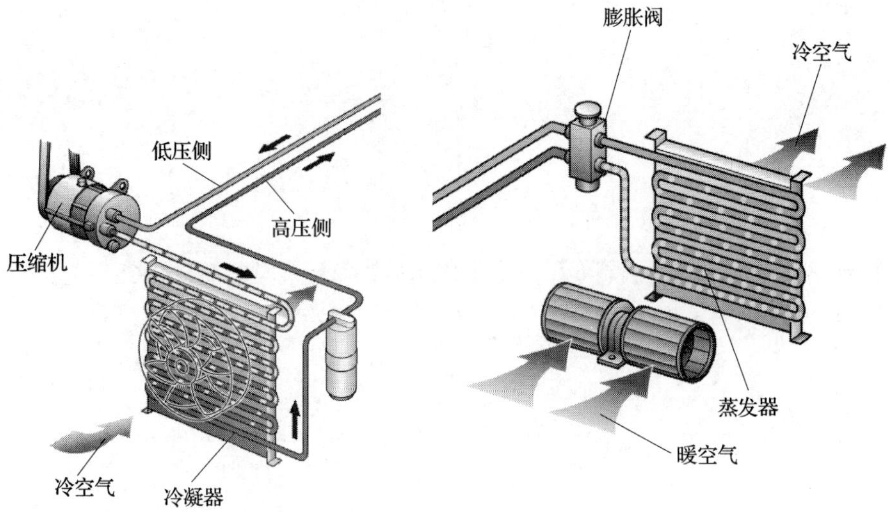

（2）对照下图，描述孔管式空调系统的组成及制冷原理。

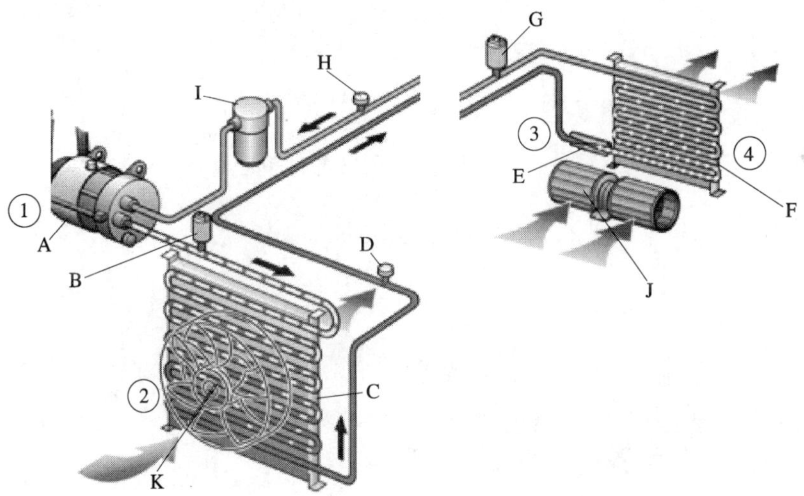

（3）观察上列两图，这两种空调制冷系统在结构上有什么区别?

（4）观察实训用车辆空调制冷系统，它采用的是哪种类型的制冷系统?

知识拓展

汽车空调系统根据驱动方式不同可分为非独立式空调和独立式空调，非独立式空调是指由汽车发动机驱动空调系统工作；而独立式空调是指空调系统是由单独的驱动装置驱动其运转，不影响发动机的动力。一般轿车的空调系统多采用____________式。

3. 空调制冷系统的工作原理。

（1）识读下图所示空调系统，并在图上补全各部件的名称。

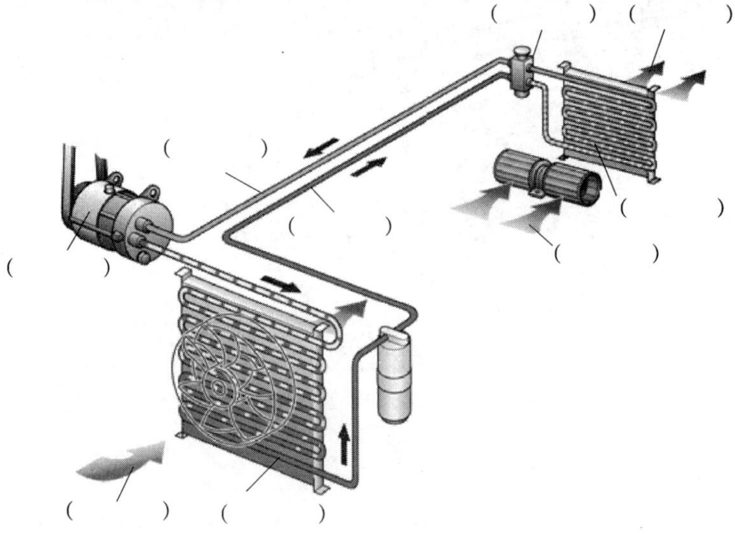

（2）空调制冷系统工作原理。

空调制冷系统是空调系统的主要组成部分，主要功能是给车厢内的空气进行降温和除湿。

汽车空调制冷系统利用制冷剂状态的转化来达到制冷目的。汽车空调中常用的制冷剂是R12（CCl_2F_2）和__________。

如下图所示，制冷剂在压缩机内是以________（气态/液态）形式存在，经过冷凝器之后以______形式存在，经过膨胀阀以后以______形式存在，经过蒸发器以后变为________。冷凝器起________作用，蒸发器起________（吸热/散热）作用。

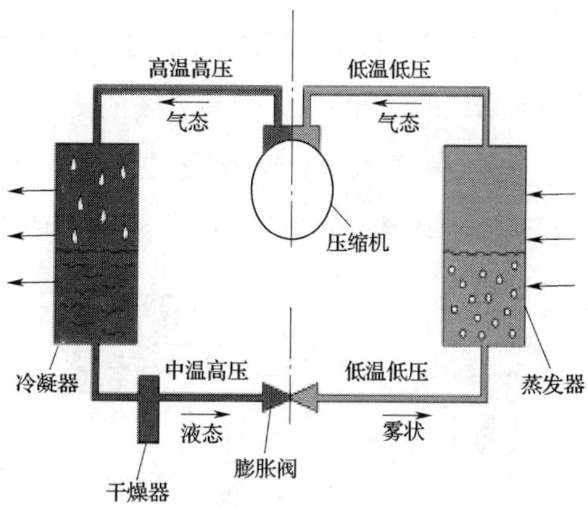

根据上图完善空调制冷系统的工作过程。

压缩过程：压缩机吸入的是______温______压________态的制冷剂，压缩成为________温____压____态的制冷剂，目的是为了__________。

冷凝过程：制冷剂进入冷凝器，通过________和________给冷凝器散热，使________温______压____态的制冷剂变为____温____压____态的制冷剂。

节流过程：____温____压____态的制冷剂经过__________进行节流降压后变为________温____压____态的制冷剂。

蒸发过程：经过__________的制冷剂吸收鼓风机吸进的热空气的热量使制冷剂由____温____压____态变为____温____压____态，使热空气变成冷空气吹入车厢内，达到车内降温的目的。制冷剂在压缩机的作用下不断循环，使车厢达到降温和除湿的目的。

（3）下图所示是制冷系统高压侧图。制冷系统高压侧是指从压缩机出口→________→________→__________________________。工作时，高压侧的制冷剂是________（冷/热）的，制冷剂在流经冷凝器时可以将热量释放到车厢外相对较冷的空气中。

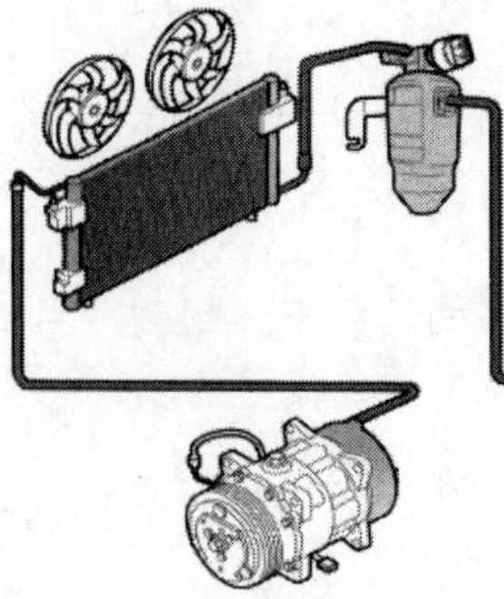

制冷循环系统的高压侧

（4）观察空调台架或实车，高压侧的管路比低压侧的管路________（粗/细），其中在整个系统管路中，___________的管路最细，试说明为什么这段管路最细？

（5）下图所示是制冷循环系统的低压侧图。制冷系统的低压侧是指从___________→_________→___________→压缩机的入口。制冷系统工作时，低压侧的制冷剂是______（冷/热）的，制冷剂在流经蒸发器时能及时吸收车厢内空气中的热量。

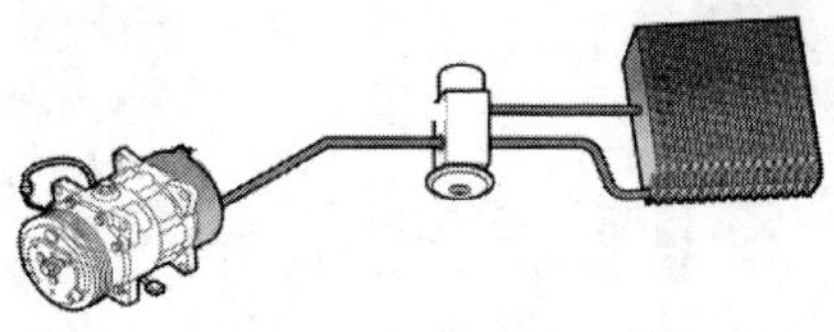

制冷循环系统的低压侧

4．暖风及通风配气系统。

（1）对照下图所示暖风系统实物图，写出暖风系统原理图中各部件的名称。

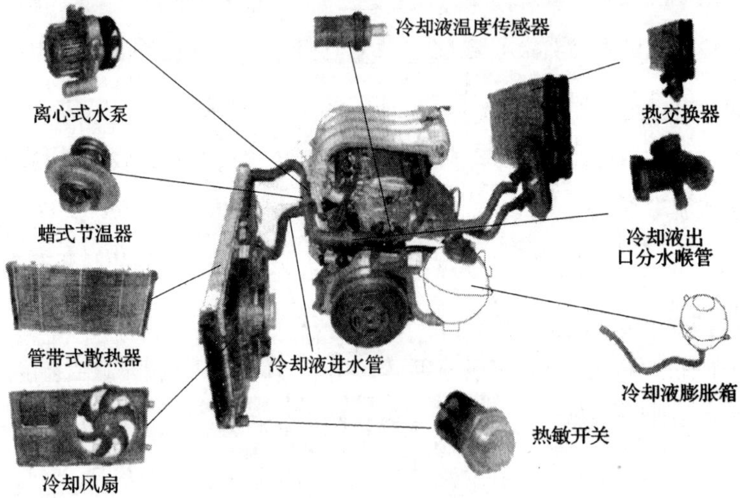

暖风系统实物图

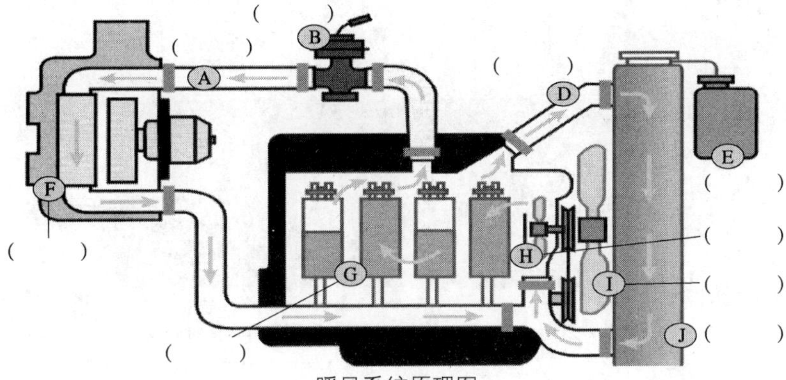

暖风系统原理图

（2）查阅资料，标出下图所示空调通风配气系统中各组成部件的名称。

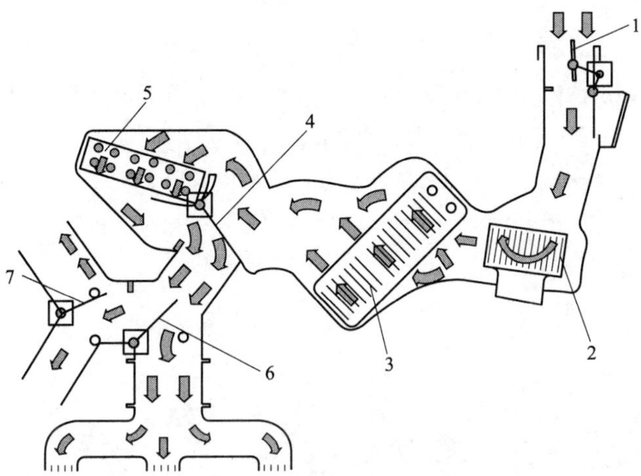

空调通风配气系统

1. ＿＿＿＿＿＿　2. ＿＿＿＿＿＿　3. ＿＿＿＿＿＿　4. ＿＿＿＿＿＿

5. ＿＿＿＿＿＿　6. ＿＿＿＿＿＿　7. ＿＿＿＿＿＿

（3）根据通风配气系统的原理图和控制面板图回答下列问题。

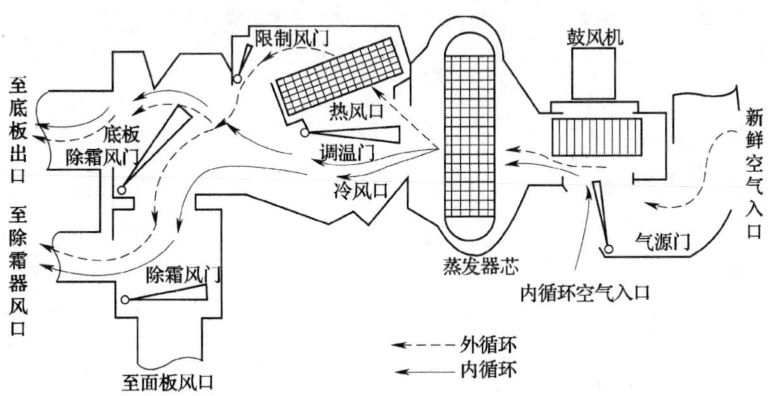

通风配气系统的原理图

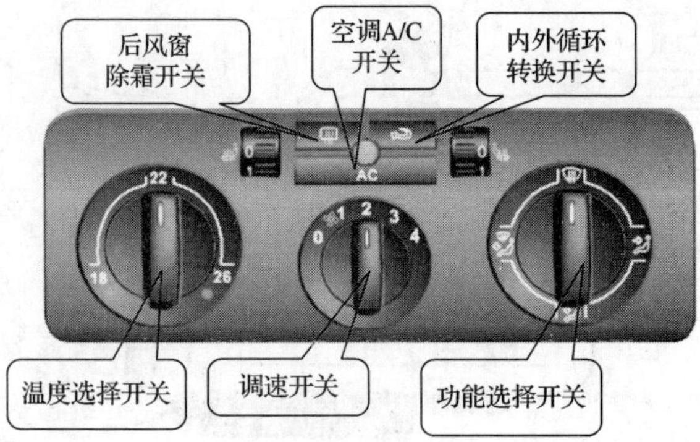

控制面板图

1）如上图所示，车厢内的通风是通过__________把新鲜空气吸入通风配气系统，经过________进行________后的冷空气通过调温门一部分经过________ 送往各个出风口。

2）对照空调面板图和通风配气系统的原理图，控制面板上的温度选择开关控制的是原理图中的__________，控制面板上的功能选择开关控制的是________________，内外循环选择开关控制的是________________。

3）空调是通过改变__________的位置调节温度的。

（4）对照下图，填写下表中各个符号所对应的气流出口。

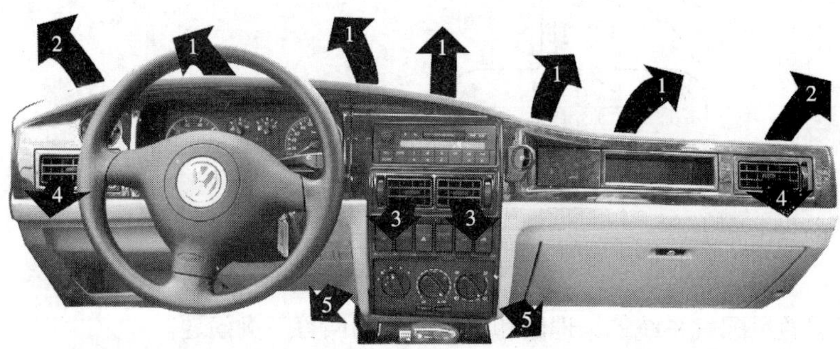

旋钮所指符号	气流出口	大气流量出口	小气流量出口
		1，2	
		5	1，2，3，4
		3，4，5	1，2
		3，4	

5. 空调电气系统。

（1）对照下列两图，填写下表。

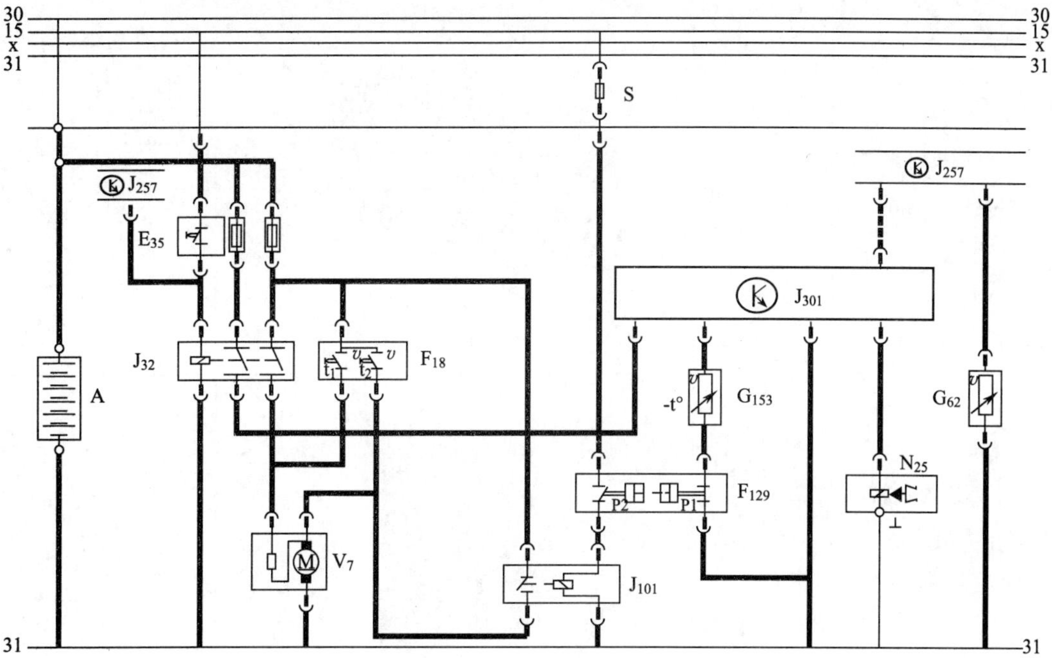

上海大众 2000 手动空调电路图

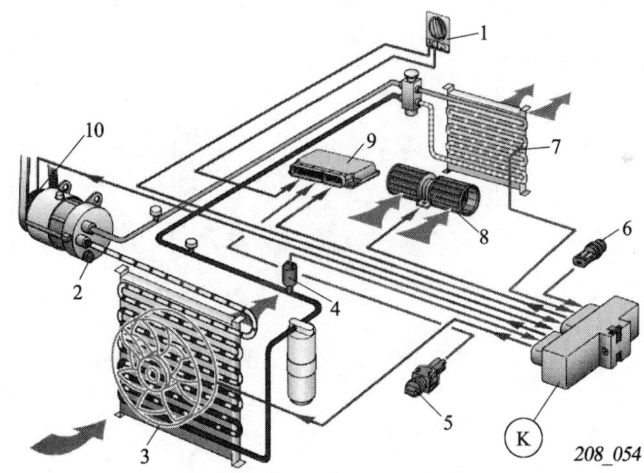

手动空调调节示意图

名称或代码	类别	安装位置及图形	功用
E35	传感器或 开关信号	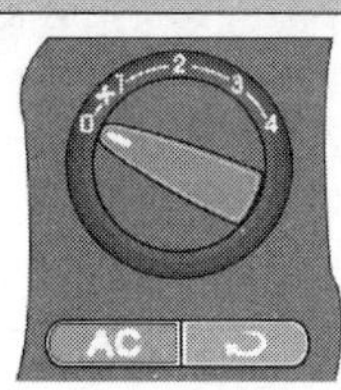	

续表

名称或代码	类别	安装位置及图形	功用
冷却液温度（开关）传感器：G62	传感器或开关信号	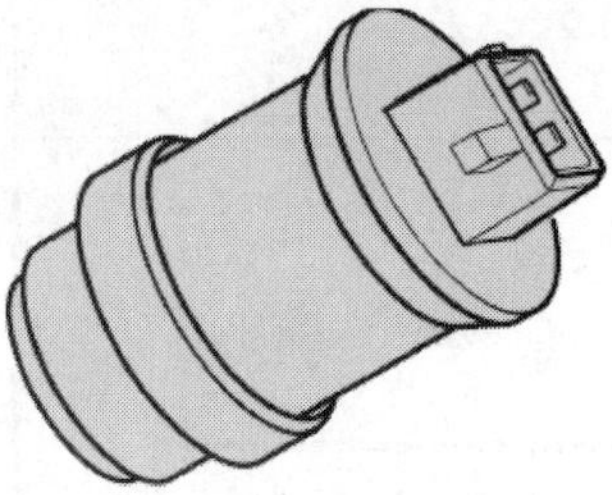	
空调压力开关（压力传感器）：F129		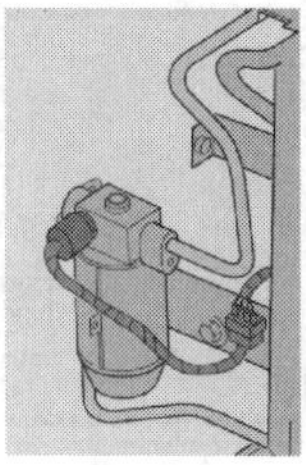	
蒸发器温度传感器（蒸发器温度开关）：G153		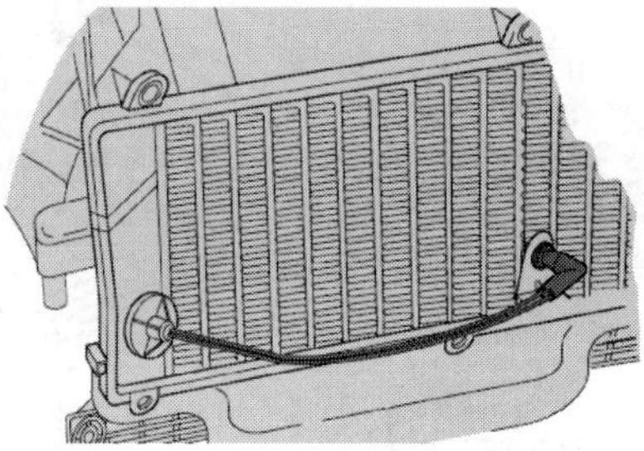	
散热器热敏开关：F18		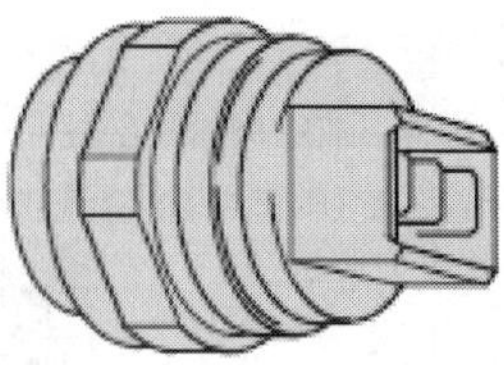	

续表

名称或代码	类别	安装位置及图形	功用
散热风扇控制器（空调控制单元）：J301	控制单元		
发动机控制单元：J257			
电磁离合器	执行元件	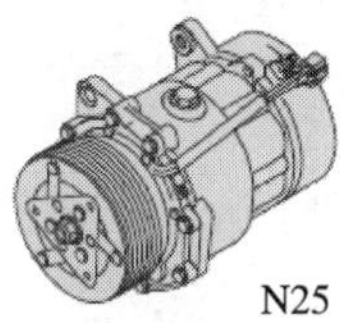 N25	
新鲜空气鼓风机：1		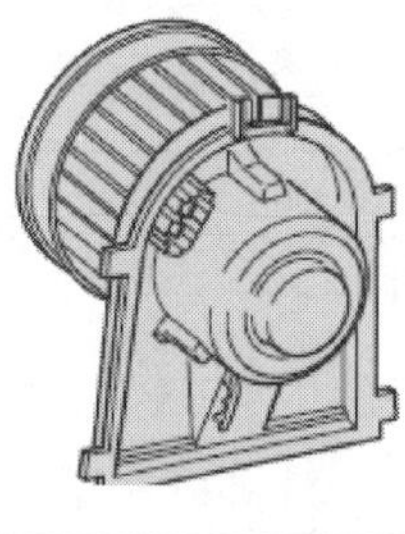	
散热器风扇：V7		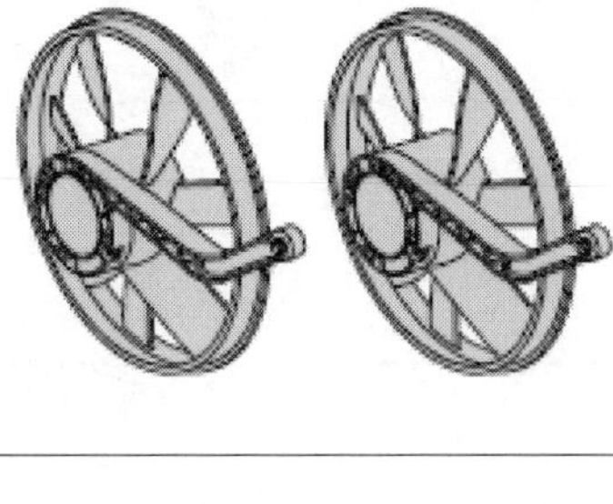	
空调继电器			

三、维修方案制订

1. 造成空调系统工作不正常的原因有哪些？完成下列鱼骨图的绘制。

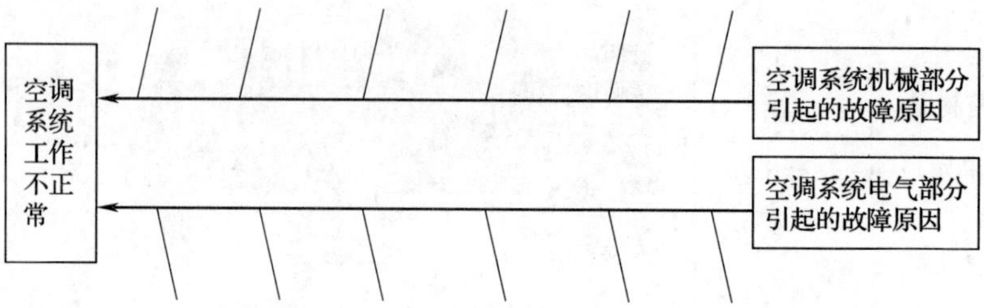

2. 制订空调工作不正常故障的检查方案。

序号	检查步骤	使用工具、设备
1		
2		
3		
4		
5		
6		
7		
8		
9		
10		
11		
12		

3. 查阅空调维修手册，结合故障检测步骤，列举所要用到的资料、仪器设备、使用注意事项。

仪器设备及学习资源名称	类别	数量	用途	使用注意事项
汽车维修手册	资料			
汽车空调电路图	资料			
三件套	防护装置			

评价与分析

学习活动过程评价表

班级		姓名		学号		日期	年　月　日
序号	评价要点				配分	得分	总评
1	能完成车辆防护装置安装，并能确认故障现象				5		A□（86～100） B□（76～85） C□（60～75） D□（60 以下）
2	能查阅资料，写出汽车空调维修的注意事项				5		
3	能就车识别汽车空调系统零部件名称，并能说明其功用				10		
4	能描述空调系统的组成及工作原理				20		
5	能正确解释空调控制面板各开关的使用方法				5		
6	能查阅待检车辆相关资料，分析造成空调系统工作不正常的原因，并完成鱼骨图的绘制				15		
7	能制订空调工作不正常的维修方案				10		
8	能遵守劳动纪律，以积极的态度接受工作任务				10		
9	能积极参与小组讨论，发挥团队合作精神				10		
10	能及时完成老师布置的任务及工作页				10		
总　分					100		
小结建议							

学习活动 2　故障基本检查

学习目标

1. 能描述空调系统基本检查的内容与方法。

2. 能用电子检漏仪对空调系统进行检漏。

3. 能正确使用制冷剂加注回收机完成制冷剂回收和加注作业。

4. 能对空调系统进行检查维护。

建议学时：12 学时

学习准备

汽车维修手册、互联网资源、多媒体设备、车辆或空调台架、制冷剂加注回收机、电子检漏仪、风速计、歧管压力表、温度计等。

学习过程

一、空调系统的基本检查

1. 空调系统深度维护检查项目。参照维修手册，进行汽车空调系统深度维护检查（目测），并完成下表。

序号	检查项目	正常	不正常	备注
1	制冷管路接头有无油渍			
2	制冷系统压力开关插头有无脱落			
3	冷凝器外部有无杂物			

续表

序号	检查项目	正常	不正常	备注
4	电磁离合器是否吸合			
5	制冷系统高、低压管路温度是否正常			
6	开启空调开关，检查散热风扇是否转动			
7	检查室内出风口温度（温度计显示应在 3 ~5℃）			
8	各出风口的通风量是否正常			
9	压缩机是否有异响			
10	测量制冷系统高、低压力			
自我评价		□非常满意 □满意 □不满意		

2. 对照下图所示空调操作按钮，完成以下操作并填写相关记录。

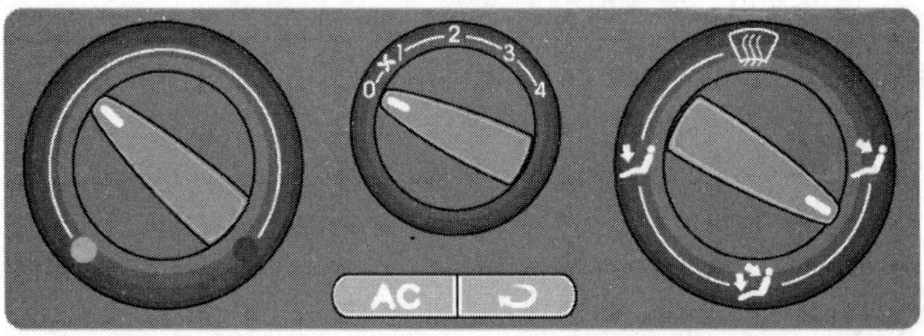

操作步骤	操作内容	观察对象	正常	不正常
1	打开点火开关	观察各指示灯		
2	按下 A/C 开关按钮	感觉出风口有无冷风		
3	按下“内循环”按钮	观察是否进入内循环模式		
4	操作鼓风机开关	感觉出风口风量大小		
5	操作温度调节按钮	感觉温度是否有变化		
6	释放内外循环按钮	观察能否进行内外空气切换		

3. 出风口温度测量。

出风口正常出风温度应在__________℃之间，对照下表图片完成填空。

顺序	图片	检测方法步骤
1		把车辆停放在________环境下
2		打开 AC 开关，把温度调整旋钮调整到__________位置，鼓风机开关打到__________挡位，出风方式为________
3		发动机转速保持在____________之间
4		使用仪器测量____________的温度，并记录该温度值 温度值：____________，该仪器名称：____________

判断检查结果：

____

4．根据下列提示，完成空调系统压力的测试。

（1）查阅汽车维修手册，记录待检车辆空调系统的正常压力值。

高压压力：__________ 低压压力：__________

（2）参照下表操作顺序检查空调系统压力，并补充填写相关内容。

操作顺序	操作内容	操作指示图	操作记录
1	车辆停放在阴凉处		
2	打开发动机盖，安装防护三件套		
3	把歧管压力表的高、低压维修软管连接到空调系统		红色维修软管连接到空调系统的________（高压/低压），蓝色维修软管连接到空调系统的__________（高压/低压），________（关闭/开启）歧管压力表的高低压手动阀
4	启动发动机		将发动机转速控制在________r/min，使压力表指针稳定

续表

操作顺序	操作内容	操作指示图	操作记录
5	操作空调控制面板		打开 A/C 开关，进风方式选择为________（内/外）循环，温度设在________，风机转速为________
6	记录歧管压力表上显示的系统压力值		高压压力：________ 低压压力：________
根据测量结果与标准压力对比，可判断空调系统压力是否正常：□正常　□不正常			

（3）查阅资料，填写空调常见不正常压力故障的原因。

不正常压力故障现象	可能的原因
低压侧和高压侧压力都低于正常值	
低压侧和高压侧压力都高于正常值	
低压侧压力偏高，高压侧压力偏低	
低压侧压力偏低，高压侧压力偏高	

二、歧管压力表的使用

1. 歧管压力表的组成。

（1）参照下图所示歧管压力表实物图，歧管压力表组是由高压表、____、______、低压手动阀、阀体及三个维修软管组成，可以用来测量空调系统的______、抽真空、加注制冷剂及冷冻机油。

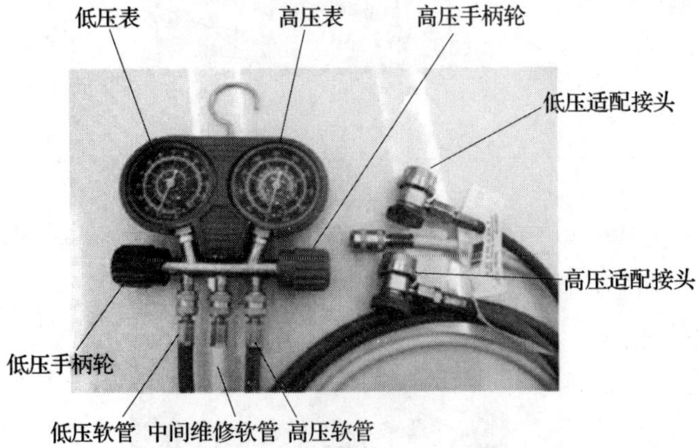

歧管压力表实物图

（2）对照下列歧管压力表示意图，写出各序号对应的部件名称。

3、7 为____________，在图示位置处于_________（开启/关闭）状态。

1 是__________，用来显示________压力和_________。

2 是__________，用来显示__________压力。

4 是__________，接制冷系统的__________接口，6 是__________，接制冷系统的__________接口，5 是中间的维修软管，接__________或____________。

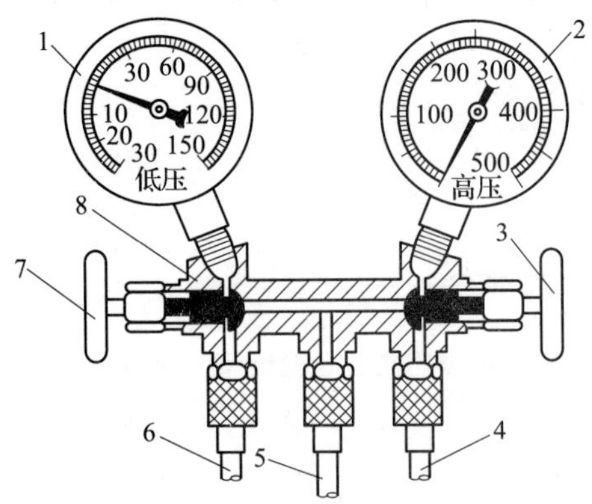

歧管压力表示意图

2. 歧管压力表组的功能。

歧管压力表组是维护汽车空调系统最重要的工具，无论是系统抽真空、加注制冷剂、添加冷冻机油，还是系统故障检查和排除都离不开它。

（1）如图 a 所示：高压手动阀（HI）和低压手动阀（LO）同时________________（关闭/开启），高、低压表分别跟高、低压管路相通，可对高、低压侧压力进行检测。

（2）如图 b 所示：高压手动阀和低压手动阀同时______（关闭/开启），三条管道连通。此时中间管接上________，则可对系统进行抽真空。

（3）如图 c 所示：高压手动阀____________，而低压手动阀____________，中间软管接____________，则可由低压侧充注气态制冷剂。

（4）如图 d 所示：高压手动阀____________，而低压手动阀____________，中间软管接____________，则可由高压侧充注液态制冷剂。

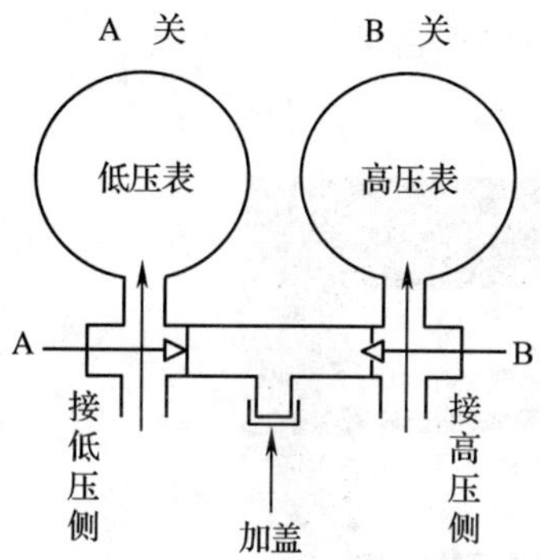

a)

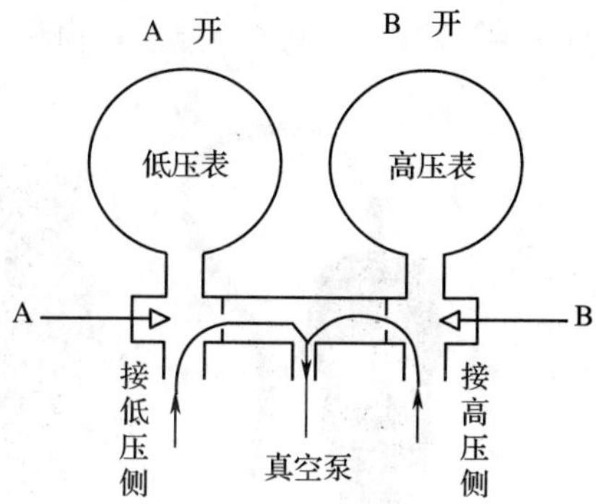

b)

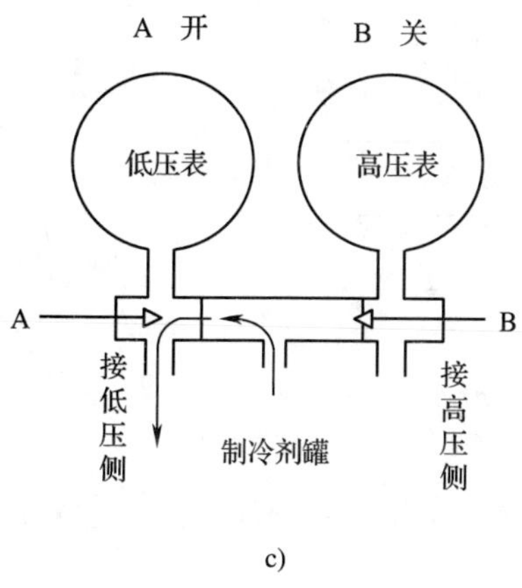

c)

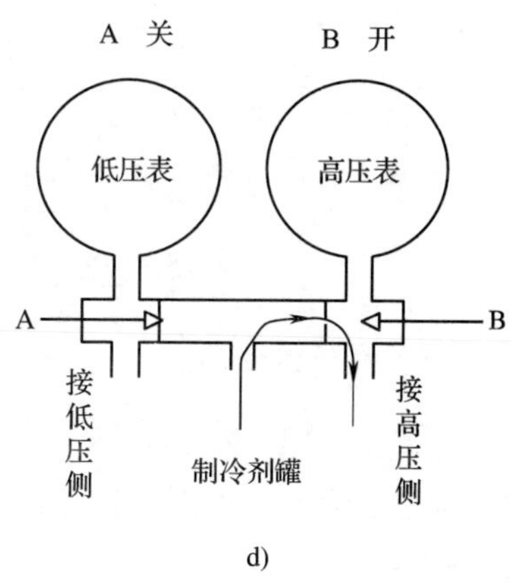

d)

3. 查阅维修资料，写出歧管压力表的使用注意事项。

三、空调系统的检漏

空调系统基本检查时，如果目视没有发现管路有泄漏迹象，则还需要用专用设备或仪器对空调系统进行检漏。

1. 下图所示为空调电子检漏仪实物图，写出各个按键的含义。

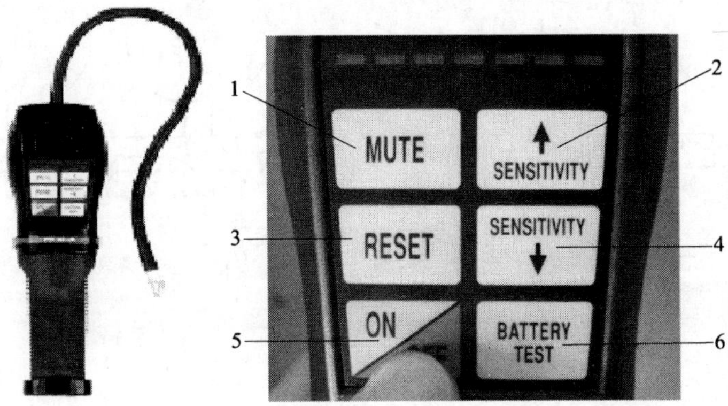

空调电子检漏仪实物图

1. ____________ 2. ____________

3. ____________ 4. ____________

5. ____________ 6. ____________

2. 电子检漏仪的使用。

（1）按______键，实现开机。

（2）调节灵敏度，使第一个 LED 灯点亮，若想提高灵敏度，则按________仪器发出低频“嘀嘀”声。

（3）探头指向被检区域（不要接触），若点亮的 LED 灯增多，声音频率增高，则说明有________。

（4）当仪器报警时按重设键，此后只有更高浓度的制冷剂含量时才会报警。可重复此步骤，直到找到泄漏源。

3. 使用制冷剂检漏设备进行检漏时，其探头________（应该/不应该）直接接触元器件或接头，并置于检测部位的______部。

检漏程序的应用：

◆ 在制冷剂加注作业环节中实施。

◆ 加注制冷剂之前检漏（系统检漏）。

◆ 加注制冷剂之后检漏（加注阀处）。

◆ 竣工检验期间，在制冷装置工作状态下，用检漏设备检测。

4. 查阅资料，空调系统的检漏方法除外观检漏和电子检漏之外，还有____________、____________、____________、________________________等。

举例说明其中一种空调系统检漏方法的步骤。

5. 查阅资料，对照下图写出空调系统容易产生泄漏的部位。

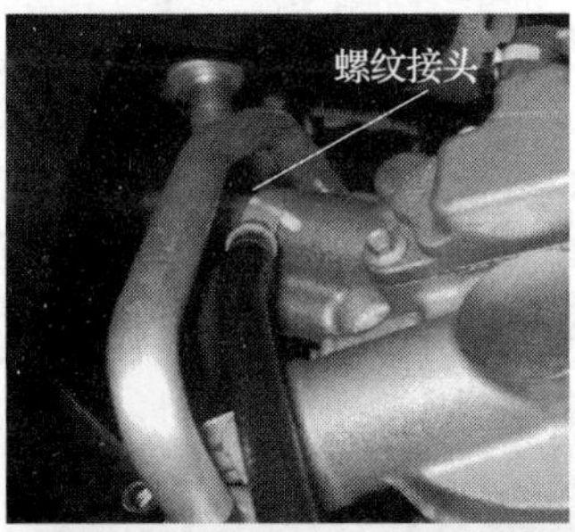

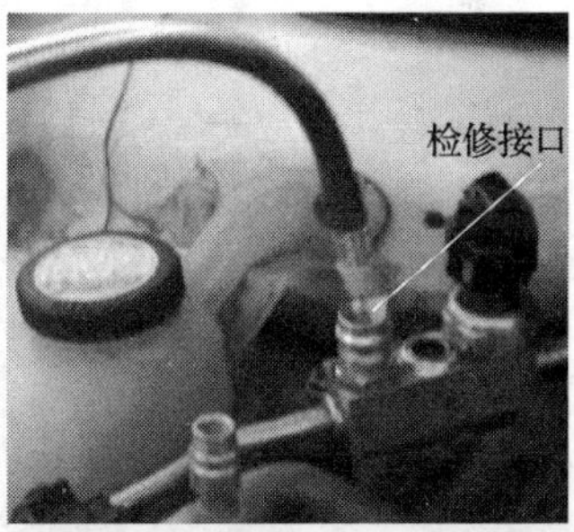

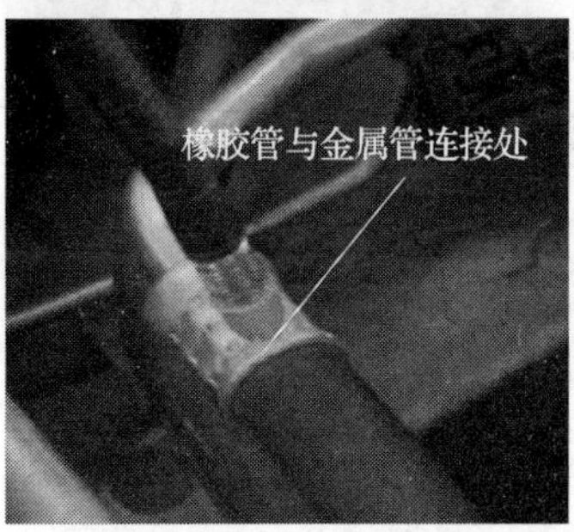

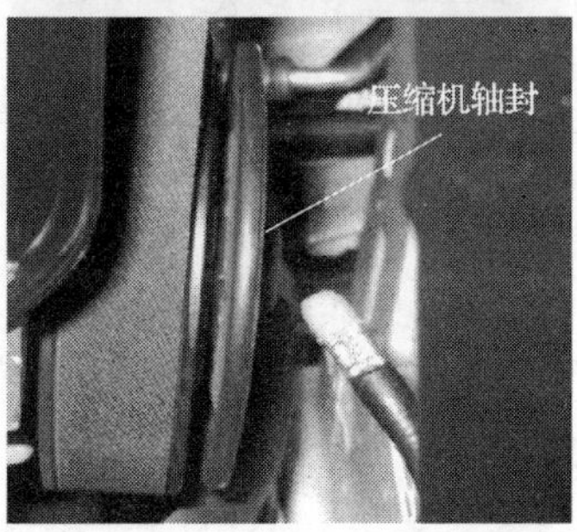

部件	泄漏常发部位
冷凝器	
储液干燥过滤器	
蒸发器	
压缩机	
制冷剂管道	

空调系统泄漏会造成什么后果？

____

四、制冷剂加注回收机的使用

汽车空调维修过程中经常要拆开空调系统，如果将制冷剂排入到大气中，既浪费又__________，可用__________设备回收制冷剂。对制冷剂没有严格要求的场合，回收的制冷剂可继续使用。

1. 查阅资料，写出制冷剂加注回收机的用途。

2. 各冷媒回收机的回收方法不同，结构也不相同，具体操作也有差异，使用时须参照说明书。下图所示是斯必克公司生产的制冷剂回收机，在划线部分补充填写各部件的名称。

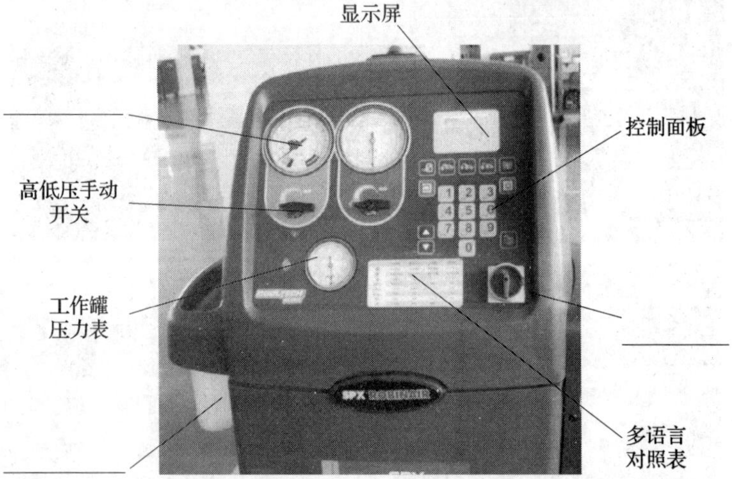

制冷剂回收机

3. 参照制冷剂回收机控制面板图，写出控制面板上各个按键的名称。

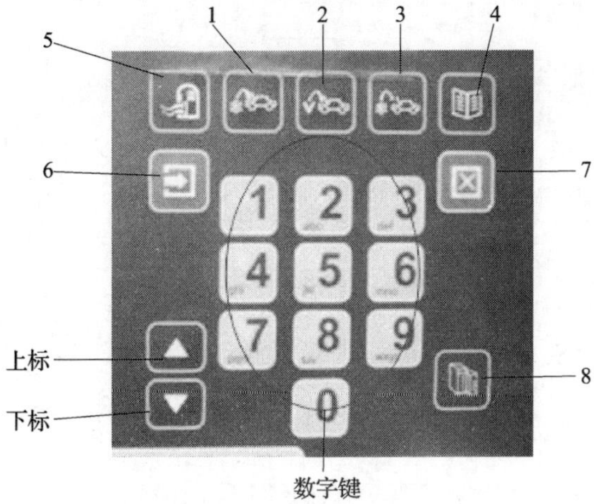

制冷剂回收机控制面板图

1. ________　2. ________　3. ________　4. ________

5. ________　6. ________　7. ________　8. ________

4. 结合说明书，补充完善制冷剂回收机的操作流程图。

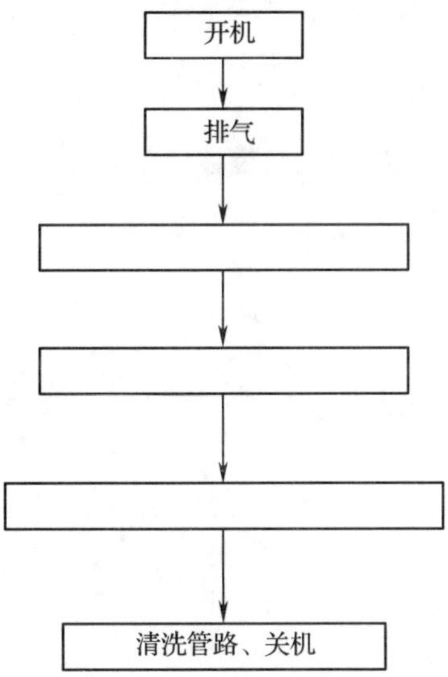

制冷剂回收操作流程图（国家行业标准）

知识拓展

当空调系统出现故障后，如果系统内有制冷剂，需要对制冷剂进行回收。在汽车维修过程中，凡涉及______作业，在维修前，均应对制冷装置中的制冷剂进行回收。

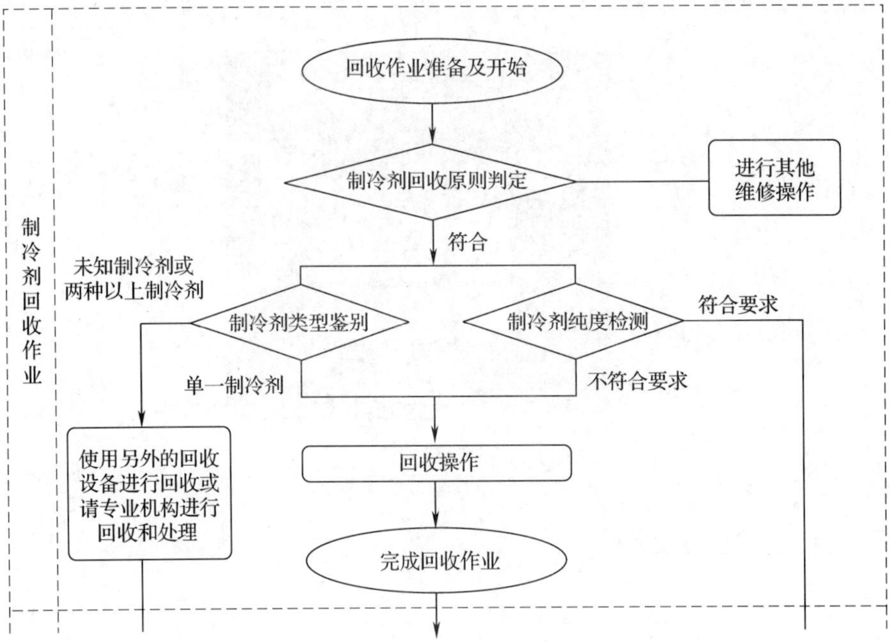

5．根据图示，完成制冷剂加注回收机的操作，并补充相关记录。

（1）打开____________________。

◆ 显示工作罐质量并将回收前的罐质量数值记录在作业记录表中。

◆ 注意：工作罐质量应不超过罐体标称质量的________。

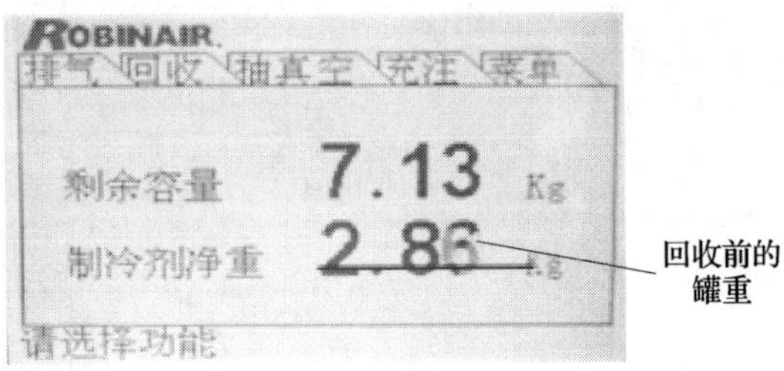

（2）启动____________运行 3 ~ 5 min。

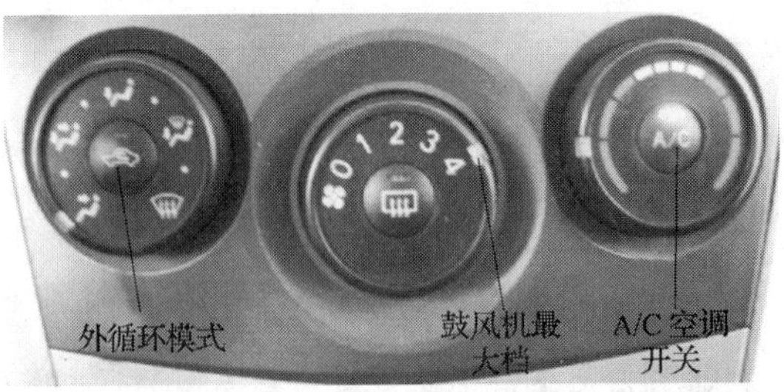

（3）采用回收/净化/加注设备进行制冷剂回收，按______键，进入回收程序。

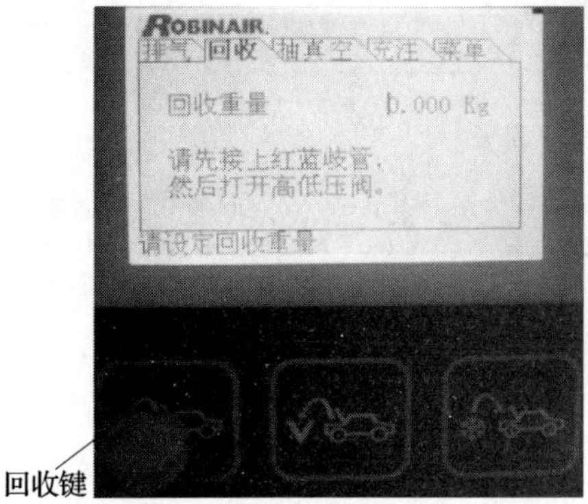

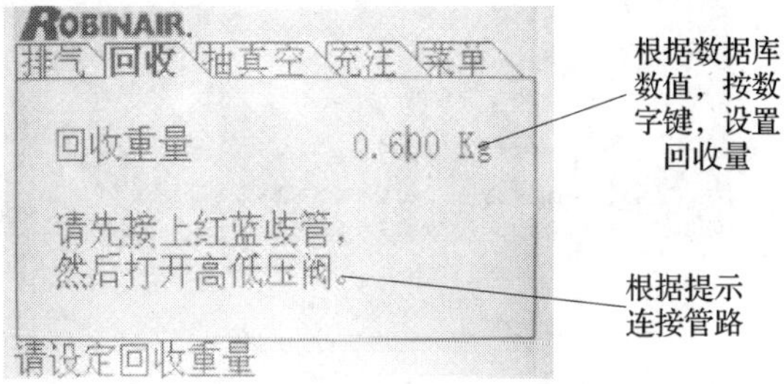

（4）根据提示连接管路。

进行管路连接，将______________正确连接至制冷系统的检测接口。注意：顺时针拧开高低压开关时，速度应慢一些，防止冷冻机油被制冷剂带出系统。

（5）打开__________，右图所示位置：高低压阀处于________（开启/关闭）位置。

（6）按下制冷剂回收机的__________键，设备自动启动自我清洁管路功能，清洁管路结束后开始对制冷剂进行________。

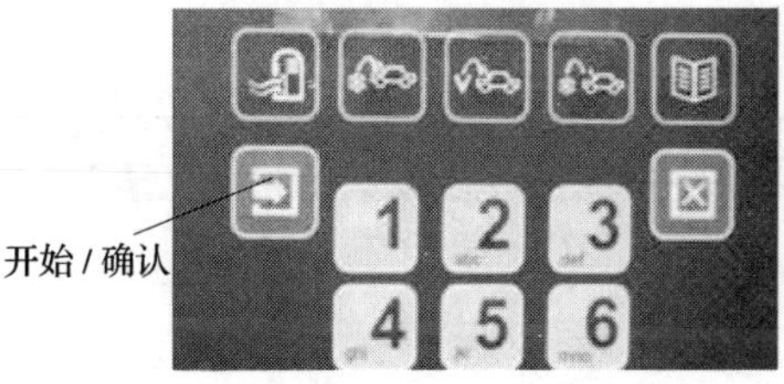

制冷剂回收机按键

设备自动清理管路

对制冷剂进行回收

◆ 回收结束后，显示回收的制冷剂量，仪器准备进行排废油，图中回收量为____kg。

注意指针指示刻度

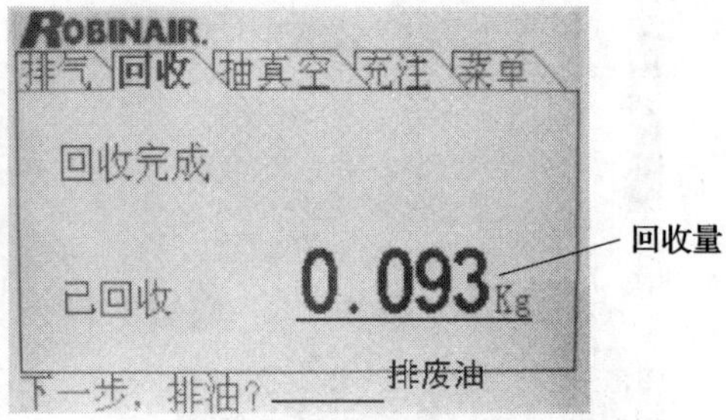

显示回收制冷剂量

◆ 排油瓶表面有刻度（见下图），查看排油瓶内的________并记录。

◆ 下图显示仪器正在排废油，等待一段时间废油无气泡后，查看排油瓶废油液面并记录，计算出排出的冷冻机油量（废油）。冷冻机油回收量 = ________________________。

（7）查看回收后工作罐质量并记录，制冷剂回收量为__________________________。

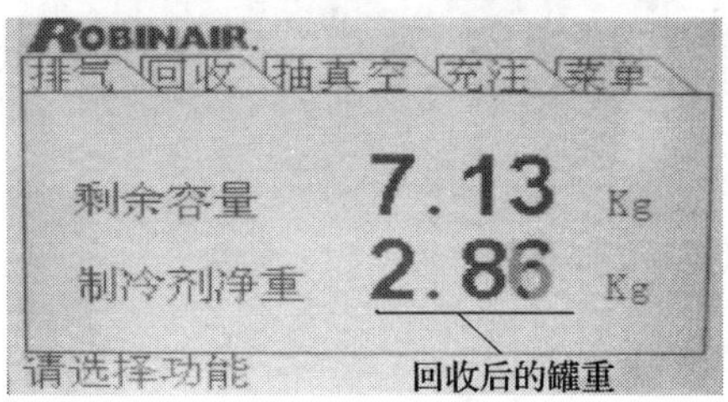

6. 根据以上提示，完成制冷剂回收操作，并将结果记录在下表中。

操作顺序	操作内容	操作记录	数据记录
1	回收前准备工作		
2	打开制冷剂回收机的电源		记录罐重：
3	启动制冷装置运行		运行时间：
4	按“回收”键，进入回收程序		回收量设置：
5	连接管路		连接方法：

续表

操作顺序	操作内容	操作记录	数据记录
6	打开高低压阀		
7	按下制冷剂回收机的“确认”键，开始回收制冷剂		清理管路时间： 回收量：
8	回收结束后，排废油		排油前刻度： 排油后刻度： 排油量：
9	查看回收后工作罐质量		工作罐质量： 回收量：

7. 制冷剂净化操作。采用回收/净化/加注设备进行制冷剂的净化，根据图示完成操作步骤并记录。

操作顺序	操作内容	操作指示图	操作记录
1	选择____键	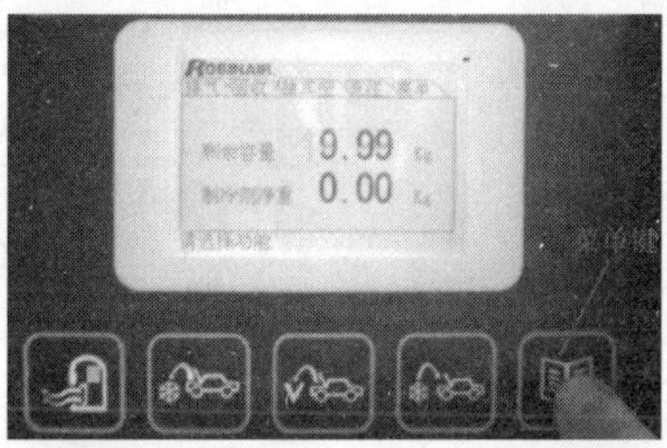	
2	按数字键输入“1234”密码，________进入菜单	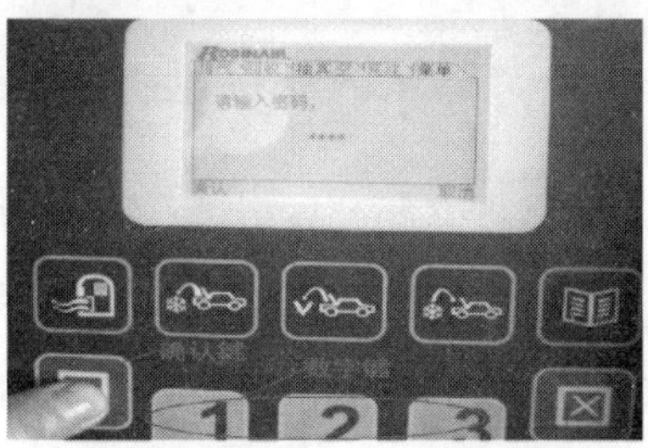	
3	选择__________，按“确认”键，开始对制冷剂净化	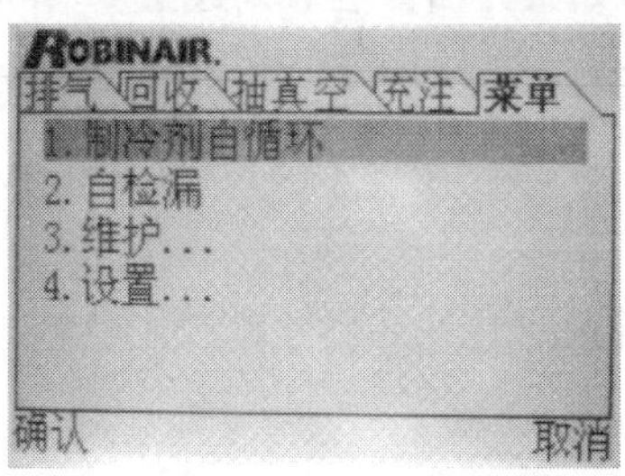	

小资料

制冷剂的净化是对回收的制冷剂进行______，去除其中的空气、水分、水凝性气体、油和其他杂质，使其能够重新利用的过程，净化操作过程应最大程度地排除上述物质。

在回收过程中已完成一次净化循环，为提高净化效果，在制冷剂回收过程结束后，如纯度仍低于____________（90%/94%/96%）时，应再次对回收的制冷剂进行净化循环，并符合纯度要求。

五、制冷剂加注作业

制冷剂加注操作流程图

1. 真空检漏

启动回收、净化、加注设备的真空泵，抽真空至系统真空度低于____________。关闭歧管表阀门，停止抽真空，并保持真空度至少______min，检查压力表值是否变化。如压力回升，则继续抽真空，如累计抽真空时间超过 30 min，压力仍回升，则可以判定________（有/没有）泄漏，应检修________，并重复进行抽真空操作。

2. 抽真空

抽真空的目的是去除空调系统中的____________和________，歧管压力表抽真空的操作步骤如下：

（1）连接管路：将歧管压力表的高低压软管接制冷系统的______________，中间软管接____________。

（2）打开歧管压力表的高低压手动阀。

（3）打开真空泵电源，开始对制冷系统抽真空。抽真空的时间应不少于____________。

（4）抽真空结束后应先关闭____________，后关闭____________。

3．如果空调系统未进行抽真空操作就加注制冷剂，会出现什么现象?

4．用制冷剂加注回收机抽真空操作步骤如下，做好记录。

操作顺序	操作内容	操作指示图	操作记录
1	选择____键	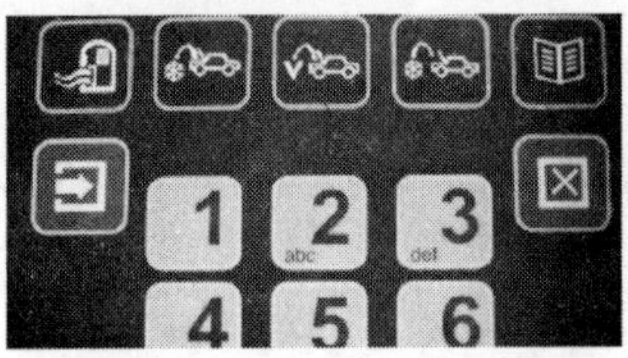	
2	按______键选择抽真空时间		抽真空操作持续时间应不少于____min，以充分排除制冷装置中的水分
3	打开______	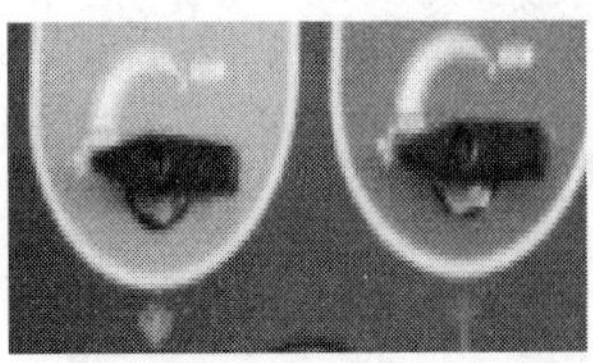	
4	按下“确认”键开始抽真空（抽真空至系统真空度低于 −90 kPa）		

续表

操作顺序	操作内容	操作指示图	操作记录
5	在抽真空时，仪器同时进行工作罐中制冷剂的净化		
5	抽真空完成后，仪器自动停止真空泵工作		记录抽真空后的压力值：

5. 加注制冷剂。

在加注制冷剂前，应补充冷冻机油，建议的补充量为：制冷剂净化时的排出量 ____ (20 mL/30 mL)。

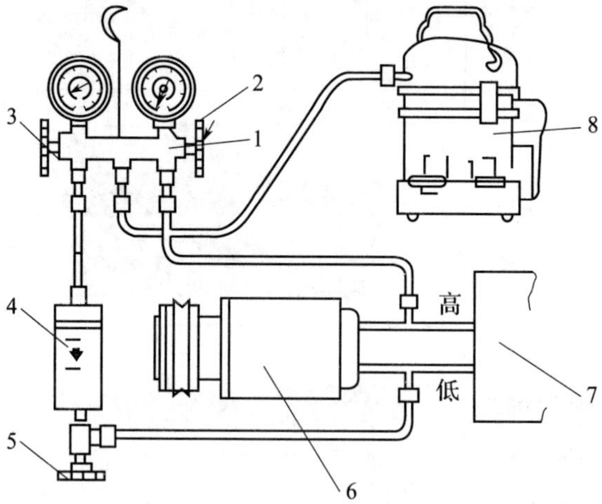

1—表阀 2—高压手动阀 3—低压手动阀 4—注油器

5—放油阀 6—压缩机 7—制冷系统 8—真空泵

用歧管压力表加注冷冻机油的操作方法如下：

（1）按抽真空的方法先对制冷系统________。

（2）选用一个带有刻度的注油器，其上面有一个加油螺塞和一个放油阀。加入比要补充的冷冻机油量稍多一些的冷冻机油。

（3）将注油器接在 ____________和空调制冷系统__________ 之间。

（4）启动真空泵，打开注油器的______。冷冻机油油量达到规定量时，停止真空泵，关闭放油阀。

（5）拆下注油器，把低压软管接在制冷系统的低压气门阀上，接着对系统进行______，加注制冷剂。

注意事项：

6．用制冷剂回收机加注冷冻机油，补充填写下表。

操作顺序	操作内容	操作指示图	操作记录
1	抽真空时间到后，仪器自动停止真空泵工作		
2	按“确认”键，仪器对系统进行泄漏检测 注意：观察高低压表，表针无回升		有无泄漏：
3	检漏结束，准备加注冷冻机油		

续表

操作顺序	操作内容	操作指示图	操作记录
4	建议补充量为：排出量+20 mL 采用单管加注，关闭低压阀（防止冷冻机油进入压缩机），打开高压阀	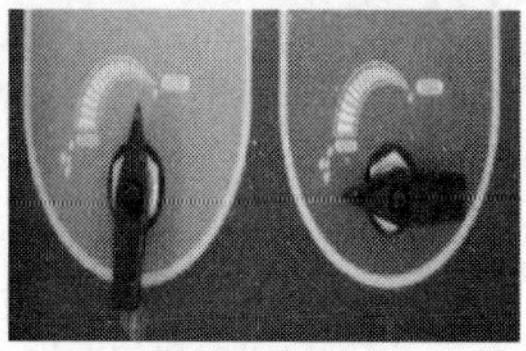	补充量：
5	在加注过程中，必须一直观察注油瓶内的液面，达到补充量后及时按确认键，暂停加注冷冻机油，确认加注量达到要求后，按“取消”键结束加注冷冻机油	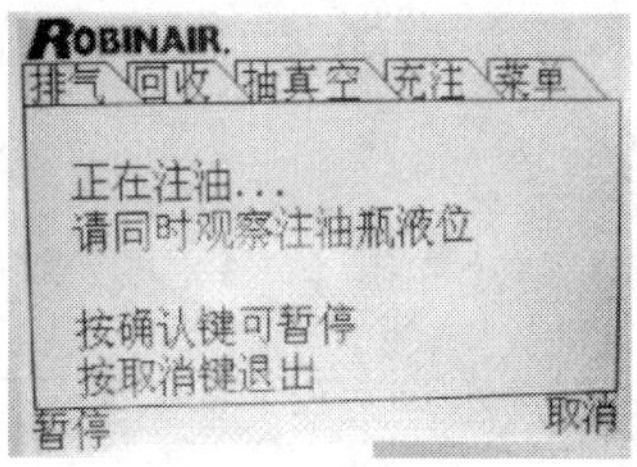	
6	加注冷冻机油结束，准备充注制冷剂		

7. 用歧管压力表加注制冷剂。

（1）高压端加注是指从制冷系统______加注，充入的是________（气态、液态）制冷剂，特点是安全、快速，适用于制冷系统的第一次加注，即经检漏、抽真空后的系统加注。加注时不得开动压缩机。操作方法如下：

1）抽真空后，中间软管与____________连接。

2）将中间软管中的空气排出。

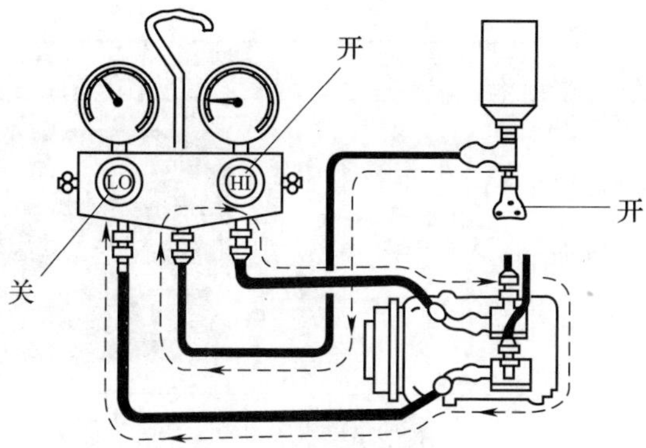

3）旋开________到全开位置，制冷剂罐倒立，将制冷剂以______形式加入制冷系统。

（2）低压端加注是指从制冷系统低压维修接口加注，充入的是______（气态、液态）制冷剂，特点是速度慢，可在系统补充制冷剂的情况下使用。从系统低压侧充入制冷剂的操作方法如下：

1）中间软管与________连接好。

2）将中间注入软管中的空气排出。

3）旋开__________，制冷剂以______形式从低压侧进入制冷系统。

8．用制冷剂回收机加注制冷剂的具体操作方法见下表，补充填写完整。

操作顺序	操作内容	操作指示图	操作记录
1	查阅《车辆使用手册》或数据库，确认制冷装置中制冷剂的类型及加注量	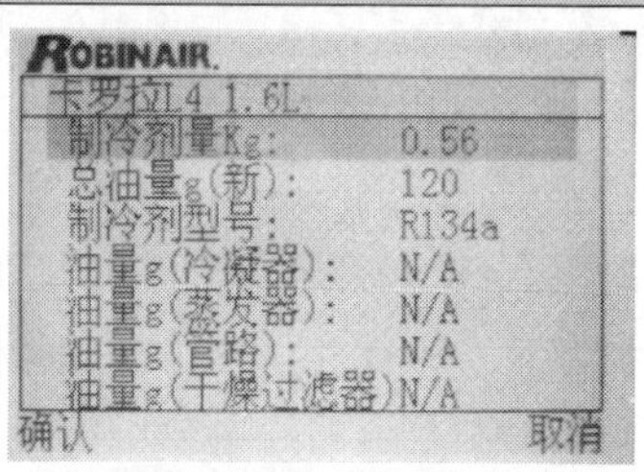	加注量：
2	按确认键，进入制冷剂加注界面，并设置加注量	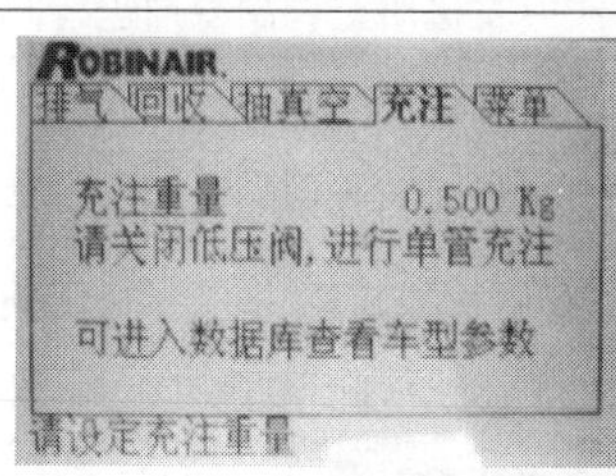	
3	根据提示关闭低压阀，开启高压阀，按确认键进行单管加注	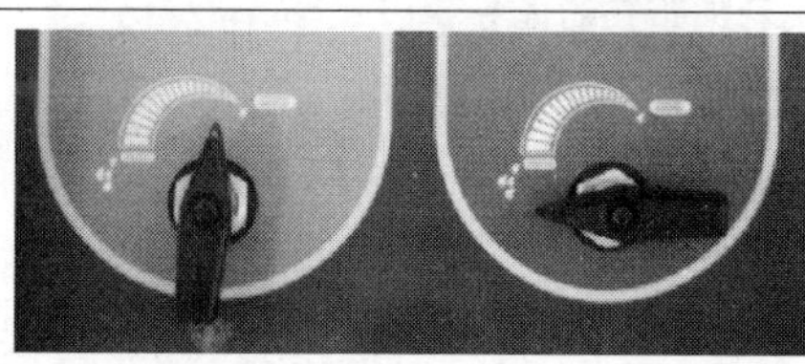	

续表

操作顺序	操作内容	操作指示图	操作记录
4	加注结束，根据界面显示，逆时针旋转高压快速接头，将加注管与制冷系统断开，准备对管路清洁	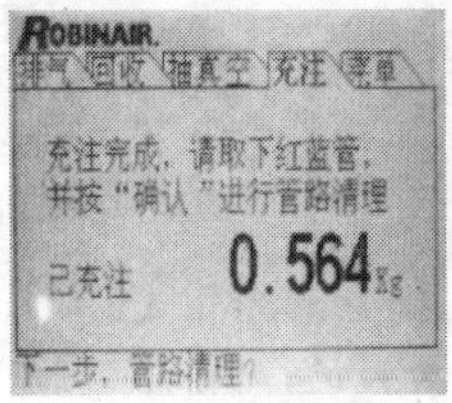 	
5	仪器对管路清洁后，按“确认”键退出		

评价与分析

学习活动过程评价表

班级		姓名		学号		日期	年 月 日
序号	评价要点				配分	得分	总评
1	能正确识读和填写生产派工单，明确任务要求				5		A□（86～100） B□（76～85） C□（60～75） D□（60 以下）
2	能查阅资料，写出空调系统基本检查的内容				5		
3	能就车检查空调系统压力				10		
4	能使用检漏仪对空调系统进行检漏				10		
5	能使用制冷剂加注回收机对空调制冷剂进行回收				10		
6	能使用制冷剂加注回收机进行制冷剂加注操作				20		
7	能描述歧管压力表和冷媒回收机的功用				10		
8	能遵守劳动纪律，以积极的态度接受工作任务				10		
9	能积极参与小组讨论，团队间相互合作				10		
10	能及时完成老师布置的任务				10		
总 分					100		
小结 建议							

学习活动 3 压缩机电磁离合器控制电路的检查

学习目标

1. 能识读压缩机电磁离合器控制电路，并分析故障原因。

2. 能正确选择并使用工量具与仪器，对电磁离合器控制电路进行测量，判断各电气元件的性能。

3. 能叙述电路检测安全操作规程，并在作业过程中自我检查贯彻的情况，做好过程记录。

4. 能对相关资料、互联网资源进行检索，完成工单、工作页的填写。

建议学时：12 学时

学习准备

空调维修作业常用的拆装工具、实训用车、多媒体设备、万用表、维修手册、维修工单、制冷剂加注回收机等。

学习过程

一、控制元件的工作原理

压缩机电磁离合器的控制电路中，主要的电气控制元件有温控器、________环境温度开关、压缩机切断继电器等。

1. 温控开关。

(1) 右图所示为机械式温控开关结构原理图：温控开关________（串联/并联）在电磁离合器的电路中，它的作用是防止________（压缩机/蒸发器）结霜。

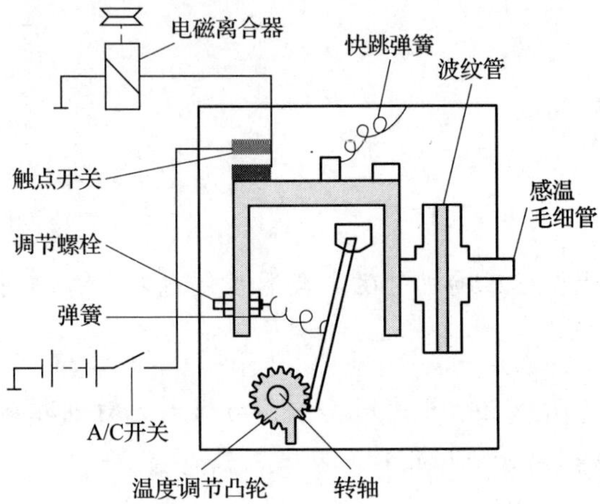

温控开关结构原理图

图中感温毛细管插在蒸发器的散热片内，而波纹管是可以伸缩的。当波纹管收缩时，触点开关______（断开/接通）压缩机电磁离合器的电路；反之，当波纹管伸长时，触点开关____________（断开/接通）电磁离合器电路。波纹管的伸缩是受____________（压缩机/蒸发器）的温度高低控制的。

(2) 下图所示为电子式温控开关，查阅资料，写出电子式温控开关的工作原理。

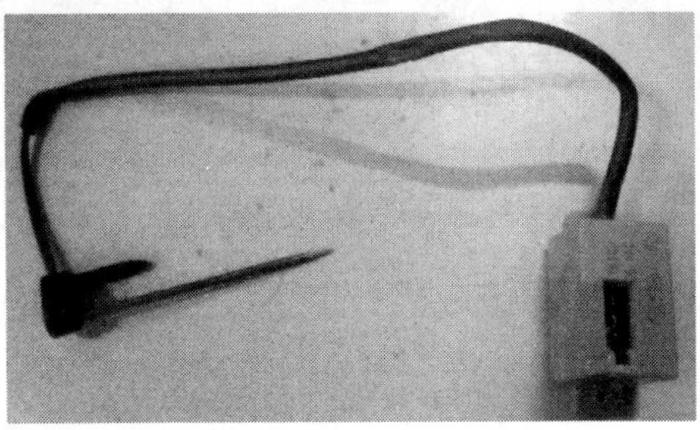

电子式温控开关

(3) 温控开关的安装位置是：______________________。

2. 压力开关。

（1）如下图所示，现代空调系统一般都装有各种形式的压力开关。设置压力开关的目的有两个：______________ 和______________ 。

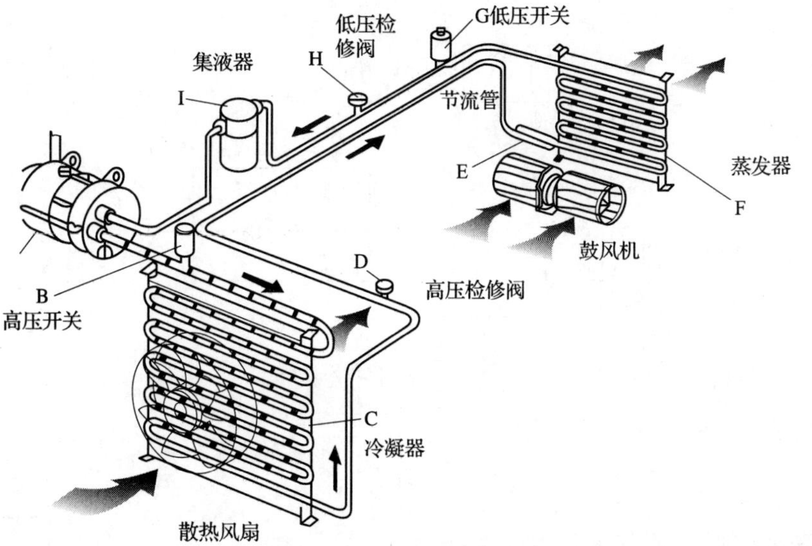

（2）查阅资料，将空调系统中常用的各种压力开关的作用及安装位置填写在下表中。

压力开关的类型	作用	安装位置	应用状况
低压开关			
高压开关			
双重压力开关			
三重压力开关			

（3）查阅资料，写出空调系统的正常压力值。

高压侧压力：________________　低压侧压力：________________

（4）根据三重压力开关的作用，完成下图电路的连接，并回答下列问题。

三重压力开关中高低压开关是__________（常开/常闭）开关，用来控制__________（压缩机/冷却风扇）电路；中压开关是__________（常开/常闭）开关，用来控制__________（压缩机/冷却风扇）电路。

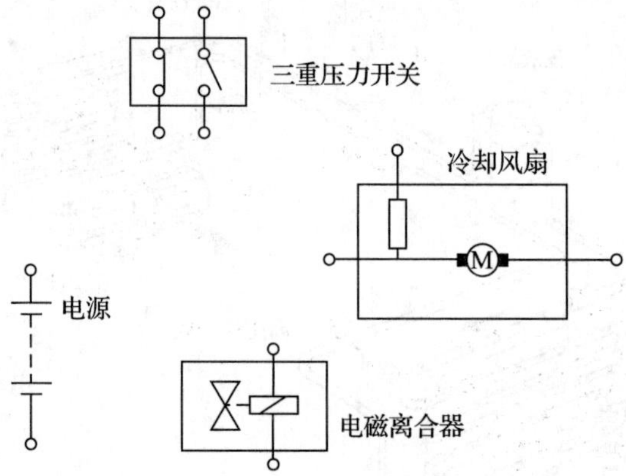

电路连接图

（5）查阅资料：写出三重压力开关的工作压力。

低压：__________高压：__________中压：__________

3. 压力传感器。

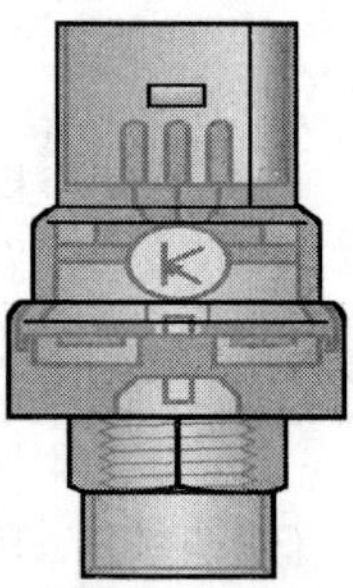

压力传感器

（1）右图所示的压力传感器是传感器而不是开关，它________（不能/能）直接控制压缩机和散热风扇的工作。

（2）查阅资料，写出压力传感器与压力开关的区别。

类型	两者的区别		
	外形结构方面	作用方面	原理方面
压力开关			
压力传感器			

二、空调压缩机控制电路的识读

1. 识读下列电路图，并回答问题。

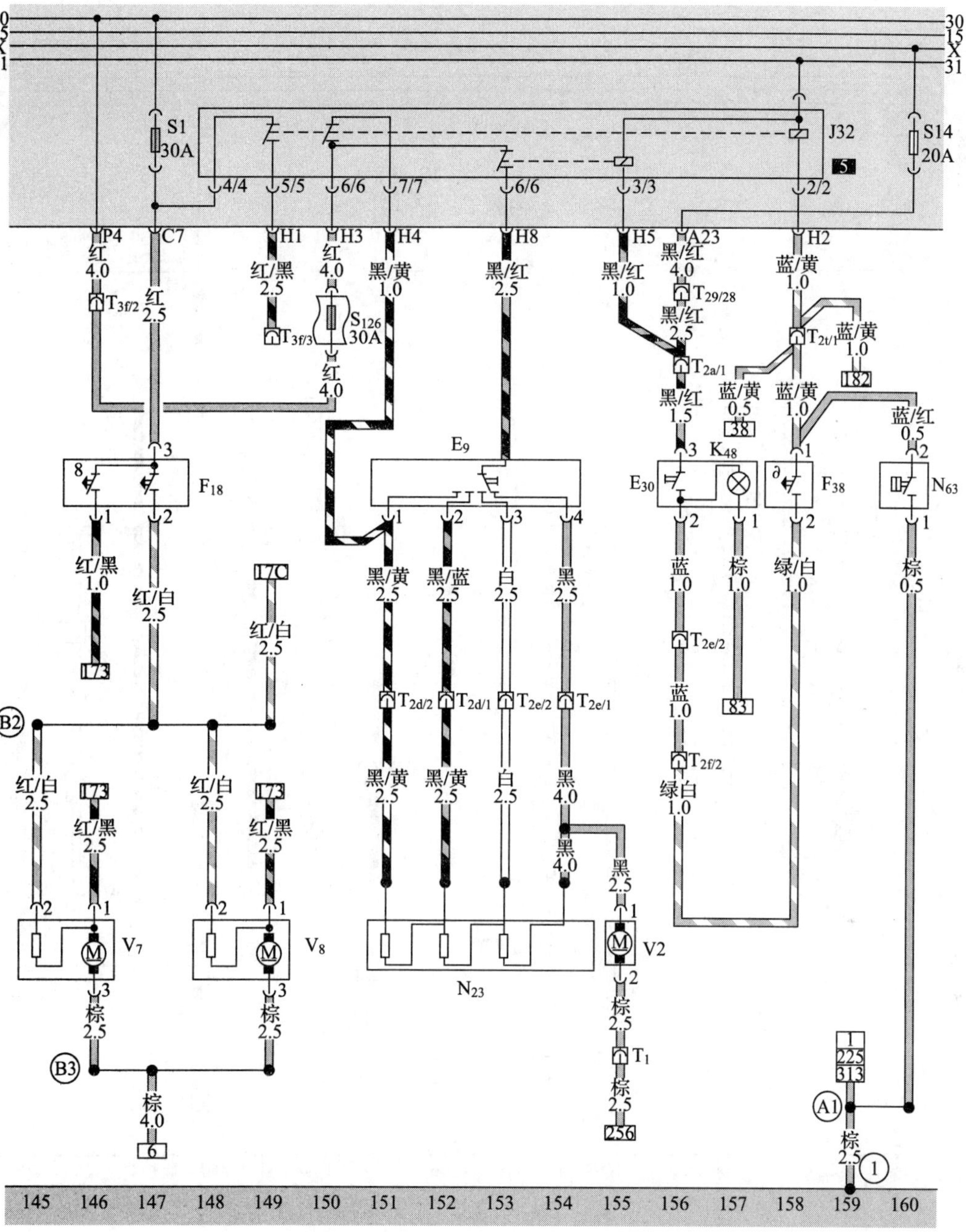

桑塔纳 2000GSi 型轿车空调继电器、空调 A/C 开关、风速开关、

鼓风电动机、散热风扇、室温开关、进风门电磁阀电路图

E9—风速开关　E30—空调 A/C 开关　F18—散热风扇热敏开关　F38—室温开关

J32—空调继电器　K48—空调 A/C 开关指示灯　N23—鼓风电动机减速电阻

N63—进风门电磁阀　S1—散热风扇熔丝（不用空调时）（30 A）　S14—继电器熔丝（20 A）

S126—空调鼓风电动机熔丝（30 A）　V2—鼓风电动机　V7—左散热风扇　V8—右散热风扇

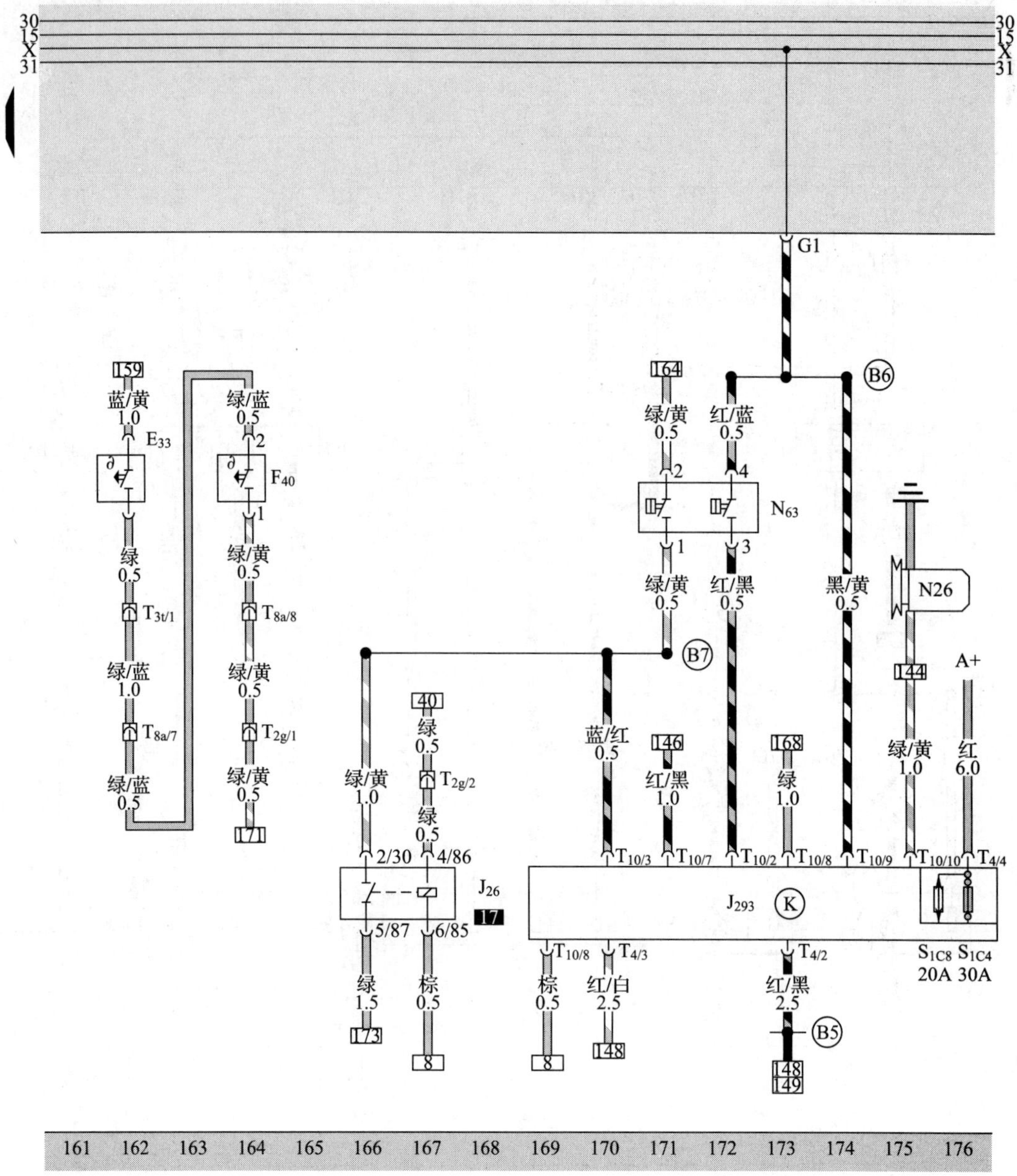

桑塔纳2000GSi型轿车散热器风扇控制器、压缩机切断继电器、

冷量开关、组合开关、空调水温控制开关电路图

E33—冷量开关　F40—空调水温控制开关　F129—组合开关　J26—压缩机切断继电器

J293—散热器风扇控制器　N26—压缩机电磁离合器线圈

S104—散热器风扇熔丝（高速挡使用空调时）（30 A）

S108—散热器风扇熔丝（低速挡使用空调时）（20 A）

（1）写出电磁离合器的作用。

（2）对照以上电路图，写出电磁离合器控制电路中的电气控制元件有哪些？它们各自的作用是什么？

电器元件名称	电器元件的作用
熔丝 S14	保护空调控制电路，防止电流过大损坏电路

（3）写出下列图形符号的名称与含义。

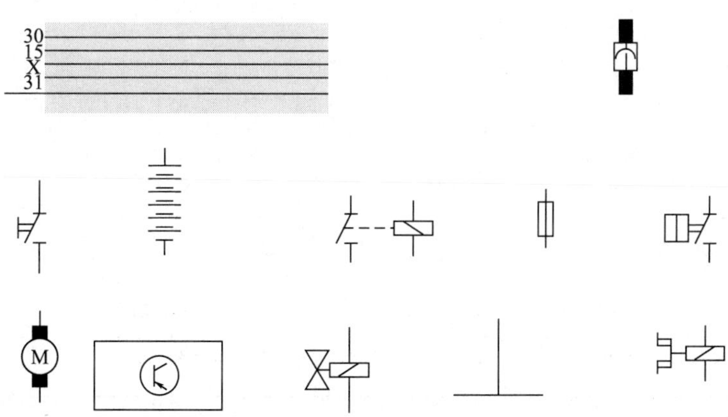

（4）如下图所示，J32 是____________________，共有______个端子，它用来控制____________（鼓风机/压缩机）的电路。

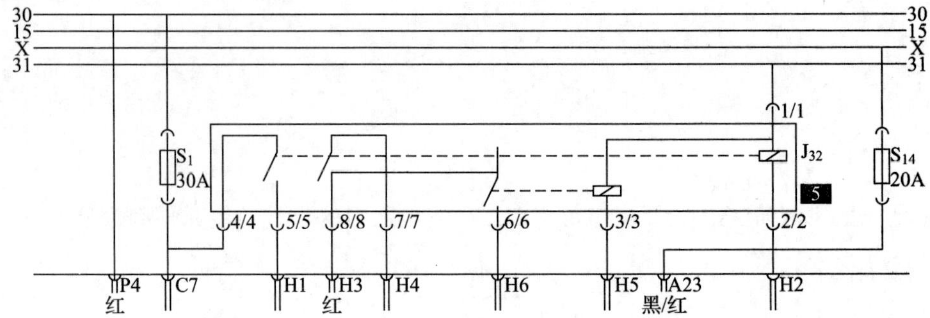

（5）解释 T8a/8 的含义：____。

（6）在电路中，J293 是________________，它由 T4 和 T10 两个插头组成，这两个插头分别有____脚和______脚。查阅资料，解释各个端子的作用。

端子名称	作用
T4/1	
T4/2	
T4/3	
T4/4	
T10/1	
T10/2	
T10/3	
T10/4	
T10/5	
T10/6	
T10/7	
T10/8	
T10/9	
T10/10	

（7）在电路图上画出风扇控制器 J293 中 T10/3 的供电电路。如果这条电路中某一环节出现故障会出现什么故障现象？

（8）根据对电磁离合器电路的分析，写出导致压缩机不工作的可能原因。

三、压缩机电磁离合器控制电路的检测

1．压缩机电磁离合器的检测。

（1）压缩机电磁离合器检查前有哪些准备工作？

（2）压缩机电磁离合器电磁线圈的检测。

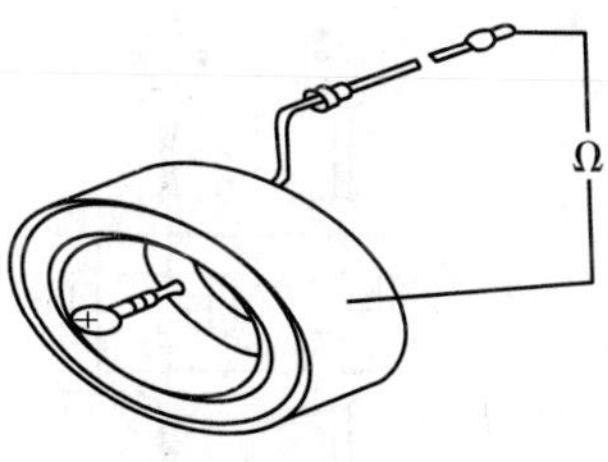

电磁线圈电阻值的检测

所用工具：________________

检测方法：________________

检测结果：________________

2. 空调开关的检测。

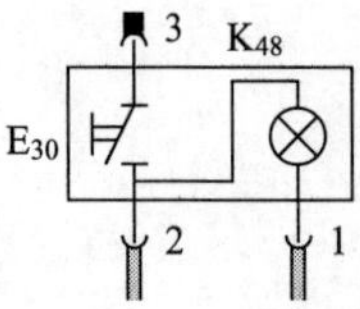

空调开关在电路中的代号是__________，安装在____________，有______个端子。左图所示的空调开关位置，3 脚跟 2 脚：______（导通/断开），检测结果：________________。

3. 环境温度开关的检查。

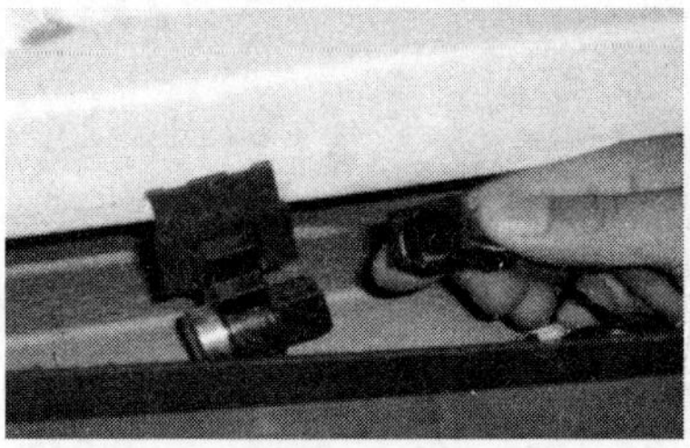

作用：______________________________________。

安装位置：__________________________________。

类型：______（常开/常闭），工作温度：_______。

检测方法：__________________________________。

检测结果：__________________________________。

4. 温控开关的检查。

作用：______________________________________。

温控开关的类型：____________________________。

实车安装位置：______________________________。

检测方法：__________________________________。

检测结果：__________________________________。

5. 压力开关的检查。

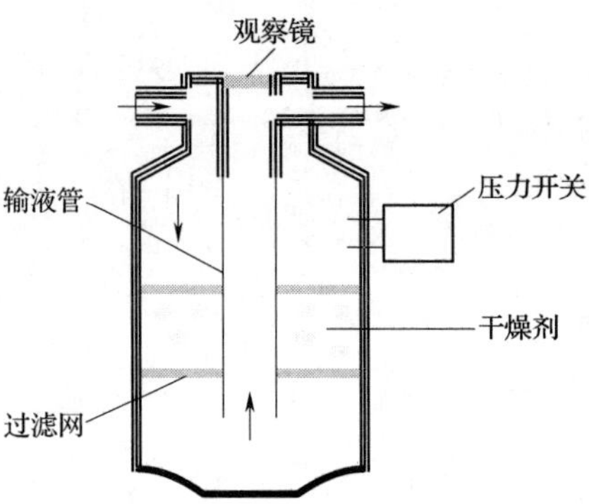

压力开关的类型：____________________________。

如左图所示，压力开关的安装位置：

____。

作用：______________________________________。

工作压力：__________________________________

____。

如右图所示：压力开关的代号是____________。

如何检测压力开关的好坏？

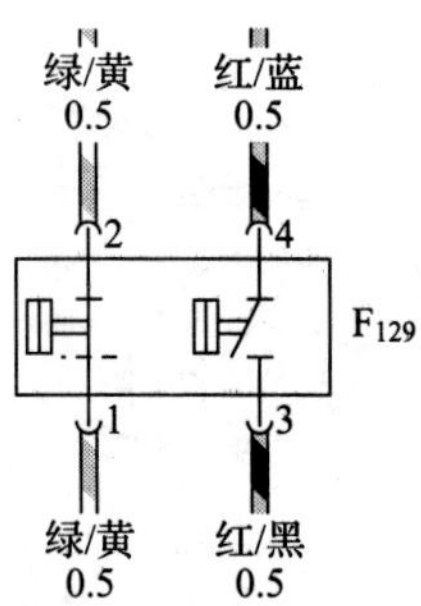

6. 压缩机切断继电器的检测。

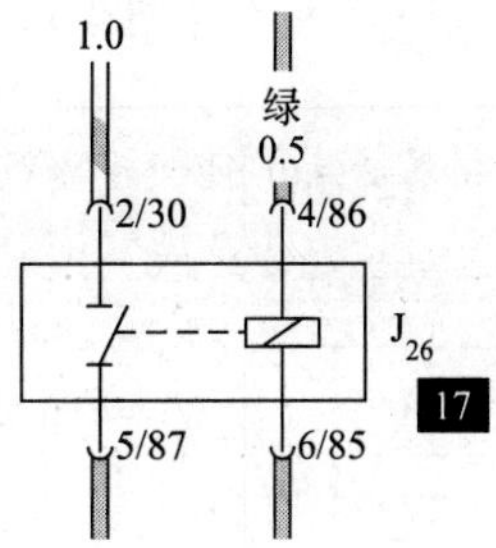

作用：________________________________。

安装位置：____________________________。

类型：__________（常开/常闭）。

工作条件：____________________________________。

检测方法：____________________________________。

检测结果：____________________________________。

7. 查阅资料，写出压缩机切断继电器的工作原理。

8. 风扇控制器线路的检查。

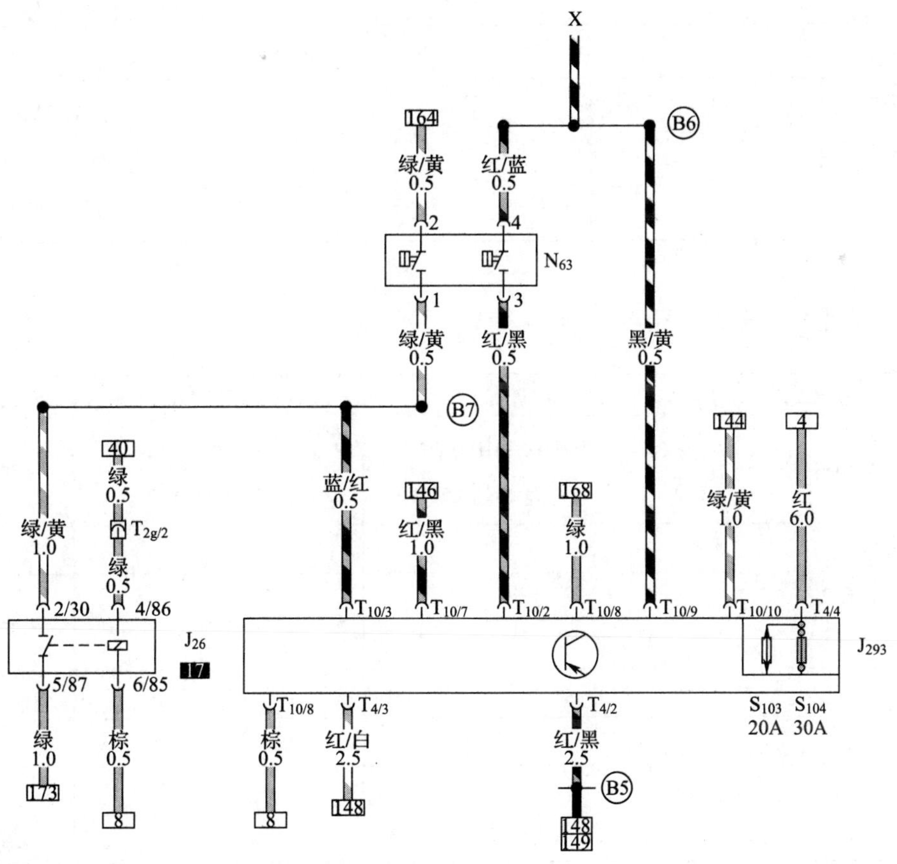

（1）如上图所示，在下表中填写空调风扇控制器各个端子的作用。

风扇控制器端子号	与其相导通的端子	端子的作用	检测结果
T4/4	蓄电池正极	风扇控制器的供电线	通（√）断（ ）
T4/2			通（ ）断（ ）
T4/3			通（ ）断（ ）
T4/1			通（ ）断（ ）
T10/1			通（ ）断（ ）
T10/2			通（ ）断（ ）
T10/3			通（ ）断（ ）
T10/4			通（ ）断（ ）
T10/5			通（ ）断（ ）
T10/6			通（ ）断（ ）
T10/7			通（ ）断（ ）
T10/8			通（ ）断（ ）
T10/9			通（ ）断（ ）
T10/10			通（ ）断（ ）

（2）压缩机电磁离合器线路的检查。

检查线路	检查方法	检查数据	结论
X→J293 T10/3	万用表 电阻检测 万用表 电压检测	∞ T10/3：0 V	线路断路
X→E30/3			
E30/2→F38/2			
F38/1→			

续表

检查线路	检查方法	检查数据	结论
→J293 T10/3			
F129/1→			

（3）故障点确认。

电磁离合器不工作的原因：________________。

维修措施：________________。

知识拓展

桑塔纳 2000 空调控制电路原理图

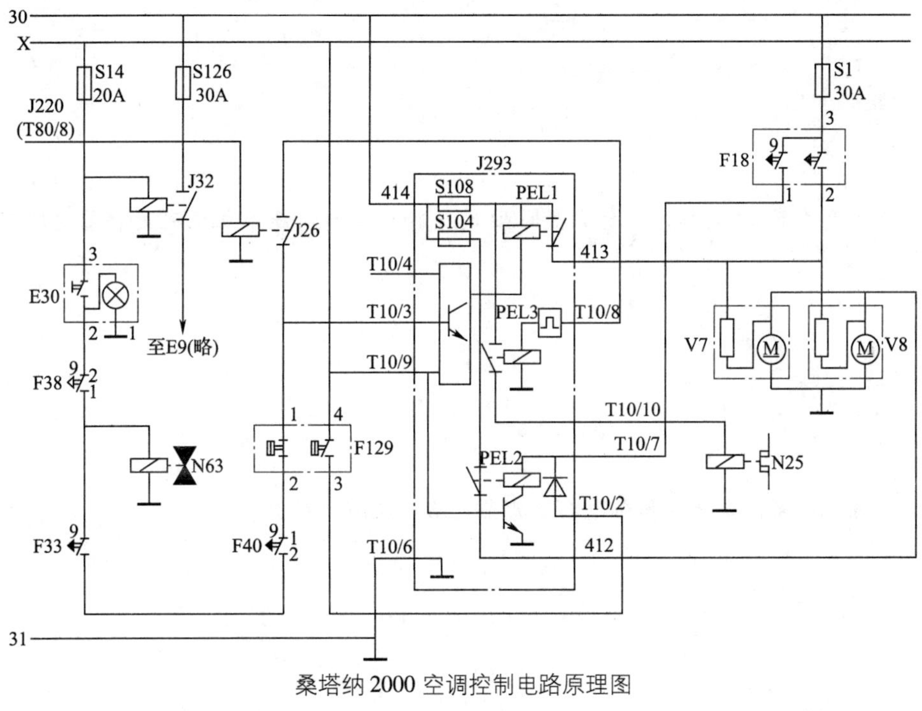

桑塔纳 2000 空调控制电路原理图

E9—鼓风机开关　E30—空调开关　E33—蒸发器温控开关　F18—冷却风扇热敏开关

F38—环境温度开关　F40—空调水温控制开关　F129—组合开关　J126—压缩机切断继电器

J32、J293—空调控制器　PEL1、PEL2、PEL3—继电器

S1—冷却风扇熔丝　S14—空调继电器熔丝　S104—冷却风扇熔丝（高速挡 30 A）

S108—冷却风扇熔丝（低速挡 20 A）　S126—空调鼓风机熔丝

N25—压缩机电磁离合器　N63—新鲜空气电磁阀　V7、V8—左、右冷却风扇

根据桑塔纳2000空调控制电路原理图，回答以下问题。

1. 压缩机的电源是由______（30/15）提供的。

2. J32空调控制器主要用于控制什么？

3. 压缩机切断继电器是由谁控制的？它的主要作用是什么？

4. 压缩机电磁离合器电路中主要用到的熔丝有哪几个？说明它们在实车上的位置。

5. 组合开关F129的作用是什么？F129的3脚和4脚对压缩机电磁离合器电路有没有影响？

6. 压缩机电磁离合器的控制电路是哪条电路？在图上标出。

评价与分析

学习活动过程评价表

班级		姓名		学号		日期	年　月　日
序号	评价要点				配分	得分	总评
1	能查阅资料，写出压缩机控制电路中的每个控制元件				10		A□（86～100） B□（76～85） C□（60～75） D□（60以下）
2	能描述每个控制元件的作用及安装位置				10		
3	能使用工具检测每个控制元件的性能				10		
4	能描述风扇控制器上各个端子的含义				10		
5	能分析压缩机电磁离合器控制电路				15		
6	能检测压缩机电磁离合器控制电路的性能				15		
7	能遵守劳动纪律，以积极的态度接受工作任务				10		
8	能积极参与小组讨论，团队间相互合作				10		
9	能及时完成老师布置的任务				10		
总　分					100		
小结 建议							

学习活动4　鼓风机不工作故障的拆检

学习目标

1. 能了解鼓风机的基本构造、部件功能及其基本工作原理。

2. 能正确选择并使用工量具与仪器，对鼓风机进行测量，判断其工作状态。

3. 能根据维修手册要求，在规定时间内对鼓风机进行拆卸、检修、安装，并完成拆装步骤的记录。

4. 能叙述鼓风机的拆装安全操作规程，并在作业过程中自我检查执行的情况，做好过程记录。

建议学时：8 学时

学习准备

空调维修作业常用的拆装工具、实训用车、多媒体设备、万用表、鼓风机及开关、维修手册、维修工单等。

学习过程

一、鼓风机电路的控制原理

1. 外接鼓风机电阻控制方式。

鼓风机电阻______（串联/并联）在鼓风机开关和__________之间，通过改变电阻阻值的大小，改变电动机________，从而达到控制电动机转速和调节空气流量的目的。

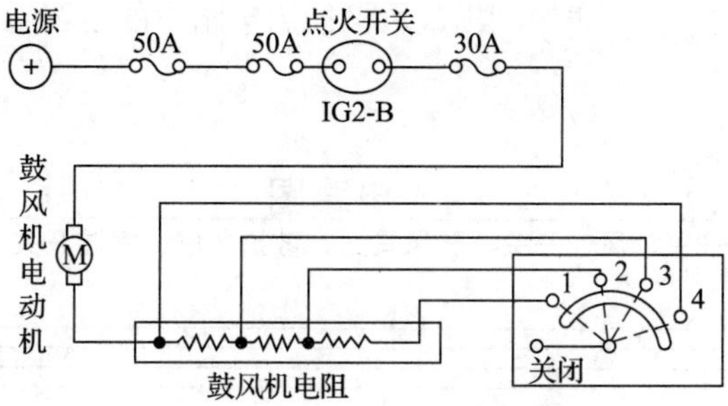

外接鼓风机电阻控制方式

2. 外接鼓风机功率晶体管。

利用晶体管放大特性，空调控制器通过改变晶体管________电流的大小，使鼓风机在不同的转速下工作。

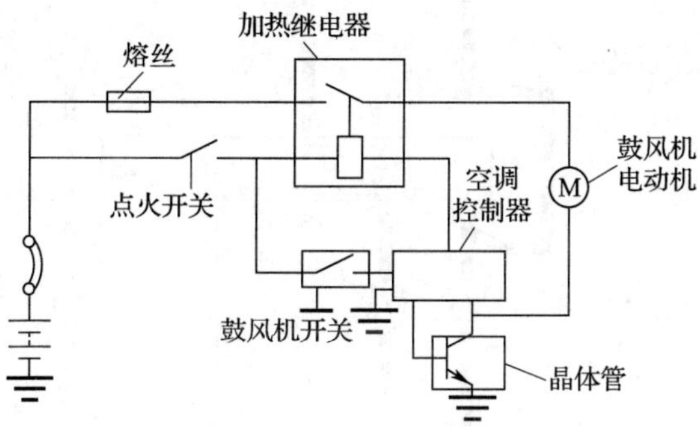

外接鼓风机功率晶体管

3. 晶体管和鼓风机组合型。

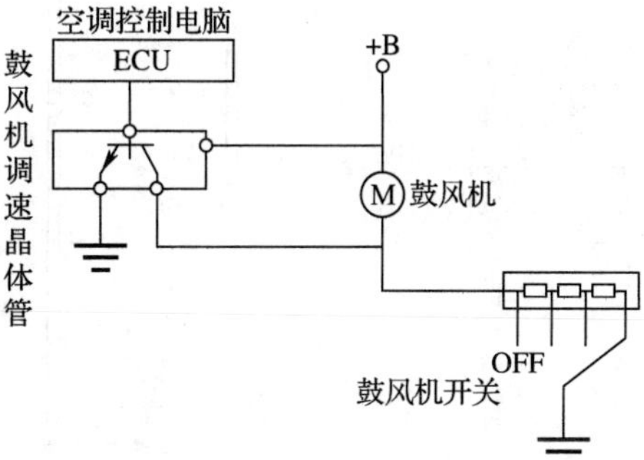

鼓风机有开关自动挡和不同转速选择模式。当鼓风机开关处于________时，鼓风机的转速由计算机控制；当通过控制开关选择鼓风机的固定挡位后，便自动取消计算机的控制。

晶体管和鼓风机组合型

查阅维修资料，实训车辆的鼓风机电路控制方式是哪种？____________

二、鼓风机控制电路的识读

1. 观察下列电路图，在下表中列出鼓风机控制电路中的主要电器元件，并写出它们的作用。

电路图

空调继电器、空调A/C开关、风速开关、鼓风马达、散执风扇、室温开关、进风门电磁阀

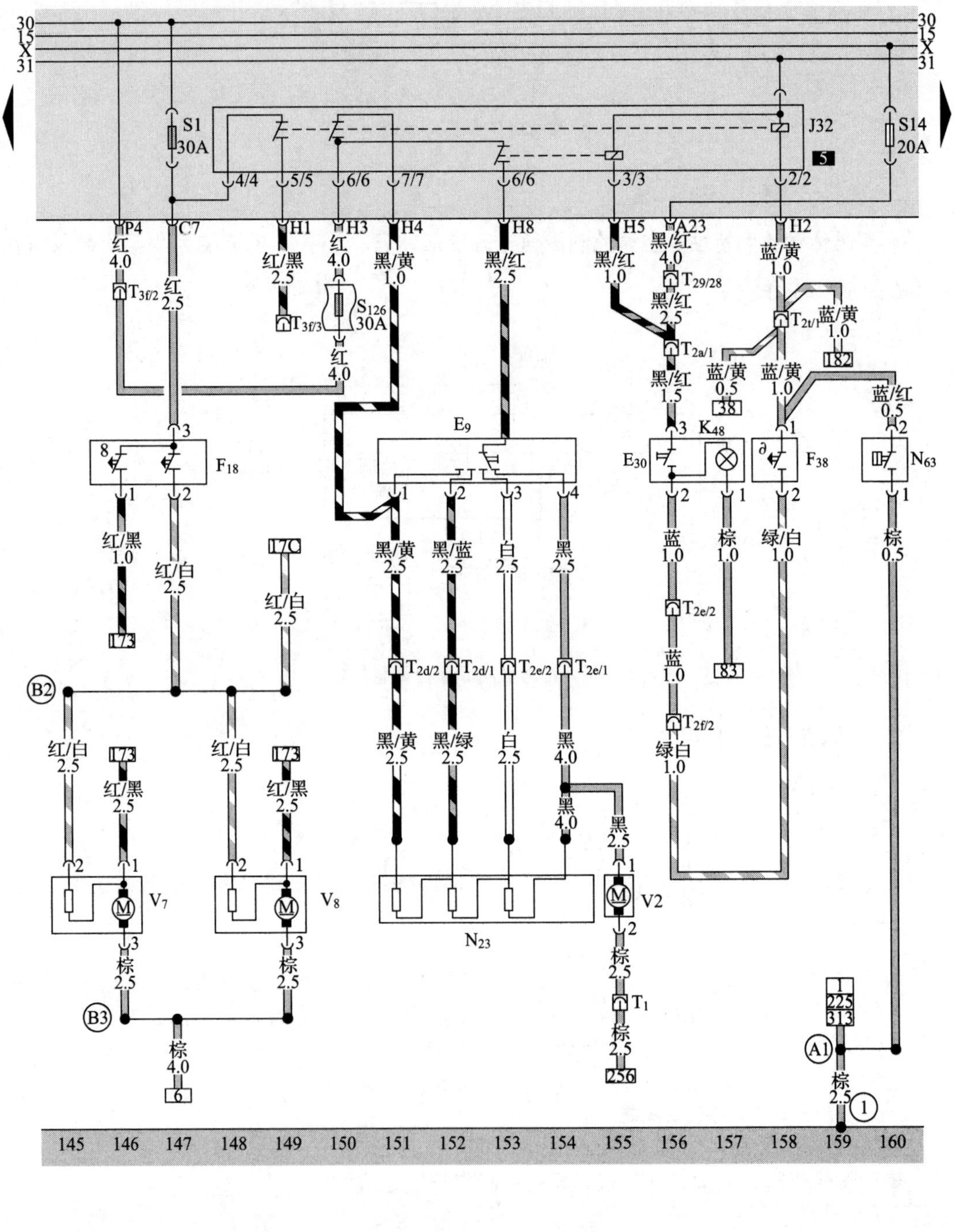

电器元件名称	电器元件的作用

2. 根据上述电路图，回答下列问题。

（1）点火开关打到 ON 位置时，点火开关 30 – X：☐ 导通　☐ 断开

（2）图中S14 的含义是：______________________________。

20 A 的含义是：______________________________。

S126 的含义是：______________________________。

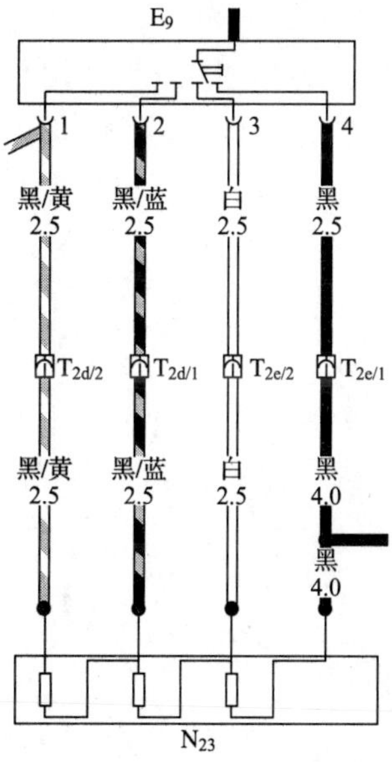

（3）左图中各挡位代表什么含义？

1 挡______________________________。

2 挡______________________________。

3 挡______________________________。

4 挡______________________________。

0 挡______________________________。

（4）J32 的名称是____________________，它由____________________和__________两部分组成。

在开关打至 ON 时，8/8 和 6/6 ________，接通鼓风机开关 E9 的________，在 E30 打开时 8/8 和 7/7 ________，接通鼓风机开关 E9 的________。

（5）图 $T_{2d/2}$ 中的 T 是什么意思？________________

（6）鼓风机 V2 受哪些开关控制？________________

3. 鼓风机控制电路分析。

（1）打开点火开关，鼓风机继电器接通，写出电路的流程。

（2）写出操纵鼓风机至不同挡位的电路流程。

1 挡：

2 挡：

3 挡：

4 挡：

（3）打开空调开关，鼓风机一挡继电器接通，写出其电路流程。

4. 鼓风机的拆检。

（1）说明鼓风机在实车上的位置。

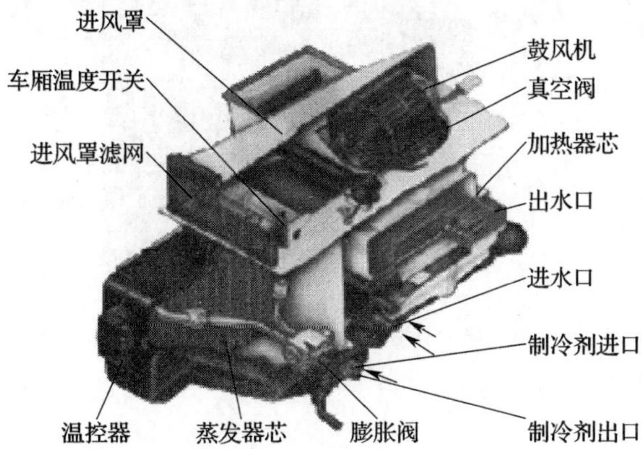

观察实训车辆，明确鼓风机控制电路各元件的安装位置。

鼓风机开关的安装位置：____。

鼓风机继电器的安装位置：____。

S126 的安装位置：____。

鼓风机的安装位置：____。

（2）查阅汽车维修手册，写出鼓风机的拆装步骤、所需工具及拆装注意事项。

序号	拆装步骤	所需工具	拆装注意事项

(3) 如下图所示，写出将鼓风机拆下后的检查步骤。

(4) 根据电路图，完成相关检查。

1) 检查熔丝/继电器盒中主熔丝情况。 □正常 □不正常

判断依据：S126 ____________ S14 ____________

2) 打开点火开关，检查鼓风机继电器状态。

检查结果是：□吸合，正常

□不吸合，检查原因

3) 检查蓄电池、蓄电池正极到点火开关、点火开关到 X 继电器。

检查结果是：X 线电压____________ V，判断状态：

□电压过小：问题在此 □12 V：问题还没解决，进行下一步

4) 检查鼓风机继电器 85 端子电压。

检查结果是：

□12 V：则检查鼓风机继电器搭铁线

□电压过小：则测量 S14 到继电器 3/3 通断情况

5) 操纵鼓风机开关，观察各挡运行情况。

□正常 □不正常

判断依据：____

6) 关闭鼓风机开关，打开空调开关，观察鼓风机一挡的工作情况。

□正常 □不正常

判断依据：____

评价与分析

学习活动过程评价表

班级		姓名		学号		日期	年　月　日
序号	评价要点				配分	得分	总评
1	能查阅资料，识读鼓风机控制电路图				10		A□（86～100） B□（76～85） C□（60～75） D□（60 以下）
2	能描述鼓风机电路中每个控制元件的作用和安装位置				5		
3	会使用工具检测每个控制元件的好坏				10		
4	能描述鼓风机的调速原理				10		
5	能分析鼓风机控制电路				5		
6	能检测鼓风机控制电路				15		
7	能拆装和检测鼓风机				15		
8	能遵守劳动纪律，以积极的态度接受工作任务				10		
9	能积极参与小组讨论，团队间相互合作				10		
10	能及时完成老师布置的任务				10		
总　分					100		
小结 建议							

学习活动5　空调风扇不工作故障的拆检

学习目标

1. 能正确识读并连接风扇电路。
2. 能查阅维修手册，写出冷凝器风扇的结构和工作原理。

建议学时：8学时

学习准备

空调维修作业常用的拆装工具、实训用车、万用表、诊断仪、鼓风机及开关、维修手册、维修工单、安全操作规程。

学习过程

一、冷凝器风扇控制电路

1. 冷却风扇的控制电路主要由水温开关、压力开关、______风扇电动机组成。水温开关：感测冷却水的______（温度/流量），作为控制冷却风扇高低速运转的信号。压力开关：开启空调时，感测制冷系统的______（温度/压力），作为控制冷却风扇高低速运转的信号。风扇控制器：根据水温开关和压力开关信号，控制风扇的______（开启/高低速运转）。风扇电动机为执行元件。

2. 风扇控制电路的类型。

冷凝器风扇控制电路主要有A/C开关直接控制型，____________________，制冷剂压力开关与微电脑组合控制型，______组合控制型，水温传感器和制冷剂压力开关组合控制型，水温开关、制冷剂压力开关与微电脑组合控制型等控制方式。

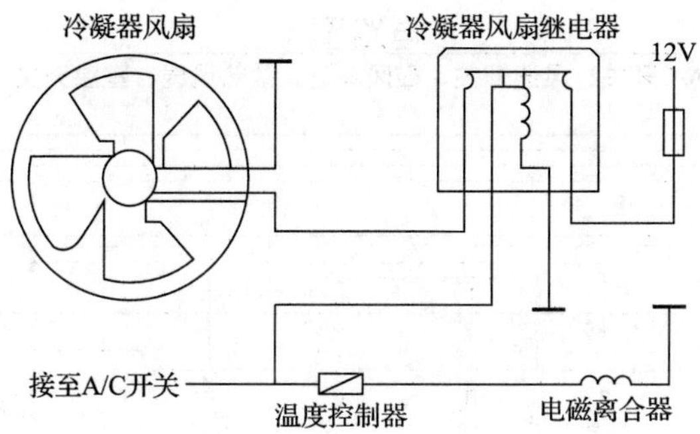

A/C 开关直接控制型

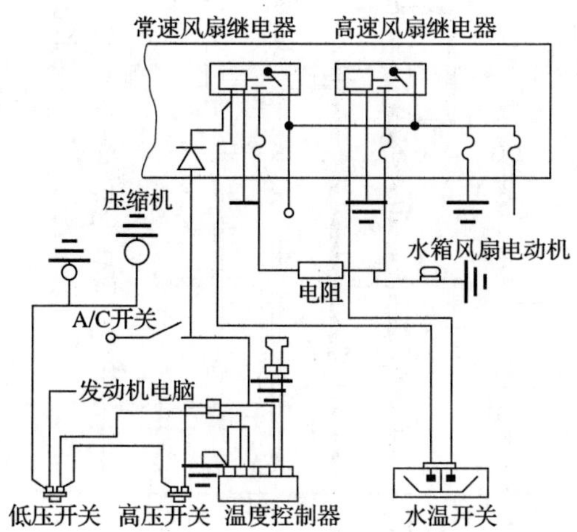

A/C 开关和水温开关联合控制型

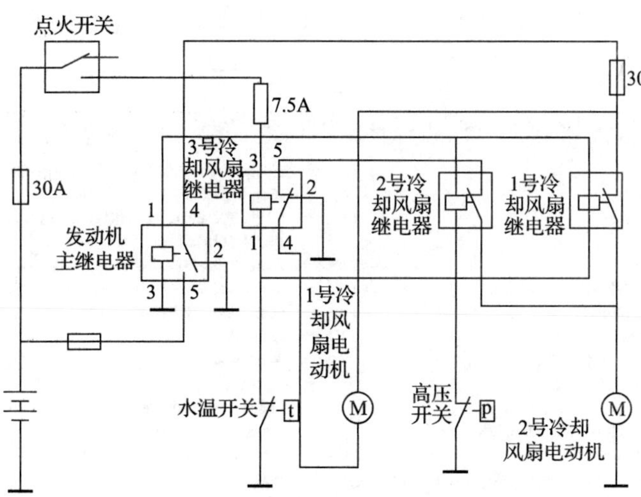

制冷剂压力开关与水温开关组合控制型

3. 对照下列电路图，回答问题。

电路图

空调继电器、空调A/C开关、风速开关、鼓风马达、散热风扇、室温开关、进风门电磁阀

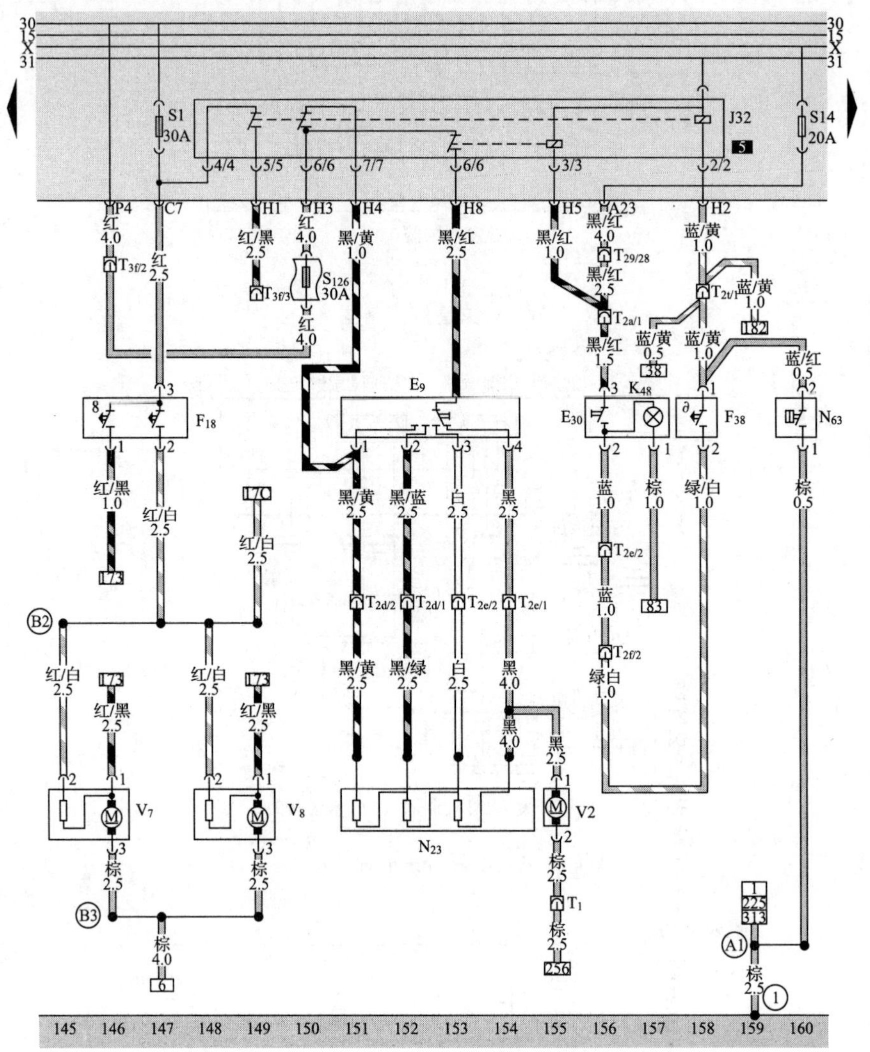

E9 — 风速开关

E30 — 空调A/C开关

F18 — 散热风扇热敏开关

F38 — 室温开关

J32 — 空调继电器

K48 — 空调A/C开关指示灯

N23 — 鼓风马达减速电阻

N63 — 进风门电磁阀

S1 — 散热风扇熔丝（不用空调时），30A

S14 — 空调继电器熔丝，20A

S126 — 空调鼓风马达熔丝，30A

T1 — 空调鼓风马达线束与仪表板线束插头连接，1针，在中央电器后面

T2c — 空调操纵线束与空调鼓风马达线束插头连接，2针，在油门踏板上方

T2d — 空调操纵线束与空调鼓风马达线束插头连接，2针，在油门踏板上方

T2e — 仪表板开关线束与空调操纵线束插头连接，2针，在空调操纵面板后面

T2f — 发动机线束与空调操纵线束插头连接，2针，在中央电器后面

T3f — 空调操纵线束与发动机线束插头连接，3针，在中央电器后面

T29 — 仪表板线束与仪表板开关线束插头连接，29针，在组合仪表下方

V2 — 鼓风马达

V7 — 左散热风扇

V8 — 右散热风扇

① — 接地点，在发动机控制单元旁车身上

Ⓐ1 — 接地连接线，在发动机线束内

Ⓑ2 — 连接线，在前大灯线束内

Ⓑ3 — 接地连接线，在前大灯线束内

电路图

散热风扇控制器、压缩机切断电器、冷量开关、组合开关、空调水温控制开关

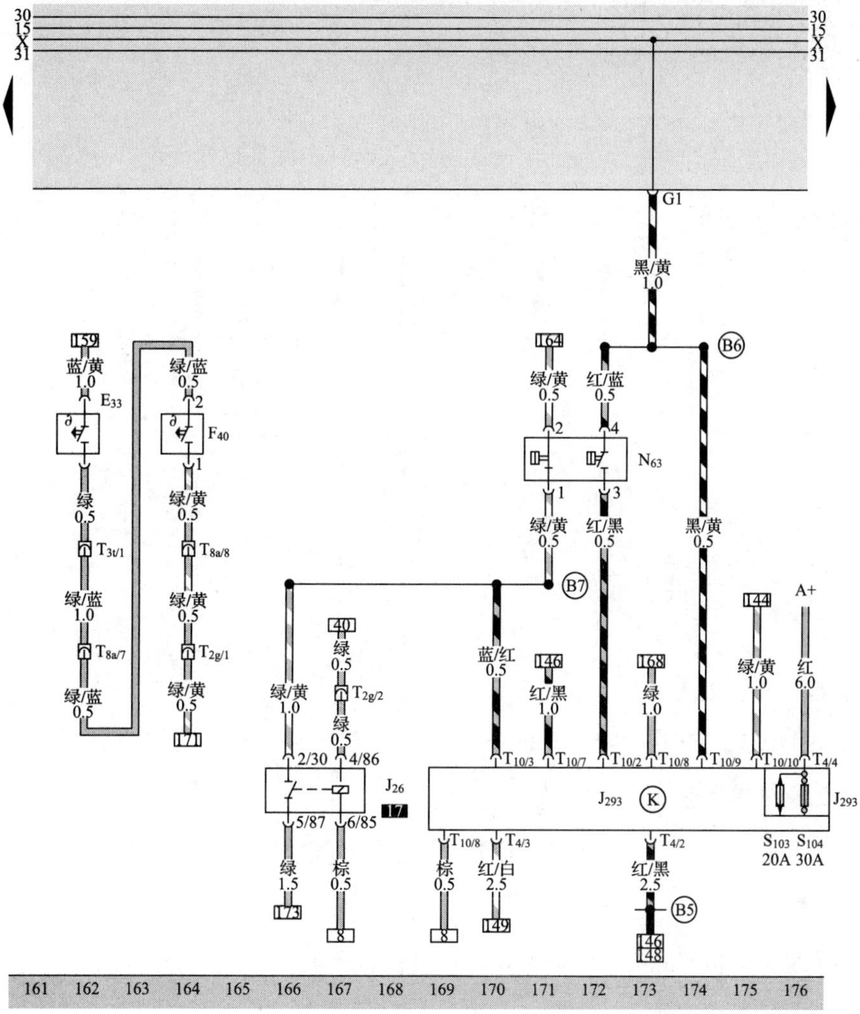

E33 — 冷量开关

F40 — 空调水温控制开关

F129 — 组合开关

J26 — 压缩机切断继电器

J293 — 散热风扇控制器

S104 — 散热风扇熔丝，高速挡（使用空调时），30A

S108 — 散热风扇熔丝，低速挡（使用空调时），20A

T2g — 发动机线束与前大灯线束插头连接，2针，在中央电器后面

T3f — 空调操纵线束与发动机线束插头连接，3针，在中央电器后面

T4 — 前大灯线束与散热风扇控制器插头连接，4针，在散热风扇控制器上

T8a — 发动机线束与发动机右线束插头连接，8针，在发动机舱中间支架上

T10 — 前大灯线束与散热风扇控制器插头连接，10针，在散热风扇控制器上

(B5) — 连接线，在前大灯线束内

(B6) — 正极连接线，在前大灯线束内

(B7) — 连接线，在前大灯线束内

(1) 上海大众时代超人的冷凝风扇采用（　　）控制型。

A. A/C 开关直接

B. A/C 开关和水温开关联合

C. 制冷剂压力开关与水温开关组合

D. 水温开关、制冷剂压力开关与微电脑组合

（2）列出实训车型冷凝风扇控制电路的组成部件。

4. 检索相关资料，回答下列问题。

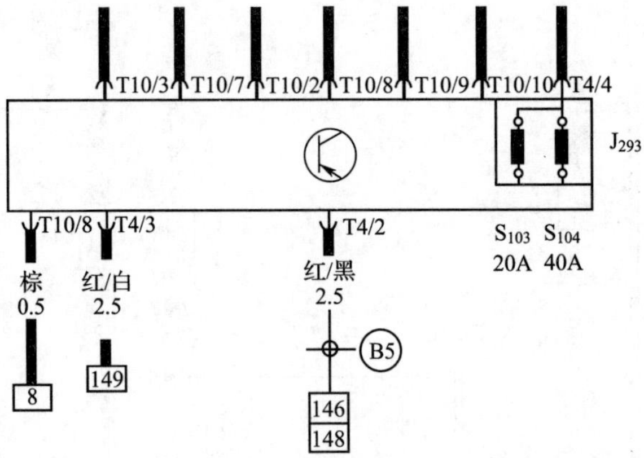

（1）J293 是________________，它有______端子和______端子两种插头。

其中，T10/1、T10/4、T10/5 是______脚。

T10/2 是风扇高速________________线。

T10/3 是发动机水温在 85～105°C 时，风扇的低速____________线。

T10/6 是____________线。

T10/7 是发动机水温在大于 105°C 时，风扇的高速____________线。

T10/8 是压缩机工作____________线。

T10/9 是________________________线。

T10/10 是________________________的火线。

T4/4 是________________线。

T4/2 是______速时，风扇____________线。

T4/3 是______速时，风扇____________线。

（2）若想风扇控制器 T10/3 有信号，必须正常接通哪些开关？

（3）风扇控制器 T10/2 接收____________________的信号，当制冷系统压力大于____________________时，风扇会自动接通高速。

（5）散热风扇热敏开关。

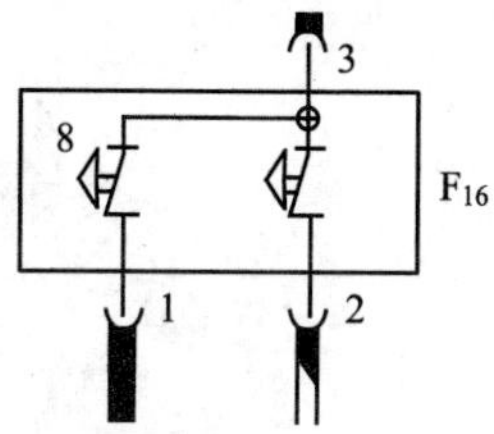

F18 是____________________开关，在发动机冷却水温达到____________________℃时，3 脚跟 2 脚导通。

在发动机冷却水温达到____________________℃时，3 脚跟 1 脚导通。

（6）风扇电动机。

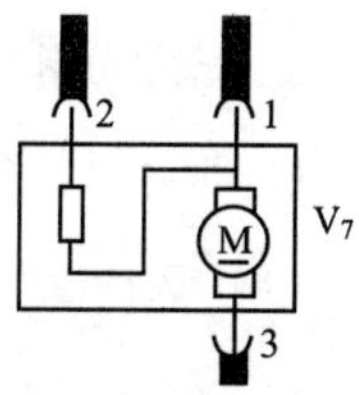

V_7 是冷凝器风扇电动机，低速时，3 脚与 2 脚导通；高速时，3 脚与 1 脚导通。

风扇的运转分别受____________和____________两种信号控制。

5．根据以上提示，完成下列线路图的连接。

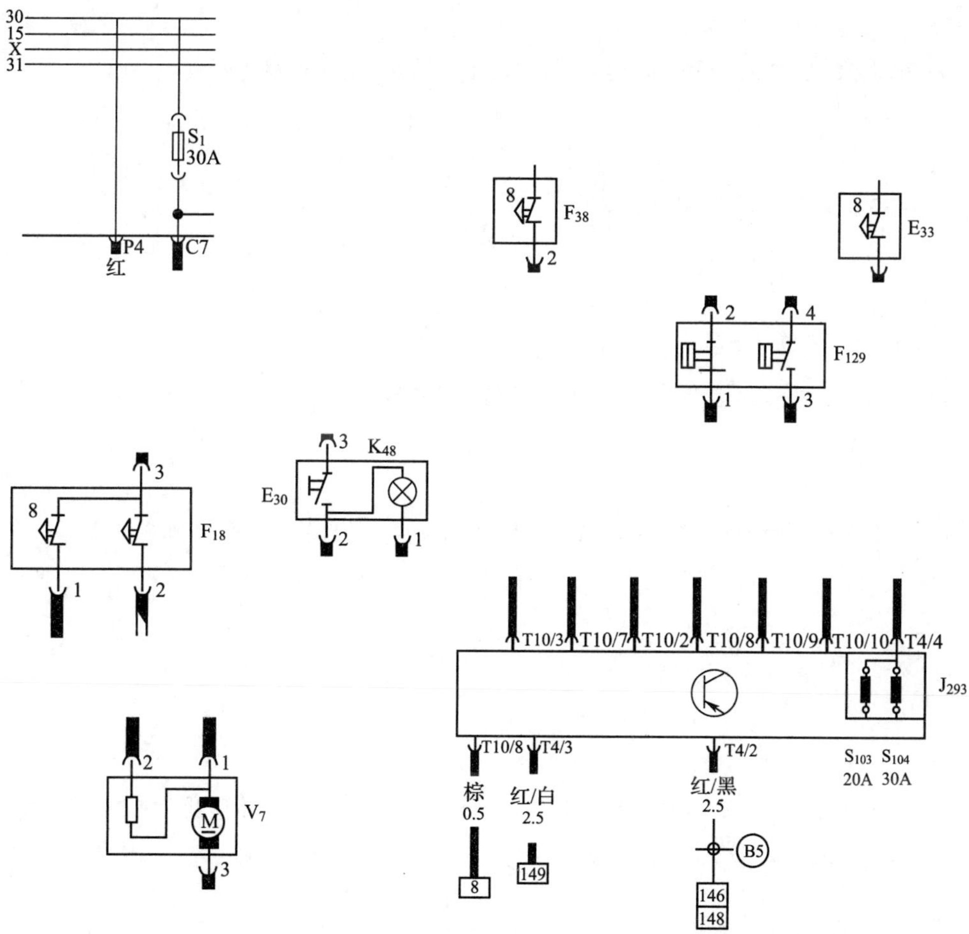

6. 空调风扇在整车上的位置。就车观察并指出空调风扇部件的名称及安装位置。

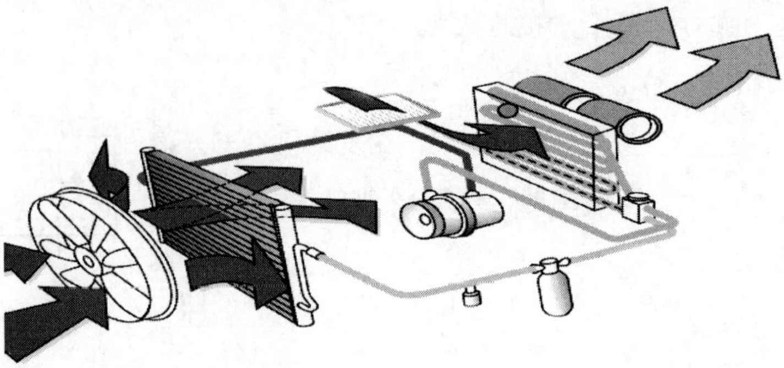

二、冷凝器风扇的检查

1. 根据风扇的控制电路（桑塔纳2000GSI）电路图，写出下列控制电路的流程。

（1）风扇高速时

1）发动机冷却液温度大于105°时，风扇控制器T10/2端子控制电路：

2）制冷系统压力大于16 bar时，风扇控制器T10/7端子控制电路：

3）风扇高速供电电路：

（2）风扇低速时

1）发动机冷却液温度大于85°C时，风扇低速电路：

2）制冷系统压力为0.15～0.25 MPa时，风扇控制器T10/7端子控制电路：

3）风扇低速经风扇控制器供电电路：

2. 发动机正常工作时，打开空调开关，发现风扇无低速，故障诊断：

（1）检查熔丝/继电器盒中主熔丝情况。　□正常　□不正常

判断依据：____

（2）检查将压力开关 1 ~ 2 脚短接后，风扇的工作情况。

检查结果是：□可以运转　正常

□不运转　此时无低速，可选低速控制电路中间元件，测量电压值，判断线路的通断情况。

如：室温开关处有无正常电压。

检测结果：□12 V 电压，则室温开关之前的电路正常，检测室温开关之后的电路。

□无电压或电压过低，则检查之前电路有无短路或接触不良。以此类推，直到找见故障点。

（3）检查蓄电池、蓄电池正极电缆与 X 继电器是否良好。

检查结果是：蓄电池电压是______ V。

X 继电器____。

□风扇低速正常　问题在此　　□风扇无低速　问题还没解决，进行下一步。

（4）检查空调风扇控制器端子插头 T4/3 电压。

检查结果：□12 V 电压　则 T4/3 风扇电动机断路。

□无电压　则 J293 可能有故障。

评价与分析

学习活动过程评价表

<table>
<tr><td>班级</td><td></td><td>姓名</td><td></td><td>学号</td><td></td><td>日期</td><td>年　月　日</td></tr>
<tr><td>序号</td><td colspan="4">评价要点</td><td>配分</td><td>得分</td><td>总评</td></tr>
<tr><td>1</td><td colspan="4">能写出风扇控制电路的组成</td><td>15</td><td></td><td rowspan="7">A□（86 ~ 100）
B□（76 ~ 85）
C□（60 ~ 75）
D□（60 以下）</td></tr>
<tr><td>2</td><td colspan="4">能写出风扇控制器的作用</td><td>15</td><td></td></tr>
<tr><td>3</td><td colspan="4">能分析风扇控制电路图</td><td>20</td><td></td></tr>
<tr><td>4</td><td colspan="4">能查阅相关资料，排除风扇工作不正常的故障</td><td>10</td><td></td></tr>
<tr><td>5</td><td colspan="4">能遵守劳动纪律，以积极的态度接受工作任务</td><td>10</td><td></td></tr>
<tr><td>6</td><td colspan="4">能积极参与小组讨论，团队间相互合作</td><td>15</td><td></td></tr>
<tr><td>7</td><td colspan="4">能及时完成老师布置的任务</td><td>15</td><td></td></tr>
<tr><td colspan="5">总　分</td><td>100</td><td></td><td></td></tr>
<tr><td>小结
建议</td><td colspan="7"></td></tr>
</table>

学习活动6　空调压缩机的拆检

学习目标

1. 能了解空调压缩机的基本构造和部件功能。

2. 能叙述空调压缩机的拆装安全操作规程，并在作业过程中自我检查执行的情况，做好过程记录。

3. 能正确选择并使用工量具与仪器，对空调系统压缩机进行拆卸、清洁、检测、安装并记录。

4. 能对相关资料、互联网资源进行检索，完成工单、工作页的填写。

建议学时：10学时

学习准备

汽车维修手册、互联网资源、车辆、常用维修工具、量具。

学习过程

一、压缩机的位置及功用

由制冷原理可知，压缩机作为制冷系统中必不可少的元件，作用就像人的心脏一样，压缩机的工作使制冷剂在系统内不断循环，达到制冷的目的。

1. 从实训车上找到压缩机的安装位置，结合下图标出压缩机的位置，并写出各零部件的名称。

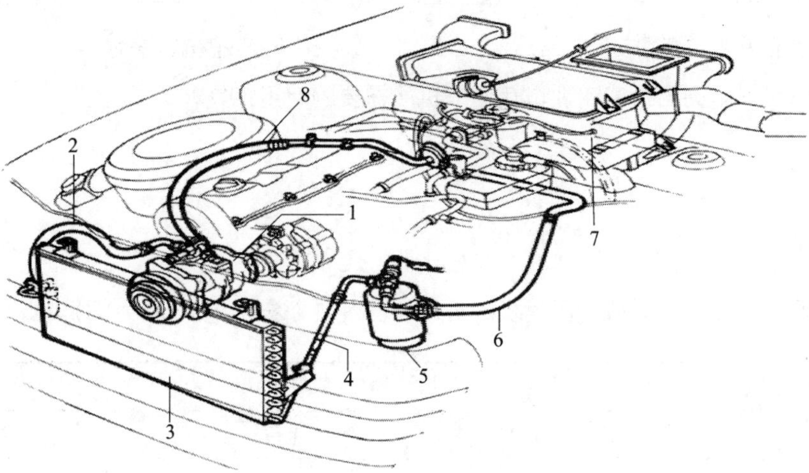

1. ____________ 2. 高压管 3. ____________ 4. ____________

5. ____________ 6. ____________ 7. ____________ 8. 低压管

2. 检阅维修手册和相关资料，压缩机吸入来自蒸发器的低温、低压的气体制冷剂，压缩成（　　）的气体，并输送到冷凝器。

A. 低温、高压　B. 高温、高压　C. 高温、低压

3. 检阅维修手册和相关资料，完成对压缩机类型的描述。

按压缩机的缸数不同可分为________________________________。

按结构不同可分为____________________________________。

二、压缩机的就车拆装

1. 根据下图，写出图中各序号代表的部件名称。

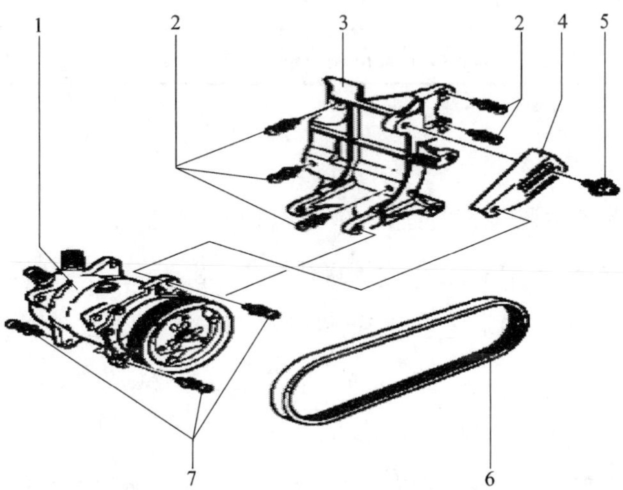

1. ________ 2. 六角组合螺栓 3. ________ 4. 皮带张紧支架

5. 皮带张紧调节螺栓 6. ________ 7. 内六角组合螺栓

2. 查阅资料，列出拆卸实训车辆压缩机所需要的专用工具。

3. 查阅相关资料，完成对压缩机的拆卸与安装（以桑塔纳2000为例）。

拆　卸			
拆卸顺序	拆装步骤	所用工具	注意事项
1	拔下蓄电池的接地线		
2	回收制冷剂		
3	拆卸高压管		
4	拆卸低压管		
5	拆卸电磁离合器线束		
6	除下空调压缩机皮带		
7	将整车举升到适当高度		
8	拆下空调压缩机固定螺栓，取下空调压缩机		
安装（与拆卸过程相反）			
1	用 V. A. G 1331 工具以规定力矩拧紧固定螺栓，力矩为________		
2	应更换高低压管的________		
3	根据情况补充制冷剂，补充的制冷剂量为：________		

4. 空调压缩机皮带的拆卸与安装。

（1）拆卸：在拆卸空调压缩机皮带之前，须做好运转记号。

1）旋松空调压缩机下方的______个连接螺栓 B，用______内六角扳手。

2）在图示箭头 A 指示处沿______方向旋转调整螺栓，直至皮带放松。

3）将皮带由带轮上向汽车前进方向脱出，如更换皮带则应拆卸________；如仅拆空调压缩机，可不拆发动机前悬置。

（2）安装：安装皮带时，注意将皮带上的筋条完全卡进带轮的楔槽内。

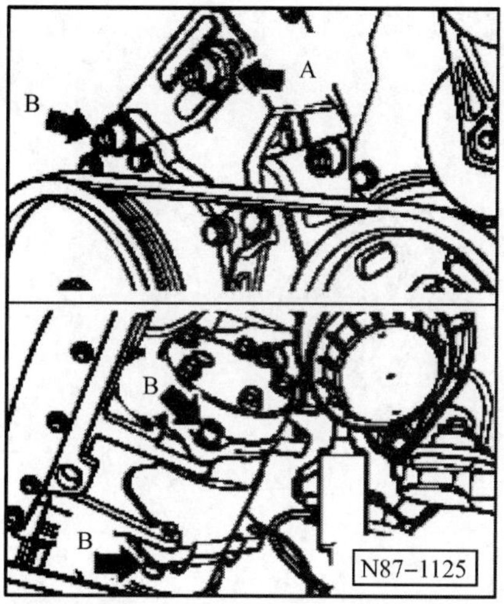

皮带的拆卸

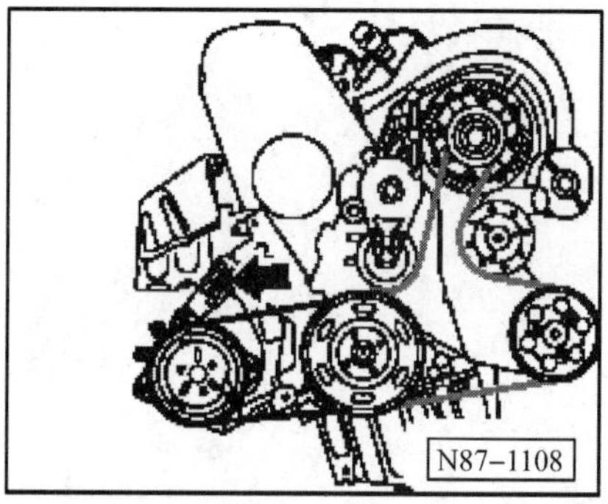

皮带的安装

1）按图示箭头沿顺时针方向旋转调整螺栓，直至皮带张紧。用拇指压皮带中部，变形量为________即可。

2）将空调压缩机下方两个固定螺栓拧紧，用扭力扳手拧紧力矩______。

3）将皮带套在带轮上，注意运转方向。

三、压缩机的结构及工作原理

1. 斜盘式压缩机是一种________压缩机，在汽车上使用较广泛，如捷达轿车、富康轿车、奥迪 100 等。

2. 查阅维修手册和相关资料，完成对压缩机的分解检修。

（1）拆下端盖所有________，如下图所示。

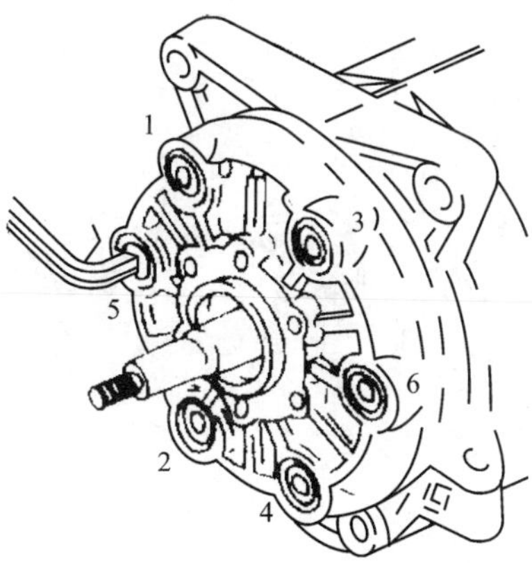

拆卸压缩机端盖

（2）用木榔头轻轻敲叩压缩机端盖凸缘，使其与机体________。

（3）将前后端盖取下，将________取下，就能够抽出汽缸和________组件，如下图所示。

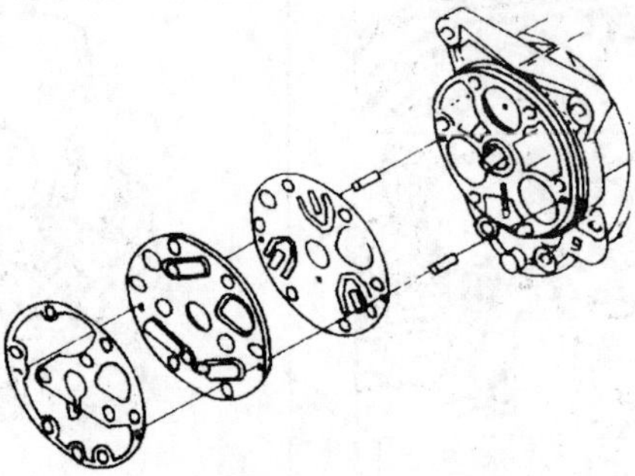

拆卸活塞

（4）用木榔头和木枋将前后汽缸________，如下图所示。

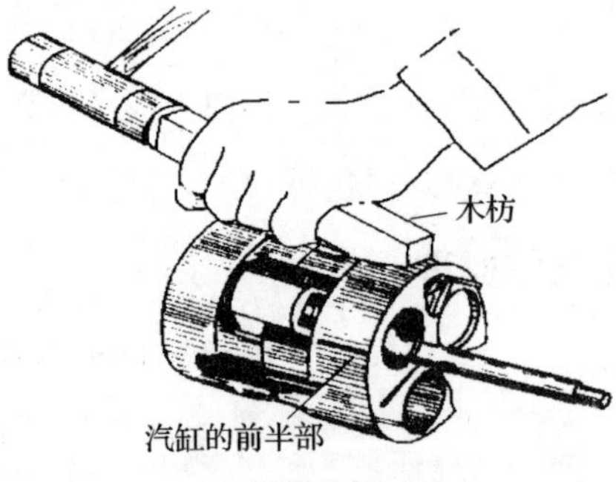

拆卸汽缸

（5）取出活塞和活塞钢球等零件，注意应对每个汽缸和活塞作________标记，如下图所示。

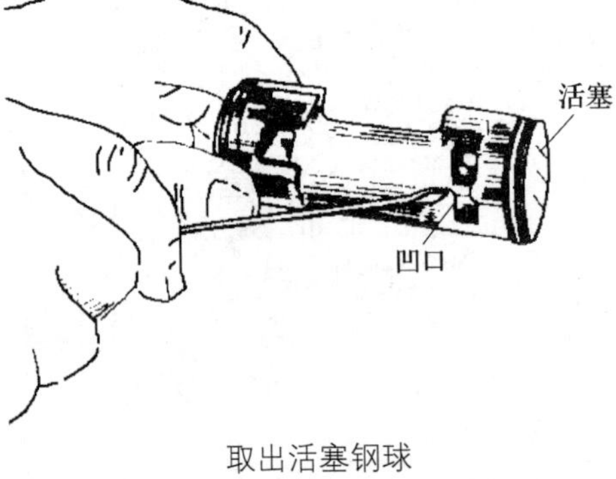

取出活塞钢球

检修：在拆卸时可检查阀片是否有________，汽缸是否有明显的________，活塞环是否有________，轴承是否________或损坏。同时要进行清洗，更换损坏件。

（6）安装与拆卸步骤相反。注意：零件要________________，摩擦部位及结合面应涂上________，密封垫要________，并用冷冻机油涂抹，缸盖螺栓应________拧紧，还应进行检漏试验。

3．压缩机的维护与保养。

（1）在停用制冷系统后，每两周起动压缩机工作5min，这样做有什么好处?

（2）检查压缩机皮带张力。

汽车压缩机皮带的张力是________，皮带张力过大，易造成压缩机____早期失效，表现为压缩机噪声大，如不及时修理会造成离合器损坏。皮带张力过小会造成______，造成压缩机转速下降，制冷效果差。平常使用过程中驾驶员可以用手翻动皮带，如果皮带能翻转，则表明张力基本正常。

（3）如果汽车空调系统中发现冷冻机油泄漏要及时修理，并按规范加注____________。压缩机要注意检查轴封以及压缩机与进排管的连接部位是否有泄漏。

4．压缩机的工作原理。

由于斜盘式压缩机的活塞双向作用，所以在它的两边都装有______总成，各总成上都装有吸气簧片和排气簧片，且前、后缸盖上有各自相通的________________腔，吸、排汽缸用阀垫隔开。

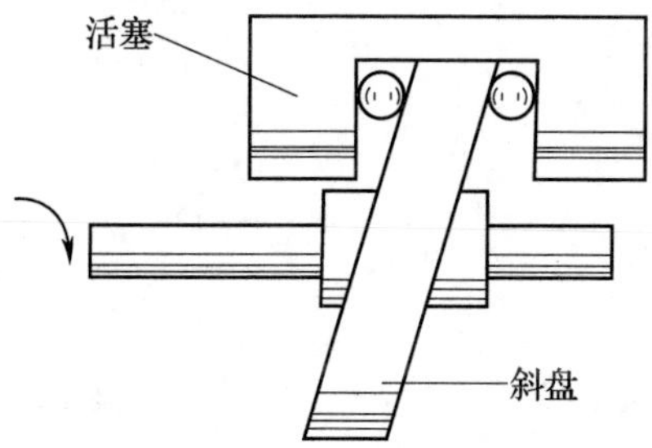

斜盘压缩机的工作原理图

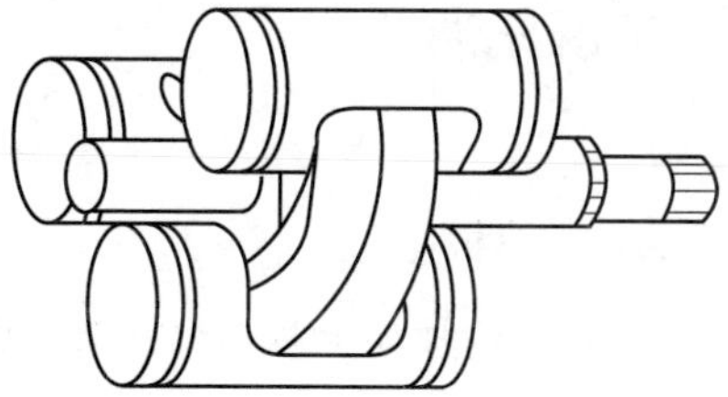

活塞在斜盘四周等距离布置图

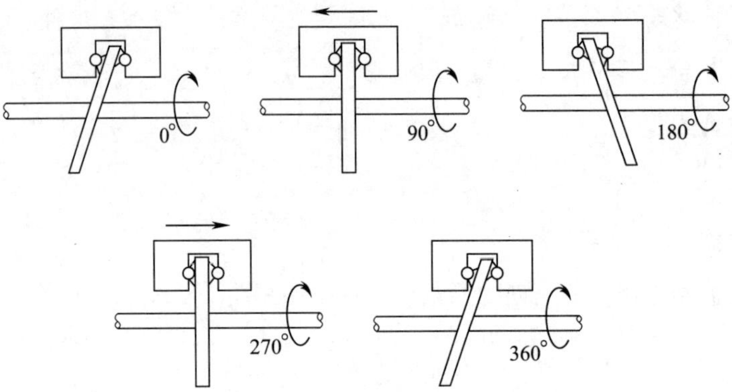

斜盘驱动活塞原理图

（1）主轴带动斜盘转动时，斜盘便驱动活塞作__________（轴向移动/径向移动），由于活塞在前后布置的汽缸中同时作轴向运动，这相当于两个活塞在作__________（双向/ 单向）运动。即前缸活塞向左移动时，其排气阀__________（打开/关闭），余隙容积的气体首先膨胀；在缸内压力略小于吸气腔压力时，吸气阀片__________（打开/关闭），低压蒸气进入汽缸开始了__________（吸气/排气）过程，一直到活塞向左移动到终点为止。

（2）开始压缩过程，蒸气不断压缩，压力和温度不断________（上升/下降）。当压缩蒸气的压力略大于排气腔压力时，排气阀片打开，转到排气过程，一直到活塞移动到左边为止。

这样斜盘每转动一周，前后两个活塞各自完成吸气、压缩、______过程，完成一个循环，相当于两个工作汽缸。这意味着缸体截面均布三个汽缸和三个双向活塞时，当主轴旋转一周，相当于六个工作汽缸，所以称这种三缸、三个双向活塞布置的压缩机为__________。

知识拓展

1. 摆盘式压缩机

（1）摆盘式压缩机属于第二代产品，它的最大优点是____________，体积小，适用于车厢空间狭小的车型使用。该类压缩机与曲轴连杆式压缩机一样，均有进、排气阀片，工作循环也具有压缩、排气、膨胀、吸气四个过程。

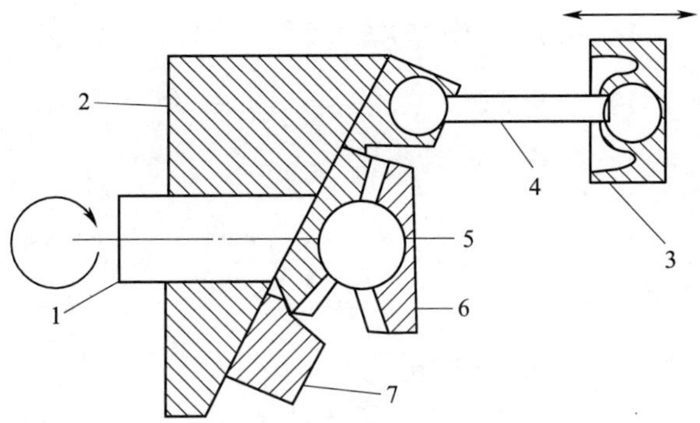

摆盘式压缩机工作原理图

1—压缩机主轴　2—端面凸轮　3—活塞　4—连杆　5—支撑钢球　6—防转锥齿轮副　7—翘板

（2）如下图所示，当活塞向右运动时，该汽缸处于________________（膨胀/吸气/压缩/排气）两个过程，而摆盘另一端的活塞作反向的向左移动，使该汽缸处于________（膨胀/吸气/压缩/排气）两个进程。主轴每转动一周，一个汽缸便要完成上述的膨胀、吸气、压缩、排气的一个循环。一般一个摆盘配有五个活塞，这样相应的五个汽缸在主轴转动一周时，就有五次排气过程。

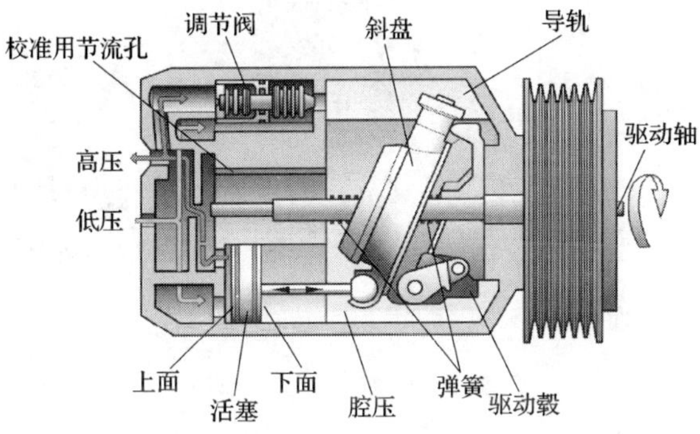

2. 变排量压缩机

（1）驾驶的稳定性。变排量压缩机根据使用工况自动调节______（排量/流量），不需要电磁离合器循环______（吸合/分离），不会在爬坡时由于压缩机的启动而______（熄火/加速）。

（2）车厢内舒适性好。可以使出风口保持相对恒定的______（温度/湿度），减少车内______（温度/湿度）的频繁波动。

（3）低噪声，低振动性能。压缩机在小排量____（启动/停止），降低了液压______（噪声/压力），吸排气均有消声机构。

四、电磁离合器的结构及工作原理

1. 一般轿车都采用非独立式空调，空调的压缩机由发动机驱动。是不是只要发动机工作，压缩机就工作?

2. 查阅资料，写出电磁离合器的作用。

3. 根据下图并查阅相关资料，完成对电磁离合器工作原理的叙述。

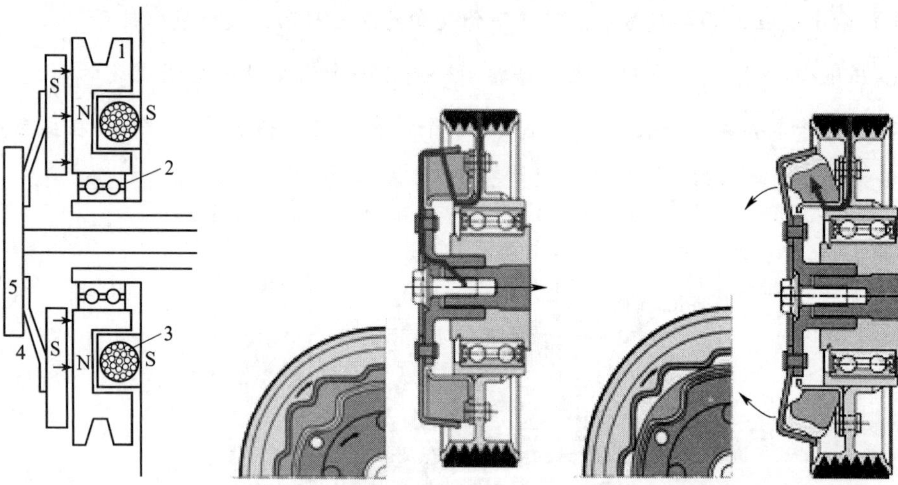

电磁离合器的工作原理　　压缩机正常运转时　　压缩机过载时

1—带轮　2—轴承　3—压缩机轴承　4—弹簧片　5—驱动盘

当有电流通过电磁线圈时，电磁线圈产生电磁力，使离合器的压力板与带轮____________（结合/分离），将发动机的动力传递给压缩机主轴使压缩机旋转；当电磁线圈____________（通电/断电）时，电磁力消失，在弹簧力的作用下，压力板与带轮____________（结合/分离），压缩机便停止工作。

五、电磁离合器的修理与更换

1. 查阅相关资料，写出维修的注意事项。

（1）在对电磁离合器进行修理时，不要将____________打开。

（2）在特殊情况下，不拆压缩机也可对____________进行修理。

（3）拆下压缩机，维修电磁离合器。

2. 查阅相关资料，完成对电磁离合器的拆卸与安装。

电磁离合器的拆卸	
图示	步骤
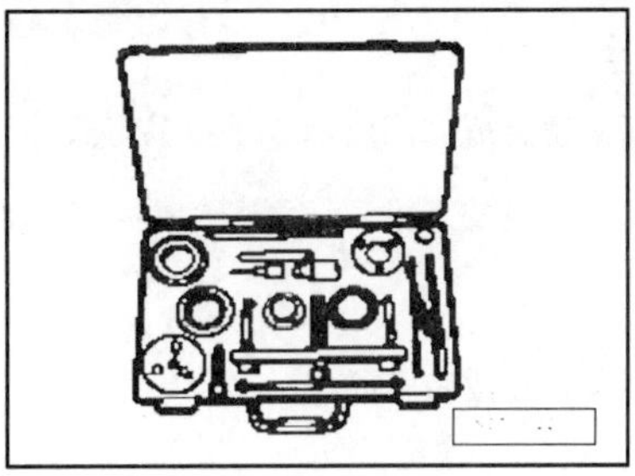	1）使用专用维修工具 2）断开蓄电池__________线 3）拆卸空调压缩机皮带，写出注意事项：
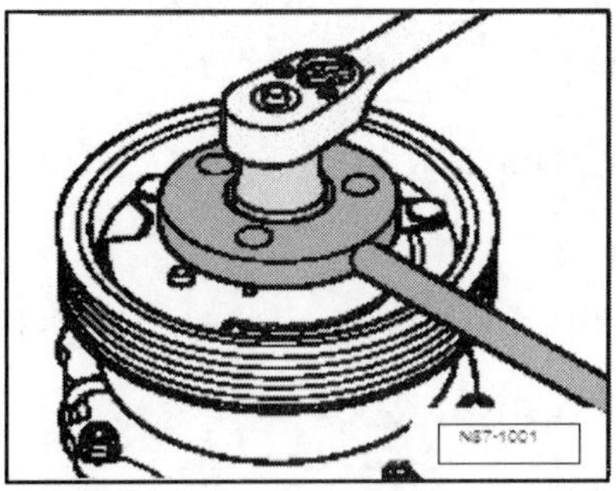	4）拆卸六角组合__________ ①将工具组合成左图所示形式 ②将三角螺栓拧进吸盘中并将其固定 ③用 V. A. G 1331 扭力扳手拧松六角组合螺栓
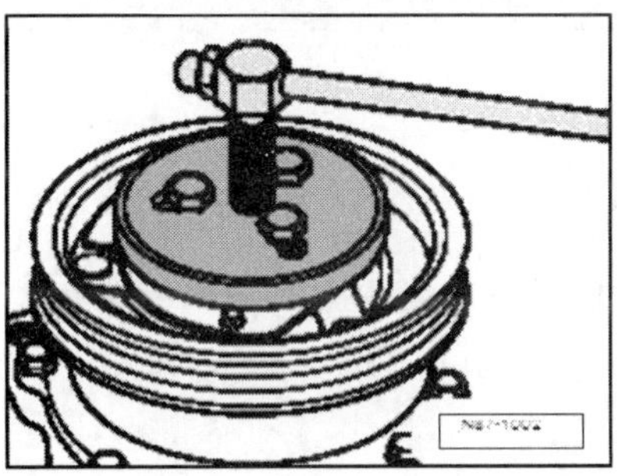	5）拆卸离合器__________ ①将工具组合成左图所示形式 ②沿顺时针方向转动工具，将离合器吸盘取出
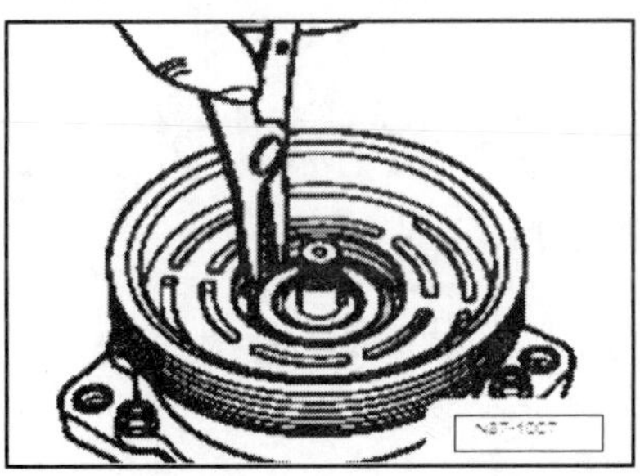	6）拆卸内部轴承__________ 用图示卡簧钳将卡环取出

续表

电磁离合器的拆卸	
图示	步骤
	7）拆卸__________ ①将专用工具组合成左图所示二爪拉马形式 ②轻轻钩住皮带盘的下沿，注意两侧夹持部位应在同一水平面上 ③顺时针转动，使皮带盘脱出
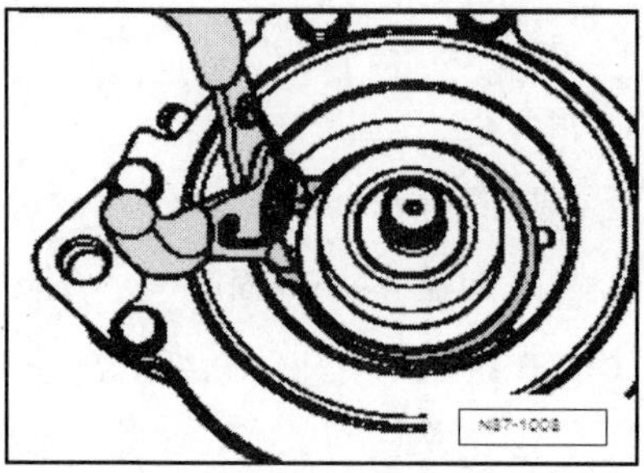	8）拆除前盖__________ 用图示卡簧钳将挡圈取出 9）取出__________ 安装时线圈凸缘须与前盖上孔相配，防止线圈移动，并正确放置导线
电磁离合器的安装（与拆卸过程相反）	
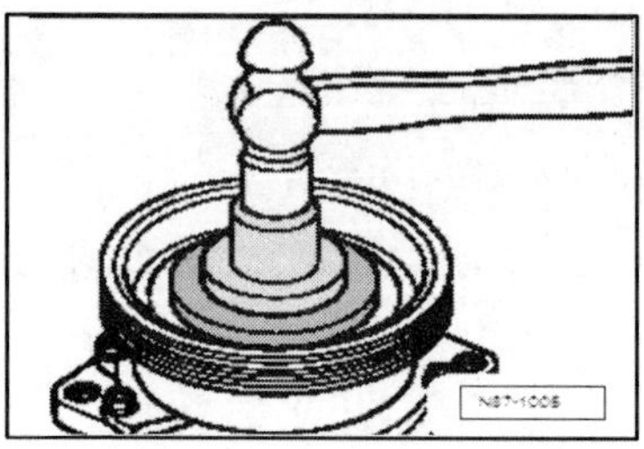	1）安装__________ ①将专用工具组合使用，并置于中心部位 ②用榔头轻击四周，使皮带盘安装到位
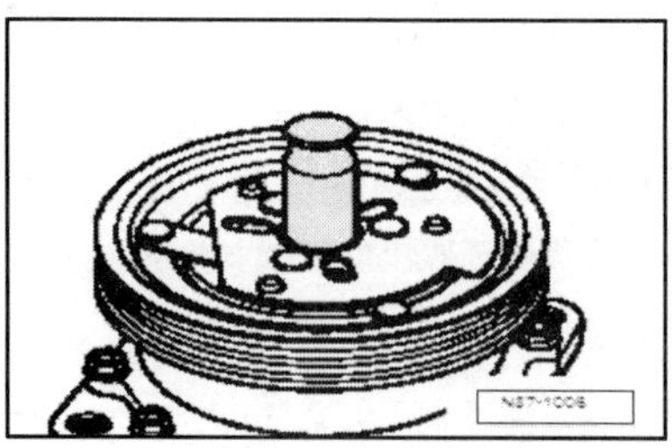	2）安装离合器 ①将图示工具压在中心孔部位 ②用榔头轻击，使离合器吸盘安装到位

续表

电磁离合器的安装（与拆卸过程相反）	
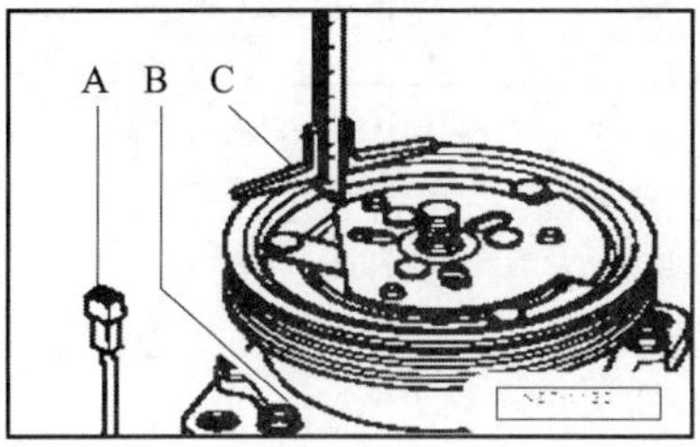	3）多楔带皮带盘电磁离合器间隙的检查 用常用的游标卡尺或深度卡尺进行检查 ①测量尺寸 a 用深度卡尺 C 测量皮带盘和离合器吸盘之间的距离，并记录为 a，在不同位置测量三次，记录测量值
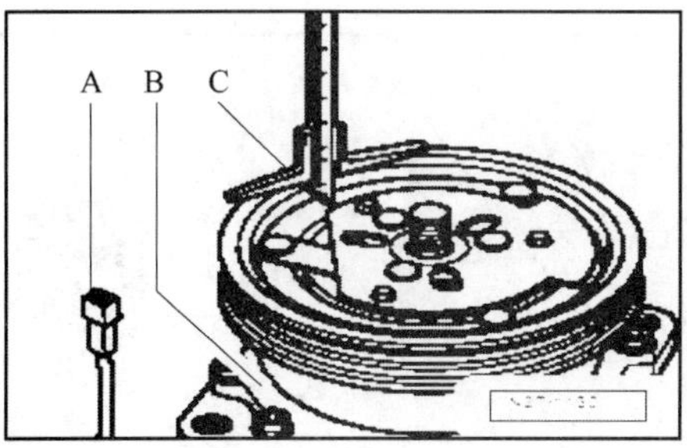	②测量尺寸 b 拔下空调压缩机上的线束接头 A 用一根辅助导线将接头 A 连到蓄电池的正极 用深度卡尺 C 测量皮带盘和离合器吸盘之间的间隙，并记录为 b，在不同位置测量三次，记录测量值
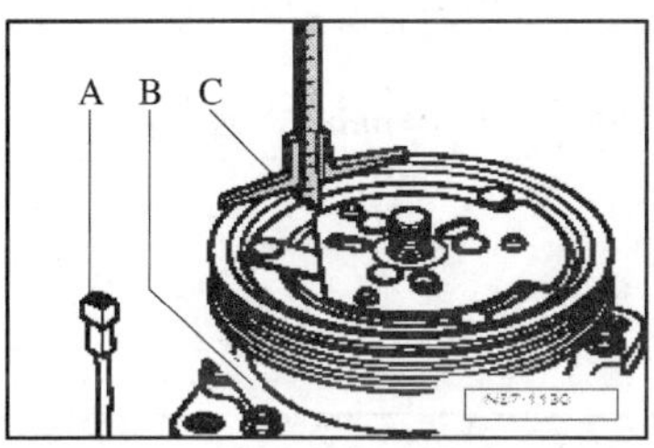	③计算间隙尺寸 将尺寸 a 的平均值与尺寸 b 的平均值相减，即可得出电磁离合器间隙 间隙尺寸范围：0.4～0.78 mm 在整个圆周范围内，间隙必须均匀且在规定公差范围以内 如间隙超差，则卸下离合器吸盘，用增减垫片的方法调整间隙

3．写出压缩机电磁离合器的拆装步骤。

序号	拆装内容	拆装工具	注意事项

续表

序号	拆装内容	拆装工具	注意事项

4. 查阅维修手册和相关资料，完成对电磁离合器的检修。

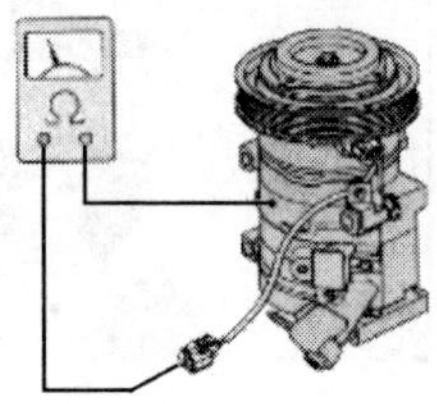

（1）检查离合器从动盘（前压板）是否变形，摩擦表面是否有因过热和打滑而引起刮痕，如有，应__________（更换/修理）带轮总成；如果摩擦表面有油垢或脏污应清洗干净。

（2）带轮轴承是否松旷，转动是否平稳，应无杂声，如有损坏应及时__________（更换/修理）。

（3）检查线圈__________（电阻/电压）及绝缘性，阻值应在规定值范围内。

（4）轮毂与带轮之间的间隙要符合要求（一般为 0.3 ~ 0.6 mm），如不合适应进行__________（调节/更换）。

5. 写出压缩机电磁离合器的检查步骤。

检查内容	检查方法	检查结果	检查工量具

评价与分析

学习活动过程评价表

班级		姓名		学号		日期	年　月　日
序号	评价要点				配分	得分	总评
1	能写出空调压缩机的位置、功用、结构及原理				20		A□（86 ~ 100） B□（76 ~ 85） C□（60 ~ 75） D□（60 以下）
2	能正确拆装空调压缩机				15		
3	能写出空调压缩机的结构及原理				15		
4	能正确修理、更换空调压缩机				20		
5	能遵守劳动纪律，以积极的态度接受工作任务				10		
6	能积极参与小组讨论，团队间相互合作				10		
7	能及时完成老师布置的任务				10		
总　分					100		
小结 建议							

学习活动 7　冷凝器的拆检

学习目标

1. 能了解空调冷凝器的基本构造和部件功能。

2. 能叙述空调冷凝器的拆装安全操作规程，并在作业过程中自我检查执行的情况，做好过程记录。

3. 能查阅维修手册要求，在规定时间内能正确选择并使用工量具与仪器，对空调系统冷凝器进行拆卸、清洁、检测、安装并记录。

4. 能对相关资料、互联网资源进行检索，完成工单、工作页的填写。

建议学时：8 学时

学习准备

汽车维修手册、互联网资源、车辆或空调系统实训台总成、常用维修工具、量具、多媒体设备、压缩机。

学习过程

一、冷凝器的作用及安装位置

1. 在实训车上找到冷凝器的安装位置，并结合下图标出冷凝器的位置，并写出空调系统其他零部件的名称。

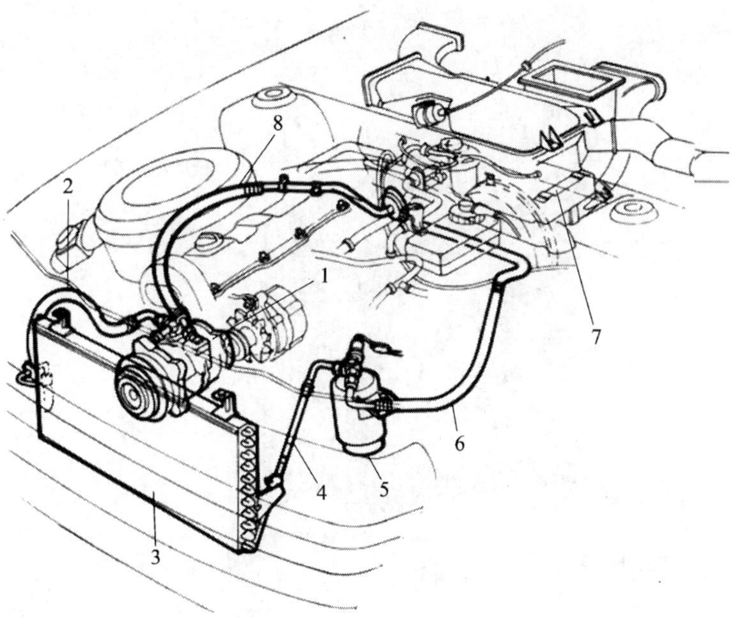

1—压缩机　2—________　3—________　4—________

5—________　6—________　7—蒸发器　8—________

2. 查阅维修手册和相关资料，完成对冷凝器功用的描述。

汽车空调冷凝器的作用是把压缩机排出的高温高压的制冷剂气体的热量________（散发/吸收）到车外空气中，使高温高压的________（气态/液态）制冷剂冷凝成温度较高的高压________（气体/液体）。

小提示

小型汽车的冷凝器通常安装在______前，通过风扇进行冷却（一般冷凝器与散热器共用风扇，也有的车型采用专用的冷凝器风扇）。有的冷凝器安装在车的侧面或车底。制冷量较大的空调系统一般都装有两个冷凝器，一个用于________，一个作为液体的过冷器。

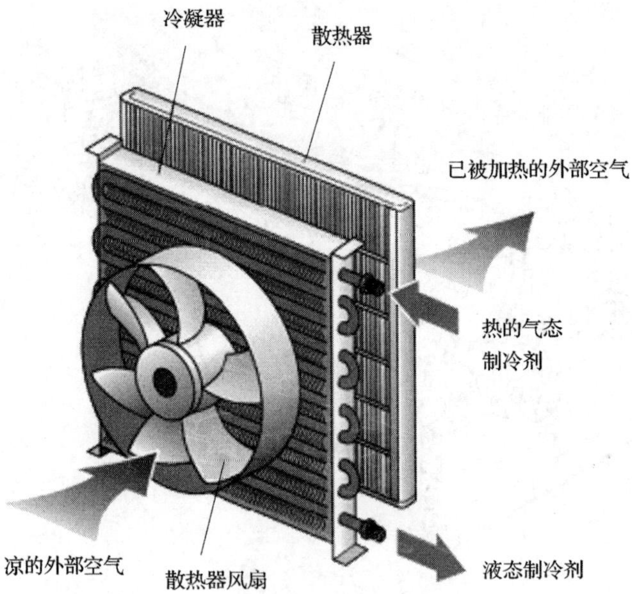

冷凝器的安装位置

3. 就车确认冷凝器的位置并检查安装情况。

□安装良好　　□存在问题

说明情况：

二、冷凝器的结构和类型

1. 查阅相关资料，写出下列三种不同类型冷凝器的特点。

类型	特点	图示
管式冷凝器		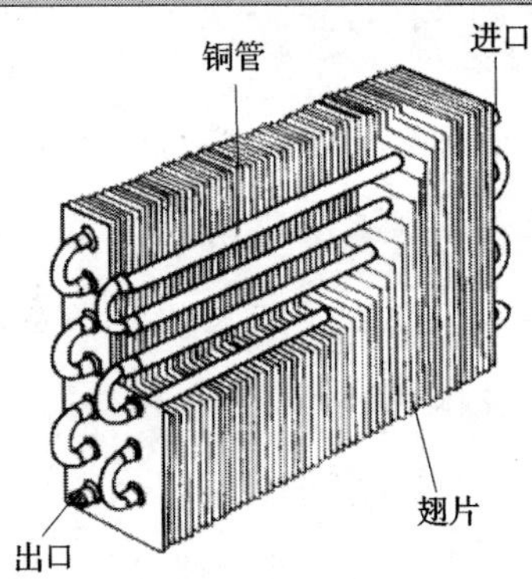

续表

类型	特点	图示
管带式冷凝器		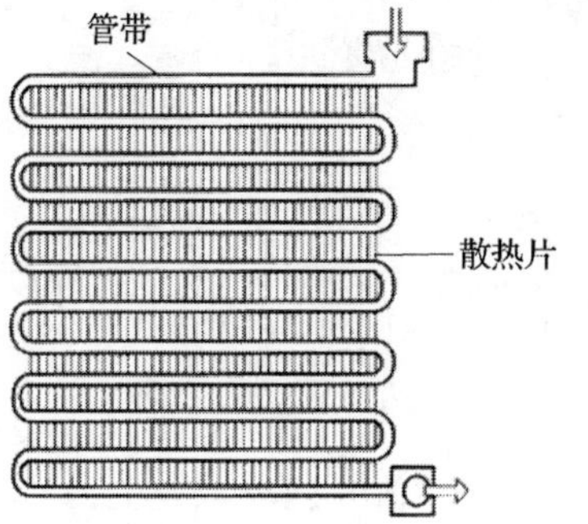
平行流式冷凝器		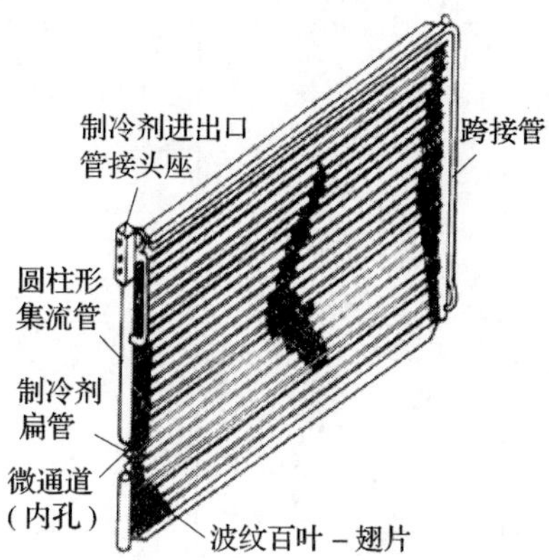

2. 观察实训车型使用的冷凝器，判断其属于____________类型的冷凝器。

3. 查阅维修手册和相关资料，完成下列问题。

平行流式冷凝器的优点：

（1）增加____________________。

（2）提高冷凝器内流体温度和流量分配的____________。

（3）降低制冷剂在冷凝器中的____________损失，减少压缩机____________。

三、冷凝器的拆装

查阅维修手册和相关资料，补全冷凝器的拆装步骤及拆装工具。

序号	拆卸步骤	拆装工具	图示
1	拆下前保险杠		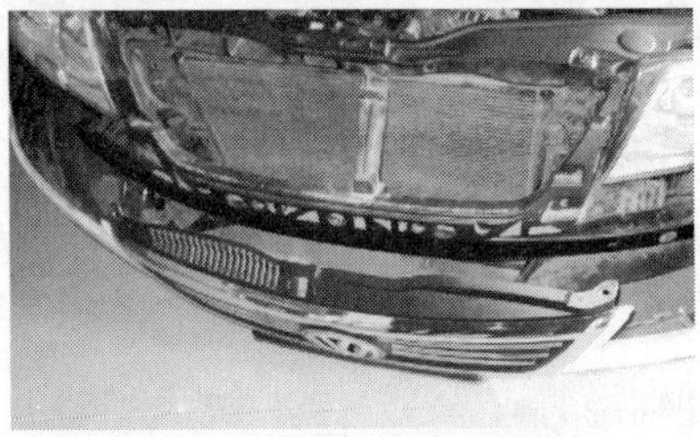
2	拆下前围支架		
3	松开冷凝器上的制冷剂管路		
4			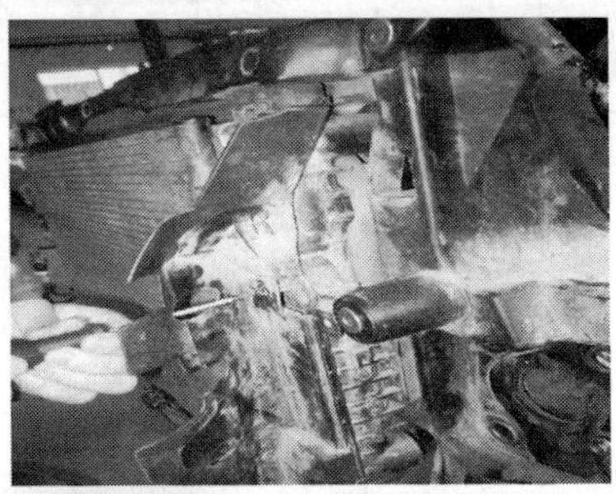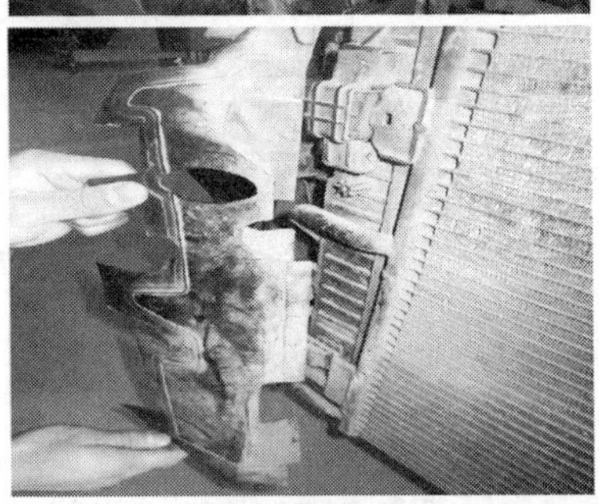

续表

序号	拆卸步骤	拆装工具	图示
5	松开冷凝器两侧的定位销及定位元件		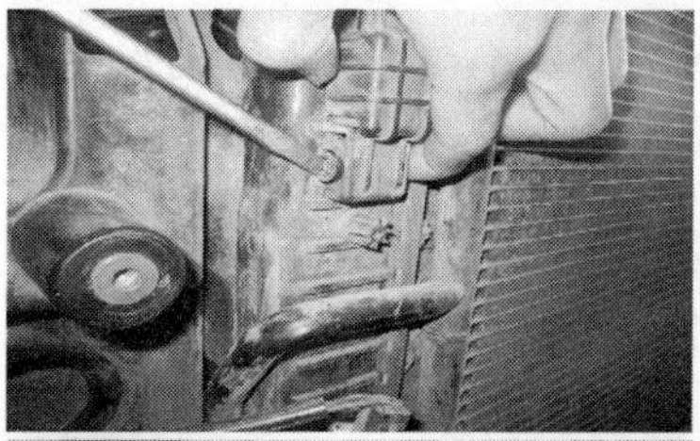 
6	从定位支座上取下冷凝器		
7	安装时，按与拆卸相反的步骤进行操作		

四、冷凝器的更换（以桑塔纳 2000 为例）

1．查阅维修手册和相关资料，完成对冷凝器的更换与拆卸。

（1）拆下蓄电池。注意事项：

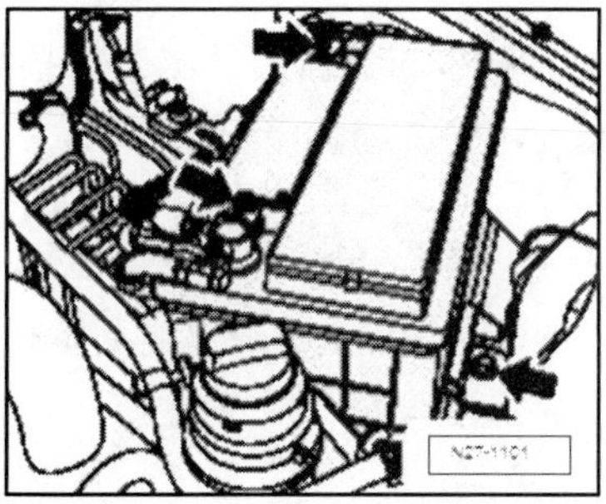

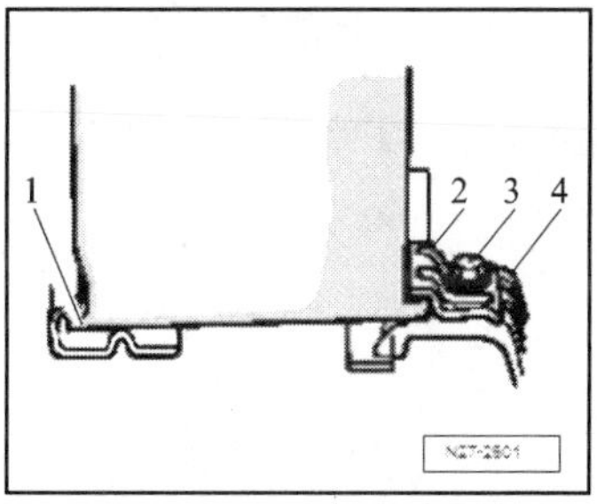

（2）拆下散热风扇组。注意事项：

（3）拆下散热器进水管与出水管，并将端口用干净的棉纱塞住，以免冷却液________________（流溢/堵塞）。

（4）拆下散热器。拆下后妥善放置，勿在散热管带上放____（重物/物件）或磕碰。

（5）拆下 C 管（冷凝器至储液干燥器管路），封住管子____________（端口/管路）。

（6）拆下 D 管（压缩机至冷凝器），封住管子端口。

（7）拧下固定____________（螺栓/螺母），拆下冷凝器。

2. 冷凝器的安装（与拆卸顺序相反）。

（1）安装前应充分清洗冷凝器，确保管路通畅，充分散热。

（2）安装时注意冷凝器下部的________________（填空）位置，上端与发动机罩的间隙不小于（　　）mm。

A. 15　　B. 20　　C. 25　　D. 30

五、冷凝器的维护与维修

1. 查阅维修手册和相关资料，完成下列问题。

（1）（　　）检查一次管片式冷凝器的散热片或管带式冷凝器的波形散热带，去掉其表面上的夹杂物，并校正严重变形的散热片或散热带。

A. 每天　　B. 每周　　C. 每月

（2）（　　）检查一次冷凝器的泄漏情况，发现泄漏应立即修理或更换。

A. 每天　　B. 每周　　C. 每月

（3）（　　）检查一次风扇，发现问题应及时修理或更换。

A. 每月　　　　B. 每二月　　　　C. 每三月

(4) 每（　　）年检查一次冷凝器的紧固螺栓，如有松动，应按规定力矩拧紧。

A. 半　　　　B. 一　　　　C. 二

2. 查阅维修手册和相关资料，完成下列问题。

(1) 检查冷凝管道，如表面有污垢和杂物，必须及时清除。可用____________（水/清洁液）清洗后，再用压缩空气吹干，但要注意防止水进入管道里面。

(2) 检查散热片表面，如有脏污堵塞，可用____________（水/清洁液）冲洗，再用压缩空气吹干，一些碎屑可用硬毛刷子刷掉。

要注意防止因清洗而弄坏散热片；如果散热片弯曲变形，可用尖嘴钳或一字旋具校正；如散热片严重变形，应____________（校正/更换）。

(3) 检查冷凝器管道，如破损应焊补修复，但要注意尽量少损坏其附近的散热片；检查管道接头，如果其螺纹损坏，则应____________（更换/修复）。

(4) 冷凝器修复后，应进行____________（泄漏/清洁）检查，合格后方可装车使用。

小知识

冷凝器散热不良的检查

故障现象：

◇ 冷气出风口温度偏高，车厢内冷量不足。

◇ 高、低压侧压力偏高。

采取措施：

◇ 检查冷凝器散热片或散热带，若被尘埃和泥土堵塞、脏污，可进行清洁；若散热片或散热带发生严重变形，应予校平。

◇ 检查冷凝器风机的风扇传动带，若过松，应调整其张紧度。

◇ 检查风扇的位置，若偏离冷凝器应调整其位置。

◇ 检查风扇电动机，若转速不足应检修或更换。

六、总结与思考

1. 填空题

(1) 冷凝器按结构可分为____________、____________和____________三种。

（2）冷凝器一般安装在______________________________位置。

2. 选择题

（1）进入汽车空调蒸发器的制冷剂为（　　）。

A. 低压液态　　B. 低温、低压的湿蒸气

C. 高温、高压的气态　　D. 低温液态

（2）汽车空调的日常保养，应经常清刷冷凝器的表面杂物等，以保持良好的（　　）效果。

A. 散热　　B. 美观

C. 吸热　　D. 环保

（3）（　　）在汽车制冷系统中冷却吸热、冷凝放热，起着极其重要的作用。

A. 制冷剂　　B. 冷凝剂

C. 化学试剂　　D. 冷却液

（4）在汽车空调装置中，冷凝器安装在（　　）。

A. 发动机散热器前　　B. 驾驶室内

C. 后行李箱内　　D. 发动机散热器后

（5）冷凝器将制冷剂热量散发到汽车外的空气中，使高温、高压的气态制冷剂冷凝成（　　）液体。

A. 高压　　B. 低压

C. 中压　　D. 大气压

（6）汽车空调制冷系统的冷凝器、蒸发器统称为（　　）器。

A. 换能　　B. 换热

C. 交换　　D. 交流

3. 判断题

（1）高温下 R134a 的压力和负荷比 R12 小。（　　）

（2）冷凝器的作用是将压缩机排出的高温、高压制冷剂蒸气进行冷却，使其凝结为高压制冷剂液体。（　　）

（3）安装汽车空调冷凝器时，从压缩机输出的气态制冷剂一定要从冷凝器下端入口进入。（　　）

（4）连接制冷管路时必须先在接头的 O 形圈上涂专用的冷冻机油。（　　）

评价与分析

学习活动过程评价表

<table>
<tr><td>班级</td><td></td><td>姓名</td><td></td><td>学号</td><td></td><td>日期</td><td>年　月　日</td></tr>
<tr><td>序号</td><td colspan="5">评价要点</td><td>配分</td><td>得分</td><td>总评</td></tr>
<tr><td>1</td><td colspan="5">能正确识读和填写生产派工单，明确任务要求</td><td>10</td><td></td><td rowspan="8">A□（86～100）
B□（76～85）
C□（60～75）
D□（60 以下）</td></tr>
<tr><td>2</td><td colspan="5">能写出冷凝器的作用</td><td>10</td><td></td></tr>
<tr><td>3</td><td colspan="5">能写出冷凝器的拆装步骤</td><td>15</td><td></td></tr>
<tr><td>4</td><td colspan="5">能写出冷凝器的保养与维修内容</td><td>15</td><td></td></tr>
<tr><td>5</td><td colspan="5">能查阅相关资料，分析出冷凝器散热不良的原因及维修措施</td><td>10</td><td></td></tr>
<tr><td>6</td><td colspan="5">能遵守劳动纪律，以积极的态度接受工作任务</td><td>10</td><td></td></tr>
<tr><td>7</td><td colspan="5">能积极参与小组讨论，团队间相互合作</td><td>15</td><td></td></tr>
<tr><td>8</td><td colspan="5">能及时完成老师布置的任务</td><td>15</td><td></td></tr>
<tr><td colspan="6">总　分</td><td>100</td><td></td><td></td></tr>
<tr><td>小结
建议</td><td colspan="8"></td></tr>
</table>

学习活动8　通风配气装置的拆检

学习目标

1. 能描述汽车空调暖及配气风系统的作用、分类、组成及工作原理。

2. 能对暖风及配气系统进行拆装。

建议学时：6学时

学习准备

汽车维修手册、互联网资源、车辆、多媒体设备。

学习过程

一、暖风系统

1. 暖风系统的组成与结构。

（1）对车内空气或进入车内的外部空气进行加热的系统称为汽车空调暖气系统。它的主要作用是：__________________、__________________、__________________。

（2）汽车空调暖风系统按所使用的热源可分为__________和__________两种类型。

（3）利用发动机的余热来直接供暖的暖风系统叫__________，多用于需要热量较__________的轿车、货车和中小型客车。其设备简单、使用安全、运行经济，其缺点是热量较小，受汽车运行工况的影响，发动机停止运行时__________（有/无）暖风提供。这种暖风系统又分为__________和__________两种。

(4) 在专门的燃烧器里燃烧汽油、煤油、柴油等燃料，产生的热量加热空气，并将它们输送到车内提高温度的暖风系统叫____________，多用于大型豪华旅游车、寒带地区使用的客车和轿车，其特点是产生的热量多，且不受汽车运行工况的影响，但设备复杂，使用和维护成本都较高。这种暖风系统可分为水暖式和气暖式两种。

2. 余热式水暖式暖风系统的工作原理。

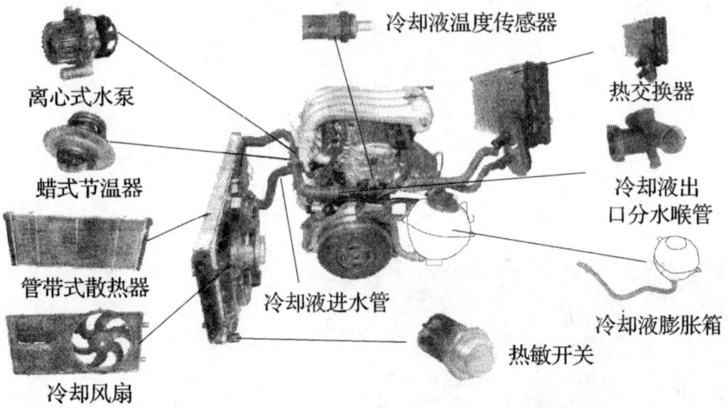

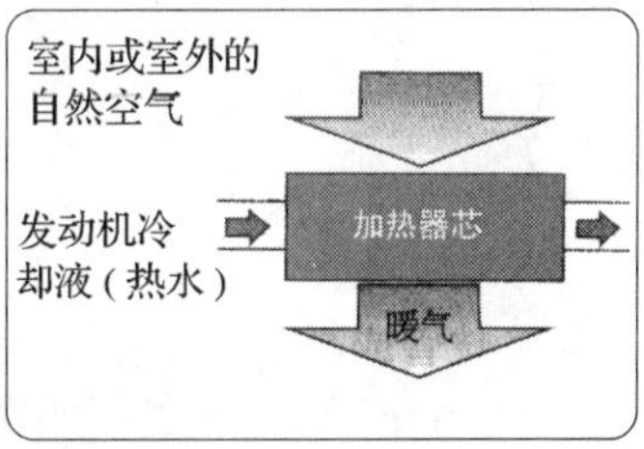

(1) 在下图中填写暖风系统各组成部分的名称。

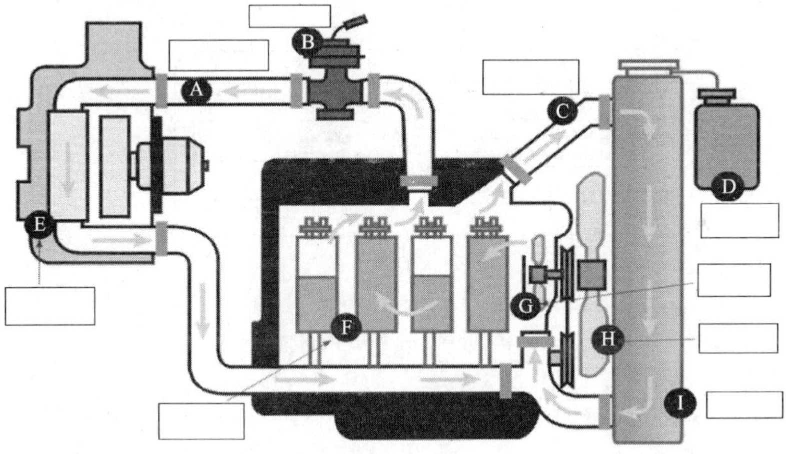

(2) 对照下图填写暖风系统的工作原理。

不使用暖风时，冷却液通过____________将发动机内的高温冷却液泵入____________，冷却后的冷却液由散热器的____________回到发动机。使用暖风时，经发动机上的____________分流出来的高温冷却液送入暖风机的____________，冷空气在____________的作用下，通过加热器加热后，一部分由不同的出风口吹向乘客，一部分通过风窗玻璃下面的出风口吹到风窗玻璃上，以保持风窗玻璃内侧温度在0℃之上，以防起雾或结霜。在加热器芯中被冷却的冷却液离开加热器，由发动机____________抽回发动机，完成一次循环。

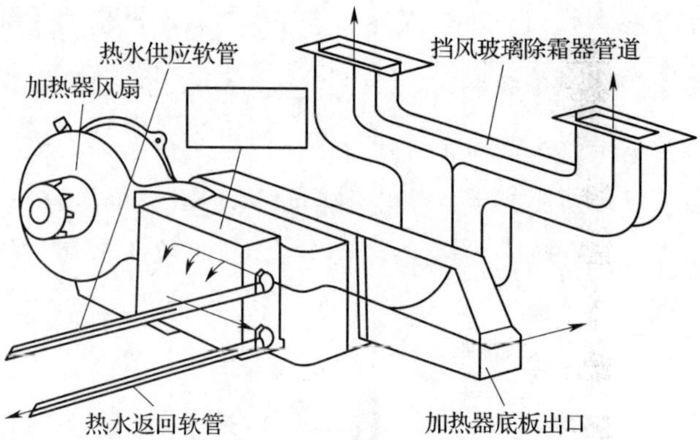

3. 暖风开关。

（1）指出下图所示的开关名称。

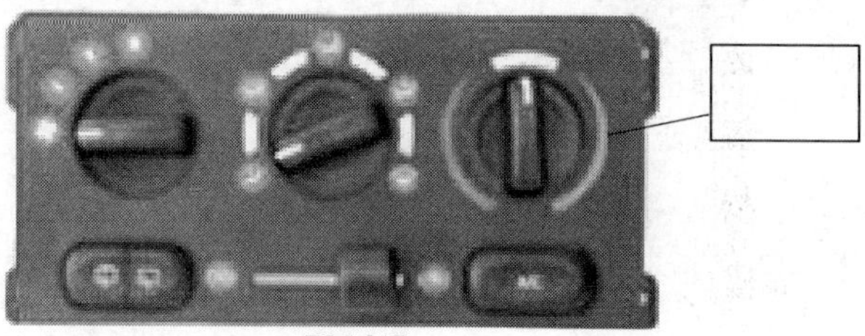

DM-21B

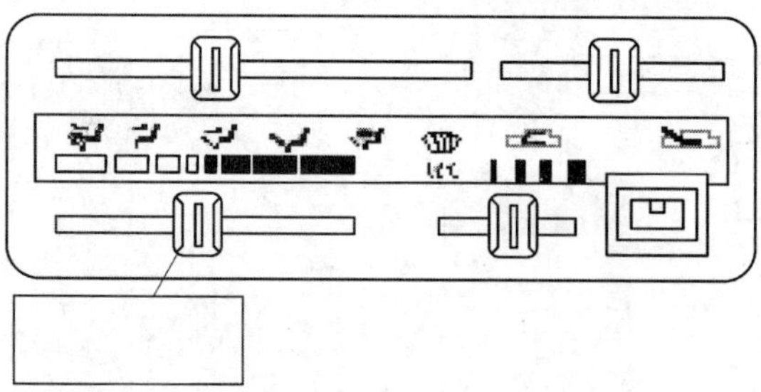

（2）在下图空格中填写冷却液控制阀各部件的名称。

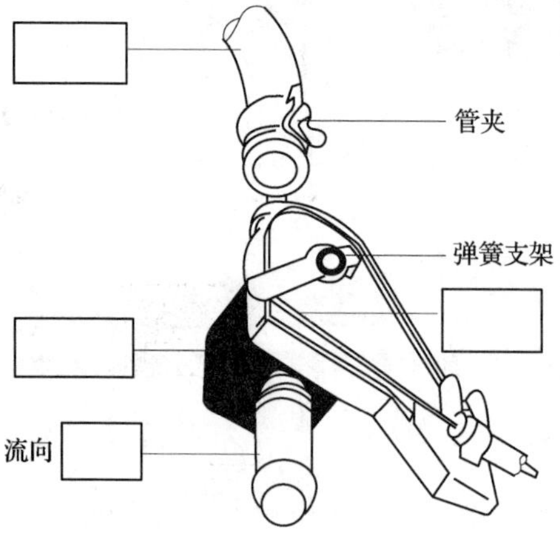

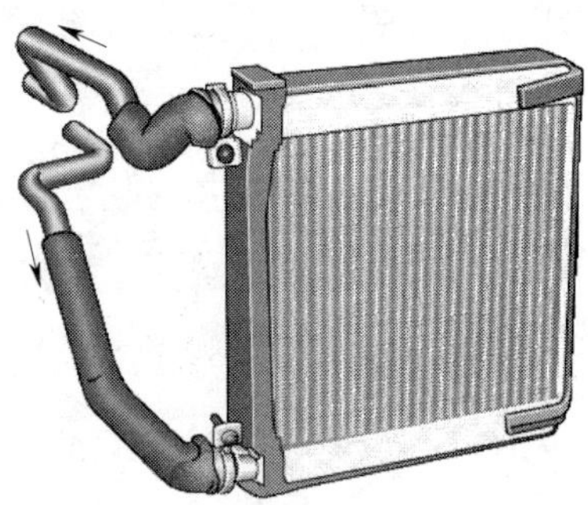

冷却液控制阀是依靠人工移动调节键来移动开关的钢索，以此关闭、打开控制阀或调节进入加热器芯的冷却液流量。

4．加热器芯。

加热器芯类似一个没有压力盖的散热器，当控制阀打开时，一部分热的发动机冷却液不通过__________而是通过暖风芯在冷却系统中循环。当暖风系统工作时，就可以为驾驶室提供热空气。

5．鼓风机。

汽车空调的蒸发器、冷凝器的换热都需要强制通风，有的车室也需强制通风换气，这都需要__________来完成。

（1）离心式风机。

一般装在蒸发器的里侧。其功用是将车内温度较________的空气流向________，经过热交换将冷风送入车厢内，这样不断循环使车厢内降温。当叶轮旋转时，是由与旋转轴________的方向吸进空气，向着与旋转轴垂直的方向——离心力作用的方向吹出。离心式风机结构比较简单，一般由叶轮、蜗壳和进口集流器组成。

离心式风机

（2）轴流式风机。

冷凝器一般配置轴流式风机，轿车多数与散热器共用一个风机。其功用是将________中散发出的热量吹到大气中去。当叶轮旋转时，空气在叶轮的鼓动下沿着________方向流动，使冷凝器很快散热。它由进口集流器、叶轮、导叶和扩压筒组成。安装时要注意叶轮方向，一般故障多来自于电动机。

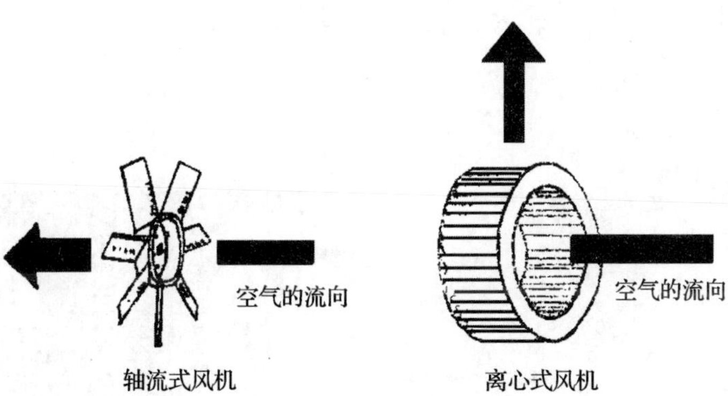

（3）写出下列两图表示的风机类型：

a 图____________ b 图____________

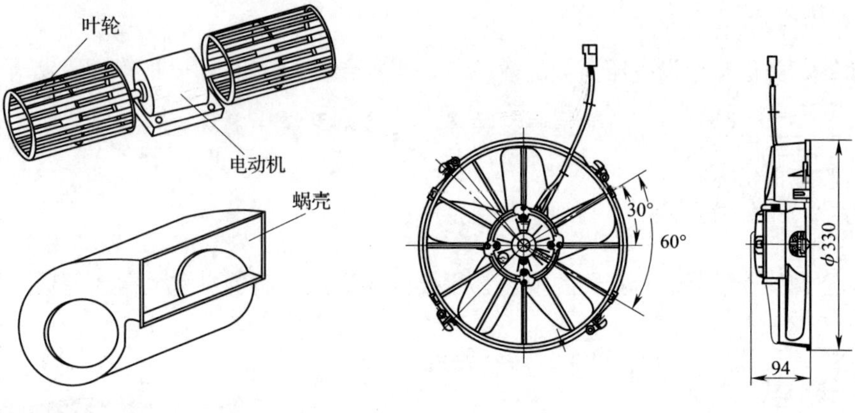

a) b)

6. 水管和水管卡子。

加热器芯水管与散热器水管相同，都是由耐油、耐臭氧合成橡胶制成的，但它比散热器水管更细更柔软。大多数暖风系统通常有 3 根水管，它们是：发动机出水口至控制阀之间的水管、______________________、暖风芯至水泵进水口之间的水管。安装水管卡子时应注意水管卡子必须与水管垂直，并且不要过度拧紧水管卡子，否则将引起______________。

7. 蒸发器。

（1）作用。蒸发器是一个热交换器，________喷出的雾状制冷剂在蒸发器中蒸发，热空气被鼓风机强迫通过蒸发器，空气中的热量被汽化的制冷剂吸收，使其降温，这样，制冷剂液体逐渐气化最终变为饱和蒸气，从而达到________车内空气温度的目的。蒸发器进、出口温度差________。

（2）安装位置。蒸发器与其他零、部件构成了蒸发箱总成，轿车一般将蒸发箱布置在________；面包车、中型客车经常采用车内吊顶式蒸发箱总成。另外还有立式、下置式、后置式和车外顶置式等不同形式。

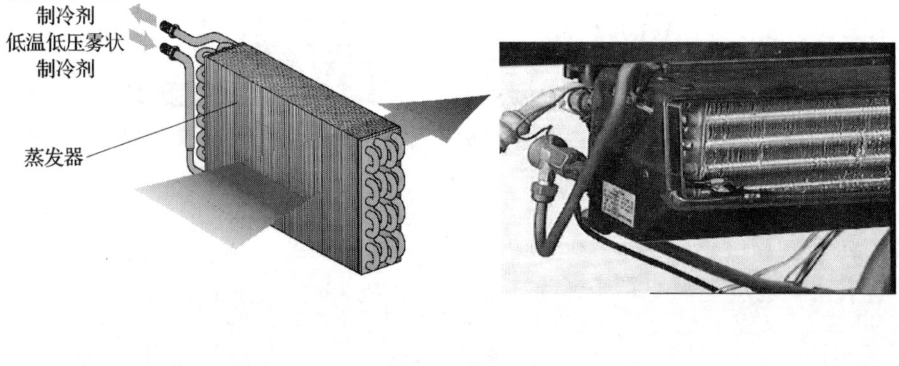

（3）查阅资料，填写下表中蒸发器的类型。

类型	说明	图示
	由安装在一系列薄散热片内的制冷剂螺旋管组成	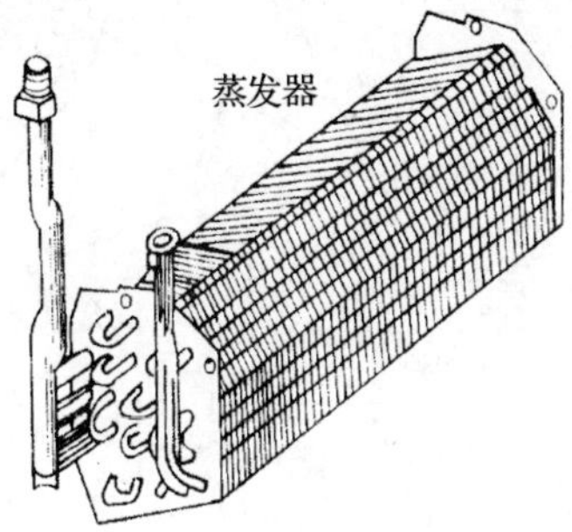
	由多孔扁管、蛇形散热铝带及散热片组成	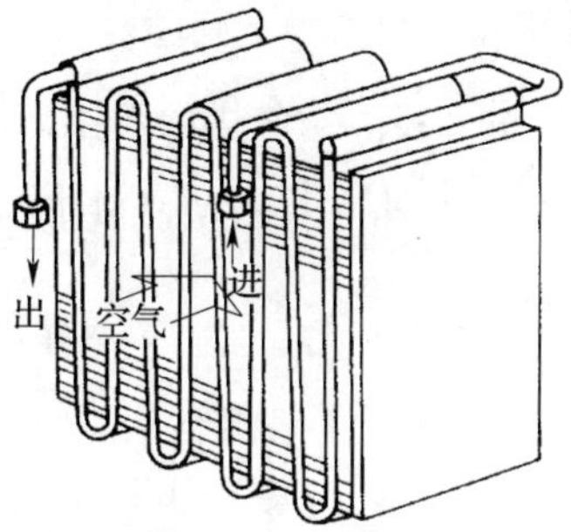
	由两片冲压形成的铝板叠在一起组成制冷剂通道，每两片之间夹有蛇形散热铝带	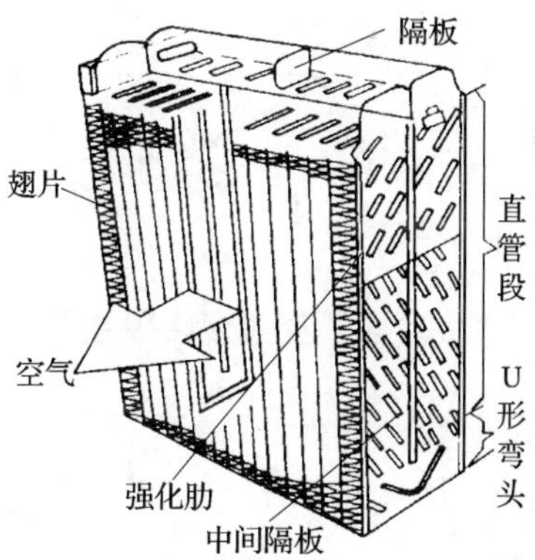

二、配气系统

1. 由下图可以看出，________强制使空气循环运动，空气经________口被吸入，流经________时被加热，并由出风口吹出，进入车内取暖或为风挡除霜。

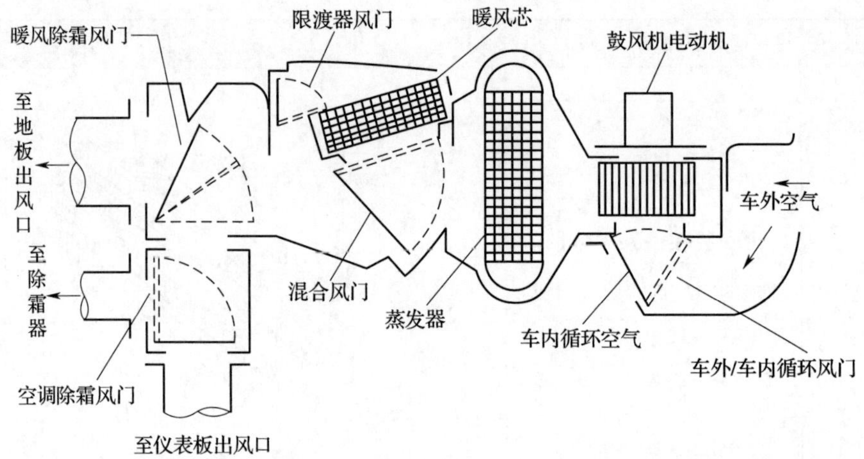

2. 查阅资料，回答下列问题。

（1）空气进入段。空气进入段由新鲜（车外）空气入口、______ 、新鲜/车内循环空气风门（气源门）、带电动机的鼓风机、空气出口等组成。

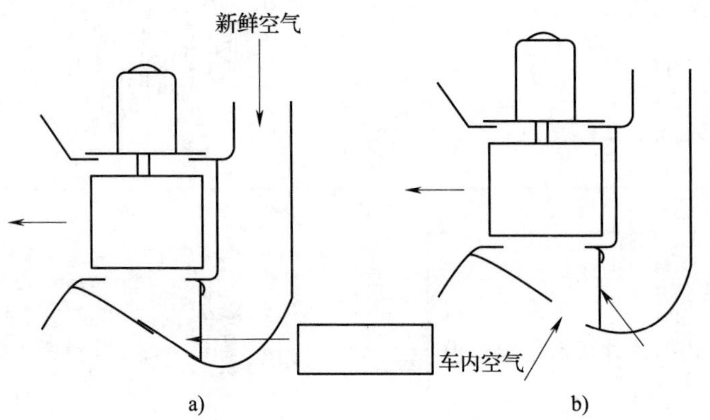

（2）空气混合段。空气混合段主要由蒸发器、____________和混合风门（调温门）组成，用来调节________________。

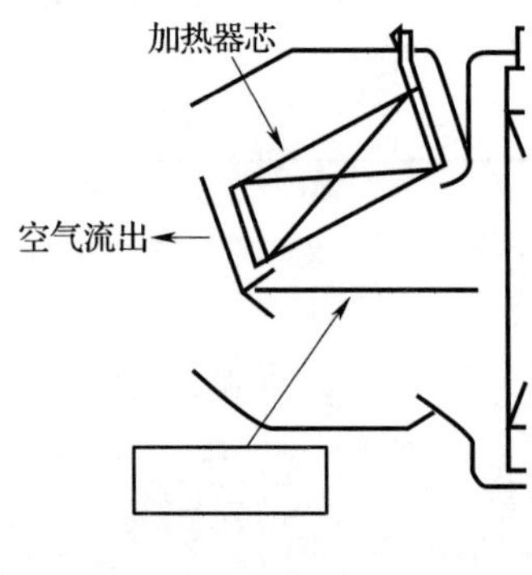

（3）空气分配段。空气分配段分别可使空气吹向面部、脚部和风窗玻璃上。一般来说它主要包括两个模式风门：______和除霜/空调风门；三个出风口：地板出风口、除霜出风口和仪表板出风口。

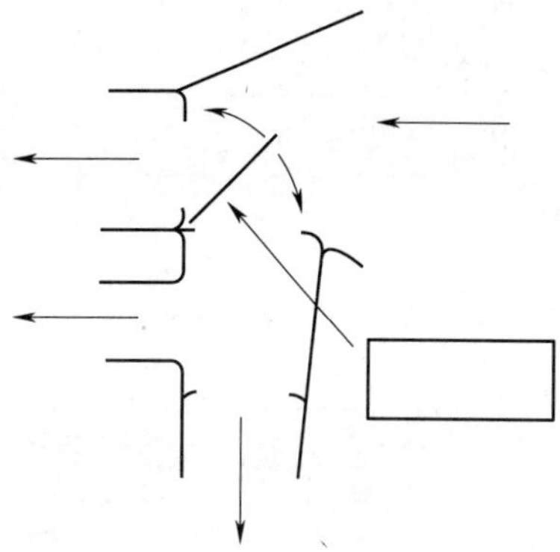

高/低风门如下图所示，可以在____范围内控制经调节的空气由高（仪表板）出风口或低（地板）出风口吹出。除霜/空调风门如下图所示，控制经调节的空气由________出风口或仪表板出风口吹出。

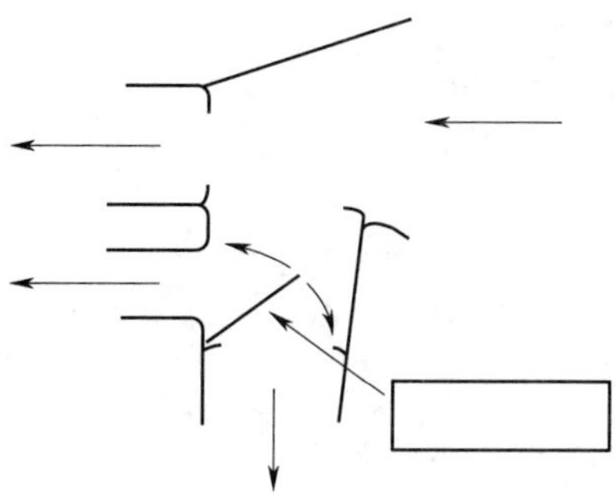

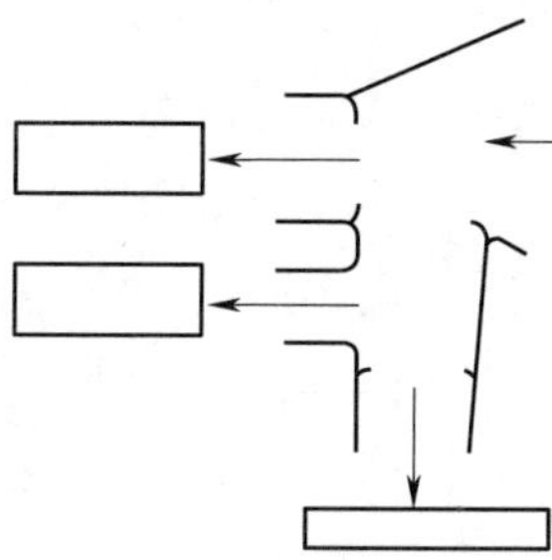

3．对照下图，写出各序号对应的出风口名称。

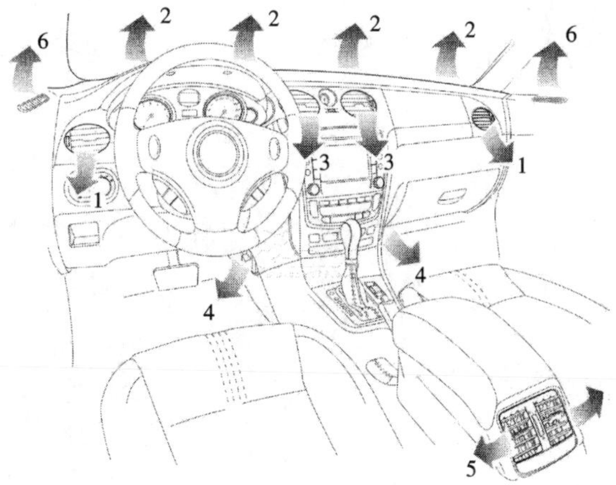

1 ____________　2 ____________　3 ____________

4 ____________　5 ____________　6 ____________

4. 写出下图对应的配气方式的类型。

a 图________________ b 图________________ c 图________________

d 图________________ e 图________________

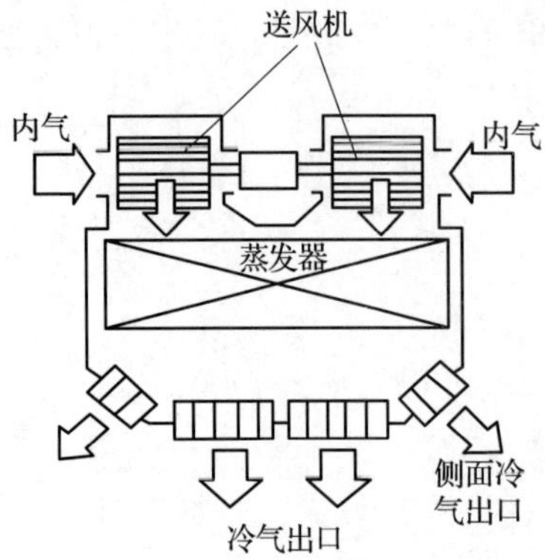

a) 冷风机

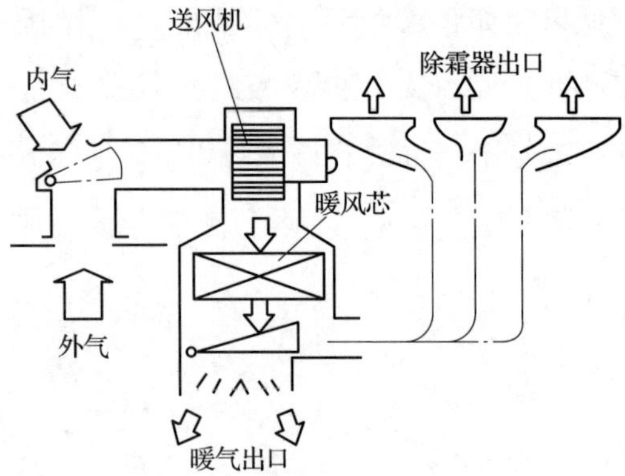

b) 暖风机

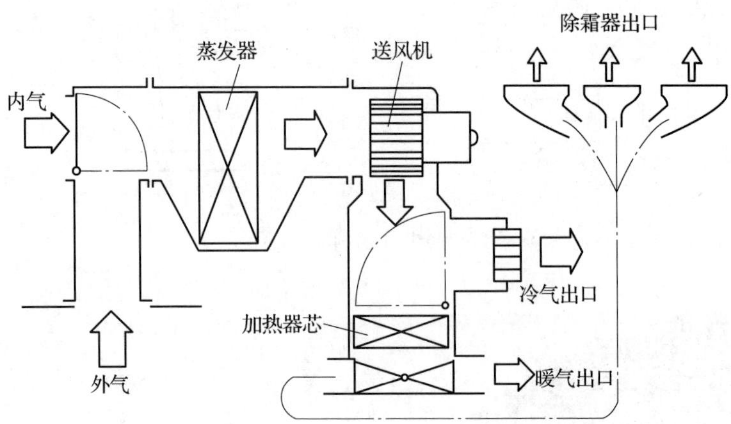

c)

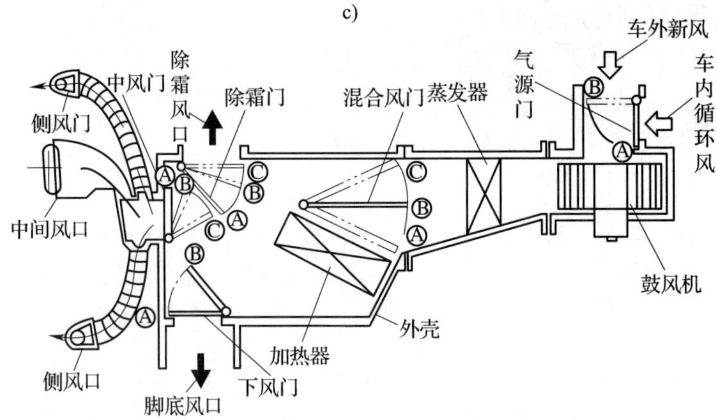

d)

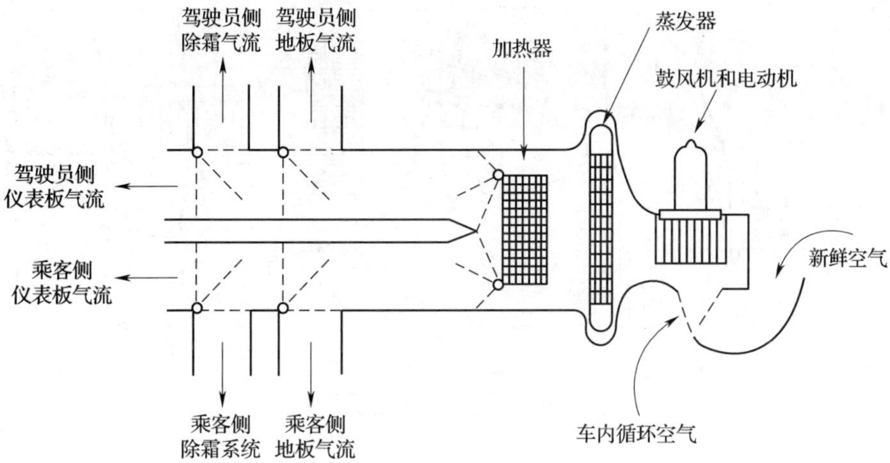

e)

三、手动空调控制面板

1．写出下列图示按钮的功能。

按钮，实现________________；按钮，实现________________；

按钮，实现________________；按钮，实现________________。

2．按下按钮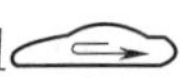（指示灯点亮），新鲜空气风门关闭 4 min，车内的空气与外界隔离，系统进入____________状态。

3．再次按下按钮时，新鲜空气风门打开，系统进入____________状态。如果要使新鲜空气风门一直关闭，按下并保持循环空气控制按钮2 s（直到开关上的指示灯闪烁）即可。按下____________（指示灯点亮，除霜/雾标记在显示屏上出现），自动起动两种功能：最有效的暖风或冷风设定，使风窗和侧窗明亮；加热后风窗。

4．写出下列三幅图能够实现的功能。

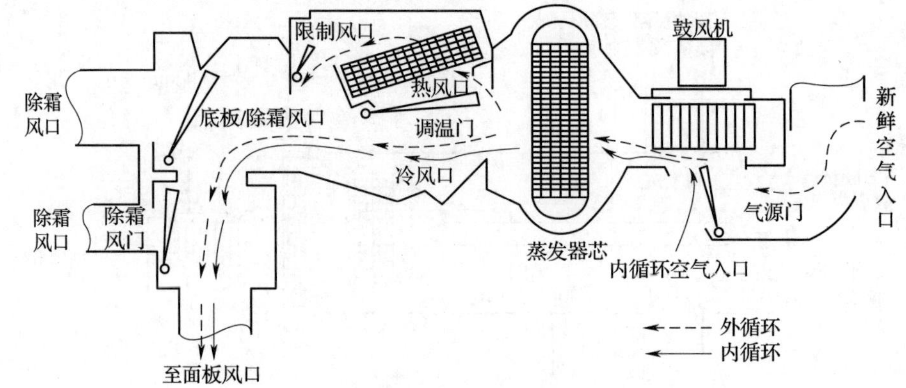

a) ________________功能

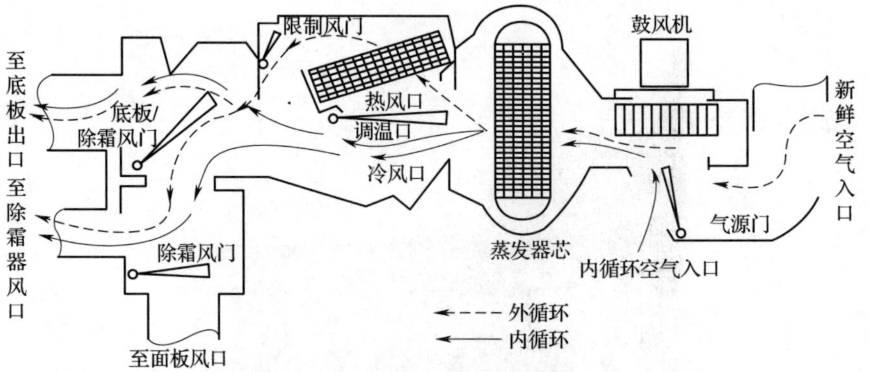

b) ________________功能

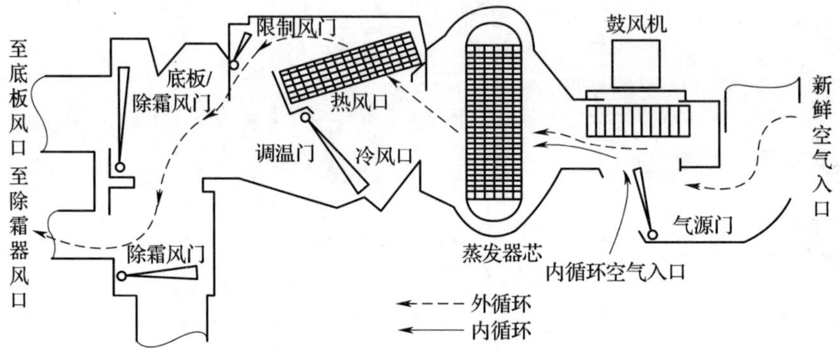

c) ________________功能

四、通风配气

1．汽车空调通风可分为______和强制通风两种类型。______通风是利用汽车行驶时产生的风压，将外部空气引入车内，车内空气的引入口通常设在正压部位，车内空气的排出口设在负压部位。

2．用“+、-”标识下图的正负压力分布。

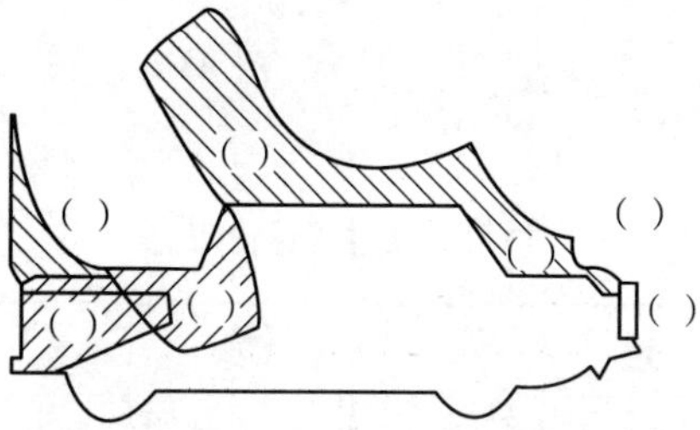

进风口设在车头部位，这个位置属于正压区，且进来的空气较新鲜；排风口设在车尾部，为负压区。进风处都设有进气阀门和内循环空气阀门，用来控制新鲜空气的流量。

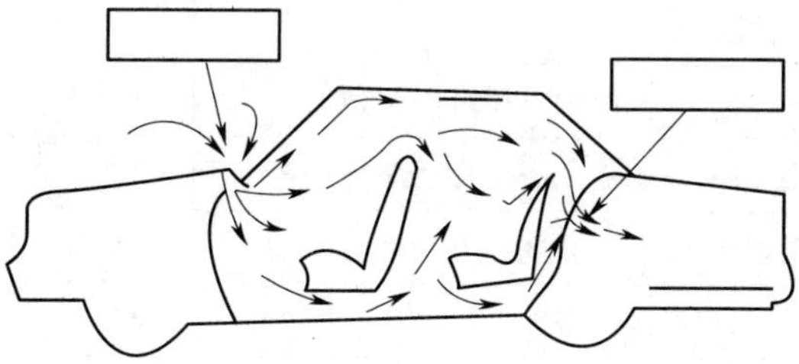

3. 客车的自然通风方式是利用客车行驶时车身外表面的空气压力分布来进行通风。新风从后侧面的____________进入车厢，从前门____________流出，暖风从____________吹入车厢，冷风从____________吹入车厢，形成头凉足暖的合理分布，前车窗下面出来的是____________用的热风。不管是轿车还是客车，它们的强制通风方式都是利用____________强制引入车室外新鲜空气。不同的是轿车的进风口在车头，而客车的进风口一般设置在车顶位置，但____________都设在车体尾部。

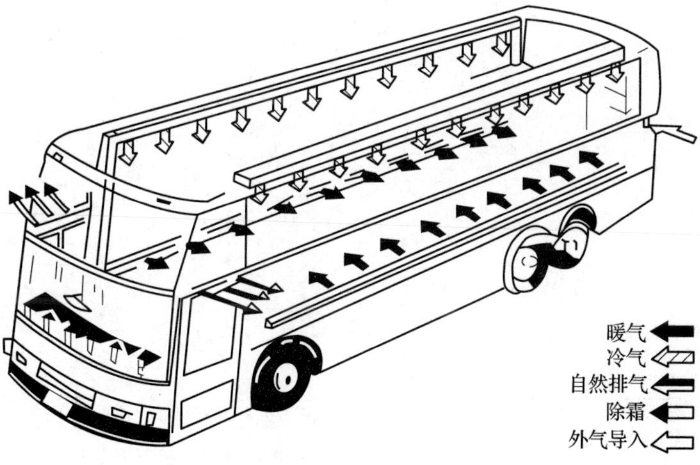

评价与分析

学习活动过程评价表

<table>
<tr><td>班级</td><td></td><td>姓名</td><td></td><td>学号</td><td></td><td>日期</td><td>年　月　日</td></tr>
<tr><td>序号</td><td colspan="4">评价要点</td><td>配分</td><td>得分</td><td>总评</td></tr>
<tr><td>1</td><td colspan="4">能正确识读和填写生产派工单，明确任务要求</td><td>10</td><td></td><td rowspan="8">A□（86～100）
B□（76～85）
C□（60～75）
D□（60 以下）</td></tr>
<tr><td>2</td><td colspan="4">能写出暖风系统的作用、类型及工作原理</td><td>10</td><td></td></tr>
<tr><td>3</td><td colspan="4">能写出配气系统的作用、类型及工作过程</td><td>15</td><td></td></tr>
<tr><td>4</td><td colspan="4">能写出控制面板各开关的作用</td><td>15</td><td></td></tr>
<tr><td>5</td><td colspan="4">能查阅相关资料，分析出内外循环的风道</td><td>10</td><td></td></tr>
<tr><td>6</td><td colspan="4">能遵守劳动纪律，以积极的态度接受工作任务</td><td>10</td><td></td></tr>
<tr><td>7</td><td colspan="4">能积极参与小组讨论，团队间相互合作</td><td>15</td><td></td></tr>
<tr><td>8</td><td colspan="4">能及时完成老师布置的任务</td><td>15</td><td></td></tr>
<tr><td colspan="5">总　分</td><td>100</td><td></td><td></td></tr>
<tr><td>小结
建议</td><td colspan="7"></td></tr>
</table>

学习活动9　干燥器及节流装置的拆检

学习目标

1. 能了解干燥器及节流装置的基本构造、部件功能。

2. 能叙述干燥器及节流装置的拆装安全操作规程，并在作业过程中自我检查执行的情况，做好过程记录。

3. 能正确选择并使用工量具与仪器，规范对空调系统储液干燥器、节流装置等进行拆卸、清洁、检测、安装并记录。

4. 能对相关资料、互联网资源进行检索，完成工单、工作页的填写。

建议学时：6学时

学习准备

汽车维修手册、互联网资源、车辆或空调系统实训台总成、常用维修工具、量具、多媒体设备。

学习过程

一、储液干燥器的结构与功用

1. 查阅维修手册和相关资料，完成下面对储液干燥器的描述。

储液干燥器是临时性储存在冷凝器中液化的______，根据制冷负荷需要，随时供给蒸发器，并补充系统中的微量泄漏。

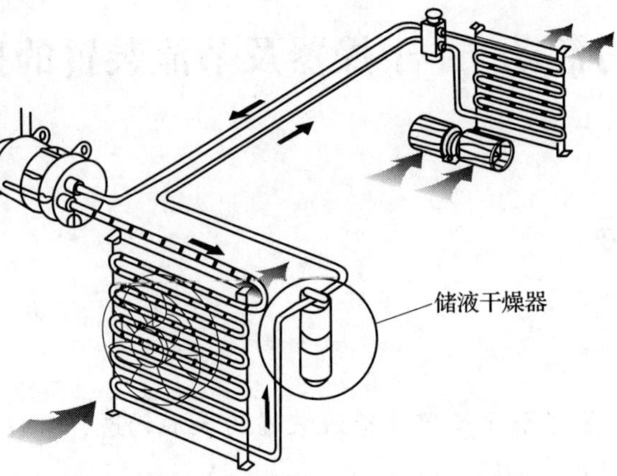

储液干燥器安装位置在__________和__________之间，其作用是：__________、______________、防止______（气态/液态）制冷剂进入__________。

2. 在下图所示储液干燥器实物图中标出各序号对应的名称。

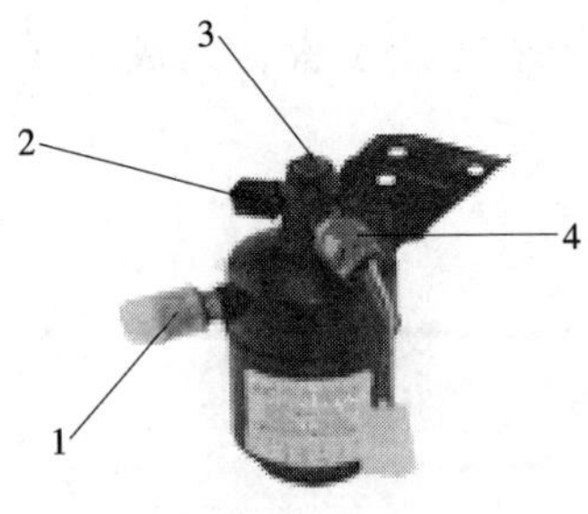

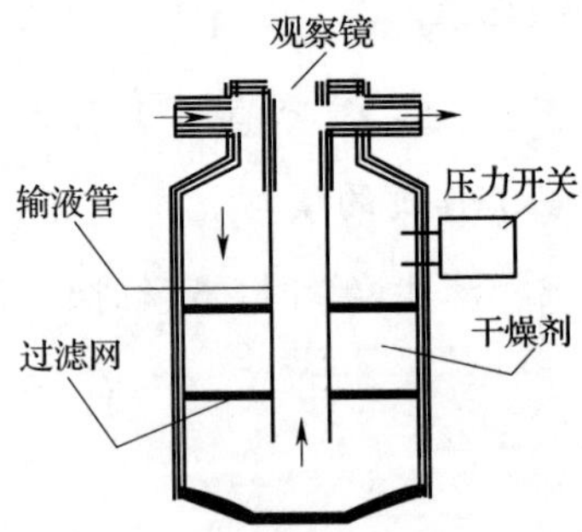

1. ____________ 2. ____________

3. ____________ 4. ____________

3. 查阅维修手册和相关资料，完成下面对储液干燥器工作过程的描述。

（1）储存制冷剂。接受从________（冷凝器/蒸发器）来的液体并加以储存，根据________（冷凝器/蒸发器）的需要提供所需制冷剂量。

（2）过滤________（杂质/水）。将系统中经常会出现的杂质、脏物，如污垢、金属粒等过滤掉，这些杂质会___________（损伤/堵塞）压缩机汽缸壁和轴承，还会_________（损伤/堵塞）过滤网和膨胀阀。

（3）吸收________（湿气/废气）。汽车空调制冷系统中湿气要求越少越好，因为湿气会造成“冰塞”并腐蚀系统管道等，使之不能正常工作。

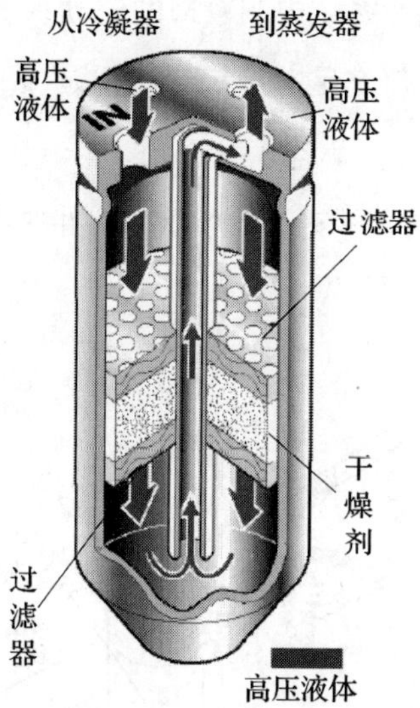

储液干燥器的工作过程

4. 对照下图，完成下面对储液干燥器工作过程的描述。

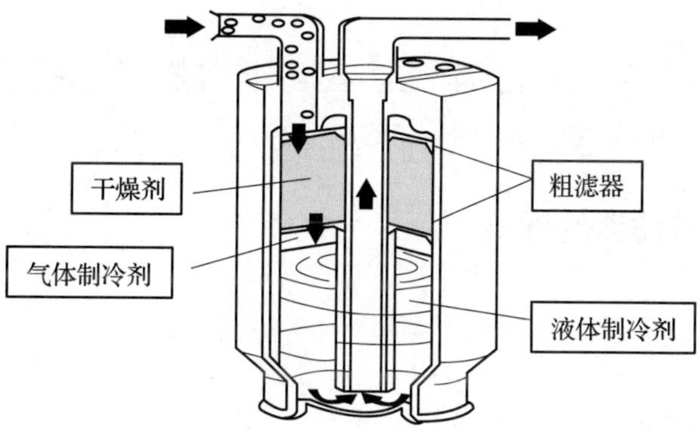

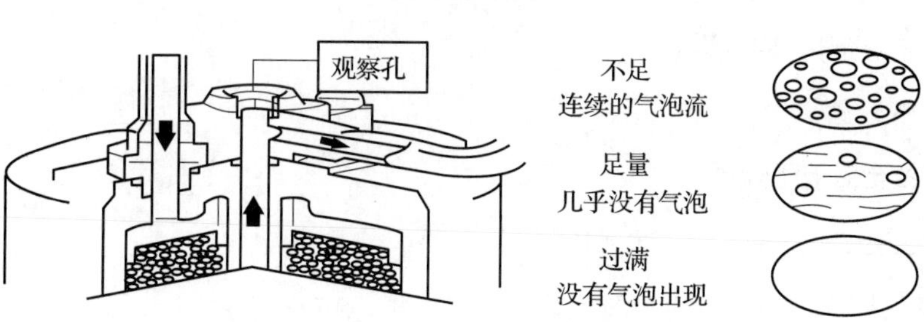

（1）干燥器盖上设有进液孔和出液孔，并装有视液玻璃和易熔塞。易熔塞的中部开有小孔，孔中灌有低熔点金属。当高压侧压力达到______MPa、温度达到______℃时，低熔点金属熔化，并把______排放到大气中去，防止整个系统遭受损坏。

（2）视液玻璃镜用来观察制冷系统内制冷剂的流动状况。当制冷剂不足时，气泡呈现________________状态；当制冷剂充足时，气泡呈现是________________状态；当制冷剂过满时，气泡呈现________________状态。

5. 查阅维修手册和相关资料，补充下图所示各部件的名称。

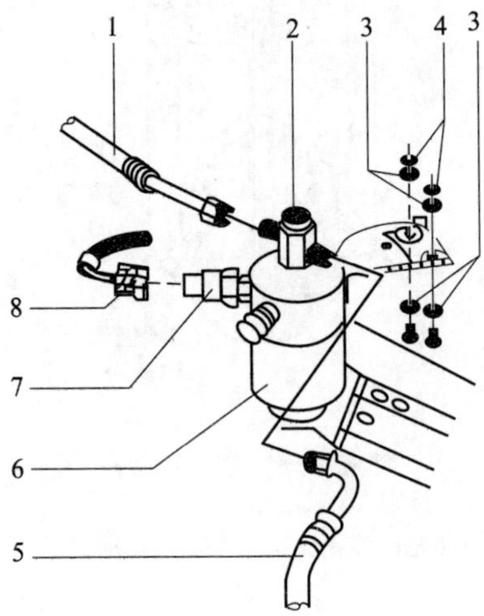

1—L管　2—______　3—紧固螺母　4—垫圈　5—紧固螺栓

6—C管　7—储液干燥器　8—____________

二、储液干燥过滤器的拆检

1. 拆卸

（1）拔下蓄电池____________。

（2）由专业人员抽空制冷系统内的____________。

（3）拆下高低压开关接头____________。

（4）拆下C管。

①冷凝器至储液干燥器。

②封住____________。

（5）拆下L管。

①储液干燥器至____________。

②封住管口。

（6）拆卸箭头所指的连接螺栓（见下图左），取出____________。

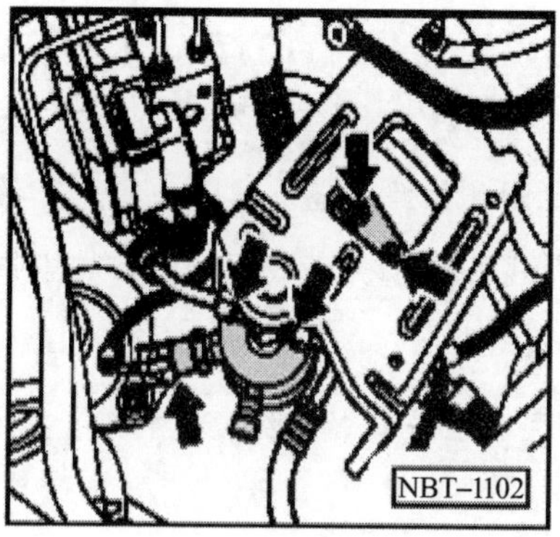

拆卸螺栓

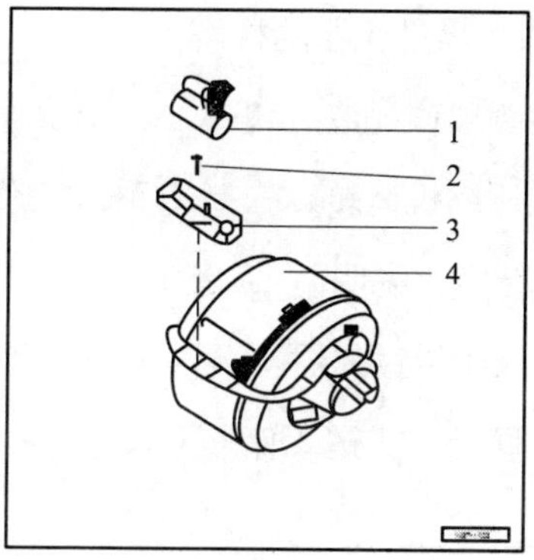

垂直安装储液干燥器

2. 更换

（1）储液干燥器应____安装（见上图右）。

（2）安装后应从箭头所指观察窗处密切注视______媒的流动情况。

小提示

储液干燥过滤器的拆卸注意事项

（1）先将制冷系统内的制冷剂排尽。

（2）拆开储液干燥过滤器上的两根冷却液管，并用堵头立即堵住管路接头，以防止制冷剂进入制冷回路。最后从车上取下储液干燥过滤器。

3. 安装

（1）先将储液干燥过滤器装入车上的安装座内。然后取下储液干燥过滤器封口塞和管路堵头，将管子接上储液干燥过滤器，其拧紧力矩应达到____________。

（2）对直立式储液干燥过滤器而言，安装时一定要垂直，倾斜度不得超过______度。

（3）在安装新储液干燥过滤器之前，不得过早将其进、出管口的包装打开，以免外界空气侵入内部，使其失去吸湿的作用。

（4）安装前一定要先搞清楚储液干燥过滤器的进口端和出口端，否则容易装错。一般在其进出口端均标有记号，如进口端用英文字母______（应与冷凝器出口相接），出口端用“OUT”表示，或直接标上箭头，在安装时应注意。

（5）更换后，加入润滑油______ mL。

（6）储液干燥过滤器安装好后，对制冷系统进行__________，然后填加制冷剂。

4. 储液干燥过滤器的检修

（1）检查玻璃视液孔和______________，如果损坏，应予更换。

（2）使压缩机运转，在制冷系统工作过程中，检查________________。若温差很大，甚至出口处结霜，说明____ 堵塞。如果是可拆式，则应拆下滤网清洗；如果是不可拆式，则要更换储液干燥过滤器。

（3）为防止空气进入储液干燥过滤器，在空调系统安装和维修工作中，储液干燥过滤器必须________________。

三、集液器

1. 在汽车空调 CCOT 系统中不使用________________而使用集液器，由于膨胀管不能调节进入蒸发器的制冷剂量，使制冷剂不能完全汽化。

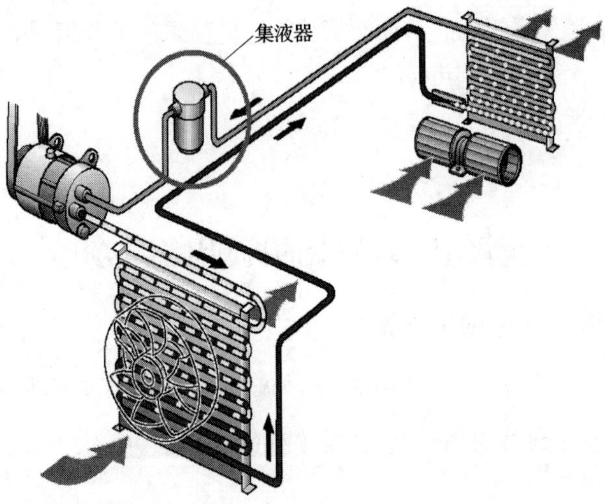

2. 集液器安装位置在____________和____________之间。其主要功能是防止____________制冷剂进入____________产生液击，也用于____________过多的液态制冷剂，内含干燥剂还起____________作用。

3. 查阅维修手册和相关资料，完成下面对集液器工作过程的描述。

集液器的工作情况是：低压气/液两相制冷剂从集液器____________进入，____________制冷剂落入容器底部，____________制冷剂积存在上部，气态制冷剂经上部进气管进入，经过干燥剂、____________进入压缩机。

在容器底部，出气管弯处装有带小孔的过滤器，允许少量的积存在管弯处的冷冻机油返回____________，但液体制冷剂____________通过，因而要用特殊过滤材料。

一般情况下，集液器均不能检修，如发现故障应更换相同型号的新件。

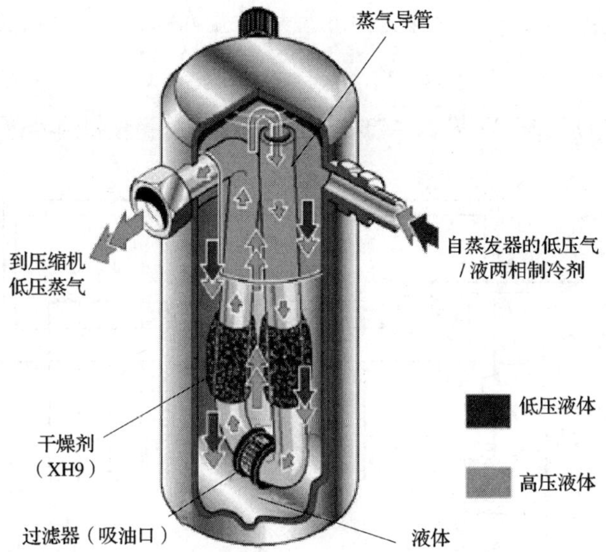

四、节流装置

1. 节流装置的作用是：降低流过的制冷剂的压力，将系统分隔为__________侧和__________侧；同时通过阀门的喷射，使高压液态制冷剂变成容易蒸发的__________雾状制冷剂。节流装置有__________和节流管（孔管）两种。

2. 热力膨胀阀。

（1）膨胀阀的主要作用是节流降压和自动调节进入蒸发器制冷剂的流量，自动调节原理是根据感温包感测__________的温度，当感测的温度低时，膨胀阀中的膜片__________（上移/下移），球阀在弹簧的作用下使阀门开度__________（减小/开大），使进入蒸发器的制冷剂__________（增多/减少）；反之，当感测的温度低时，膨胀阀中的膜片__________（上移/下移），球阀在弹簧的作用下使阀门开度__________（减小/开大），使进入蒸发器的制冷剂__________（增多/减少），从而起到自动调节的作用。

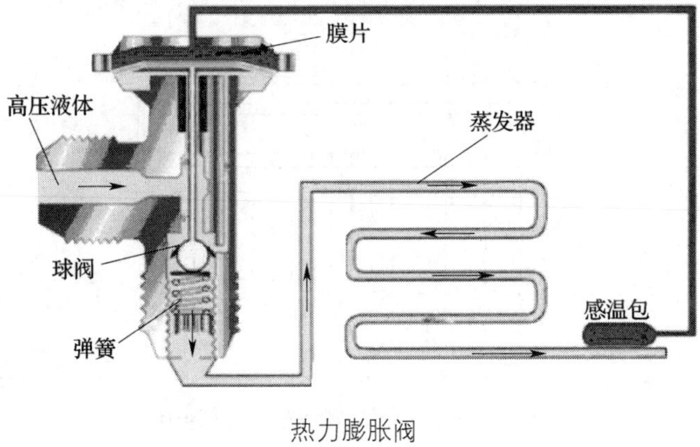

热力膨胀阀

热力膨胀阀根据结构类型不同可分为 F 型和 H 型两种，F 型膨胀阀又分为内平衡式和外平衡式。

（2）查阅维修手册和相关资料，完成下面对内平衡式膨胀阀的描述。

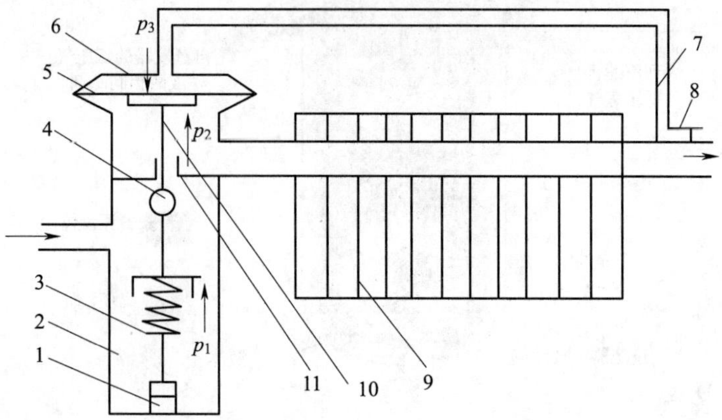

F 型内平衡式热力膨胀阀工作原理图

1—调节螺钉 2—阀体 3—弹簧 4—球阀芯 5—膜片

6—动力头 7—毛细管 8—感温包 9—蒸发器 10—顶杆 11—阀座

工作原理：

1）当蒸发器中温度稳定时，感温包的压力、弹簧压力及蒸发器内制冷剂压力处于平衡状态，球阀芯 4 处于________ 状态，制冷剂的流量______ 。

2）当蒸发器温度升高时，其出口温度____ ，感温包压力上升克服弹簧压力的作用，使阀芯________，阀门开度______ ，制冷剂流量________ 。

3）当蒸发器温度降低时，其出口温度下降，弹簧压力________感温包压力，阀芯上移阀门开度________ ，制冷剂流量________。

（3）查阅维修手册和相关资料，完成下面对外平衡式膨胀阀的描述。

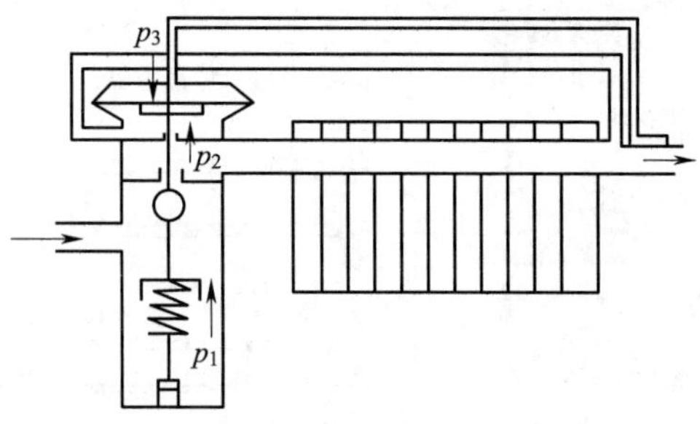

F 型外平衡式热力膨胀阀工作原理图

该阀有一毛细管连接至____________出口处，这样使p_1、p_2、p_3构成了平衡状态，根据蒸发器的温度____________，和内平衡式膨胀阀一样自动的调节阀口____________，调节制冷剂的____________。注意：图中p_2来自蒸发器出口。

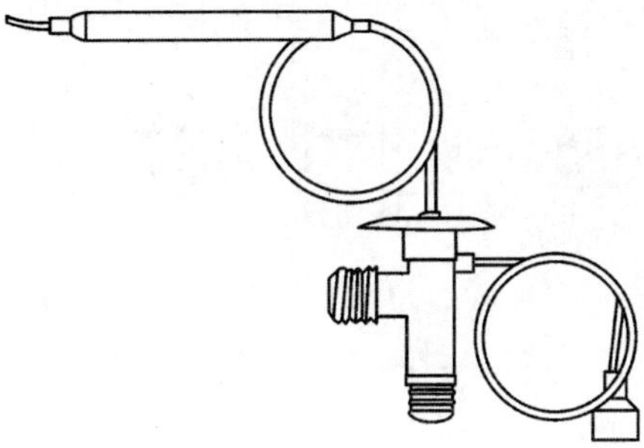

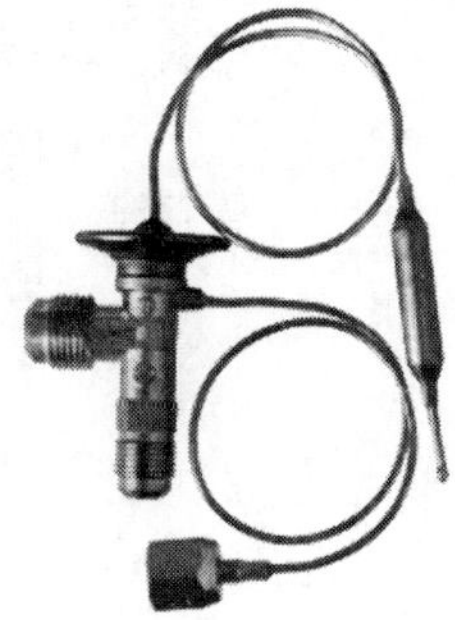

外平衡式膨胀阀外形图

（4）H 型膨胀阀也叫板式热力膨胀阀，使用较广泛，工作可靠，便于机械手装配。其工作情况与外平衡式膨胀阀一样，在结构上去掉了外平衡管、毛细管和感温包，所以结构简单，灵敏度高。

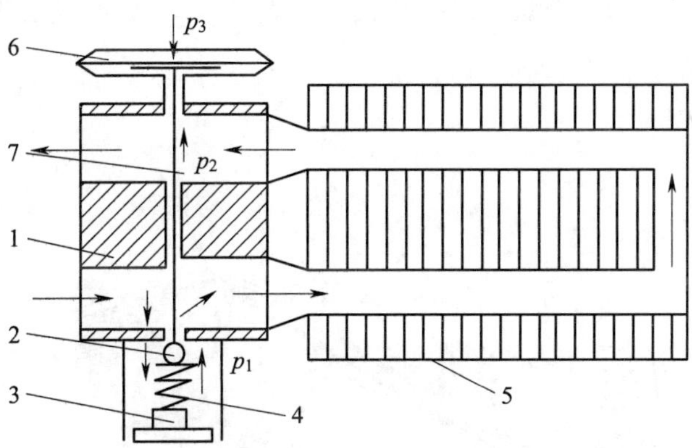

H 型热力膨胀阀工作原理图

1—阀体　2—球阀芯　3—调节螺钉　4—弹簧

5—蒸发器　6—动力头　7—顶杆

下图所示 H 型膨胀阀共有________个接口，分别接____________、____________、____________、____________。

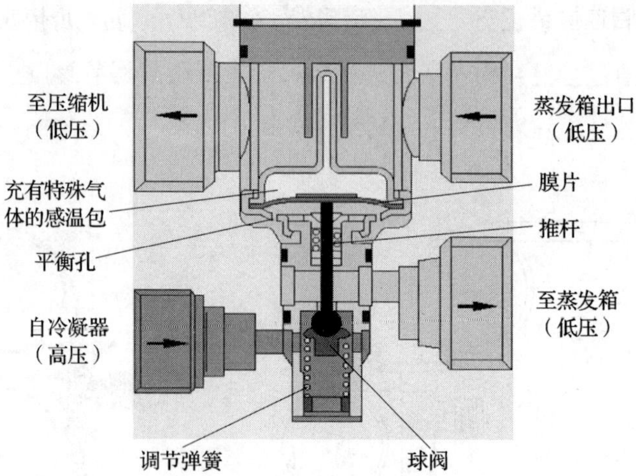

（5）膨胀阀的拆装。

膨胀阀的工作状况与膨胀阀的安装有很大关系，如果安装不当，会引起__________现象。因此，在安装膨胀阀时应注意以下问题：

1）检查膨胀阀是否完好，并应特别注意检查________。

2）膨胀阀一般应________ 安装，不允许倒置。

3）感温包应安装在蒸发器水平出气管的______处，紧贴于管壁，保证两者良好接触，然后用隔热、防潮材料缠包好。

4）外平衡膨胀阀的平衡管应安装在感温包后面________处回气管的上表面处，并应从管的顶部引出，以防止冷冻机油进入阀内。

3. 节流管。

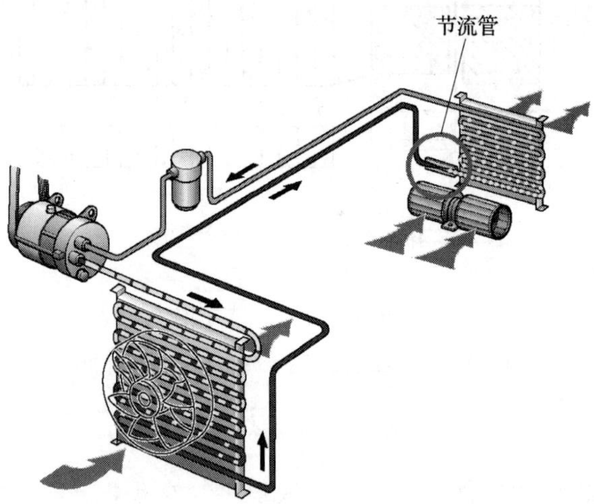

（1）节流管安装位置在____________和____________之间。其主要功能是对制冷剂进行____________降压，使之成为______________________________的气液两相体。

（2）查阅维修手册和相关资料，标注下图所示节流孔管各零部件的名称。

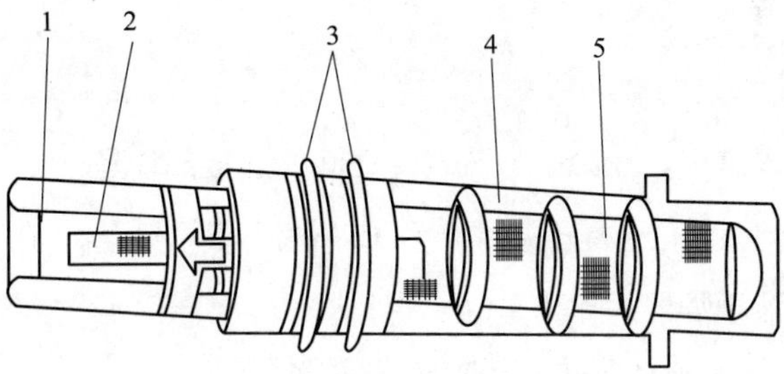

节流孔管

1 ＿＿＿＿＿　2 ＿＿＿＿＿　3—O 形密封圈　4—管壳　5 ＿＿＿＿＿

（3）查阅维修手册和相关资料，完成下面对节流管工作原理的描述。

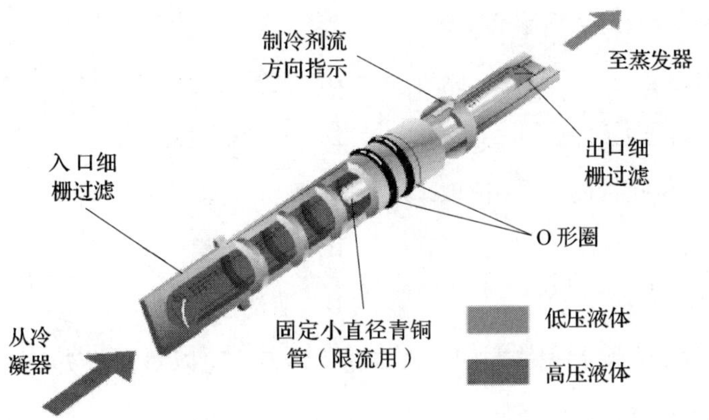

由于节流孔管内径＿＿＿＿＿（很小/很大），对制冷剂流动阻力＿＿＿＿＿（很小/很大），从冷凝器流来的高压液体的压力迅速＿＿＿＿＿（降低/升高），制冷剂流出细管后，因流通面积突然＿＿＿＿＿（扩大/缩小），制冷剂迅速膨胀＿＿＿＿＿（气化/液化）吸热，达到制冷的目的。

由于节流管没有运动件，所以不易损坏，其常见故障就是滤网或节流管堵塞，换上新节流管即可。

（4）查阅维修手册和相关资料，完成节流管的拆装。

1）排空系统内的＿＿＿＿＿＿＿＿（制冷剂/空气）。

2）拆下固定管的＿＿＿＿。

3）从蒸发器上拆下＿＿＿＿（管子/螺母）。

4）用尖嘴钳或专用拆卸工具，从蒸发器＿＿＿＿（入口/出口）拆下孔管。

5）安装时使用＿＿＿（O/U）形密封圈，插入孔管时注意＿＿＿＿＿（箭头/标志）

指向蒸发器，并一直插到位为止。

五、总结与思考

1．选择题

（1）在空调制冷装置中，冷凝器与蒸发器之间的连接部件是（　　）。

A．空调压缩机　　B．压力开关　　C．恒温器　　D．节流元件

（2）汽车空调储液干燥器的作用是（　　）。

A．防止系统中水分与制冷剂发生化学作用

B．防止节流元件处结冰和堵塞

C．随时向系统补充制冷剂

D．A、B、C 全对

（3）节流装置内的滤网堵塞会引起（　　）。

A．吸气压力过低　　B．吸气压力过高

C．压缩机出口压力过高　　D．发动机过热

（4）大多数固定孔管制冷系统的维修项目是（　　）。

A．清洁滤网　　B．清洁孔管

C．清洁滤网和孔管　　D．清洗接头

（5）技师 A 说，如果恒温膨胀阀的入口滤网堵塞，可以对其清洗；技师 B 说，如果恒温膨胀阀的入口滤网堵塞，可以更换。谁说的对？（　　）

A．仅技师 A 对　　B．仅技师 B 对

C．技师 A 和 B 都对　　D．技师 A 和 B 都不对

（6）膨胀阀毛细管没有与管路贴合，将会使空调系统（　　）。

A．低压管过冷　　B．低压管过热　　C．不制冷　　D．高压管过热

（7）膨胀阀的感温包紧贴在（　　）。

A．蒸发器表面　　B．蒸发器内部

C．蒸发器入口管壁上　　D．蒸发器出口管壁上

（8）储液器要竖立安装，斜度不要超过（　　），否则气液不易完全分离。

A．90°　　B．45°　　C．15°　　D．0°

2．判断题

（1）在汽车空调装置中，蒸发箱位于驾驶室内。（　　）

（2）在汽车空调装置中，储液干燥器的作用是储液和干燥。（　　）

评价与分析

学习活动过程评价表

<table>
<tr><td>班级</td><td></td><td>姓名</td><td></td><td>学号</td><td></td><td>日期</td><td>年　月　日</td></tr>
<tr><td>序号</td><td colspan="4">评价要点</td><td>配分</td><td>得分</td><td>总评</td></tr>
<tr><td>1</td><td colspan="4">能正确识读和填写生产派工单，明确任务要求</td><td>10</td><td></td><td rowspan="8">A□（86～100）
B□（76～85）
C□（60～75）
D□（60 以下）</td></tr>
<tr><td>2</td><td colspan="4">能写出储液干燥器的作用及工作过程</td><td>10</td><td></td></tr>
<tr><td>3</td><td colspan="4">能写出节流装置的作用及工作过程</td><td>15</td><td></td></tr>
<tr><td>4</td><td colspan="4">能写出节流装置的作用及工作过程</td><td>15</td><td></td></tr>
<tr><td>5</td><td colspan="4">能查阅相关资料，写出储液干燥器的拆装步骤</td><td>10</td><td></td></tr>
<tr><td>6</td><td colspan="4">能遵守劳动纪律，以积极的态度接受工作任务</td><td>10</td><td></td></tr>
<tr><td>7</td><td colspan="4">能积极参与小组讨论，团队间相互合作</td><td>15</td><td></td></tr>
<tr><td>8</td><td colspan="4">能及时完成老师布置的任务</td><td>15</td><td></td></tr>
<tr><td colspan="5">总　分</td><td>100</td><td></td><td></td></tr>
<tr><td>小结
建议</td><td colspan="7"></td></tr>
</table>

学习任务九评价表

班级：________ 姓名：________ 学号：________

项目	自我评价			小组评价			教师评价		
	10～9	8～6	5～1	10～9	8～6	5～1	10～9	8～6	5～1
	占总评10%			占总评30%			占总评60%		
学习活动1									
学习活动2									
学习活动3									
学习活动4									
学习活动5									
学习活动6									
学习活动7									
学习活动8									
学习活动9									
协作精神									
纪律观念									
表达能力									
工作态度									
安全意识									
任务总体表现									
小计									
总评									

任课教师：________ 年 月 日